문학교육의 사회학을 위하여

문학교육의 사회학을 위하여

For the Sociology of Literary Education

정 재 찬

도서출판 역락

책 머리에

1987년, 경향시를 다룬 석사 학위 논문을 쓰면서도 나는 위의 제사(題詞)를 인용하는 것으로 첫 줄을 삼았다. 그로부터 10년이 지난 1996년, 나는 우리 문학교육의 모델, 곧 정전(正典)의 문제를 다룬 박사 학위 논문을 쓰게 된다. 10년이란 세월 동안, 하나의 문제 의식을 천착했다고 한다면 그것은 명백한 거짓이다. 더구나 그 10년은 세계가 급변하는 기간이었으니, 만일 그랬다면 그것은 도리어 정신적 지체를 의미하는 것에 지나지 않았을 터이다. 솔직히 말해, 박사 논문을 쓰면서 적어도 의식상으로는 석사 논문의 문제 의식을 떠올린 적이 없다. 오히려, 박사 논문을 쓰고 난 한참 후에, 우연히 석사 논문의 그 첫 줄을 보고 나서 스스로 아뜩함을 느꼈을 정도니까 말이다.

그러니까 문제는 나의 무의식이다. 아마도 문학에 대한 나의 애정 저 밑바닥에는 내가 받은 문학교육에 대한 분노의 반작용이 깔려 있는 듯하다. 중·고교 시절을 모범생으로 지냈기에, 대학에 와서야 겨우 나는 김수영과 김지하, 그리고 임화와 정지용과 백석과 이용악을 만나지 않았던가. 그들로부터 비로소 문학에 눈을 뜬 형국이니 어찌 그들이 사랑스럽지 않고, 또 어찌 우리 문학교육의 현실에 대해 분노하지 않을 수 있었겠는가.

그런 의미에서라면, 문학이 존재하기 때문에 문학교육이 존재하는 것만이 아니라, 문학교육이 존재하기 때문에 문학이 존재한다는 말도 성립할 수 있다. 문학의 소통 구조 가운데 제도적으로 가장 영향력 강한 것 중의 하나가 문학교육이란 점을 승인한다면, 문학교육이 문학을 규정하는 관계로 볼 수 있는 새로운 성찰을 획득할 수 있을 것이기 때문이다. 마찬가지로 문학의 위기는 곧 문학교육의 위기로 해석되지만, 문학의 위기 극복은 오히려 문학교육을 통해서 이루어질 수 있으리라는 전망도 가능해진다. 우리 학생들은 미래 문학 사회의 독자이자 고객이요, 학교 사회의 현재는 미래 사회의 전사(前史)일 터이기 때문이다. 이것이야말로 문학교육의 자긍과 책무를 동시에 구성하는 것이 아니겠는가.

아무래도 이러한 성장(成長)과 개안(開眼)의 역사가 우리 문학과 문학교육에 대한 사회학적 관심으로 나를 이끈 것 같다. 그리고 이제서야 그 결과의 일단을 한 권의 책으로 묶어 세상에 내놓는다.

이 책의 1부 <문학교육의 담론과 권력>은 '현대시 교육의 지배적 담론에 관한 연구'라는 제목의 박사 학위 논문을 수정해 실은 것이다. 문학교육학을 문학교육 현상에 대한 학문으로 규정하면서 우리 문학교육을 지배하는 담론과 권력을 문학과 사회, 문학교육과 사회의 관계 속에서 밝혀 보고자 한 논문이다. 포스트모더니즘과 해체주의의 영향력이 강했던 시절이고, 교육과정 또한 5차에서 6차로 넘어가던 시점의 산물이라 현재의 관점에서 보면 어색한 진술도 눈에 띄지만, 여전히 우리 교육 현실에 시사하는 바가 크다는 주변의 격려와, 논문을 구하기가 쉽지 않다는 주변의 요구를 순진하게 믿어 보기로 하여, 내용상의 커다란 변화 없이 이 책에 포함시키기로 하였다.

2부 <문학교육의 지평과 지향>은 나름대로 학회의 발표와 검증을 거쳤다고 판단한 논문들만 수정해서 모아 보았다. 이 논문들은 모두 문학교육사회학이라는 동일한 관심 하에서 일련의 연쇄 논리를 갖고 학회에 발표한 것들이다. 1장은 문학교육사회학의 얼개를 필요성과 가능성의 범주에서 구상해 본 것이고, 2장은 질적 연구라는 사회과학적 접근 방법의 도입을 제안하고 그 적용 방안에 대해 논의한 것이며, 3장은 그 제안 가운데 하나를 직접 실천해 보고자 한 것이요, 그리고 4장을 통해서는 문학교육의 향후 전망을 모색해 보고자 했던 것이다. 발표 때마다 각 논문의 완결성을 추구하다 보니 논문 사이에 중복되는 진술도 적지 않았지만, 이번 책에서는 불가피한 경우를 제외하고는 대부분 손질을 가했고, 토론 과정에서 제기된 사항들도 상당수 반영을 하였다. 그런가 하면, 여기에 모은 논문들 중에는 학회 발표의 현장성을 고려하면서 일종의 실험적 글쓰기를 시도한 예도 꽤 들어 있다. 다소 치졸해 보이더라도 소납(笑納)해 주기를 바랄 뿐이다.

책을 펴내는 지금 이 순간까지도 나는 머뭇거리고 있다. '문학교육의 사회학을 위하여'라는, 거창해 보이지만 혼자 몸으로 감당하지는 않으려는 듯한 제목을 붙인 것부터가 그러하며, 주저의 흔적은 이 책의 곳곳에서 역력하게 드러난다. 래디컬한 사상가가 되기를 바라지는 않지만, 그렇다고 불만이 없을 리 없다. 그러나 그대로 놔두기로 했다. 부동(浮動)하는 사유의 과정을 정직하게 드러내는 것이 부동(不動)하는 사유의 결과를 과시하는 것보다 아직은 더 애정이 가기 때문이다.

감사해야 할 분은 너무도 많다. 먼저, 인간과 예술, 그리고 신에 대한 사랑을 당신의 삶 그 자체로 보여주고 가르쳐 주신 김은전 선생님께 감사 드린다. 못난 제자의 앞길을 열어 주신 구인환 선생님과 이상익 선생님, 그리고 내가 평생의 업으로 삼아야 할 국어교육의 지평을 펼쳐 보여주신 김대행 선생님, 또한 학문의 엄숙함을 가르쳐 주신 김윤식 선생님께도 깊은 감사를 드린다.

선배와 동료, 그리고 후배 동학들에 대한 고마움은 일일이 적을 길이 없다. 아울러, 내가 몸담고 있는, 청주교대라는 이 특수한 공간 속의 도타운 정분은 도무지 표현할 요령이 없음을 한탄할 따름이다. 한 사람의 이름을 빼먹는 실수를 저지르느니 아예 아무도 적지 않는 편이 나을 것임을 아마도 하정(霞亭)은 알아주리라.

어느덧 마흔을 넘어섰건만, 부모님을 생각하면 늘 눈물이 앞선다. 아직도 어리광만 부리는 이 막내아들을 한없는 사랑과 믿음으로 지켜봐 주신 부모님께 이 한 권의 책이 위안이 될 수 있다면 더 바랄 것이 없겠다. 아내 김소은과 아들 윤한에게도 고마움과 사랑을 전하고 싶다. 다만, 이번만큼은 아들 녀석이 첫 자리를 양보했으면 싶다. 자식에 대한 사랑은 이 책의 출간을 늦어지게 했지만, 아내의 희생이 없었다면 이 책은 세상에 나올 수 없었을 테니 말이다.

끝으로, 이렇게 멋진 책을 만들어 주신 도서출판 역락의 이대현 사장님과 직원 여러분께 심심한 감사를 드린다. 오로지 그 분들에게 진 빚을 갚기 위해서라도 이 책이 널리 읽히게 되길 바랄 따름이다.

2003년 6월
정 재 찬

차 례

차 례

차 례

제1부 문학교육의 담론과 권력

1. 연구의 패러다임

　근래 우리 문학계와 사회에서는 문학교육에 대한 관심이 고조되고 있다. 그러나 기술적(記述的, descriptive) 논의 없이 이루어지는 처방적(處方的, prescriptive) 논의는 즉각적으로 그 한계를 노정하고 말 따름이다. 당위론만 주장하거나 방법론만 내세우는 것은 사태를 대단히 단순화하여 이해했을 때 드러나는 증상이다. 무릇 관심이란 애정과 우려와 기대의 복합물이다. 환자에 대한 의사의 관심은 정확한 진단에서 시작하는 것으로 표현되듯, 문학교육에 대한 관심 역시 현상에 대한 정확한 인식에서 출발하여야 하는 것이다.

　문학교육의 위기는 문학 자체, 혹은 그를 포함한 인문학적 위기에 직결되어 있다. 오늘날의 사회 문화적 환경은 문학을 포함한 인문학 전반에 대해 적대적인 것으로까지 비쳐지곤 한다. 물론 이러한 현상이 처음 있는 일은 아니다. 근대 자본주의 성립 이후 문학을 포함한 인문학은 항상 도구적 합리성(道具的 合理性)에 위협받아 왔다. 하지만 그때는 인문학이 인간의 정신적 측면을 풍요롭게 함으로써 그 같은 시대적 문제를 적극적으로 극복해 줄 수 있으리라는 기대가 사회적으로 합의되어 있었다. 그런데 오늘날의 현실로 표현되는 지난 날 그 기대의 결과는 적잖이 실망스럽게 나타나고 있다. 따라서 이제 문제는 산업자본주의 시기의 초기처럼 문학이 현실로부터 분화·독립되는 데서 그 의의를 구하고자 하는 정도로는 오늘날의 위기가 극복될 수 없다는 점에 있다.

문학의 위상은 사회 문화의 주변적 가치로 현저히 위축되었고, 문학 이론은 더 이상 그 본질론적 의의를 주장할 수 없는, 비평 이론 가운데 하나로 축소되었다. 이성과 지식의 보편성은 철저히 회의되고 심문 당하였던 것이다. 이 보편성의 상실은 마치 가르쳐야 할 규범의 상실처럼 받아들여지게 된다.[1]

현대의 철학은 지식과 이데올로기, 객관성과 비객관성의 구분 자체에 의문을 제기한다. 특히 포스트모던 철학은 지식이나 인간 의식에 있어서 궁극적이고 절대적인 기초가 존재한다는 근대 철학의 기본 가정과 신념들을 정초주의(定礎主義, foundationalism)라는 이름으로 비판, 배격하고, 반정초주의(反定礎主義, anti-foundationalism)를 자신들의 기본 입장으로 표방하고 있다. 사실과 가치를 엄격히 분리하는 전통적인 이분법적 사고 또한 가치 부하설(이론 부하설, theory-ladenness)에 의해 부정된다. 우리의 인식과 지식이 가변적인 개념적 틀(conceptual scheme)[2]에 의존하는 만큼, 그것은 어디까지나 상대적이며 우연적인 것일 따름이다. 따라서 이와 같이 각기 다른 개념적 틀에 의해 다르게 파악된 세계와 사물에 대한 인식은 어느 것이 더 옳은 것인가를 비교 평가할 수가 없게 된다. 왜냐하면 각기 다른 인식이 바탕하고 있는 개념적 틀을 어느 것이 더 옳은 것인지 평가해 줄 수 있는 제3의 중립적인 틀이란 주어져 있지 않기 때문이다.

이렇듯 상대주의적 사고로 인한 문제들은 결국 교육의 위기로까지 이어지게 된다. 즉, 절대적인 기초가 없다는 것은 곧 혼란과 무의미를 의미하며 그것은 결국 주관주의와 비이성주의, 그리고 허무주의에 이르게 될 것이요, 상대주의와 허무주의가 최후의 해답이라면 결국 진리와 합리성의 문제는 합리적인 대화에 의해서가 아니라 힘과 권력, 그리고 투쟁에 의해서 결정되는 것이 아니겠느냐는 우려가 일어나게 되는 것이다. 문학교육의 상황도 다를 바 없다. 문학교육은 이 같은 상황 인식에 기초하여 새로운 시대적 적절성을

---

1) 지식의 상대성과 교육의 문제에 관해서는 조화태(1994)를 참고함.
2) 토마스 쿤의 '패러다임'이나 미셸 푸코의 '에피스테메' 등과 상통하는 개념.

확보하는 방향으로 나아가지 않으면 안 되는 것이다.

한편, 그 같은 시대적 환경 문제와 별도로, 문학교육 연구계 자체도 성찰을 요한다. 문학교육 연구가 문학 현상과 더불어 교육 현상으로서의 기제를 동시에 고려해야 한다는 것은 주지의 사실이다. 하지만 실제적으로는 문학교육 논의가 문학학(文學學) 그 자체로 환원되거나 교육학(敎育學) 그 자체로 귀속되는 현상을 발견하기란 어렵지 않은 일이었거니와, 이는 그만큼 학제적(學際的) 성격의 학문이 올곧게 자리잡는다는 것이 얼마나 어려운 일인지를 단적으로 드러내 주는 것이라 하겠다.

인접 학문과 문학교육 연구가 무엇을 공유하며 어떻게 차별화될 수 있는지, 그 연구의 의의와 가능성을 제시하기 위해 이론화를 시도함으로써 문학교육 자체의 학문적 체계를 정립하려는 노력들이 가시적인 형태로 나타나게 된 것은 그리 오래된 일이 아니다.

문학교육에 관한 초기의 연구는 일반적으로 학교 현장에서 야기되는 문제점을 설명하고 해결하려는 의도에서 조작적 설계를 통한 교수 모형 개발이라는 공학적 접근에 집중하는 한편, 다른 한편으로는 교육의 이데올로기적 편향성에 대한 비판적 접근으로 이루어져 왔다. 현장성의 측면에서, 그리고 교육의 자율성 확보의 차원에서 이 같은 노력들은 일정 정도의 현실적 의의를 인정받을 수가 있었다. 하지만 전자의 경우는 단순한 수범 사례(垂範事例)로 전락할 위험을 항상 안고 있는 것이었고, 후자의 경우는 종종 자의식(自意識)의 과잉을 초래하고 말았다는 점에서 각각 그 한계를 보여 준 것이었다. 학적 엄밀성이 확보되지 못하고 이론과 현실이 무매개적으로 직결될 때 드러나는 이러한 현상은 학문상의 논의를 곧잘 규범이나 처방과 같은 것으로 오도하였고 그 결과는 언제나 학문과 현실 모두를 만족시켜 줄 수가 없었던 것이다.

이에 대한 반성으로부터 이론의 필요성이 제기되었다. 이때 제공된 이론이란 텍스트의 해석과 관련한 문학 이론을 의미하는 것으로 리얼리즘론, 기호학, 소통이론, 담화이론 등에 기초한 다양한 접근들이 이루어졌던 것이다. 이러한 연구들은 과거 우리 문학교육 연구가 소박한 실용주의에 머물러 있었고 또한 문학 텍스트 해석의 적절성을 보장할 수 없었던 데 대하여 새로운 차원을 개진하고자 한 노력의 소산으로서 저마다의 성과를 획득한 경우라 하겠으나, 이로써 문학교육 연구는 다시금 문학학의 이론끼리 벌이는 수월성 경쟁에 스스로 가담하고 마는 결과를 빚게 된 것으로 보인다. 이들이 그 이론의 교육적 적용이라는 대목에서 논의의 밀도가 낮아지고 다소 공소해지고 말았던 사정은 문학학에의 경사를 반영한다. 그 결과 각 이론들이 필연적으로 갖게 되는 장점과 한계는 개별 연구에 다시 반영되어 나타났다. 따라서 특정 이론의 절대적인 우월성이 입증되지 않는 한, 이들 연구가 교육의 국면에서 선택되고 실천화되기 위해서는 또 다른 층위의 결정 심급(決定審級)이 요구되는 것이며, 그렇지 않을 경우 채택할 수 있는 가장 유력한 방식은 아마도 다원론적 접근 방식을 취하는 것이 될 것이다.3) 그러나 그 다원론적 구성을 이루는 각 이론들 간의 경쟁과 갈등이 노출되지 않는다면 이 역시 개별 노선의 단순한 집합과 배열에 지나지 않을 가능성이 크다.

이러한 연구 동향은 문학학과 제도적으로 차별되는 문학교육학의 학문적 정체성 확립 문제와 밀접한 연관이 있다. 그것은 작가론이나 작품론 혹은 문학사보다는 이론에의 지향을 보인다는 점에서 드러난다. 하지만 이러한 이론 지향이 이론에 대한 자의식을 동반하지 않을 경우, 즉 자신이 택한 이론 자체에 대해 심문하지 않을 경우 그 이론이 속한 제도적 틀 속에 그대로 갇혀 버리기가 십상이다. 그 결과 대부분의 경우, 여전히 문학이라든가, 문학성 자체에 대한, 아울러 그것의 교육적 가치에 대한 근본적 회의는 제기되지 않은 편이다.

그런 점에서는 텍스트성 연구(textual studies)4)와 문화 연구(cultural studies)5)

---

3) 김창원(1994)에서 그 예를 볼 수가 있다.
4) 김대행 교수는 이 방면에 선구적인 업적을 낳고 있다. 이미 『시가시학연구』(이대출판부, 1991)와 『문학이란 무엇인가』(문학사상사, 1992)에서 단초를 보인 문학적 문화와 일상 문화의 경계 허물기는 그 이후 수사학과 텍스트성 연구로 발전되고 있다. 이러한 작업을 통해 김대행 교수는 형식적 도야성이 큰 원리적 지식을 발견하고 구안하는 데서 새로운 교육적 의의를 구하고자 하는 것으로 보인다.
5) 소장학자들의 최근의 연구 동향은 크게는 문화론적인 연구 혹은 상호텍스트성 연구에 경사하는 모습을 보여 준다. 그 예로는 정현선(1995), 이경숙(1995), 최미숙(1995), 최인자(1995), 최지현(1994b, 1995) 등을 들 수 있다. 이러한 연구들은 이용주·구인환·김은전·박갑수·이상익·김대행·윤희원(1993)에서 정초된 바의 이른바 '문화 원리'의

에 해당하는 입장들이 문제 제기의 측면에서는 합당한 일면을 갖고 있는 것으로 보인다. 이 같은 연구 방향의 의의는 과거 문학 이론의 권위주의와 본질주의를 해체하고자 하는 전략적 측면에 연결되어 있다. 하지만 현재의 연구는 그에 대한 명확한 자의식이 발견되지 않는 경우가 많으며 그에 따라 텍스트, 문화 등의 확장된 개념을 통해서 다만 새로운 의미의 소재주의에 머무는 경우도 적지 않다. 따라서 이들 연구는 그 일정한 성과에도 불구하고, 본래의 의도와는 달리 문학학적 범주 내의 문제틀에 머물고 마는 결과를 낳기도 하였던 것으로 판단된다.

이는 곧 문학교육 연구가 텍스트성 연구나 문화 연구로의 방향성을 취하기 앞서 메타담론적인 검토의 과정을 경과해야 했음을 의미한다. 이는 문학 텍스트 자체로부터 문학의 본질과 문학의 생산, 수용 및 문화적 유포의 조건에 대한 질문으로 관심을 바꾸거나, 혹은 문학 텍스트 자체에 대해 말할 때 그 논의의 문화적 철학적 조건을 고려할 것을 요구하는 것이다. 즉, 문학교육학은 문학 텍스트보다는 문학 현상 및 문학교육 현상 그 자체를 대상으로 분석하고 설명하는 데서 학문적인 방향성을 획득할 수 있으리라 판단되는 것이다.[6]

문학이란 "우리가 문학이라고 배운 것일 따름(Literature is what gets taught. Period.)"[7]일지도 모른다. 이 말은 오늘날 우리가 갖고 있는 문학 혹은 문학성이란 개념이 사실상 시대 초월적이라기보다는 특정한 시기의 역사적 산물에 불과하며 그런 점에서 그것은 제도가 낳은 문화적 구성물이라는 견해를 내포하고 있다. 이에 무엇보다도 문학이 존재하고 그 결과로서 문학교육이 존재하는 측면만 바라볼 것이 아니라 문학교육의 결과로 문학이 존재하는 측면에 유념해야 할 필요성이 제기된다. 전부는 아닐지라도, 적어도 사람들이 문학이라 배우고 그래서 문학이라 생각하는 것이 문학이라는 것만큼은 부인할 수 없는 사실이다. 사실이 그러하다면, 단지 위대한 문학 작품이라 불리는 것이

연구 영역에 기여할 바가 크다고 판단된다.

6) 텍스트 자체보다는 문학교육 현상이나 문학 현상 자체를 연구의 대상으로 삼았다는 점에서 이와 연관된 성과로는 박인기(1994)와 김중신(1994) 등을 들 수 있다.

7) Barthes(1971: 170). 여기서는 Gossman(1990: 31)에서 재인용함.

현실적으로 존재하므로, 혹은 문학이란 위대한 그 무엇이므로 가르쳐야 한다는 논리는 성립하지 않는다.8) 그것은 교육과 관련한 사회의 가치 승인적 문제에 속한다. 기존의 연구는 이러한 전제 자체를 검토하지 않았다. 그런 점에서 볼 때 오늘날 문학의 해체에 관심을 보이는 연구들이 저마다 문학교육에 대해 새로운 자각과 반성을 제기하고 있는 것은 결코 쉽게 지나칠 일이 아니다. 전환기에 처해 서구의 지성들이 새삼 고고학(考古學) 내지 발생학적 계보학(系譜學)에 관심을 집중하고, 또 과거 우리 선조들의 실학(實學)이 고증학(考證學)의 형태를 지녀야 했던 사정 역시 이와 다를 바가 없는 것이다.

따라서 우리가 문학이라고 배운 것이 문학이라면 과연 어떠한 문학을 배웠는지 그래서 문학에 대한 어떠한 관념을 형성하게 되었는지를 먼저 묻지 않을 수가 없게 된다.9) 그것은 곧 문학교육의 교육과정에 대한 탐구가 그 동안 규범적 교육 내용과 효과적 교수 방법에 집중되어 왔으나, 학교에서 실제로 가르쳐지는 교육 내용과 방법이 그러한 관심에 의해서만 결정되는 것은 아니라고 보는 관점을 요구한다. 즉, 그것은 특정한 사회적 조건 속에서 선정되고 조직된 것으로 볼 필요가 제기되는 것이다. 따라서 그 관점은 현 사회의 지배적 가치 체계를 전제하는 규범적 패러다임이 아니라, 명시적으로 혹은 묵시적으로 다루어지는 지식을 자명한 것으로 받아들이지 않고 그 가치체계 자체를 분석 및 탐구의 대상으로 보며, 과연 어떤 종류의 지식이 어떤 이유에서 선정되어 어떤 방식으로 제시되고 있는가를 검토하려는 문제의식, 곧 반성적(反省的) 내지는 비판적(批判的) 패러다임에 해당될 것이다. 그런 점에서 본고는 지식의 사회 존재적 구속성을 인정하는 입장에 서게 된다. 본고는 그것이 담론(談論)과 지식(知識)과 권력(權力)의 메커니즘에 의해서 이루어진다는 혐의에서 출발하게 될 것이다. 이는 텍스트 층위에서만이 아니라 담론의 층위에서, 문학적 담론만이 아니라 사회적 담론의 작용태를, 아울러 교육 내용만이 아니라 교육 기제를 포함한 제 심급(審級)10)들을 연구해야 한다는 요구

---

8) "문학을 왜 가르쳐야 하는가?"라는 근본적인 문제 제기와 그에 대한 본격적이고 반성적인 논의가 의외로 적었다는 점에서 김은전(1995), 김대행(1995)의 논의는 주목에 값한다.

9) 이 같은 입장에서 이루어진 성과로는 최지현(1994a)을 들 수 있다.

에 부응코자 하는 하나의 시도이다.

2. 연구의 목적과 방법

지식이란 교육의 중핵적 범주다. 지식이라는 용어가 갖는 개념틀이 워낙 다기하고 방대하지만, 본고에서는 '현실(reality)'과 대응하는 의미로서의 '앎(knowledge)'이라는 의미로 그 용어를 폭넓게 사용하고자 한다. 쉽게 말해 '현실'이란 우리 자신의 의지와는 무관한 존재로 인식되는 현상에 속하는 것이라 정의하고 '지식'이란 현실의 현상이 이러저러한 특성을 지니고 있다고 확신하는 것이라 정의할 수 있다(Berger & Lukman, 1967: 1-3). 일반인은 자신이 몸담고 있는 현실 상황을, 자신이 잘 적응하고 있는 동안에는 이론적으로 파악하지 않는다. 그 같은 존재 조건 속에서는 인간은 자신의 환경을 아무런 의문점이 없는 자명한 세계 질서의 하나로 간주할 뿐인 것이다(K. Mannheim, 1960: 206). 그러나 실제적으로는, 어느 한 사회에서 현실적인 것이 다른 사회에서는 그렇지 않다는 것, 어느 사회에서는 지식인 것이 다른 사회에서는 그렇지 않다는 것, 이는 곧 현실과 지식의 구체적인 형성이 구체적인 사회 배경과 연관이 있음을 암시해 준다. 주의할 것은, 비록 비이론적(非理論的)이라거나 전이론적(前理論的)인 것에 관심을 한정한다는 것은 아니지만, 여기서 의미하는 지식이 이론적 사고나 사상 등의 차원보다는 상식화된 지식에 초점을 둔다는 사실이다.

---

10) 사회는 여러 상이한 사회적 실천들로 구성되는 복합적 총체이다. 각 실천들은 제 각각 특수한 자질들을 갖기 때문에 어느 하나의 실천이 본질적인 영역이 될 수 없고, 그것들은 서로 보족적이며 역동적인 관계를 맺는다. 그러나 그것들이 형성하는 구조는 각 계기의 지배적 실천 영역이 여타 실천 영역을 지배하는 계층화된 구조이다. 이 계층을 심급(instance)이라 한다. 심급들 간에는 지배적 실천 영역에 의해 위계가 구성된다. 역사의 각 계기에서 경제적 실천은 그 지배적 실천 영역을 결정하는 기능을 갖는다. 그러한 결정력을 가진 심급을 최종 심급이라 한다. 루이 알튀세(김동수 역, 1991: 143) 참조.

이러한 연구의 기본 가설은 지식의 존재 구속성, 곧 사유는 문화적 요인들의 함수라는 가설이며, 그 목적은 정신적 사물의 구조와 집단적 사회 구조 사이의 상호 관계를 밝히는 데에 있다.11) 주지하다시피 제도화는 사회적 통제의 기제다. 그 전수(傳授)의 기제는 제도화된 세계의 합리화 과정과 그에 따른 내면화 과정에 내재해 있다. 여기서 제도가 내적인 논리없이 경험적으로 응결된다는 사실은, 각 개별 성원이 집단 성원의 지식을 내면화하여 제도의 통합에 스스로 참여하고 있다는 것을 뜻하기 때문에, 이러한 지식의 분석은 제도적 질서를 분석하는 데에 전제조건이 된다. 그런데 이러한 구조적 설명 방식은 곧 역사적 설명으로 된다. 왜냐하면 구조의 패러다임적 전개가 바로 역사적 과정이기 때문이다.

상대적 자율성이 일반적으로 폭넓게 받아들여지고 있는 문학이나 예술 부면 역시 여기서 예외일 수는 없다. 예술 사회학자인 쟈넷 월프는 지식사회학적 방법에 의거하여, 현상학적 준거틀 내에서 인식 주체가 어떻게 개별 행위자를 넘어서서 사회집단이나 문화적 산물에 도달하느냐의 문제에 관심을 기울인 바 있다(쟈넷 월프, 1982). 그녀는 예술 영역은 여타의 실체, 특히 일상 생활의 자연적 태도와 공존하며, 그 내용(신념, 감정, 평가)은 여타의 다른 실체에 의해 형성되고 또 다시 그 실체를 구성하는 데 참여한다고 보면서, 현상학적 예술사회학은 개인의 전체 세계 또는 생활 세계라는 시각으로부터 가능케 된다고 주장한다.12) 말을 바꾸면 예술의 영역에서도 역시 '지식'은 사회적 현상으로 간주되어야 하는바, 예술적 지식은 실체에 관한 '총체적 지식', 즉 하나의 응집된 생활 세계의 일부분이라는 것이다.

그러나 전통적 교육과정의 모형은 무엇보다 객관성을 중시하고 강조한다. 이 경우 객관성이란 신념과 가치의 무질서한 세계에 물들지 않은, 지식의 형

---

11) 이 분야의 대표적 연구로는 송호근(1990)을 들 수 있다.

12) 이 '실체'가 단순히 물질적 세계나 눈에 보이는 대상 또는 사건들만을 의미하지 않는다는 것에 유의해야 한다. 월프는 이런 것들조차 직접적으로 경험된다기보다는 해석된다는 것, 그리고 이 해석의 원천은 거의 전적으로 사회적이라는 점을 강조한다. 결국 '실체'란 문화적 사실, 즉 어떤 현재적 행동이나 상호작용과는 상관없이 '저곳'에 있는 어떤 것이면서도 행위자에게는 하나의 객관성을 지닌 것으로 '존재한다'고 여겨지는 것들도 포함된다(김문환, 1993: 377).

태와 방법론적 탐구를 말한다. 지식이나 연구가 가치 혹은 주장과 분리되는
현상이 바람직한 것으로 생각될 수 있지만, 이는 발견되는 것보다 더 많은 사
실들을 은폐하는 결과를 가져온다(마단 사럽, 1992: 121). 객관적 곧 외재적인
것으로서의 지식은 인간의 의미나 간주관적(間主觀的) 교류 등의 문제와는 결
별하기 마련이다. 더 이상 지식은 질문되고 분석되고 협상되는 것으로 여겨
지지 않으며, 오직 관리되고 습득되어야 할 것으로 되고 만다. 따라서 지식은
일상적인 의미 체계를 생성시키는 자아 형성 과정, 즉 인식 주체와 인식 대상
간의 해석적 관계의 과정으로부터 배제되고 마는 것이다.

　　하지만 모든 말과 글은 사회적이다. 담론들은 그것이 형성되는 제도와 사
회적 실천의 종류에 의해 그리고 화자와 청자의 주체 위치에 따라 모습을 달
리 한다. 담론의 영역은 동질적이지 않다. 다양한 사회계급은 같은 단어들을
다른 의미로 사용하며 사건과 상황을 해석하는 데에도 제각기 다르다. 최근
의 담론 연구는 계급 말고도 다른 담론이 낳는 변별점들을 연구하게 되었는
데 이 작업은 이제까지 주로 중립적인 영역으로 간주되던 지식의 담론으로
시선을 돌렸다(다이안 맥도넬, 임상훈 역, 1992: 12).13)

　　어느 사회든지 지식과 신념, 사회적 관계, 그리고 사회적 정체성이란 관
점에서 볼 때 다소간 공통되는 메커니즘이 존재하기 마련이다. 첫째, 다른 대
안을 생각할 수 없는 것처럼 보이기 때문에 보편적으로 따르고 필연적으로
받아들여지는, 그래서 일치된 지식과 신념, 사회적 관계, 사회적 정체성을 그
속에 확립하는 실천과 담론 유형이 있을 수 있다. 둘째, 일치성은 권력의 작
용 속에 대부분 숨겨진 양식으로 부과될 수 있다. 이러한 메커니즘은 주입(注
入, inculcation)이라 부를 수 있다. 셋째, 일치성은 합리적 의사소통과 논쟁의
과정을 통하여 도달될 수 있다. 이러한 메커니즘을 하버마스는 의사소통(意思
疏通, communication)이라 부르고 있다.14) 이에 본고는 우리의 문학교육이 의사
소통의 단계로 나아가기 위한 조건의 하나로서 문학교육의 지배적 담론이 갖
는 지식/권력의 관계를 드러냄으로써 그 자명성(自明性)을 해체하고자 한다.

___

13) 특히 과학적 담론과 이데올로기의 관계에 대해서는 올리비에 르불(1994: 86-9)을 참고
　　할 것.
14) Norman Fairclough(1989)의 3장 참조함.

하지만 한 가지 설명이 더 필요한 사항이 남아 있다. 그것은 곧 우리 사회에서 문학교육의 외곽에 설정해 두고 있는 담론이란 또 어떠한 종류인가 하는 점이다.

이른바 근대화의 노력 이후, 이 사회의 전반에 유포되어 있는 담론 가운데 하나는 도구적 합리성의 담론이라 할 수 있다. 그것은 곧 목적보다는 수단이나 방법 또는 능률성과 관계를 두는 것을 가리킨다. 도구적 합리성은 사실과 가치를 분리하고, 그렇게 분리된 상태에서 사실을 선호한다. 그것은 또한 계량과 측정에 사로잡혀 있다. 즉, 도구적 합리성은 인간에게 흔히 있는 모든 것을 분류하고, 명칭을 붙이고, 평가하고자 하는 욕구에 사로잡혀 있는 것이다. 그런 점에서 도구적 합리성은 타인과 자연을 지배하고 통제하여 감독과 권력을 행사하고자 하는 욕구라 할 수 있다(Horkheimer, 1974).

우리에게 문제가 되는 것은, 바로 그 도구적 합리성이 소위 정서적(情緖的)인 것보다 지적(知的)인 것을 선호하기 때문에, 도구적 합리성은 곧 감정의 탈가치화(脫價値化)와 최소화(最少化)를 의미하게 된다는 점이다. 현행 교육과정 상 인지적·지적 영역에 비해 정서적·표현적 영역이 낮게 책정되고 있다는 점은 이 사회에서 바라볼 때 전혀 어색하거나 이상한 일이 아니다. 문학, 음악, 미술, 연극, 또는 체육이 교육적으로 가치 있다고 인정을 받으려면, 그러한 교육들은 '학문적 포복'이라는 잠행적(潛行的) 과정, 즉 그 교과들을 그보다 더 위세가 당당한 다른 교과들과 똑같이 지적으로 가치가 있는 것으로 만들려는 시도를 통해서만이 가능할 따름인 것이다(렉스 깁슨, 1989: 24).

더욱이 료따르에 의하면 사회가 이른바 포스트모던 시대에 들어감에 따라 지식의 지위도 변하여 지식의 구성체 내에서 정보량으로 번역될 수 없는 것은 어떠한 것도 버려질 것이며, 새로운 탐구 방법 역시 컴퓨터 언어로의 번역 가능성에 의해서 규정될 것이라고 예상한다(Jean-François Lyotard, 1984: 42-48). 그의 예상을 그대로 믿어야 할 필요는 물론 없을 것이다. 하지만 지식이 이미 그 자체만으로 목적이 되지 못하고 있다는 것만큼은 사실로 들린다. 과학의 목표는 더 이상 진리가 아니라 수행성(遂行性, performativity), 즉 가장 이상적인 투입·산출 관계를 가져오는 것이다. 이렇듯 목적에서 수단으로, 즉 진리에서 수행성으로의 관심의 이동은 오늘날의 교육 정책에 그대로 반영되고 있다. 교육 기관은 점점 더 기능적으로 되어 가고 있음이 분명하다.

이러한 현실이 곧 문학교육을 통해 인문학적 가치를 회복시키고자 열망하는 문학교육 논의들의 기반을 구성한다. 그러나 문제가 그리 단순치만은 않다. 서구의 경우, 19세기 말엽에 이르러 자족적인 학문의 한 분야가 된 이래, 문학교육은 문헌학(文獻學)과 수사학(修辭學)이라는 기술적(技術的)인 학문과 관련을 맺으면서도 인문학적(人文學的)이며 역사학적(歷史學的)인 학문으로서 자신의 정당성을 확립해 왔고 끝내 그들은 문학교육을 통해 도덕 철학의 문제, 즉 가치의 문제나 규범적 판단의 문제에도 접근하게 되었지만, 오늘날 사회에서 문학적 담론이 처한 상황은 단지 현재를 부정하고 인문학적 가치를 주장하는 것만으로는 역부족인 상태에 도달하고 만 것이다(폴 드 만, 1993: 209).

학생들은 사회의 지배적 담론(支配的 談論)15)을 내면화하게 된다. 그들은 지금 도구적 합리성에 노출되어 있고 과학적 담론에 우위성을 두고 있다. 학교 교육은 제도적으로 그러한 사고와 지식을 강화하고 있다. 그런데 한편으로 학교 교육은 문학 수업 시간 등을 통해 인문학적이고 심지어 보수적인 가치를 강조하기도 한다. 이것으로 우리는 문학교육이 그 역할을 제대로 수행하고 있는 것이라고 말할 수 있을까. 우리가 문학에 대해 다시 묻고자 하는 것, 그리고 그것을 위해 다시 담론과 지식과 교육의 관계부터 따져 보아야 하는 것은 바로 문학교육의 시대적 비전(vision)과 그에 따른 철학적 원칙을 세우기 위함에 궁극적 목적이 있는 것이다.

문제는 문학교육의 외곽과 그 안의 담론은 내밀함을 유지하고 있는 것으로 보인다는 점에 있다. 문학교육의 담론은, 모든 담론이 그러하듯, 그 자체로 성립하지는 않는다. 현상적으로 볼 때 적어도 문학교육의 담론은 학문계의 담론과 긴밀한 연관을 가지며, 학문계는 다시 사회적 정치적 제 연관 속에서 존재한다. 물론 이들 각 심급들이 나름대로의 상대적 자율성을 갖고 있는 것임은 말할 나위 없으나, 그 같은 중층적 심급(重層的 審級)을 관통하는 일관성을 추출해 봄으로써 문학교육의 지배적 담론이 사회화와 내면화의 과정을 통해 학생들로 하여금 어떠한 주체를 형성하고 있는지를 밝힐 수 있으리라

15) 우리 사회의 지배적 담론에 관한 연구로는 한국산업사회연구회 편(1991) 등을 들 수 있지만, 실증적이고 문화학적인 연구는 아직도 상당히 부족한 형편이다.

기대되는 것이다. 알튀세의 주장처럼, 주체(主體)는 곧 종속(從屬)의 과정을 통해 형성되는 것이기 때문이다.

따라서 어떠한 지식이 교육과정의 지식으로 선정되고, 그것은 또 어떻게 만들어지며 어떻게 전수되는지에 관한 질문은 문학과 문학교육에 대한 재개념화를 촉구하게 될 것이다. 문학교육은 '문학 현실'에 대한 어떠한 '지식'을 어떠한 '기제'에 의해 학생들에게 전수하고 있을까. 그렇게 구성된 지식이 기대하는 담론 효과(談論效果)는 무엇일까. 문학교육의 담론 속에 내재해 있는 권력(權力)은 어떻게 작용하고 있으며 또한 그것은 이 사회의 지배적 담론과 어떠한 연관 관계를 맺고 있을까. 그리고 그것은 인문학의 위기로 표상되는 현재의 문화에 어떠한 의미와 의의를 갖는 것일까. 이러한 의문으로부터 출발함으로써 본고는 문학교육 및 그 연구에 비판적이고 반성적인 패러다임을 제공하고자 하는 것이다.

하지만 문학교육과정은 이러한 혐의점들을 잘 드러내 주지 않는다. 그것은 명시적으로 표방되지 않으며 오히려 제도 내지 구조적 층위에 잠재되어 있거나 은폐되어 있는 경우가 많다. 이에 본고가 주목하고자 하는 바는 우리 문학교육에서 자명한 질서 가운데 하나로 자리잡고 있는 작품의 섭렵(涉獵, coverage)과 주해(註解, exegesis) 중심의 교육과정적 구성 원리에 관한 것이다. 수차의 교육과정 개정에도 불구하고 근본적으로 변하지 않은 발상이 있다면 그것은 곧 위대한 작품들을 두루 섭렵하는 한편, 그 각각을 꼼꼼히 읽음으로써 학생들의 문학적 체험과 문화적 능력이 고양되기를 기대하는 것이라 볼 수 있다. 이는 물론 인문학적 이상에 연결되어 있는 것이다. 그러나 과연 그 같은 발상이 현재 학생들의 문화적 능력을 신장시키는 데 기여하고 있는지는 검토해 보아야만 할 사항이다.

본고는 그 정전 섭렵 논리와 주해 방식의 논리를 문제틀로 삼아 현대시 영역을 중심으로 하여 우리 문학교육의 지배적 담론(支配的 談論)이 형성되고 작용하는 과정, 그리고 그 담론 효과에 대한 비판적 분석을 수행하고자 한다. 먼저 2장에서는 그 각각을 구성하고 있는 지배적 담론들의 기원(beginning)을 소급해 올라가는 방식을 채택하여 그 근원(origin)의 부재를 드러냄으로써 각 담론의 자명성을 해체하고자 한다. 말하자면 각 담론에 필연적으로 내재해 있는 자기모순을 밝혀내고, 아울러 지배적 담론이 스스로 주장하는 바와 달리, 그것은 특정한 역사적 산물이자 문화적 자의물(文化的 恣意物, cultural arbitrariness)에 불과함을 폭로함으로써, 그것이 담론/지식/권력의 관계 속에서 형성된 구성물임을 입증코자 하는 것이다. 이러한 담론 분석을 위해서는 결국 문학교육 자체 내의 닫힌 테두리 내에서만으로는 충실한 수행이 이루어질 수 없고 사회의 지배적 담론들과의 연관을 중시하는 태도가 요청되는바, 문학교육의 담론 분석은 적어도 제도적 차원에서의 문단(문학계)이나 국문학계(학문계), 교육계, 정치계 등과의 담론 실천적 연관을 검토하지 않을 수 없게 된다. 3장에서는 2장에서 밝혀진 사실들을 토대로 작품 섭렵과 작품 주해 기제 각각의 지배적 담론이 갖는 담론 효과와 그들이 공존하고 결합함으로써 발생하게 되는 담론 효과에 대해 비판적으로 검토하고자 한다. 엄밀히 말해 정전 형성과 주해 방식은 동일한 전제에서 서로 맞물려 존재하는 것인 까닭에서이다. 그리고 4장은 이러한 지배적 담론 및 그와 결합한 교수 기제에 의해 이루어지는 주체 형성의 문제를 인문학의 위기 문제와 관련하여 다루게 될 것이다.

제2장 문학교육과정과 지배적 담론의 형성과정

1. 작품 섭렵 중심의 구성 원리와 정전의 형성 과정

(1) 정전 중심의 교육과정과 정전 구성의 성격

문학을 가르침에 있어, 무엇보다도 문학의 다양성이 존중되어야 한다는 데에는 별다른 이견이 없을 것이다. 수 차례의 개정을 거듭함에도 불구하고, 문학교육과정에서 시대별 장르별 구성 원칙이 포기되거나 근본적인 변화를 겪은 적이 없음은 그 같은 생각을 반영해 주는 것으로 보아도 무방할 것이다. 제6차 고등학교 교육과정1) 국어과 문학 영역의 다음과 같은 부분은 그 좋은

---

1) 일반적으로 교육과정이란 국가 수준에서 문서화하여 법적 구속력을 갖는 제정 공포된 교육 내용이며, 각급 학교 단위에서 계획적으로 조직 편성되어 있는 의도된 교육 내용이라 규정할 수 있다. 물론 시간적 공간적 구속력을 가지는 당국의 시행 지침 문서를 문학교육과정의 전체로 파악하려는 태도는 인식의 편협성을 조장하는 것이다. 즉, 이는 문학교육과정을 문학 수업 운영의 상위적 계획으로 보는 미시적이고 처방적인 개념인 것이다. 그러나 여기에는 '문학 수업 운영'이라는 구체적 국면이 전제되어 있음에 유의하여야 한다. 더욱 유념해야 할 것은 문학교육 실천에 관여하는 상당수의 교사들이 이와 같은 문학교육과정 개념을 의식적이든 무의식적이든 받아들이고 있다는 점이다. 교사들은 이와 같은 개념형의 적용을 비판은 하면서도 일종의 편의적 관점에서, 아울러 관습적으로 수용하는 양상도 보여 주고 있다(박인기, 1994: 5-36). 이러한 현실적 영향력을 고려할 때, 우리의 경우는 문서상의 교육과정도 실제 문학 수업 운영 상황을 서술

예가 된다.

> <문학 작품의 이해와 감상의 실제>
> (4) 여러 문학 작품의 유형상의 특성을 알고, 여러 유형의 문학 작품을 이해
>   하고 감상한다.
> (9) 한국의 대표적인 고전 및 현대의 작품을 읽고, 다양한 삶의 방식과 가치
>   에 대해 토론한다.

특히 이 제 6 차 교육과정은, 비록 그 실천 여부가 관건이 된다 하겠지만, 적어도 수용자(受容者)의 상황에 따른 다양성까지 배려하고 있다는 점에서는, 실로 다양성에 대한 고려가 최우선의 원칙으로 적용된 경우라 할 수 있을 것이다.

하지만 과연 '한국의 대표적인 고전 및 현대의 작품'으로 무엇을 선정하느냐 하는 문제는 여전히 남는다. 이에 대해 제 6 차 교육과정은 필수 선택 혹은 선택 과목으로서의 <문학> 과목 해설을 통해 다음과 같이 답변하고 있다.

> 사. 문학 작품의 선정은 문학사의 평가를 받은 것들로 한다.

이 진술은 일차적으로 학문계의 객관적 검증과 공인성(公認性)을 강조하는 것으로 볼 수 있다. 전통적 교육과정의 모형은 항상 객관성을 무엇보다도 강조한다. 하지만 문학과 같은 영역의 경우, 이러한 객관성은 합의(合意)의 수준으로 대치된다고 말하는 것이 더 옳을 것이다. 그렇다면 이 진술은 학생들로 하여금 그 합의적 가치에 동화할 것을 의도하는 것이라 할 수 있다. 특히 이는 교육이 가치의 경험을 다룰 때 강조되는 교육 본연의 보수적 속성과 연결되어 옹호되는 것이라 볼 수 있을 것이다(박인기, 1994: 6).

그 결과로 나타나는 문학 교과서의 모습은, 문학사적으로 낮은 가치 평가를 받은 작품은 물론, 문학사적 가치 평가 행위에 편입되지 않거나 그 평가가 완결되지 않은, 당대의 작품들을 배제하는 것으로 흔히 표현된다. 이에 대해 일단 전자의 경우, 가치의 상대성이, 후자의 경우는 단지 시간의 상대적 범주 문제일 따름이라는 점에서 논란이 제기될 수도 있을 것이다. 그러나 그 같은

할 만한 자료로 승인될 수 있을 것이다.

논란은 잘 일어나지 않는다. 여기에는 단지 객관성과 종종 동일시되는 학문계의 합의, 곧 권위에 대한 존중 측면만이 관련된 것이 아니다. 교재란 것이 비록 도구적 존재에 불과하다 하더라도, 굳이 뛰어나지 않은 문학 작품을 도구로 삼아 문학 현실에 대한 훌륭한 지식에 이르도록 하는 방식을 택할 필요는 없다는 인식이 함께 작동하고 있는 것이다. 이 같은 교재관(敎材觀)은 문학교육뿐만이 아니라 국어교육 혹은 교육 일반에 편재해 있는 경향, 즉 교재 '로' 가르치기보다는 교재'를' 가르치는 데 익숙한 경향과도 밀접히 연관되어 있다. 일반적으로 우리 교육 현장에서는 교재(텍스트)를 비판적으로 읽는 것보다는 그 속에 담긴 진리의 요인을 발견하고 수용하는 일이 장려될 따름이다. 이러한 교육 체제 속에서는, 따라서 비판적 읽기의 자료로서보다는 수범적 사례들의 모음집으로서 교재가 구성되게 마련이다. 이는 곧 우리의 문학교육 과정 또한 정전(正典, Canon) 중심으로 구성되어 있음을 말해 준다. 말하자면 정전의 섭렵 기제를 통해 문학교육의 목표 달성이 기대될 수 있다는 발상법을 우리의 교육과정은 기저에 두고 있는 것이다.

정전이란 말은 측정의 도구로서 사용된 '갈대'나 '장대'를 의미하는 고대 희랍어 kanon에서 유래한 것으로서 그 후 '규칙' 혹은 '법'이라는 의미를 갖게 된 말이다. 그리고 서기 4세기경 이 말은 텍스트나 작가의 목록, 특히 성서와 초기 기독교 신학자들의 책을 뜻하는 말로 사용되기에 이르렀다. 이러한 맥락에서 정전은 그 사용자들에게 어떤 작가나 텍스트가 다른 어떤 것들보다 더 보존할 가치가 있다고 생각할 수 있는 선택의 원칙을 암시해 주게 되었다(존 길로리, 1994: 303). 이와 같이 정전이란 가장 넓은 의미에서는 한 문화권 내에서 상대적으로 높은 가치를 부여받고 보존되는 텍스트들을 총칭한다. 그러나 다른 한 편으로 정전이라는 단어는 '고전(古典, classics)'이라는, 명백히 존경의 뜻을 담고 있는 용어를 대체하는 것이기도 하다. 실질적으로 정전의 개념은 전통적인 교육과정의 문학 텍스트들을 이르는 데 쓰인다.

그렇다면 정전은 어떠한 기능을 하는가? 알티어리에 의하면 정전의 기능은 일반적으로 관리적 기능(管理的 機能, curatorial function)과 규범적 기능(規範的 機能, normative function)으로 정리될 수 있는데,[2] 정전의 이러한 성격은 곧 정전 설정의 기준을 암시해 주는 셈이 된다. 즉, 정전은 강력한 자기-포섭(self-subsumption)을 지녀야 한다는 것, 일반적 본성을 재현하는 것(representation of general nature)이어야 한다는 것, 기술상의 혁신적 가치 혹은 작품 전체의 내용이 지혜와 윤리적 의의(the value of technical innovation or the wisdom and ethical significance of a work's overall content)를 가지고 있어야 한다는 것 등이 그것이다.

이 경우 자기 포섭이란 어느 한 작품이 고급 정전 가운데 중심부적인 것으로 되기 위해서는, 스스로 변별적 특질로 규정해 주는 자질들을 보여 주어야만 한다는 것을 의미하는바, 그 자질들은 자신과 대비되는 언어를 확립함으로써 그 고유의 양상들을 자신이 투사하고 있는 상황으로 해석하는 특질들을 가리킨다. 가령 플로베르의 『감정교육』은 밀튼의 도덕적 범주를 뒤집고 이러한 전도가 왜 필요하며 어떻게 가능한지를 언어 유희를 통해 제안함으로써 그와 똑같은 류의 관심 가운데 많은 것들을 통합해 주는 것이다. 둘째로 일반적 본성의 재현이란 자기 포섭을 갖는 개별 작품들의 힘이 그로 인해 한 작품을 대변자의 역할을 하도록 하게 된다는 것을 뜻한다. 즉, 정전적 작품들은 재현된 세계에 대한 지식, 그리고 개연성 있는 태도를 표현해 주거나 예술적 모델을 생산할 수 있는 능력, 현재에 영향력을 발휘하는 과거의 문화 속에서 공유 가치를 보여주는 능력, 우리가 주의를 기울여야 할 이유가 있는 다른 작품들을 읽을 수 있는 수단을 보여주는 본보기를 제공하여야 하는바, 거기에는 전형(type)과 강렬성(intensity)의 척도가 들어 있어야 한다는 것이다. 그러나 범위와 강렬성을 비교적 갖고 있는 모든 작품이 다 똑같은 정전적 지위를 차지하는 것은 아니기 때문에 셋째 번의 기준이 필요해진다. 이 때 우리는 기교상의 혁신이나 한 작품의 전체 내용이 갖는 지혜 및 윤리적 의의의 가치가 있다고 간주하는 것을 기술해야 할 비평적 책무를 인정해야만 한다. 그 같은 질문은 곧 난감한 곤경 속으로 이르게 하는데, 이는 그 질문들로 인해 어쩔 수 없이 당파적 답변, 즉 각 당파마다 고유한 윤리적 정전을 인정해야 한다는

---

2) Charles Altieri(1983). 여기서는 curatorial function을 일단 관리적 기능이라 번역하였지만, curate란 말이 개신교에서는 부목사, 가톨릭에서는 사제보를 가리키며, curator는 원래 도서관이나 박물관 등의 관장을 의미한다는 점까지 고려해야 그 어감이 충분히 전달될 수 있을 것이다. 알티어리가 꾸준히 관심을 보인 정전과 윤리의 문제는 Charles Altieri(1990)에 묶여진 바 있다.

자유주의적 주장을 받아들이거나, 아니면, 도그마를 받아들여야만 하게 되기 때문이다. 여기서 알티어리는 사관학교보다는 극장식 다원주의 모델, 즉 자발적 층위의 실행을 다양한 역할 속에 존속시키는 데에서 정전적 모델의 윤리적 힘을 찾고자 한다.

나아가 알티어리는 이와 같은 정전들의 관리적 규범적 기능이 갖는 문화적 결과는 '이상화를 제도화하는 역할(the role of institutionalizing idealization)'을 한다고 주장한다. 그래서 그는, 정전이 지켜 주고 있는 과거는 우리로 하여금 개인적이고 사회적인 가치를 형성케 하고 판단케 해 주는 데 도움이 되는 항구적 극장이라 이해하는 것이 가장 훌륭한 것이며, 현재 우리의 자기 이해(自己利害)는 이데올로기적 헌신으로부터의 거리를 확보하기 위해 그 극장을 이용하는 길을 건설하는 데에 주로 달려 있다는 것을 주장코자 한다. 결국 그는 독서를 함에 있어 우리가 우리 자신의 개인적 관심사를 가장 잘 만족시켜 줄 수 있는 방식은, 현재의 욕망(desire)을 과거로부터 보전된 상상적 담론의 형식들에 연결지어 주는, 개인의 이해 관계를 초월하는 가치의 원리에 동화됨으로써 얻어진다는 점을 보여 주고자 한 셈이다. 따라서 그는 자기 이해 관계의 당파적 관심을 강조하는 주장과는 다음과 같이 대립하게 된다.

  많은 독자들은 글을 읽을 때 자기의 이해 관계를, 경험적 자아로부터 벗어나 상상력을 통해 정체성과 공감의 다양한 변화를 겪는 바로 그 기회로 이해한다. 그러므로 텍스트의 즐거움은 우리의 당파적 관심과는 합치되지 않는, 상상계에서만 만나게 되길 희망할 수 있는 체험들에 대한, 의식의 형태로 혹은 그에 대한 웅변의 응답으로 된 즐거움인 것이다. 이것 말고 어떻게 문학 교육에 대해 우리가 가치를 부여할 수 있겠는가? 또한 어떻게 달리 작가의 소망을 설명할 수 있겠는가? 어느 작가가 설령 오로지 권력 행사만을 바란다 하더라도, 그/그녀는 그 노력에 설득되기 쉬운 독자를 상정해야만 하는 것이다. 텍스트와의 주체적 상호 작용의 우선성을 주장하는 독자반응 이론가들이 문학사에 기반해서가 아니라 자아에 관한 현대 심리학적 모델의 권위에 의존해 그렇게 한다는 것은 우연이 아니다. 이데올로기에 대한 주장이 자아에 관한 한 마찬가지로 보수적인 관점에 의존하고 있음 또한 우연은 아닌 것이다.

그에 의하면 우리가 정전화하는 작품들은 이상(理想)을 투사(投射)하는 경향이 있으며, 정전으로부터 우리가 상상해 낼 수 있는 역할들은 우리로 하여금 사회적 삶 속에서 이상화(理想化, idealization)의 위상을 진지하게 고려하도록 요구하는 것이다. 이때 '이상화'란 말이 의미하는 바는 선전(propaganda)의 투사가 아니라 오히려 작가의 정신적 행위 혹은 허구적 인물의 일련의 자질들로 하여금 가치로운 태도로 보이게 하여 이에 독자가 감동 받아 동화하고자 하게끔 만드는 노력을 가리킨다. 그렇다면 정전이란 이상화된 태도들의 영역, 일종의 문화적 문법이라 할 영역에 사람들을 접하게 하는 하나의 제도적 수단인 것이다.

그러므로 현실적인 제반 이유를 고려하는 한, 이러한 정전 중심의 원칙은 온당한 편이라 할 수도 있을 것이다. 인문주의 교양 과목으로, 그리고 민족 문화 유산의 전수란 측면에 문학교육의 위상이 설정될 경우, 위와 같은 기준을 만족시켜 주는 작품들로 구성된 교재를 가르치는 것은 그 자체로 목적에 합당할 뿐만이 아니라 교육적 효율성 측면에서도 기능적일 것이기 때문이다.

그렇다면 이제 우리는 과연 우리 문학교육의 정전들이 공동체의 이상을 제대로 반영하고 있는가 하는 문제만 검토하면 될지도 모른다. 그리고 물론 이 때의 전제는 공동체의 합의란 진정한 자발성에 기초해야만 한다는 명제가 될 것이다.[3]

하지만 이러한 시비는 잘 가려질 법하지가 않다. 공동체의 이상이란 항상 논란의 소지를 가질 수밖에 없으며 정전의 설정에는 항상 긍정성과 부정성이 함께 할 수밖에 없기 때문이다. 중요한 것은 그 시비 여하에 관계없이 정전의 설정은 국민 혹은 국가의 이념형과 분리될 수 없다는 사실에 있으며, 아울러 그 이념은 이데올로기 국가 기구로서의 학교라는 제도는 물론, 학과, 교육과정, 실라버스, 그리고 그에 의한 교육과 연구 활동이라는 물질적 차원을 통해

---

3) 이 문제와 연관하여 다음과 같은 지적은 매우 시사적이다. "표결에 참여하지 않은 자는 의견을 제시할 수 없다. 그런데도 불구하고 예술품에 대한 가치 평가에서 이러한 종류의 다수결의 원리에 따르는 경향은 부재자의 표결권도 인정함으로써 오류를 범하고 있다. 오늘날 문학으로 분류되고 있는 텍스트들의 가치를 평가하려고 할 때 과거로부터 지금까지 받아온 평가의 총합을 따지려는 방식이 그러한 경우이다. 이것은 원칙적으로 다수결의 방법이 아니고 오히려 권위와 현자에 의존했던 전통적 방법의 번안이라고 할 수 있다(송무, 1994: 264)."

실현됨에도 불구하고, 정작 정전의 설정과 그 교육에 대해서는 항상 미학적 (美學的) 이유만이 강조되고 정치적(政治的) 이유는 은폐된다는 사실에 있는 것이다.[4]

정전의 설정이 단지 그 작품의 내재적 특성에 기반한다는 설명은 점차 설득력을 잃어가고 있다. 오늘날 문학은 이제 예술의 한 범주로서가 아니라 담론 안의 한 개념으로 인식되기 시작하였다. 텍스트라는 말이 작품이란 말을 압도하기 시작한 경향부터가 문학이 근거하였던 미학적 지지의 상실을 의미하는 셈인 것이다. 독자가 의미의 결정자 또는 발견자로 부상하게 된 사연 역시 이와 연관이 깊다. 즉, 더 이상 문학 텍스트가 그 자체로 자기 충족적인 의미구조물로 이해되지 않게 되었기 때문인 것이다. 그것은 많은 균열과 침묵의 부분을 가지고 있는 불완전한 텍스트이다(피에르 마슈레, 1994: 101-8). 결국 독자에 따라 텍스트에서 다른 의미를 발견한다면 텍스트 자체의 의미 구조는 객관적인 질적 판단의 대상이 될 수 없게 되는 것이다. 따라서 '읽을 수 있는' 텍스트보다 '쓸 수 있는 텍스트'[5]가 왜 가치 있는지에 대해 롤랑 바르트가 다음과 같이 설명함에 있어 그가 사용하고 있는 '국민투표'라는 비유를 우리는 정전 설정의 문제와 연관하여 이해해 봄직하다.

쓸 수 있는 것이 왜 가치가 있는가. 그것은 문학 작품의 목표가 바로 독자로 하여금 더 이상 텍스트의 소비자로서가 아니라 생산자로 만드는 것이기 때문이다. 우리 문학은 텍스트의 생산자와 사용자, 소유자와 소비자, 작가와 독자 사이에 문학 제도가 유지하고 있는 무자비한 분리로 특징지워진다. 그로 인해

---

4) 박인기(1994: 156)는 다음과 같이 지적하고 있다. "문학교육과정이 정치적 사회적 현상의 하나라는 점, 그리고 문학교육과정이 문화적 현상의 하나라는 점에 대해서는 일반적 인식의 깊이가 충분하지 못한 데에 우리 문학교육과정의 존재적 편협성이 발견된다. 이는 물론 문학교육과정이 명시적으로 표방하는 것으로 나타나지는 않고 문학교육과정이 잠재적으로 작용하는 여러 실천적 장면에서 산견되는 것이다."

5) 각 텍스트는 무한히 많은 '이미 씌어진' 것들에 대해 각기 다른 방식으로 언급하게 된다. 어떤 글쓰기는 특정의 의미와 지시대상을 주장함으로써 독자가 '씌어진 것'과 텍스트를 자유스럽게 재연결시키는 것을 저지하고 있다. 또 다른 부류의 텍스트들은 독자로 하여금 의미를 산출하도록 격려한다. 전자의 부류는 독자로 하여금 다만 고정된 의미의 소비자가 되도록 하는 반면, 후자는 생산자로 만든다. 이때 전자를 '읽을 수 있는 텍스트', 후자를 '쓸 수 있는 텍스트'라고 부른다. 레이먼 셀던(1987: 118) 참조.

이러한 독자는 일종의 게으름에 빠지고 만다. ―그는 자동사적이다. 요컨대 그는 진지하다. 자신을 기능화하기보다, 의미화의 마술에 접근하기보다, 글쓰기의 즐거움에 대해, 그는 텍스트를 받아들이거나 거부하는 자유가 거의 없는 채로 남겨진다. **읽기는 국민투표와 다를 바가 없다**(Roland Barthes, 1974: 4).(강조―인용자)

물론 실제로 오랫동안 높이 평가되어 온 것이 곧 가장 훌륭한 것이라고 생각해도 크게 틀리지는 않을 것이다. 이러한 생각은 인류의 축적된 경험에 대한 경의를 표하는 일이기도 하거니와 실제로 공자와 소크라테스 이래로 인간은 크게 달라지지 않았다는 생각을 대변하는 것이기도 하다(이성원, 1993: 3).
하지만 파울러는 공적인 정전(official canon)을 가리켜 '적어도 일정 기간 동안 배타적인 완결성을 구가하는 작품들의 집합체'[6]라 하였거니와, 이는 특정한 선호도(選好度)가 교육과정을 통해 공식화(公式化)되고 있음을 뜻하는 것이다. 비록 그 특정한 선호도에 따른 배타성(排他性)이야말로 공동체의 이상을 제도화하는 데 따른 불가피한 선택이라고 할 수 있다 하더라도, 문제는 일정 정도 합의의 산물이며 특정한 역사적 산물일 수밖에 없는 정전이 그 자체로 자명한 질서처럼 제공될 때 발생한다. 문학적 의의와 문학사적 의의가 곧잘 분할되어 관리되는 측면이 있음에도 불구하고, 일단 교재에 실리게 되면 그것은 자명한 질서로 작용하게 됨으로써 그 정전의 정전성(正典性)에 대한 회의나 심문, 혹은 저항은 허용되지 않는 법이다. 교재가 정전화(正典化)의 과정을 거치는 한, 즉 교재가 '문학사의 평가'라는 객관적인 가치 평가를 받은 작품들로 구성되어 있음이 전제되는 한, 그 권위에 맞서 저항하는 수용자(학생)의

---

6) 파울러는 공적 정전(official canon)과 개인적 정전(individual canon)을 구분한다. 이 양자 간의 관계가 단순히 포함 관계인 것은 아니다. 전자는 교육이나 예술 후원 기관 및 저널리즘을 통해 제도화되며, 후자는 각 개인이 가치 부여를 하는 경우에 해당한다. 한편 그는 가장 넓은 의미에서의 문학적 정전에는 구비문학과 같은 잠재적 정전(potential canon)도 포함시키는데, 그 중 많은 것들은 기록의 희귀성 등으로 인해 접근이 불가능한 경우가 많다. 이에 대해 훨씬 제한된 의미에서의 접근 가능한 정전(accesible canon)이 존재한다. 아울러 그는 이 후자 가운데 보다 체계적인 선호도가 발현될 때를 가리켜 선별적 정전(selective canon)이라 부르는데 제도적 힘을 가진 이 정전이 곧 공식적 교과 과정을 구성한다. 이는 비평적 정전(critical canon)이라 불리는 비평 전문가의 권위적 해석에 민감하게 반응하는 것이다 Alastair Fowler(1979: 98-9).

주체적 다양성이 발현되기란 기대하기 어렵기 때문이다. 이러한 상황에서 이
제 교사와 학생들이 수행해야 할 과업은 단지 그 정전들을 두루 섭렵해 나가
는 가운데 그 문학적 내지는 문학사적 가치를 발견하고 그에 동의하는 일이
될 따름인 것이다.

　따라서 우리 문학교육의 정전이 어떻게 구성되어 있는가 하는 데에 대한
관심은 곧 우리 문학교육이 학생들에게 전수하고자 하는 문학적, 문화적, 나
아가 정치적 가치란 무엇인가 하는 질문으로 이어지게 된다. 이는 달리 말하
자면 우리 문학교육이 어떠한 위계를 설정하고 있는가 하는 질문이 되며, 교
육을 통한 수용자의 주체 형성에 대해 우리의 문학교육이 어떠한 방향을 정
위해 두고 있는가 하는 문제 의식과 연관을 맺게 된다. 그것이 밝혀지지 않은
상태에서 수용자의 다양성을 배려한다는 것은 허구가 되기 쉽다.

　그러한 분석으로 나아가기 앞서 일단 우리 문학교육의 정전 구성 현황을
교과서 분석을 통해 간략히 검토하는 것이 좋겠다.[7] 현대시 제재에 한정해
현행의 제5차 교육과정에 이르기까지의 교과서에서 상대적으로 빈도수가 높
이 나타난 작가들을 살펴보면, 김소월(10회), 한용운(6회), 김영랑(5회), 조지훈(5
회), 박두진(4회), 유치환(4회), 서정주(4회), 윤동주(3회), 이육사(3회), 박목월(3회),
노천명(3회), 김동명(3회) 등으로 나타난다.[8] 가장 다양한 구성을 보인 제5차
교육과정의 8종 문학교과서 경우도 사정은 크게 다르지 않다. 8종 교과서에
서 4회 이상 실린 시인으로는 김소월, 한용운, 이육사, 조지훈(이상 8회), 이상,
윤동주(이상 7회), 주요한, 정지용, 김영랑, 박두진, 김수영, 이병기(이상 6회), 이
상화, 김광균, 김현승, 신석정, 박목월(이상 5회), 김억, 서정주, 이은상, 유치환
(이상 4회) 등을 꼽을 수가 있는 것이다(민족문학교육회, 1991: 274).

---

7) 문학 교과서가 문학교육과정의 수단에 지나지 않는 것이라는 지적은 원론적으로 타당
　하지만, 문학교육과정 실현에 있어서 다원적 통로와 자료망을 구비하지 못한 우리의 문
　학교육 환경으로는 문학 교과서가 문학교육과정의 특정 지표를 설명하는 유력한 증거
　물로 인식되어 왔다(박인기, 1994: 156). 더욱이 교과서의 권위와 광범위한 영향을 고려
　한다면, 교과서에 실린 작품은 거의 정전급의 작품에 해당한다고 보아 크게 틀림이 없
　을 것이다. 다만 정전 형성을 정치하게 드러내기 위해서는 앞으로 더욱 다양한 통로들
　을 찾아내고 이를 정사(精査)하는 작업이 이어져야 할 것이다.
8) 임문혁(1987) 및 광복40년의교과서편찬위원회(1987) 참조.

여기서 주목해야 할 양상은 범박하게 보아 이른바 순수시(純粹詩) 계열과 민족시(民族詩) 계열이 중심부를 형성하고 있다는 사실이다.9) 즉, 시문학파 (詩文學派)의 순수시와 생명파(生命派), 청록파(靑鹿派) 등이 중심이 된 소위 문 협정통파(文協正統派)의 순수시 계열이 중심부의 한 기둥을 이루고 있다면 그 나머지 축은 한용운, 이육사, 윤동주 등의 민족시 계열이 차지하고 있는 것 이다.10)

사실 이러한 구성은 우리 문학의 주류(主流)를 대표한다고 보아 별 무리가 없다. 하지만 그 주류란 어디까지나 현존(現存)하는 것이 아니라 구성(構成)된 것일 따름이다. 이 이원적 구조는 수많은 문학사적 존재들 가운데 선별(選別) 과 배제(排除)의 과정을 통해 형성된 구성물인 것이다. 가령 민족시 가운데 카 프 계열의 민족시는 철저히 배제되어 있으며, 모더니즘 시나 참여시 계열은 주변부적 구성을 면치 못하고 있는 것이다. 또한 순수시와 민족시는 그 기본 적인 담론의 성격상 상호 배타적인 존재들이라 함이 옳다. 즉, 진실로 순수시 적인 이유에서라면, 소위 정통적인 민족시조차도 비순수에 해당하므로 배제 되어야 하는 것이다. 하지만 실제적으로 그같이 기능하는 법은 결코 없다. 오 히려 이러한 대립적 경향을 문학교육의 양대 주류로 포괄(包括)하고 있다는

---

9) 가령 가장 정전적인 작가라 할 수 있는 김소월의 경우 이 같은 범주 구분이 적용되기 곤란하다는 점에서, 명쾌한 범주화는 기대되기 어려운 것이 사실이다. 단, 그 어느 범 주로 처리하든 김소월이 정전 작가로 분류되는 데 어려움은 없다. 오히려 더 문제가 되는 것은 이상(李箱)과 같은 존재다. 적어도 국어Ⅱ 문학교과서에는 가장 빈도 높게 등장하고 있지만, 정전 체계가 상정하는 문화적 동질성의 국면에서 바라보자면 그를 정전 작가라 부르기란 다소 난감해지기 때문이다. 하지만 그를 제외하고 볼 때 통계상 그가 대표하는 전위주의 내지 모더니즘이 문학교육의 중심부를 차지하는 범주로 보기 에는 순수시와 민족시에 비해 상대적으로 어렵다는 점에서, 모더니즘의 경우는 정전 체계에서 배제되지는 않되 주변부의 지위를 차지하는 것으로 처리하는 것이 타당할 것으로 판단된다.

10) 김수복(1987: 306)은 광복 이후 교과서에 수록된 시들의 주된 주류를 1) 자연친화적 정서를 통한 자연과 인간의 재발견에 관심을 둔 시, 2) 민족과 조국에 대한 도덕적 정 서 함양을 위한 시, 3) 시의 본질적 미학을 기초로 한 순수 서정 형태의 시 등 크게 세 가지 흐름으로 정리하면서 이 같은 구성의 이면에는 인간의 개성과 사회, 그리고 역사적 삶이 갖는 시의 사회적 의미 탐구에 대한 시적 기능이 결여되어 있음을 지적 한 바 있다. 본고는 이 같은 총론상의 지적에는 동의하나, 1)과 3)의 경향이 결국 문협 정통파의 순수 지향으로 통합될 수 있다고 보아 순수시와 민족시 경향을 양대 주류로 파악하고자 한다.

점에서 다양성의 원칙은 그 만족한 모습을 보게 되는 것처럼 여겨지게 되는 것이다. 그러나 그럼으로써 이에 포괄되지 않는 수많은 담론들이 배제되는 사실은 효과적으로 은폐된다고 볼 수 있다.

그렇다면 순수시와 민족시라는 이질적 담론(異質的 談論)은 어떻게 중심부 (中心部)에 공존하고 결합될 수 있었으며, 반면에 다른 이질적 담론들은 어떤 이유에서 정전의 목록으로부터 배제되거나 주변부(周邊部)에 정위되기에 이르렀는지,11) 혹은 순수시와 민족시라는 이질적 담론의 결합이 실제상으로도 위계가 없는 명실상부한 다원주의로 볼 수 있는지 등등에 관한 의문이 먼저 제기되지 않을 수 없다.

이는 곧 현재의 정전 구성이 어떤 과정을 통해 오늘날과 같은 자명성을 획득하게 되었는지에 관해 해명을 요구하는 것으로 된다. 그런 연후에야 우리는 그같이 형성된 정전을 통해 우리 문학교육이 학생들에게 전수하고자 하는 문학적 문화적 지배 관념이 무엇이며 학생들로 하여금 어떤 주체로 성장되고 형성되길 기대하는지, 곧 우리 문학교육의 기저에 흐르고 있는 일종의 이념형을 밝힐 수 있을 것이다.

(2) 정전의 형성 과정 : 순수문학적 담론의 지배화

오늘날 자명하게 받아들여지는 교과서의 정전 구성이 본질적으로 자명한 것이 아님을 밝히고자 할 때, 가장 유효한 방법 중의 하나는 오늘날의 정전을 가능케 하고 있는 담론들을 소급해 올라가 그것이 특정한 역사적 필요에 의

---

11) 모든 사회는 다소간 긴밀한 방식을 통해 실재를 파악하고 일반적으로 계통적, 체계적 가치를 유지하려고 한다. 이는 사회의 기초들과 중심부를 구성하며, 종종 폐쇄 체계의 부분인 확고한 구조로 관찰되기도 한다. 만일 중심부의 현존이 가정된다면, 실제와 다른 가치들을 보는 여타의 방법은 무시되거나 억압되고, 혹은 주변화된다. 다른 말로, 실제와 가치는 보편적인 것이 아니라 특별한 문화적, 사회적, 경제적, 정치적 지평 위에서 조건화되는 것이다(Gordon E. Slethaug, 1993: 518-20). 특히 '주변부'란 용어는 자끄 데리다의 저작을 통해 이론적 명망을 얻은 것으로, 그에게 중심부와 주변부는, 이항적이고 위계화된 대립들을 초월하는 과정으로 부여되는, 구성된 제한들 (constructed limitations)을 지시한다(Winfried Siemerling, 1993: 585-7).

해 이루어진 역사적 구성물임을 폭로하는 방식이 될 것이다. 이에 먼저 우리 교과서의 기원이라 할 수 있는 미군정기의 중등학교 국어 교과서12)의 모습을 살펴보도록 하자. 여기서 우리는 현재의 교과서가 보여 주는 정전 구성과는 사뭇 다른 모습들을 발견하게 될 것이다.

[표 1]

	작 품	작 가
상권	나막신	이 병 철
	비 갠 여름 아침	김 광 섭
	복종	한 용 운
	파초	김 동 명
	난초	정 지 용
	엄마야 누나야	김 소 월
	경이	조 명 희
	가을(시조)	이 병 기
	가고파(시조)	이 은 상
	바다	김 동 명
	향수	김 기 림
	벗들이여	변 영 로
	우리 오빠와 화로	임 화
중권	녹음애송시	정 지 용
	마음	김 광 섭
	산촌모경	백 기 만
	선구자	양 주 동
	아차산(시조)	이 병 기
하권	그대들 돌아오시니	정 지 용
	석탑의 노래	오 장 환
	초혼	김 소 월
	마음의 태양	조 지 훈
	가신 님(시조)	정 인 보

12) 미군정기의 교재는 크게 정규 교과서와 학습 참고서로 분류할 수 있으며, 또 정규 교과서는 국정 교과서와 인정 교과서로 나눌 수 있다(박붕배, 1987: 523). 이 가운데 본문에서 인용된 교과서들은 국정 교과서로서, 조선어학회를 저작자로, 군정청 문교부를 발행자로 하여, 상권(1, 2학년 소용)은 1946년 9월 1일, 중권(3, 4학년 소용)은 1947년 1월 10일, 하권(5, 6학년 소용)은 1947년 5월 17일, 각각 조선교학도서주식회사에서 『중등국어교본』이란 이름으로 간행된 것이다.

해방이 되자, 교육과정 편성과 아울러 시급했던 것은 교과서 편찬이었다. 1945년 9월 이후 초·중등 학교가 개교되기는 했지만, 학생들에게는 이렇다 할 만한 교과서가 없었던 것이다. 그리하여 개교 후 약 2주일간은 교과서 없이 매일 4시간씩의 국민 강좌를 실시하여 한국문화사, 국사개요, 한글 철자법 및 일상 회화, 애국가와 기타 창가를 교수하기도 하였다. 그러한 가운데 국어과(國語科)와 국사과(國史科)의 교과서 편찬은 조선어학회(朝鮮語學會)와 진단학회(震檀學會)의 회원을 중심으로 급속도로 진행된다. 미군정이 실시되기 직전인 1945년 8월 25일에 조선어학회는 총회를 열고 교과서가 없어 수업을 못하는 사태에 대처하기 위하여 우선 임시 국어 교재를 엮기도 하였으며, 해방된 바로 다음날인 8월 16일 총회를 연 진단학회는 9월 1일 건준문화부에서 주최한 교육긴급대책위원회에 김두헌, 조윤제를 파견하고, 9월 17일에는 송석하, 조윤제, 손진태가 군정청 당국과 회견을 갖고 국사 교과서와 지리 교과서의 편집을 위촉받았으며, 그 해 11월부터 12월에 걸쳐 임시중등교원양성강습회(국어·국사)를 개최, 이후 1946년 봄 임시교원양성소를 휘문 학교 내에 설치하여 6개월 간의 집중 교육으로 두 번에 걸쳐 졸업생을 내고 이들에게 문교부에서 교원자격증을 주게 하여 전국의 각 학교에서 국어와 국사를 가르치게 하였던 것이다.13)

그리하여 우리의 국어 교과서가 처음으로 마련된 때는 미군정청 하에 있던 1946년의 일이다. 바로 이 때 해방 공간의 문학교육에 있어 가장 문제적인 인물로 등장하는 이로 우리는 가람 이병기(李秉岐)를 상정할 수가 있을 것이다. 당시 문교부 학무국장 유억겸, 편수국장 최현배, 편수과장 웰치 밑에 국어 교과서 중학교 편수관으로 취임한 이가 곧 가람 이병기였으며 그가 만든 교과서의 일부가 바로 앞서의 [표 1]이었던 것이다.14)

---

13) 진단학회(1984), "진단학회 50년 일지", 『진단학보(57)』, p. 249.

14) 이 당시 학무국장, 편수국장 등은 확인이 가능하나(문교40년사편찬위원회, 1988), 실질적인 편수 업무 담당자에 관해 공식 문서로 남아 있는 기록은 없어 가람 이병기가 편수관으로 활동하였음은 그의 일기를 통해 확인될 뿐이다. 다만 그의 일기는 수사(修辭)를 극도로 삼가고 사실의 기록성에만 충실한 점에서 하나의 모범이 될만한 경우로 흔히 평가되는바, 따라서 그의 일기에 대한 신뢰도는 다소 높은 편이라 할 것이다. 한편 "작고한 분은 수소문하여 알게 된 바를 기록"하여 최근에 만든 정준섭의 <국어과

貞洞國民學校로 가 李丙燾君을 만났다. 國史講演을 하고 있다. (…) 함께
石南 집으로 왔다. 金庠基, 趙潤濟, 金斗憲君도 있다. 臨時會議를 하였다. 文
化協會의 아놀드氏族侮辱聲討文을 보고 贊同 않기로 하였다. 夕飯을 먹었다.
編修官으로 다니는 李君 이야기를 들었다. 學務局 近況을 알았다. 編修官으
로 나를 들어오라고 强勸한다. (1945년 10월 16일자 일기. 『가람문선』, 신구문
화사, 1966, p. 143)

나는 語學會에 가 鄭寅承·李熙承君을 보고 張志暎君을 보고 崔鉉培君을
보고, 내일부터 出勤키로 하고 編修官 자리 하나를 얻고 돌아왔다. (1945년 10
월 29일자 일기, 이병기, 앞의 책, p. 144)

이병기는 조선어학회와 진단학회에 모두 관여하고 있었다. 방종현, 이숭
녕, 이희승, 조윤제 또한 사정은 마찬가지였다. 위 인용문에 의하면, 진단학회
의 회원들이 모인 임시회의 자리에서 그는 국사 과목 편수관으로 먼저 가 있
었던 이병도로부터 학무국의 근황을 파악한 뒤 강권을 받아들였고, 조선어학
회에 가서 '편수관 자리 하나'를 얻어 왔던 것이다.15)

그렇다면 해방 후 교육계의 선편을 쥐게 된 이들 조선어학회와 진단학회
의 성격을 파악하는 일이 중요한 과제로 부각된다. 이들에게 교육계의 헤게
모니가 부여된 점에 대해서는 일단 이들이 학문계에서 차지하고 있던 권위의
측면에서 이해될 수 있을 것이다. 서울대학교의 경우, "국어·국문·국사학
등을 중심한 한국관계 분야에 있어서는 다른 분야에 비하여 어느 정도의 학

___

역대 편수 업무 담당자> 표에는 이병기가 편수과장(1945-46)으로 나타나 있다. 정준
섭(1995: 274) 참조.
15) 이후 구성된 교과서 집필 위원에는 이희승, 이숭녕, 정인승, 장지영, 윤재천, 이호성,
방종현, 이태종, 윤복영, 윤성용 등이, 심의 위원에는 조윤제, 최현배, 이극로, 김윤경,
김병제, 이은상, 이세정, 양주동, 주재중, 조병희 등이 참여하였다(홍웅선, 1982: 65).
한편, 교과서를 비롯하여 교육과정 정책 형성 집단, 즉 학자 집단, 교사 집단, 관료 집
단 가운데 편수 관료들의 정책적 역할은 상당한 바가 있는데, 특히 학문적 혹은 실천
적으로 다양한 가능태들이 정책으로서는 하나로 선택 확정되어야 할 경우, 그 최종적
인 결정 역시 정책 당무자들의 몫으로 알려져 있다(박인기, 1994: 117). 그런 점에서
편수관으로서의 가람의 역할이 기대될 수 있는데, 그 역시, 집필 위원 및 심의 위원과
마찬가지로, 더욱이 조선어학회로 표현되는 동일한 학자 집단의 일원이었다는 점에서
주목을 요한다.

문적 전통을 지녀왔으며 또 극히 제약된 의미에서이기는 하나 그 나름의 연구 성과를 거두어 왔던 것"(서울대학교삼십년사편찬위원회, 1976: 144)으로 기록되고 있다. 국문학과의 경우, 경성 제국 대학 법문학부 조선어문학과 출신의 도남(陶南) 조윤제(趙潤濟)가 법문학부장에 취임해 있었고, 이희승, 이숭녕, 방종현 등이 교수진을 구성했는가 하면, 역사학과의 경우, 이병도, 손진태, 이인영(국사학), 김상기(동양사) 등 조선어학회 및 진단학회 회원들이 자리를 잡고 있었던 것이다.

이들은 국문학과 학생들과 역사학과의 국사 전공 학생들이 같은 연구실을 쓰고 교수 연구실도 각과가 서로 잇대어 있었을 만큼 강한 친화 관계를 보인다. 이는 곧 그들이 어떤 단일한 학문적 전통을 공유하고 있었음을 말해 준다. 그리고 앞에서 보듯, 이 학문적 전통이 결국 교육계에 선택되기에 이른다. 물론 이러한 선택이 보다 광범위한 의미에서의 학문계의 의사 결정 과정에서 비롯된 것은 아니라는 점, 더 정확히 말하자면 이들이 교육계에 선택된 것은 학문계 자체 내에서라기보다는 외부로부터 부여된 권위 덕택일 가능성이 크다는 점도 잊어서는 안될 것이다. 그에 대해서는 후술토록 하겠거니와, 여기서는 그들이 공유한 학문적 전통 내지는 이념형을 적출하는 데 관심을 한정하도록 하겠다.

우선 주목해야 할 사항은 조선어학회와 진단학회 중심의 이 학문계는 자체 내의 대립이 없는 세계였다는 점이다. 식민지 대학 제도에서 벗어나 자주 독립 국가의 대학이라는 제도 속으로 학문계가 구성되고자 한 초기, 사회 전반은 지배 담론의 위치를 확보하기 위해 혼란을 거듭하고 있을 때, 이들로 대표되는 국학계(國學界)만은 상대적인 안정을 기할 수가 있었던 것이다. 가령 경제학의 경우는, "신태환, 김두희 등 극소수의 케인즈 경제학자 그리고 최문환 등 웨버 학도들이 고군분투하는 가운데 정통파 및 경향파 마르크스학자가 주류를 점하였"고 "마르크스학파와 근대경제학파 사이의 갈등은 환도 이후"(서울대학교삼십년사편찬위원회, 1976: 585)에야 해소될 수 있었다. 반면에 진단학회는 "사상문제로는 미동도 하지 않았"[16]던 것으로 기록되고 있다.

---

16) "그런데, 해방 후 사상의 혼란으로 각 단체가 많은 문제를 지니고 분열을 거듭할 때, 우리 진단학회는 사상 문제로는 미동도 하지 않았다. 도유호 회원은 북한에서 내려오

이들이 공유한 사상 내지 이념은 이른바 신민족주의(新民族主義)로 요약될 수 있다. 신민족주의는 해방 후 당면 제 일 과제인 통일민족국가의 건설을 모색하는 방안으로 제기되었던 것으로서, 그 정치 이념은 대내적으로 좌우 양극단을 배제하고 민족주의와 사회주의의 이념을 적절히 조합하여 좌우 협진, 만민 공생의 길을 찾아 민족적 단합을 도모하고 대외적으로는 몰아적(沒我的)인 국제추수주의를 배격하고 민족적 주체성을 견지하되 대외 배타성은 지양하여 국제 협력을 도모해 새롭고 조화로운 민족국가를 건설하자는 것이었다.

1930년대 신간회(新幹會) 해체 후 극좌의 세계혁명론과 계급투쟁론에 대응하여 민족주의의 새로운 활로를 모색하며 통합 노선을 추구하는 가운데서 그 틀이 형성되었던 것으로 보이는 이 신민족주의론은 해방 후 안재홍, 손진태, 이인영, 조윤제 등에 의해 본격적으로 주창되기에 이른다.

먼저 안재홍은 해방 후 현실과 과제에 대해 다음과 같이 말하였다.

> 吾人은 초계급적인 全民族 被壓迫의 형태에서 항전하여 왔고, 다시 全民族的 解放의 단계에 들어 있어, 초계급적 統合國家 建設의 역사적 약속 아래 있으므로 모든 진보적이요 反抗侵略帝國主義的인 地主와 資本家와 農民 勞動者 등 근로층의 인민과를 통합한 新民主主義의 국가를 創業하여, 萬民皆勞와 大衆共生을 이념으로 하는, 계급독재를 지양시킨 新民主主義의 실행을 목표로 한, 정치적 문화적 新紀元의 歷史를 開創하여야 한다. (안재홍, "국민당 선언", 『민세안재홍선집2』, 지식산업사, 1981, p. 62)

이는 민족의 초계급적인 운명 공동체로서의 성격을 강조한 것으로서 바꾸어 말하자면 8·15 해방은 일차적으로는 독립통일국가 건설로 이어지는 민족 해방이 우선되어야 하며, 민족 내의 계급간 불평등의 해소는 부차적이라는 것이다. 그는 우리 역사의 예를 들어 외세 배격이 계급 투쟁보다 선결 과제가 되었기 때문에, 또는 외세에 의해 민족 전체가 지배를 받게 되었기에, 한국사에서 계급혁명은 성공치 못하였고 또 바람직하지도 않다는 시각을 갖

지 않았고, 이여성 회원만이 자진 월북했으나 '가 보라지'로 모두들 냉정했다. 이여성은 책을 짐으로 꾸려 가지고 월북하려다가 경계선에서 걸려 짐을 빼앗겼다는 풍문도 있었지만, 우리들은 아무런 반응도 내보이지 않았다." (이숭녕, "진단학회와 나", 『진단학보(57)』, 진단학회, 1984, p. 241.)

고 있었다. '동학란'을 '敵前內訌의 민족적 大罪過'라고 한 것도 그런 시각이
다. 이렇듯 시종 계급 모순은 민족적 이해(利害) 속에 용해되어야 한다고 주장
하였던 데서 이는 좌익의 현실 인식과 차이를 나타내는 것이었다. 반면 자본
계급의 독재를 부정하고 만민 개로(萬民皆勞)와 대중 공생(大衆共生)하는 신민
주주의사회가 되어야 함을 강조하여 극우와도 차이를 나타내었다. 이와 같은
안재홍의 신민족주의는 중도 우파(中道右派)의 좌우 합작(左右合作)의 논리로서
이 시기 다른 신민족주의자들의 그것과 반드시 모든 면에서 일치하는 것은
아니었으나, 대체적인 기본적 역사 인식에서는 공통성을 보이고 아울러 손진
태(孫晋泰)에게 영향을 끼쳤다.

　손진태가 처음으로 신민족주의를 제창한 것은 1947년 4월에 쓴 '國史敎
育의 基本的 諸問題'라는 글에서였다. 그는 신민족주의는 '민주주의적 민족
주의'라고 하면서 다음과 같이 선언했다.

　　新民族主義는 國際的으로 모든 民族의 平等과 親和와 自主獨立을 要請
　　한다. 그리고 國內的으로는 모든 國民의 政治的 經濟的 敎育的 均等과 그에
　　인한 弱小民族의 團結과 發展을 要請한다. 그러므로 新民族主義는 國際的으
　　로 戰爭을 否認함과 마찬가지로 國內의 階級鬪爭을 拒否한다. (손진태, "국
　　사교육 건설에 대한 구상-신민족주의 국사교육의 제창", 『새교육』, 1948. 8 · 9
　　월 합병호)

요컨대 소련식(蘇聯式) 소비에트 민주주의와 영미식(英美式) 부르주아 민주
주의 모두를 거부하고 대내적으로 균등 사회를 지향하되 계급 투쟁을 거부하
며 대외적으로는 국제 친선을 도모하는 민족 자주의 민주주의 국가를 건설하
자는 이념이 신민족주의라는 것이다. 결국 그가 지향한 내일의 균등한 통일
국가의 건설을 가능케 할 동력은 운명 공동체로서의 민족에 대한 자각을, 특
히 지배계급의 자각을, 규범 윤리를 가지고 촉구하는 것뿐이게 된다(노태돈,
1991: 8).

　도남의 신민족주의에 대해서는 다시 언급할 기회가 있겠거니와, 이상에서
보듯 신민족주의란 우파에서 제기된 중도통합노선이라고 볼 수 있다. 국어 교
과서의 편수 책임을 맡은 이병기가 처한 위치 역시 여기서 벗어나기는 어려

웠을 것이다. 그의 주체 위치는 우선 조선어학회와 진단학회로 대표되는 학
문계의 이러한 신민족주의적 담론 속에 설정되어 있기 때문이다.

하지만 편수의 주임을 맡은 뒤 그가 먼저 찾아간 곳은 조선어학회도 진단
학회도 아닌, 전혀 다른 곳이었다는 점에 각별한 주의가 요청된다.

> 國語敎科書 中學校의 것은 내가 編修의 主任을 맡았다. 初等・中等 其他
> 國語敎科書 編修에 대한 討議를 文藝・學術・敎育團體를 網羅하여 하자 하
> 고 나는 文化建設協會에 가 李源朝君을 보고 相議하니 게서 여러 文化團體
> 와 이미 이 問題를 의논하고 建議文을 지었다 하며, 그 建議文을 보니 編修課
> 의 생각과 符合하였다. 서로 좋다 하고 나는 게서 委員 다섯만 推薦해 달라고
> 부탁하였다. (1945년 11월 2일자 일기, 이병기, 앞의 책, p. 144)

이 진술을 통해 그의 정치적 감각을 문제삼을 때, 그리고 문제적 개인으
로서 그가 담아내야 했던 계층 내지 집단의 최대치가 무엇이었는가 하는 것
을 문제틀로 설정할 때, 우리는 다시 이 문화건설협회라는 제도적 담론을 검
토하지 않으면 안 된다.

주지하는 바대로, 해방 이후 등장한 좌파 문학 단체는 크게 두 갈래로 나
뉘어 있었다. 그 하나가 '조선프롤레타리아예술연맹'(이하 예맹)이었고 다른 하
나는 '조선문화건설중앙협의회'(이하 문건)였으며, 양 단체의 가장 핵심이 되었
던 문학 부문의 경우, '조선프롤레타리아문학동맹'과 '조선문학건설본부'가
그 각각에 대응한다. 그리고 이 두 단체들이 남로당의 지령에 따라 1946년 2
월 통합되어 만들어진 것이 '조선문학가동맹'이었던 것이다.[17) 이때 이태준,
이원조, 안회남, 임화, 김남천 등이 주축이 된 문화건설중앙협의회 쪽과 이병
기가 가까웠던 것은 사실로 인정된다.

문건과 예맹은 모두 남로당의 초기 노선인 8월 테제에 입각해 있었으며
민족의 완전한 독립과 해방을 위한 민주주의 정권 수립에 있어 민족통일전선

---

17) 해방 공간의 문학론에 관한 연구는 이미 상당한 성과를 거두고 있다. 주요 연구로는
  권영민(1986, 1988), 김윤식(1989), 김윤식 편(1989), 신형기(1988), 이우용 편(1990),
  하정일(1992) 등을 들 수 있다. 본 연구는 교육적 관심을 견지하는 가운데 이 같은 기
  존 성과를 수렴하고자 한다. 해방 공간의 문단과 문학교육의 관련에 대해서는 김윤식
  (1992) 및 윤여탁(1990) 등에서 단편적이지만 중요한 언급을 발견할 수 있다.

의 건설이 당면의 가장 중요한 임무임에 동의하고 있었다. 그럼에도 불구하고 이와 같은 정치 노선을 문학상에 적용하는 구체적인 내용에 있어서는 상이한 양상과 갈등을 노정하게 된다.

예맹은 문화 전선의 상황을 부르주아 예술과 프롤레타리아 예술과의 대립으로 파악하고 있었다. 그 결과 이들은 문건의 민족문학론을 이데올로기의 타협 내지 타락으로 파악하게 된다. 반면에 문학가동맹의 이론으로 발전하게 되는 이른바 민주주의 민족문학론은 임화(林和)의 「민족문학의 이념과 문학운동의 사상적 통일을 위하야」(『문학』 3호)에서 잘 드러나는데 그 요점은 다음과 같다.

> 우리는 결코 조직의 방편이나 운동의 수단으로서 민족문학의 구호를 내걸고 있는 것이 아니다. 민족문학의 외형 속에서 계급문학의 건설을 기도하고 있는 것도 아니다. 우리는 열렬한 애국심에서 민족에 대한 진정한 충성에서 진실로 민족적인 애국적인 민족문학 건설에 종사하고 있는 것이다. 문학가동맹은 이것의 실천을 주요목적으로 하는 단체다. (…) 이러한 목적은 전 인민의 이념으로서의 노동계급의 이념, 전 민족의 이념으로서의 노동계급의 이념, 민족문학의 이념으로서의 노동계급의 이념을 더 한층 고양하고 한층 더 깊이 파악함으로써만 달성될 것이다. 현재의 단계에서 노동계급의 이념은 노동계급만의 이념이 아니라 인민 가운데 포함된 모든 계층의 공통된 이념이기 때문이다.

임화에 의하면 민족문학론은 예맹에서 바라보았듯 조직 편의상 작가들을 수용키 위해 선택된 구호라든가 계급문학자들이 다른 목적으로 차용한 일시적 방편 내지 전술이 아니다. 민족문학은 '우리 민족의 당면한 역사적 현실 가운데서 생성, 발전하여 나아갈 문학의 사상적 예술적 본질이 통일적으로 표현된 개념이며, 그 목적의 달성을 위하여 전 노력을 경주하고 있는 문학가동맹의 움직일 수 없는 실천 목표'인 것이다.

임화는 조선공산당의 부르주아 민주주의 혁명 노선에 입각하여 현하(現下)의 정치적 과제를 설정하고 이의 수행 주체를 노동 계급을 중심으로 한 농민, 중산층, 소수의 급진적 부르주아, 즉 인민으로 설정하였다. 즉 문건은 현 정세를 민주주의적 변혁을 갈망하는 광범한 인민층과 그에 반하는 반인민적 세력과의 대립으로 파악하고, 이를 인민적 입장에서 극복하기 위해 광범한 문화통일전선을 설정하였으며 이의 지도 이념으로서 인민의 문학인 민족문학을 제시하였던 것이다.

결국 조선공산당이 장안파와 합류하여 정치 운동의 단일 노선을 구축하게 되자, 조선문학가동맹의 결성을 통해 좌익 문단의 분열도 극복되기에 이른다. 그 결과 1946년 2월의 전국 문학자 대회가 열리고 그 자리에서 강령과 결정서를 채택함으로써 이념과 노선의 새로운 정비를 꾀하게 되었던 것이다. 이 대회에서 내세운 것이 바로 민족문학이었으며, 그것을 위한 방법론은 '혁명적 로맨티시즘을 계기로 내포한' 진보적 리얼리즘이었던바, 이는 엄밀히 따지면 당파성 쪽도, 민주주의 노선 쪽도 아닌 이른바 중간노선이라 할 수 있다(김윤식, 1992: 182).

그들이 표방하는 인민민주주의 민족문학 노선이란, 모택동의 「신민주주의론」에 바탕을 둔 연합 독재론에 수렴된다. 프롤레타리아를 주축으로 하되, 지식인, 소자본가, 농민 등의 연합 독재 형식으로 국가 이념을 상정하고 이를 위한 문학을 민족문학이라 규정한 것은, 당시 남한의 현실을 정확히 표현한 것이라 할 것이다. 따라서 이는 프롤레타리아트만의 단독 독재에 의거한 나라 만들기를 내세우는 북로당의 노선과는 현격히 다른 이데올로기였다. 노동계급 단독 독재를 국가 이념으로 하는 문학을 '당(黨)의 문학(文學)'이라 부른 북로당의 문학 이념이란, 한편으로는 당시 북한의 현실에 엄밀히 대응되는 것이다(김윤식, 1994: 66).

이렇게 본다면 가람 이병기가 섰던 곳은 바로 인민성을 내세운 남로당(문학가동맹) 노선과 신민족주의론(진단학회)의 사이가 된다. 이들은 적어도 외견상 중도 노선으로 수렴될 수 있다는 점에서 일면으로는 맥이 상통하였다고도 볼 수 있다. 하지만 신민족주의가 계급투쟁에 관해서는 적대적인 시각을 갖고 있었던 반면, 문건의 민족문학론 역시 연합 독재의 형식이기는 하되 프롤레타리아트를 주축으로 삼는 데 대해서는 양보가 있을 수 없었다는 데에, 커다란, 그리고 근본적인 불일치가 존재하고 있었던 것이다. 말하자면 상대적으로, 가령 북로당이나 극우 민족주의와의 관계에 비해서는 친화관계가 가능했지만, 본질적으로는 대립의 지양을 거두기가 어려운 형국이었던 것이다. 모두

가 민족과 민주주의를 말한다 하더라도 그 내포에 있어서는 현격한 차이를 보이고 있는 이 점이야말로 담론과 이데올로기의 관계를 증명해 주는 좋은 예라 할 것이다.

그럼에도 불구하고 해방 공간에 있어 좌우를 절충 연합하자는 주장은 항상 가능성에 대한 신념을 전제로 행해진 일종의 의무와도 같은 것이었다. 앞서 가람의 일기에서 보았듯, 학무국 편수과의 방침과 이미 작성된 문건(文建) 측의 건의문이 의견의 일치를 거두고 있었다는 것, 즉 교과서 편수에 대한 토의를 문예·학술·교육단체를 망라하여 하자―이 경우 '망라'의 대상은 단순히 수(數)의 다수를 말하는 것이 아니라 좌우익을 가리키는 것으로 보아야 할 것이다―는 데에 대한 동의가 이미 이루어져 있었다는 것은, 우연이라기보다는 극히 자연스러운 일이었을 따름이다. 문건이 표방하고 있는 노선을 잘 알고 있었기에 편수의 주임을 맡자마자 그들에게 갈 수 있었던 것이고, 그런 점에서 이병기는 실로 적임자였던 것이다.

그러나 정치 이데올로기의 담론이 그러하였듯이, 원론에서의 동의가 각론에서도 수월하게 얻어졌을 듯싶지는 않다. 중간 노선은 있었어도, 정작 그에 대응되는 글은 아직 씌어진 적이 없는 상황이었기 때문이다.

이런 상황이라면 교과서 편찬에 있어 그로서 택할 수 있는 길은 일단 조화와 균형 감각이었으리라고 추정해 볼 수가 있다.18) 하지만 그 주된 방식은 좌우익 이데올로기의 표현을 공평히 안배하여 좌우의 균형을 택하는 방식은 아니었다. 사실상 미군정청 학무국 소속으로서 그러한 작업은 애당초 가능하지 않았다고 볼 수 있다. 따라서, 좌익 혹은 문단의 인민민주주의 민족문학론과, 우익 혹은 학계의 신민족주의론 사이에 놓여 있었던 그로서 내걸 수 있었

---

18) 자세한 편찬 과정은 밝혀져 있지 않으므로 이병기가 얼마만한 역량과 영향력을 발휘했는지는 알 수가 없다. 상식적으로 보아 이병기 개인에 의해 교과서가 편찬되었다고 볼 수는 없을 것이다. 다만 편수관이라는 공적인 행위 주체로서 각계의 견해를 수렴하고 그 과정에서 정당성이나 명분을 확보하지 않으면 안되는 입장에 그가 서 있었음을 감안할 때, 그가 어떠한 영향력을 발휘했는가 하는 문제보다는 그가 각계로부터 어떠한 영향을 받았는가 하는 점에 초점이 모아지게 된다. 따라서 본고의 기술 가운데 주체(주어, subject)로 등장하는 이병기는 시대성이라는 담론의 행위 주체(agent)를 의미한다.

던 유일한 명분은 바로 '민족'이라는 공통항이었을 따름이다.

그러나 그 '민족' 개념의 구체적 실체는 실제적으로는 대립과 갈등의 소지가 다분한 것이었던바, 여기서 그는 '민족' 개념을 추상화시킴으로써 그 갈등으로부터 벗어나는 방식을 택한다. 즉 좌우익 이데올로기를 모두 은폐시키고, 다만 '민족'의 이념으로 추상될 수 있는 것들만을 망라함으로써, 가령 과거의 '전통'에 대한 표나는 강조를 통하여 그 같은 대립의 측면을 은폐할 수 있었던 것이다.[19] 다만 결과적으로 '계급'이 들어설 자리는 없었다는 점에서, 외견상 공평무사하고 중립적인 것처럼 보이는 이러한 방식은 기실 특정한 이해관계를 반영하고 있었던 것이다. 그 점은 소위 그 '전통' 속에 시조를 비롯한, 주로 지배계층의 유산이 포함된다는 점에서 잘 드러난다.[20]

물론 이것은 이병기가 좌익 계열 작가들의 작품을 배제하였다는 것을 의미하지는 않는다. 배제하기는커녕 그로서는 최대한의 균형 감각을 발휘하여 수다한 좌익 계열 작가들의 작품을 교과서에 수록하였으며 [표 1]에서 보듯 적어도 좌우익 작가의 포괄이란 점에서는 해방 이후 오늘에 이르기까지 다시는 그 같은 실현을 보지 못한 유일한 예로 기록될 정도인 것이다.

하지만 그것은 어디까지나 작가의 안배를 의미하는 것이었지 작품의 경향성까지 포괄하는 것은 아니었다. 좌우익 작품의 있는 그대로를 포섭하기보다, 그는 앞서 언급한 대로 추상적이고 보편적인 '민족'의 이념 아래 모든 작가들이 한데 어울려 해방 후 첫 교과서에 그 모습을 드러내는 방식을 채택했던 것이다. 그 결과 좌익 작가의 작품은 실렸으되, 좌익적인 작품은 거의 실리지 않았다.

이병기의 균형 감각은 여기서 절묘하게 드러나는데, 가령 이기영의 <고향>을 실으면서도, 그는 <원터>로 그 제명을 바꾸고 특히 <고향>의 배경 묘사 부분만을 수록함으로써 이데올로기의 틈입을 효과적으로 차단하는 한

---

19) 군정청은 초기부터 교육과 정치의 분리를 강조해 왔고, 이 기본 정책에 따라 논란이 되는 모든 문제를 교과서 내용에서 제외시키기로 결정하였다고 한다. 최원형(1987: 355) 참조.
20) 물론 '이순신과 한산도 대첩(중권 14단원)' 등 국난극복의 역사라든가, '신라의 화랑제도(중권 34단원)', '석굴암', '고려의 부도 미술' 등 문화유산에 대해 강조한 것은 당대의 공통적인 시대적 요청으로 볼 수도 있다.

편, 좌우익 작가를 '망라'하는 실질을 거둘 수 있었던 것이다. 그의 균형 감각은 채만식의 <탁류>를 수록하면서도 이기영의 경우와 동등하게 <금강>이라 개명하고서 역시 배경 묘사 부분만을 다루게 하는 정도로 나타난다.

시의 경우도 사정은 마찬가지였다. 가령 이병철의 <나막신>이라든가 오장환의 <석탑의 노래>, 김기림의 <향수>, 조명희의 <경이> 등은 그것이 좌익 계열 작가의 작품이라는 소개가 없는 한, 도저히 계급주의적 성향을 검출해 낼 수가 없는 작품들이었던 것이다. 참고로 교과서에 실린 이병철과 오장환의 작품만을 소개하면 다음과 같다.

은하 푸른 물에 머리 좀 감아 빗고 / 달 뜨걸랑 나는 가련다. / "목숨 수"ㅅ자 박힌 정한 그릇으로 / 체할라 버들ㅅ잎 띄워 물 좀 먹고 / 달 뜨걸랑 나는 가련다. / 삽살개 앞세우곤 좀 쓸쓸하다만 / 고운 밤에 딸그락 딸그락 / 달 뜨걸랑 나는 가련다. — 이병철, <나막신>(『중등국어교본 上』, p. 39)

탑이 있다. / 누구의 손으로 쌓았는가, 지금은 거친 들판. / 모두다 까맣게 잊혀진 속에, / 무거운 입 다물고 한없이 서 있는 탑. / 나는 아노라. 뭇 천백 사람 미지와 신비 속에서 / 보드러운 구름 밟고, / 별과 별들에게 기울이는 속삭임.

순시(瞬時)라도 아 젊은 가슴 무여지는 / 덧없는 바라움 / 탑이여, 하늘을 찌르는 제일 높은 탑이여. / 어느 때부터인가? / 스스로 나는 무게 아득한 들판에/ 홀로 가없는 적막을 누르고……

몇 차례나 가려다는 돌아서는가. / 고이 다듬는 끌(鑿)이며 자자하던 이름들 / 설운 이는 모두다 흙으로 갔으나 / 다만 고요함의 끝 가는 곳에 이제도 / 한층 또 한층 주소로 애처로운 단념의 지붕 위에로 / 천 년 아니 이천 년 발돋움 하듯 / 탑이여, 머리 드는 탑신이여, 너 홀로 돌이여…… / 어느 곳에 두 팔을 젓는가? — 오장환, <석탑의 노래>(『중등국어교본 下』, pp. 44-6)

이렇듯 민족이라는 이념 하에 서로간의 이념적 색채를 제거한다는 것은 아마도 가능성의 최대치였다고 할 수도 있을 것이다. 하지만 이로써 우익 측의 문학은 전혀 손상되거나 오도될 염려가 제거될 수 있었음 또한 사실로 지적되어야 한다. 말하자면 이념이 제거됨으로써 양 문학간의 차이점이 사라지고, 그렇게 된다면 순수문학 계열의 후신이 우파의 민족문학파였다고 할 때, 이는 곧 순수시적 경향으로의 통합에 다름 아닌 것이다.

그럼에도 불구하고 이 중등 국어 교과서를 놓고 파문은 정작 우익 쪽으로부터 크게 일어났는데, 그 사정을 가람 자신은 이렇게 일기에 기록한 바 있다.

> 문교부 국어교본에 넣은 작가 가운데 좌익이 있다 하여 공보처서 지적하여, 빼기로 하여 큰 문제가 되었던 모양인데, 고등교육국장 사공환은 내가 문학가 동맹 부위원장이라고 또한 말썽을 부려 왜 성명서를 아니내는가 하였다 한다. 그러나 공보처는 좌익을 A, 중간을 B, 우익을 C로 표시하여 문교부에 보낸 바 나는 C로 하였더라고 한다. (이병기, 『가람일기』, 신구문화사, p. 616.)

이 경우 문제가 된 좌익 시비에 해당하는 작품은 사실상 임화의 시에나 해당되는 것이었다. 즉 이기영, 이원조 등을 필두로 다수의 좌익 계열 작가들의 작품이 실렸다 하더라도 이들의 작품은 실상 자신들의 기본 성격과는 거리가 먼 작품만이, 혹은 이념성이 탈각되도록 교묘히 변형되어 수록된 경우라 할진대, 중등 국어 교본 <중권>에는 문학가동맹의 좌장 격인 임화의 단편서사시 <우리 오빠와 화로>가 실려 있었던 것이다.[21]

이병기가 위험을 무릅쓰고 애써 임화의 이 작품을 선택해 내었다고 볼 흔적은 별로 발견되지 않는다. 오히려 그로선 이 작품의 선택이야말로 자명하고 가장 안전한 선택 중의 하나라고 여겨졌을 법하다. 그것은 바로 이 작품의 성격 자체에 기인한다. 즉, 이 작품을 두고 센티멘탈리즘이라 하여 볼셰비키파로부터 엄정한 비난의 대상이 되고, 결국 임화 스스로 통렬한 자기 비판을 감행해야만 했던 것, 이병기의 선택은 바로 이러한 역사적 사실에 입각한 것이었다. 조선의 문학을 망라해야 하는 입장의 그로서는 극좌 경향으로부터 비난받은 이 단편서사시야말로 가장 온건한 좌익 계열 작품 가운데 하나로 비쳐졌을 것이며, 더욱이 <우리 오빠와 화로>는 계급 모순보다 민족 모순을 다룬 것으로 읽힐 여지가 충분한 작품이었다는 점에서, 그의 선택은 스스로

---

21) 임화의 단편서사시에 관해서는 정재찬(1987), 윤여탁(1990), 남기혁(1992) 등을 참고할 것.

에게도 거의 자명한 수준의 것으로 여겨졌을 법하기 때문이다. 이는 문건 스스로 카프 시절의 문학 운동을 계급문학 운동이 아니라 민족문학 해방 운동으로 규정하였을진대, 적어도 민족문학이라는 공통의 대의명분에 있어 이병기가 취할 수 있었던 가장 적절한 선택이었던 셈인 것이다. 다시 말해 이 경우 역시 '계급'을 포함한 '민족'의 차원에서라기보다는 '계급'을 배제한 '민족'의 차원에서 이루어진 선택으로 이해될 수 있는 것이다.

그러나 이제는 이병기조차 좌익 시비에 걸려들 만큼, 작품의 이데올로기가 아니라 작가의 이데올로기 자체가 문제시되는 시점에 도달하였음에 유념할 필요가 있다. 미군정청 학무국에 의해 중등 국어교본이 발행된 것이 상권의 경우 1946년 9월 1일, 중권은 1947년 1월 10일, 그리고 하권의 경우는 1947년 5월 17일의 일이었으니, 이 때는 이미 제1차 미소공동위원회가 중단된 이후 새롭게 전개된 좌우합작조차 현실성을 상실해 간 상태에서 제2차 미소공동위원회(1947년 5월)가 재개된 시점이었던 것이다. 이제 '민족'과 '민주주의'라는 담론은 좌우익 각각의 의미화 실천에 의하여 더 이상 공통된 기의(記意)를 갖지 않게 되었던 것이다. 다시 말해 문학가동맹의 인민민주주의 민족문학론은 더 이상 민족문학론으로 용인되지 못하는 시점에 도달하였던 것이다.

해방은 이데올로기 지형의 전복을 가져왔다. 민족 해방의 저항 이데올로기 속에 포괄되었던 이념들이 하루아침에 가장 영향력 있는 지배 이데올로기의 담론으로서 부상했던 것이다. 그 중 가장 빈번하게 사용되었고 그러면서도 가장 설득력 있게 등장했던 단어는 '민족'과 '민주주의'였다. 민족 개념은 일제 식민 지배에 대한 저항과 반대의 모든 것을 포괄했고, 따라서 그것은 해방의 새 질서를 건설하기 위한 공통의 기반을 의미했다. 민주주의라는 개념은 억압, 탄압 등으로 시종된 일제의 정치적 지배에 대한 대안적 담론으로서 해방의 새 정치를 조직하는 기본 원리로서 비추어졌다. 따라서 민족, 민주주의 등의 담론은 일제 잔재를 청산한 바탕 위에서 새롭게 건설될 사회를 나타내는 가장 기본적인 지시어들이었다. 그러므로 해방 초기에 민족, 민주주의 등과 같은 담론은 그 내용이 비록 체계화되어 제시된 것은 아니지만, 일제 식민지배를 대체하는 새로운 질서를 전망케 해 주는 일정 정도 합의된 담론들이었다. 그렇지만 해방 후 시간이 흐름에 따라 각 정치 세력들의 정치적 갈등과 이데올로기 갈등이 심화되면서 이러한 담론들의 의미는 분열되고 변화하였다. 따라서 이러한 담론들은 같은 용어로 표현되었다 할지라도 점차 그것을 사용했던 각 정치 세력들의 입장과 이해에 따라 전혀 상반되기까지 했던 의미를 지니게 되었던 것이다.

그 결정적 계기는 바로 1946년 말 모스크바 결정으로 인한 찬·반탁 운동이었다. 그 이전까지 수세에 있었던 우파 세력은 이를 계기로 사태를 일거에 반전시키면서 민족적 정통성을 주장하게 되었던 것이다. 모스크바 결정을 둘러싸고 벌어진 찬·반탁 운동은 우파의 민족자결 노선 대 좌파의 민주주의 노선이 대립하는 것처럼 만들었다. 어찌 보면 좌파와 우파의 헤게모니 경쟁의 우열은 어느 쪽이 민족적 명분을 장악할 수 있는가에 달려 있었다고 할 수 있는데, 우파 세력은 찬·반탁 분규 과정을 거치면서 그 경쟁에서 점차 우세를 확보할 수 있게 되었던 것이다. 장기간에 걸친 일제 식민 지배의 결과, 당시 가장 광범위하게 동원할 수 있었던 대중적 정서의 잠재적 원천은 반외세의 민족 감정이라 할 수 있었기 때문이다.

결국, 이후 남북한 분단 정권의 수립은 해방 당시 어느 정도 합의되었던 '민족'과 '민주주의'의 개념을 두 개념으로 분열시켰다. 즉, 일제 식민 지배에 대한 저항과 반대의 모든 것을 함축했던 민족 개념은 이제 남한에서는 소련의 사주로 반민족적인 행위를 일삼는 공산주의자들을 배제하는 개념으로 되어버렸고, 북한에서는 미 제국주의자들의 이해를 도모해 주는 민족 반역자의 책동에 대항하는 개념이 되어버렸다. 일제의 억압적 식민 통치에 대한 대안을 의미했던 민주주의 개념 역시 변화 분열되었다. 민주주의란 좌파에겐 암묵적으로 사회주의를 지향하는 민주 개혁을 의미했고, 우파 단정 세력에게는 공산독재를 배제하는 모든 조치가 민주적인 것으로 해석되었던 것이다(정해구, 1994: 41).

이러한 정치적 결과는 문학의 경우 임화의 작품마저 반민족적이고 반민주적인 것으로 해석되는 결과로 나타나게 되며, 이 시점에서 그나마 가람이 해방 공간에서 보여 주었던 최소한의 균형 감각조차 허용되지 않기에 이른다. 동시에 이는 문학가동맹에 맞선 우익 진영 문학 단체의 담론이 지배적 담론의 위치를 차지하게 됨을 의미하는 것이기도 하다.

비록 갈등의 은폐라는 측면이 농후했다 하더라도, 교과서 편찬에 있어 이병기가 보여 준 균형 감각은 민족국가의 수립이라는 시대 정신이 모든 사고와 행위의 우위에 서 있었음을 입증해 주는 예라 할 수 있다. 마찬가지로 우익의 문학이 이후의 주류를 형성하게 되었다는 것 역시 시대 정신의 변화를 반영하는 것이라고 볼 수 있을 것이다. 그러므로 그 각각은 역사적 피제약성을 보여주는 것이며, 그런 점에서 문학의 주류 혹은 정전 또한 역사적 구성물에 불과한 것임을 말해주는 것이 된다.

한편, 1945년 9월 18일, 박종화, 김진섭, 이헌구, 김광섭, 유치진, 김영랑, 이하윤 등 30여 명이 결성한 중앙문화협회는 이후 확대 개편되어 1946년 3월 13일 전조선문필가협회를 결성한다. 문학가동맹 측의 전국문학자대회에 건국준비위원회(조선인민공화국)의 대표격인 여운형이 참석하여 축사를 한 데 비해, 전국문필가협회 결성 대회에는 김구가 참석하고 이승만의 축사 대독과 안재홍 등의 축사가 이어졌다는 사실은 대단히 상징적인 의미를 갖는다. 이러한 성격의 전조선문필가협회 밑에 별도의 문학 단체가 만들어져 좌익 문학에 맞선 본격적인 문학 이론의 수립이 이루어졌던바, 이것이 곧 회장에 김동리, 시분과위원장에 서정주, 소설분과위원장에 최태웅, 비평분과위원장에 조연현, 고전문학분과위원장에 조지훈, 그리고 박두진, 박목월 등으로 구성되어 1946년 4월 4일 출범하게 된 조선청년문학가협회였다. 1949년 12월 9일 한국문학가협회가 결성되었을 때, 이들은 그 주도권을 쥐게 되면서 세칭 문협정통파에 해당하는 존재로 자유 진영 문인의 대명사가 되기에 이르렀던 것이다.

그런 점에서 이병기, 이태준 등으로 대표되는 문장파(文章派)의 성향과 김동리, 조지훈 등 문협정통파(文協正統派)의 성향이 해방 공간에서 어떻게 작용하였는지를 살펴보지 않으면 안 된다. 흔히 문장파의 적자(嫡子)가 곧 이들 문협정통파로 알려져 있고, 그것은 어느 정도 사실로 인정된다. 해방 공간 이후 이 둘 모두 우리 문학의 주류로 손꼽혀 온 것이 그 같은 사정을 극명히 보여준다. 따라서 이들간의 차이에 지나치게 집착해 공통성을 축소시키는 것은 명백한 오류일 것이다. 하지만 그에 반해 피차간에 공유하는 성향만이 강조되고 그 차별성을 놓치게 된다면, 해방 공간에 왜 이들의 담론이 분화되어 나가는지, 그리고 왜 이병기의 교과서는 소멸의 운명을 거치는지에 대해서는 설명할 수가 없게 된다. 다시 말해 양자 공히 순수와 민족을 결합하고 있는 담론이라는 점에서 그 둘 간의 연계성은 오늘날 극대화되어 있다. 하지만 그 때 그 순수와 민족의 양상 내지 실체는 사뭇 다를 수도 있다. 다만 그 같은 점이 유표화되지 않을 따름인 것이다.

이에 다시 가람 이병기가 편수한 중등 국어 교과서로 돌아가 볼 때, 상·중·하 전체 121단원 중에 압도적으로 59개 단원을 차지한 문예문의 경우, 감상문 내지 수필이 25단원을 차지하는 데 반해 소설은 외국 문학 작품 1편을 포함해 단 3편뿐이고,[22] 그 수필 또한 미문(美文) 취향의 경수필이라는 점, 시와 노래는 모두 16단원으로 구성되어 있는 데 그 중 시조는 7단원을 차지함으로써 상대적으로 그 비중이 높게 설정되어 있다는 점, 특히 고전 시가의 경우 시조 장르 이외에는 <농가월령가> 단 한 편만이 실려 있다는 점 등에 주목한다면, 이 대목에서 비로소 가람이 해방 이전 문장파의 거두(巨頭)이었음을 새삼 떠올리게 된다. 즉, 교과서 편찬에서 드러난 산문 정신과의 거리감, 고전에의 경도, 특히 시조에의 애호 등은 그것이 곧 문장파적 성향을 반영하고 있음을 보여 주고 있는 것이다. 정지용의 시만이 유독 3편이나 실려 있고 이병기 자신의 시조가 2편 수록된 것 또한 동일한 맥락에서 이해할 수 있다.

요컨대 그를 문제적 인물로 다루어 왔던 것은 바로 그 성향, 즉 그가 대표하는 계층 내지 집단의 세계관에 대한 관심으로 이어지게 되는바, 이에 이러한 문장파적 성향과 그 뒤를 이은 문협정통파의 성향이 우리 문학교육을 지배해 온 담론의 기원이었음이 발견되는 것이다. 이 점에 대해서는 다시 논의하도록 하겠거니와, 여기서 기억해 두어야 할 일은 그 같은 성향이 신민족주의론의 '민족' 개념과 보다 가까웠을지언정, 인민민주주의 민족문학론의 '민족' 개념과는 다소 거리가 멀었다는 점, 따라서 오늘날 우리 문학교육을 지배하고 있는 문학 개념은 자명한 담론이 아니라 실상은 어느 한쪽 담론의

---

22) 박붕배(1987: 548). 단, 박붕배는 수필이 모두 28단원, 소설이 1단원으로 편성되어 있다고 정리하였는데, 이는 임화의 시 <우리 오빠와 화로>를 수필로 잘못 처리하고 또 채만식의 <탁류>와 이기영의 <고향> 등의 소설을 수필로 처리한 데 기인한 것이었다.

선택과 그와 동시에 다른 한쪽의 담론의 배제 과정을 통해 획득된 것이라는 사실이다.

아울러 주목해야 할 점은, 해방 공간에서의 선택 가능한 노선으로는 북로당, 남로당, 우익 민족주의 계열이 존재하고 있었고 이 가운데 이태준, 정지용, 이병기 등 문장파의 세 거두는 어떠한 형태로든간에 좌익과 연관을 맺게된다는 점이다. 이들의 선택 행위에 대해 때로는 해방 공간, 달리 즐겨 표현되는 대로, 광복(光復)이라는 빛의 회복이 안겨준 일시적인 눈먼 상태를 이유로 들기도 한다. 그런가 하면 일종의 전향으로 인정하기도 하고 혹은 해방 이전 그들의 행태 분석을 통해 모종의 연결 고리를 찾고자 하기도 한다. 하지만 그 이유를 따지는 데에는 너무나 많은 변수들이 있어 아직껏 명쾌한 설명이 제출되고 있지는 않은 것으로 보인다. 다만 관심을 문장파와 김동리·조지훈 등 문협정통파의 대비에 한정한다면, 비교적 많은 이야기가 가능해진다. 해방 후 이태준은 다음과 같이 말한 바 있다.

> 나는 8·15 이전에 가장 위협을 느낀 것은 문학보다 문화요 문화보다 다시 언어였습니다. 작품이니 내용이니 제2, 제3이요, 말이 없어지는 위기가 아니었습니까. (『중성』, 1946. 2.)

> 언어는 어느 문화보다도 그 민족과 운명을 같이 할 것이다. 조선어가 없어질 뻔했으니 조선민족이 성격적으로 없어질 뻔했고, 조선민족이 해방되었으니, 그 순간부터 같이 해방된 것도 조선어인 것이다. (『대조』, 1946. 6.)

언어가 제1의 자리에 올라 서 있는 것, 언어는 곧 민족이라는 등식(等式)이 줄곧 그를 지배해 왔던 것, 이는 일종의 언어에 대한 물신화이며 민족에 대한 물신화에 다름이 아니다. 따라서 그가 언어의 미학에 맹목적이어야 했던 이유는, 구분하자면 예술적인 이유에서라기보다는 민족적인 데에서 찾아야 할 것이다. 그러므로 민족의 해방이 이루어지지 않은 상황에서 최대한 민족을 보전하는 길은 문학 외에는 없었는데, 이는 문학이 제1의 자리에 있어서가 아니라 비록 차선에 불과하지만 유일한 방책이었기 때문이라는 것이 되며, 따라서 조선어가 말살된 형편에 문학을 한다는 것은 있을 수 없는 일이었던 셈이다. 암흑기에 처해 붓을 꺾었던 그가 해방 이후 친일파 문학자의 제거에 기치를 드높였던 이유 또한 거기에 있다. 그런고로 이제 그에게 있어서의 기본 대립항은 '순수 대 비순수'라기보다는 '민족 대 반민족'의 형태로 존재하였던 것이다. 그의 말대로 따르자면, 일제 하의 '순수 대 비순수'의 구도 역시 언어의 위기 앞에서 취해진 차선의 선택이었을 따름이고 본질은 역시 '민족 대 반민족'이었다고 해야 옳을 것이다.[23]

정말이지 그에게는 언어 곧 민족의 위기에 처한 일제 말기에, 제2, 제3에 지나지 않는 작품이니 내용이니 하는 것을 둘러싸고 쟁투하는 것이야말로 부질없는 짓이라고 여겨졌는지도 모른다. 여기엔 물론 프로문학에 대한 이태준 나름의 자의식도 들어 있는 것이었다. 순수문학이 반민족적인 것은 아니요, 오히려 자신이 추구한 순수문학이란 것은 민족의 전통에 뿌리를 박고 있는 것일진댄, 그들이 아무리 내용의 우위를 주장한들 내용의 자유가 박탈된 시점에서 그 같은 주장은 무의미하지 않은가, 뿐만 아니라 진정으로 소중한 민족적 전통적 내용을 수구주의라 비난만 하던 그들 중 일부는 오히려 결과적으로 파시즘에까지 이르지 않았던가 하는 비난이 그 속에 담겨 있는 것이다.

그런데 이제 민족의 해방과 더불어 언어도 해방된 이상, 그의 논리대로라면, 문학이니 문화니 하는, 혹은 작품이니 내용이니 하는 제2, 제3의 것이 제자리를 찾아야 될 시기가 도래한 것이다. 그렇다고 해서 당파성 노선의 예맹을 선택할 수는 없는 일일 터, 그가 좌우 합작의 민족주의 노선인 문건에 뛰어들고 문학가동맹의 부위원장직까지 맡았던 것은, 그러고 보면 전혀 어색한 일만은 아니다. 아울러 비록 제한된 수준에서나마 이병기가 국어 교과서를 편찬하면서 좌우의 균형 감각을 유지하고자 했던 것 역시 마찬가지로 이해될

---

23) 이 점에 있어서는 정지용도 같은 맥락으로 이해될 수 있다. "일제시대에 내가 시니 산문이니 죄그만치 썼다면 그것은 내가 최소한의 조선인을 유지하기 위하였던 것 이외의 아무것도 아니었다. 해방 후에 이제는 최대한도로 조선인 노릇을 해야만 하는 것이겠는데 어떻게 8·15 이전같이 왜소위축한 문학을 고집할 수 있는 것이랴. (…) 정치와 문학을 절연시키려는 무모에서 순수예술이라는 것이 나온다면 무릇 정치적 영향에서 초탈한 여하한 예술이 있었던가를 제시하여 보라." (정지용, 『산문』, 동지사, 1949, pp. 28-32.)

수 있을 것이다.

그러나 사정이 이러하다면, 문장파의 순수 지향 혹은 반근대주의는 김동리의 그것과는 차원을 달리 하는 수준에 위치해 있었던 것이 된다. 문장파에게 있어 순수란 민족 앞에서는 양보되어야 할 그 무엇이었다. 민족과 언어가 해방되기 이전, 문학이란 언어와 문화를 지키기 위해 동원된 수단이었던 것이고 그 길은 순수 지향으로 가능했던 것인 반면, 민족과 언어가 해방된 시점에서는 타협과 양보의 여지가 있는 순수의 형태로 남게 될 뿐인 것이다.

이 지점에서 문장파와 문장파의 적자(嫡子)인 김동리(金東里)가 결별하며, 결국 순수의 본격화는 김동리에 의해 이루어지게 된다. 1939년에 일어난 세대론이 단순한 세대 논의가 아니라 문장파와 인문평론파, 예술주의파와 현실주의파의 대립을 함축하고 있었고 그런 점에서 문장파의 논리를 대변한 것이 김동리였음은 사실로 인정된다 하더라도, 그렇다고 해서 세대의 의미를 전적으로 간과해서는 안 되는 이유가 바로 여기에 있다. 동일한 예술파적 권역 안에 있었지만 이태준 등의 문장파는 김동리와 달리 30代의 불행을 느끼고 있었으리라 여겨지기 때문이다. 즉, 그들은 인문평론파와 대립하는 의미에서는 김동리로 대표되는 신인들과 이해를 같이하는 한편, 조선조의 전통적이고 교양적인 문인 지향의 입장에서는 근대적이고 전문적인 문학인의 개념을 받아들이기가 어려웠으리라는 것이다.

해방 전 이들은 정신주의와 순수의 이름으로 그에 저항할 수 있었던바, 그것은 표현론적 입장에서 유교적 교양 문인의 자세를 유지할 수 있었던 것인 반면, 효용론적 입장에서의 그것은 손실을 감수할 수밖에 없었거니와, 해방 이후 이들이 다시 효용론적 입장을 취하게 됨은 그 같은 사실의 한 반영으로 보인다. 반면에 김동리는 누구보다도 첨예하게 근대 자본주의에 처한 작가적 불행을 간파하고 있었지만, 그것을 운명처럼 여겼고 동시에 작가로서의 특권처럼 받아들일 수 있었다는 점에서 이들과 확연히 구분된다. 따라서 해방 이전이든 이후이든 간에 그것이 모두 근대 자본주의로부터 조금도 달라진 것이 없는 이상, 해방이 되었다 해서 창작상의 변모나 작가의 태도를 변경할 하등의 이유가 그에겐 없었던 것이라 할 수 있다. 적어도 논리상으로는 그렇다.

그러나 해방 정국은 일종의 체제 선택을 가시적으로 요구하였다. 이 강요된 선택 속에 김동리 또한 예외일 수 없었음은 물론이다. 이러한 처지는 김동리의 경우 특히 난감할 수밖에 없는 일이었다. 이태준, 이병기, 정지용 등 문장파의 경우, 민족주의든, 마르크시즘이든, 이들은 자신들이 추구해 왔던 넓은 의미에서의 민족과 연관된 이념이라는 점에서 등가(等價)이며 양립 가능한 것이고 그 결과 중도좌파 내지 중도우파의 선택 가능성이 어느 정도 안정적으로 존재해 있었던 반면, 마르크시즘만이 아니라 근대성 자체를 전면 부정해 온 김동리의 입장에서는 시대 정신을 우위에 놓는 이 모든 담론들은 모두 다 거부해야만 하는 것들이었기 때문이다. 그런데도 선택이 강요된다면, 아마도 그로서 선택할 수 있는 길은 상대적으로 그나마 가장 근대성과 거리를 두는 체제, 곧 민족주의 노선뿐이었을 것이다.

그러나 해방 전 김동리가 주창한 근대 부정의 문학 이념이 민족주의적 문학 이념으로 곧바로 나아갈 수는 없는 터였다. 그의 리얼리즘관은 사실 민족 내지 민족주의라는 담론을 초월해 존재하는 것이었고, 창작을 위해서는 오로지 순수란 이름으로 민족 개념조차 그 하위에 두어 왔던 터이므로, 체제의 선택을 논리화하는 문제는 가장 시급하고 동시에 가장 어려운 문제였던 것이다.

그러므로 논리대로 하자면 순수문학이 곧 민족문학이라는 명제야말로 해방 공간에서 김동리가 택할 수 있는 유일한 거점이었음은 필지의 사실이다. 이는 달리 말하면, 순수와 민족의 결합 관계에 있었던 문장파에 비해 훨씬 순수 쪽에 기울었던 그가 민족 또한 중심부에 나란히 내세워야 하는 단계에 놓였음을 의미하는 것이 된다.

> 순수문학이란 한마디로 말하면 문학정신의 본령정계의 문학이다. (…)
> 이러한 과학주의적 현대 우상숭배열(문학가동맹—인용자)이란 세계사적 문화창조 의욕에 저해될 뿐 아니라 진실로 민족문화수립에 있어서도 암이 된다는 것을 반성해야 한다. 왜 그러냐 하면 민족문학이란 원칙적으로 민족정신이 기본되어야 하는 것이며 민족정신이란 본질적으로 민족 단위의 휴머니즘 이외의 아무 것도 아니기 때문이다. (…) 이와 같이 민족정신을 민족 단위의 휴머니즘으로 볼 때 휴머니즘을 그 기본내용으로 하는 순수문학과 민족정신이 기본

되는 민족문학과의 관계란 벌써 본질적으로 별개의 것일 수 없다는 것을 알
수 있다. 우리가 목적하는 민족문학이 세계문학의 일원으로서의 민족문학인
것처럼, 우리의 민족정신이라는 것도 세계사적 휴머니즘의 일환인 민족 단위
의 휴머니즘으로 규정될 것이며, 이러한 민족단위의 휴머니즘을 세계적인 각
도로 내포하고 있는 것이 오늘날 순수문학인 것이다. (「순수문학의 진의」, 『서
울신문』, 1946. 9. 15.)

　여기서 우리는 대략 다음의 세 가지 사항에 주목할 필요가 있다. 첫째는
앞서 언급한 바 있는 문건 측의 경우, 민족의 완전한 독립과 해방을 위한 민
주주의 정권 수립에 있어 민족통일전선의 건설이 당면의 가장 중요한 임무
라는 전제 하에 이와 같은 정치 노선을 문학상에 어떻게 적용하는가 하는,
즉 정치 우위의 논리에서 자신들의 민족문학론을 개진하고 있는 반면, 김동
리의 경우는 먼저 문학의 본질론에 그 입지점을 두고 있다는 점이다. 현실의
당위가 여하하건 간에, 문학의 본질이 이미 선험적으로 규정되어 있는 것이
라면, 그에 토대를 두지 않는 여하한 현실적 정치적 논의란 허망한 것이 아
닐 수 없다. 나아가, 이 경우 문학의 본질적인 속성이란 김동리의 주장에 의
하면 인간성의 옹호, 개성 향유를 전제로 한 인간성의 창조 의식의 신장 등
으로 요약되는데, 바로 이러한 정신이 휴머니즘에 맞닿는 것이기 때문에, 휴
머니즘의 정신에 바탕을 둔 순수문학이 민족문학의 실체로 될 수밖에 없게
되는 것이다.
　그렇다면 관건은 문학의 본질론을 그같이 승인할 수 있느냐의 여부에 달
려 있게 된다. 이에 대해 김병규("순수문제와 휴머니즘", 『신천지』, 1947. 1.)가 순수
문학이라는 것을 문학의 한 유파적 특징으로 해석함으로써 김동리의 견해에
대응하고 있음은 응당 제기될 법한 성질의 것이었다고 할 수 있다. 그에 의하
면 김동리의 경우, "문학과 순수문학을 동일시하고 있지만, 순수문학은 말라
르메, 발레리에서 보는 바와 같이 문학 가운데 하나의 문학관으로 자리를 가
질 수 있을 뿐"이기 때문에 김동리의 주장은 엄청난 논리의 비약에 해당한다
는 것이다. 말하자면 문학 본질론에 입각한 김동리의 논리는 그 논리적 우위
성에도 불구하고 파탄을 면치 못하는 것이었다고 할 수 있다. 이는 그가 정치
우위의 논리를 배제하고자 했지만, 순수문학이라는 것 역시 특정한 역사적

산물이요, 하나의 정치적 선택 행위임을 자각하지 못하였던 데에 기인한다. 더욱이, 설령 순수문학을 문학의 본질적인 원칙론으로 받아들인다 하더라도, 그 자체가 현실의 이념으로 발전하는 것은 아니다. 인간성 옹호라는 문학의 본질을 똑같이 전제한다 하더라도, 그것을 어떻게 구현하느냐 하는 데에 따라 이념과 노선이 분화되는 것이기 때문이다.

둘째, 김동리는 민족 정신이라는 것을 민족 단위의 휴머니즘이라고 주장함으로써 임화가 내세웠던 노동 계급의 이념으로서의 민족의 이념이라는 개념에 정면으로 충돌하게 된다. 민족 단위의 휴머니즘을 민족 정신이라고 할 경우, 민족에 대한 계급적 인식을 초월하는 포괄적인 관점을 취할 수 있다는 것은 당연한 일이다(권영민, 1988: 372). 하지만 근대 민족문학의 수립을 위한 논의에서 민족 정신이 곧 민족 단위의 휴머니즘이란 주장은 모순에 불과하다. 근대 민족국가(nation-state)의 민족 개념에서 보면 민족 정신이라든가 민족 단위의 휴머니즘은 종족의 습성 정도에 지나지 않는 것이다. 즉, 이러한 주장은 역사적 피규정성으로서의 근대 민족 개념을 초역사적이고 혈연적인 종족 개념과 혼동하는 것이라 할 수 있다. 그러므로 이 같은 포괄적인 관점이 적용되는 실체적인 국면에 있어서는 근대 자본주의 국가 구성원으로서의 국민이 갖는 제 성격 가운데 계급적 모순과 같은 일부의 것들이 배제될 우려가 다분한 것이었다. 그렇게 될 경우 그 같은 민족 개념에 기반한 민족문학론은 포괄이라기보다는 추상적 관념 상태를 면하기 어렵게 된다.

셋째, 그가 "데모크라씨로써 표방되는 세계사적 휴머니즘의 연쇄적 필연성"을 이유로 '민족 단위의 휴머니즘'을 주창하였을 때, 이는 곧 시대 정신과의 대응을 내세우는 편에 서게 되었음을 의미하게 되는데, 하지만 그가 생각하는 휴머니즘이란 사실 시대를 초월하는 성격의 것으로 보인다는 점에서 여전히 그의 논리는 일련의 강변에 가까운 것임이 드러난다. 그 결과 순수와 민족이라는 이종 결합이 벌어지고 만다. 하지만 민족문학과 순수문학이 등질적이라는 이 외견상의 이종 교배는 문학가 동맹 측의 민족문학론이 '암(癌)'으로 규정되듯 이미 타자를 배제한 가운데 이루어지는 것이기 때문에 동종의 개체만을 발생시키고 번식시키게 마련이다. 구경적(究竟的) 삶의 형식이 민족주의와 결합하는 순간 그 역시 근대의 이데올로기로 화하지 않을 수가 없었으니,

이는 문화재생산의 헤게모니 문제에 직결되게 마련이다.

> 좀더 구체적으로 말하면 오늘날의 이 혁명적 현실을 민족적 각도에서 보느
> 냐 계급적 각도에서 보느냐 하는 문제다. 여기서 특히 주의할 것은 이 양자 중
> 어느 것이 절대적으로 옳고 어느 것이 절대적으로 그르냐 하는 문제가 아니라
> 어느 것이 더 주류적이며 정통적이냐 하는 데 문제가 있는 것이다. (김동리, 「조
> 선문학의 지표」, 『청년신문』, 1946. 4. 2.)

좌우의 선택이 절대선악의 문제가 아니라는 점에서 이 주장을 일견 유연
한 입장의 표명으로 읽는 것은 합당치 못하다. 오히려 옳고 또 심지어 절대적
으로 옳을 수 있는 가능성조차 주류와 정통에 해당되지 않으면 당연히 배제
해야 한다는 급진성이 위 주장에는 내포되어 있는 것이다. 이 급진성이 김동
리가 시대 정신에 공헌하게 된 공리성 측면이라 볼 수 있다. 사실상 민족문학
곧 순수문학만이 본령 정계(本領正系)요, 주류적이며 정통적이라는 이 신념 형
태는 오늘날에 이르기까지 꾸준히 현실로 나타나고 있다. 즉, 우리 문학 내부
에 그것이 주류적이며 정통적인 것으로서의 중심부를 형성하게 되면서, 반면
에 그로 인한 타자(他者)가 설정되고 그 타자는 기껏해야 주변부를 차지하는
헤게모니적 구도가 구축되기에 이르렀던 것이다. 그렇게 되면 이 같은 주장
은 사상이 아니라 권력이 되며,[24] 그런 면에서 이 순수문학론은 강력한 참여
문학으로 작용하였다고 봄이 옳을 것이다.

이 같은 경향은 문협정통파의 시론(詩論)을 대변했던 조지훈(趙芝薰)의 경
우에서도 거의 동일하게 드러난다. 조지훈은 1946년 4월 조선청년문학가협회
창립 대회 연설을 통하여 "오늘의 시인은 마땅히 추잡한 뮤우즈에 포옹되어
값 헐한 감정을 해설하는 특권을 버리고 스스로 뮤우즈를 창조하는 새로운
권리를 획득하여야 할 것"이라고 주장하였다. 이 진술의 의미는 '뮤우즈'에도
'추잡한 뮤우즈'가 있다는 지적에 그치지 않는다. 그보다는 '해설'로서의 시
인보다 '창조'로서의 시인을 강조하였다는 데에 핵심이 놓여 있는 것이다. 순

---

24) "그러나 동리에게도 경계하여야 할 점은 민족사상의 관념화다. 사상이 사상으로서의
매력을 잃고 신비화하거나 폭력화할 때는 이것은 사상이 아니다. 권력이다." (홍효민,
"<문학과 인간> 서평", 『서울신문』, 1948. 12. 24.)

수가 '추잡한 뮤우즈'에 사로잡혀서 얻어질 리는 만무하다. 하지만 그렇다고 해서 '추잡한 뮤우즈'에 맞서 순수한 '뮤우즈'에 봉사하는 데서 얻어지는 것도 아니라는 것, 즉 순수는 스스로 '뮤우즈'를 창조하는 데서 획득된다는 것이다. 따라서 이는 민족문학론이라기보다는 순수문학론이 된다. 민족문학은 계급문학에 비해 덜 '추잡한 뮤우즈'일지는 몰라도 그것을 위해 해설하는 것은 시인이 할 일이 아닌 것이기 때문이다.

시인 내지 작가를 창조자의 위치로 설정하는 이러한 경향이 문학을 현실 사회로부터 독립시키는 자율성론에 입각한 것임은 물론이며, 이는 시문학파와 문장파, 특히 청년문학가협회의 공통된 이념에 해당한다. 그러나 이는 그 자율성이란 것이 어디까지나 상대적인 자율성일 뿐, 문학이나 예술에 절대적인 자율성이 주어지는 것은 아니라는 점을 자각하지 못한 소산이기도 하다. 근대 사회의 한 제도로서의 문학이 갖는 역사적 특수성이 몰각되고 자칫 관념화되거나 추상화될 때 이러한 생각은 곧잘 이데올로기화한다.

그런데 민족문학론이 어떤 의미에서건 이데올로기로부터 완전히 자유로울 수 없음을 전제한다 하더라도, 시문학파나 문장파의 경우, 그들이 순수문학을 방책으로 삼아 현실로부터 거리를 두고자 했던 사실은 현실도피 혹은 수구주의적이라는 비판은 받았을지언정 일제 강점기라는 극히 왜곡된 현실을 고려할 때, 그에 대한 저항의 의미를 지닌다는 점에서는 나름대로의 명분이 유지될 수 있었던 것이다. 즉, 그들의 경우는 민족 및 민족문학을 지키는 한 방식으로 순수문학을 채택했다고 볼 수 있는바, 이 점은 민족의 해방이 이루어지자 문장파의 이태준, 정지용 등이 보여준 변신이 잘 대변해 준다 할 것이다. 정치가 절대적으로 우위에 서게 된 시점에서 그들이 문학 혹은 순수문학을 포기할 수 있었던 것은 그들의 순수가 그 자체로 목적이 될 정도로 순수한 것은 아니었음을 말해 주는 것이다.

그러나 조지훈의 경우는, 김동리와 마찬가지로 민족 개념을 포함한 근대성 자체에 대한 저항으로서의 순수성, 해설의 거부를 통한 창조성의 옹호에 기본적 입장을 두었던 것이기에 그만큼 해방 이후 입지의 폭이 좁았던 형편인 셈이다. 해방은 현실에 대한 모종의 선택과 결단을 요구했고 그 요구로부터 전혀 자유로울 수 없었으므로, 순수문학론은 어떻게든 민족문학론과 결합하지 않을 수가 없었던 것이다. 해방 공간에서 펼친 조지훈의 순수시론은 다음과 같이 시작되었다.

> 시인은 민족시를 말하기 전에 그냥 시 자체를 알지 않으면 안 된다. 먼저 시가 된 다음 그것이 민족시도 되고 세계시도 될 수 있는 것이므로 시의 전통이 확립되지 못한 이 땅의 시가 민족시로서 세계시에 가담하기 위하여서 먼저 일어날 것은 순수시 운동이 아닐 수 없다. 순수시 운동은 곧 시의 본질적 계몽 운동인 동시에 그의 발전이 그대로 민족시의 수립이기 때문이다. 시가 시로서 가진 바 그 본래의 가치와 사명을 몰각하고 시의 일부 인자요 오히려 그 부수성인 공리성을 추출 확대함으로써 시의 전체로 삼고 자신의 문학적 창조와 개성의 무력을 엄폐하고 정치에의 예속, 정당과의 야합의 당위를 부르짖는 수다한 시인은 기실 시인이 아님으로써 민족문학의 지류는커녕 정치 부동 세력 밑으로 추방될 성질의 것이다. (…) 진실한 시는 언제나 순수시로서 그 정통성을 유지하는 것이다. (「순수시의 지향―민족시를 위하여」, 『백민』 7, 1947. 3)

이는 김동리의 순수문학론이 밟아 온 길을 압축적으로 재현한 경우에 해당한다. 조지훈의 순수시론은 김동리의 순수문학론과 동궤에 놓이는 것이었다. 시의 본질론을 들고 나온다는 것, 순수시가 곧 민족시라는 등식, 세계문학과의 관계에서 순수시론의 필요를 주창하고 있다는 것, 정통성을 문제삼고 있다는 점 등이 그러하다. 하지만 공리성을 부정하면서 스스로 공리성에 가담하게 됨을 그들은 의식하지 못했거나 혹은 은폐했다. 그리고 그들은 그들의 말대로 우리 문학의 주류이자 정통으로 되었다.

결국 앞서 언급한 바와 마찬가지로, 해방 공간에서의 민족문학론은 순수문학이 곧 민족문학이라는 김동리, 조지훈 등 우익의 민족문학론이 지배적 담론의 위치를 차지하게 되는 것으로 끝이 나게 된다. 나아가 그들의 시대적 공리성은 문학의 초월성 견지에서 은폐되면서 '대한민국 정식정부의 수립과 함께' 정통성을 획득하게 되었던 것이다.

그러므로 정부 수립 초기, 문협이 결성된 이후로는 더 이상 가람이 편찬한 류의 교과서라든가, 그 같은 정전 구성은 존재 자체가 불가능하게 된다. 가령 문교부가 1949년에 펴낸 중등 국어(4), (5)권을 보면 다음과 같다.

[표 2]

학년	작 품	작 가
3	해방의 노래 국화 옆에서 승무 모란 오륙도(시조) 성불사의 밤(시조) 매화사(시조)	김 광 섭 서 정 주 조 지 훈 김 영 랑 이 은 상 이 은 상 정 인 보
4	청자부 해	박 종 화 박 두 진

앞서의 [표 1]과 이를 비교해 보면 양자간의 차이점이 뚜렷이 나타난다. 이 교과서가 발행된 1949년은 좌익 문예 운동이 완전히 소멸되는 시기였다. 문맹 맹원에 대한 체포령에 따라 문맹의 지방 분회까지 완전 궤멸되고 좌익 문인에 대한 자수 권유(11. 5), 저작 활동 및 저서 판매 금지(11. 8), 보도연맹 가입 추진, 전향 작가 작품 사전 심사(11. 29) 등이 연속적으로 이어졌다. 바로 이 시기에 문교부 중등 교과서에서의 좌익 작가 작품 삭제 조치가 이루어졌던 것이다. 이에 따라 월북한 임화와 오장환은 물론, 보도연맹에 가입한 정지용 등도 교과서에서 배제되기에 이르렀던 것이다.

한편 우익 계열 작가 중에서도 두 교과서 가운데 일치하는 작가는 김광섭, 이은상, 정인보, 조지훈 뿐인 것으로 나타난다.25) 즉, [표 1]에 나타나지 않았던 생명파나 청록파가 [표 2]에서는 전면에 부각되기 시작한 것이다. 아마도 [표 1]에서 생명파와 청록파가 배제되었던 사연은 당시에 그들이 아직

---

25) 1949년 문교부 간행 중등국어 교과서의 (1), (2)권에는 김억, 신석정, 윤곤강, 김상옥의 작품만이 실려 있을 뿐이다. (필자로서는 당시의 중3 교과서는 확인할 수 없었는데, 박봉배 교수의 도움말에 따르면 중3 교과서는 실제로 간행되지는 않았다 한다.) 아울러 1949년도 교과서를 거의 그대로 답습한 1953년도 교과서의 경우에도 역시 이병기의 작품은 실려 있지 않은 것으로 확인된다. 그렇다면 이병기의 경우 1947년 스스로가 편찬한 교과서에 실린 이후로는 1958년도 1차교육과정기의 교과서에서 비로소 등장하게 되는 셈이 되며, 이는 정부 수립 초기와 전후(戰後) 시기에 걸쳐 우리 문학계와 교육계의 헤게모니 구도를 이해하는 데 의미 있는 단서가 될 듯하다.

문단의 신세대에 해당되는 위치였다는 데에서 찾아 볼 수 있을 것이다. 물론 유독 조지훈의 의고체 작품만이 양자에 모두 실려 있었던 점은 예외적인 현상이라 할 수 있겠지만, 이병기로 대표되는 구세대 문장파의 감각이 [표 1]에 반영된 점을 고려한다면 이 역시 어느 정도 납득이 가는 편이라 할 수 있을 것이다.

하지만 이 시기에 이르면 그들은 더 이상 문단의 신세대가 아니게 된다. 오히려 그들은 문단의 주류로 성장해 있었던 것이다. 따라서 [표 2]와 연관해 볼 때, 해방 후 최초의 본격적인 우익 문예 조직이었던 중앙문화협회(1945. 9. 18)의 주축이 바로 박종화, 김광섭 등이었던 것, 그리고 이를 모체로 하는 조선문필가협회의 경우 회장에 정인보, 부회장에 박종화가 자리하고 있었으며 김광섭은 결성 취지서를 기초하였다는 것, 아울러 그 외곽 단체인 조선청년문학가협회(1946. 4. 4)의 경우 서정주는 시분과위원장으로, 박두진, 박목월 등은 간부 회원으로 선임되었다는 것, 이러한 단체들이 전국문화단체총연합회(1947. 2. 12)로 확대 결성될 때, 박종화는 다시 부회장으로, 김광섭은 출판부장으로 활동하였다는 것, 나아가 남한 문단의 모든 문인들을 포괄하는 유일 조직으로 출범한 한국문학가협회(1949. 12. 9)가 결성되었을 때는 드디어 회장에 박종화, 시분과위원장에 서정주, 외국문학분과위원장에 김광섭, 사무국장에 박목월이 임명되었다는 사실 등에 주목하지 않으면 안 된다. 이는 문단의 헤게모니 성립 과정과 문학교육의 정전 형성이 밀접히 연관되어 있었음을 보여주는 선명한 예라 할 것이기 때문이다.

이렇듯 이들이 주류이자 전범으로서의 위치를 차지하게 된 것은 해방 공간 문단의 이원적 대립 구도가 무너지게 된 한편, 정부 수립과 더불어 요구된 국가의 정체성 확립에 이 땅의 문학과 문학교육이 부응하고자 한 소산이라 할 수 있다. 즉, 이는 국가의 지배적 담론이 확정되어가면서 이데올로기적 국가 기구로서의 교육이 그에 기능하기 위한 필연적인 과정이었다고 할 수 있다. 이는 곧 반공(反共)이 국시(國是)인 상황에서 반공에 대한 날카로운 의식이 문협정통파의 미학을 확대, 과장케 한 것으로 이해된다(김윤식, 1992: 184).

그러나 대타적 긴장에서 비롯된 이 같은 배타적 독점성은 국가의 체제 안정과 더불어 그리 오래갈 것은 못되었다. 반공 이데올로기가 소멸된 것은 물론 아니지만, 한국전쟁기인 1953년에 간행된 교과서의 경우, 김소월의 작품이 <금잔디>를 비롯하여 모두 네 작품이 실린 것을 제외하고는 [표 2]의 교과서를 거의 그대로 답습한 것에 불과한 데 비해, 제 1 차 교육과정기(1958)에 이르게 되면 생명파와 청록파는 다시금 그 자리를 잃게 되었던 것이다.

[표 3]

학년	작 품	작 가
1	금잔디 청포도 혼자 앉아서(시조) 깨진 벼루의 명(銘)(시조) 이른 봄(시조) 아차산(시조) 꽃(시조) 비(시조) 이 마음(시조) 단풍 한 잎(시조) 고지가 바로 저긴데(시조) 옥저(시조) 십일면 관음(시조) 백자부(시조)	김 소 월 이 육 사 최 남 선 최 남 선 정 인 보 이 병 기 이 병 기 이 병 기 이 은 상 이 은 상 이 은 상 김 상 옥 김 상 옥 김 상 옥
2	알 수 없어요 깃발 빼앗긴 들에도 봄은 오는가 진달래꽃 파초 모란이 피기까지는 마음 푸른 오월 광야 나비	한 용 운 유 치 환 이 상 화 김 소 월 김 동 명 김 영 랑 김 광 섭 노 천 명 이 육 사 윤 곤 강
3	해당없음	

그렇다 하더라도 이 교과서에서 대부분의 생명파와 청록파가 이같이 배제된 데 대해 정확한 해명을 구하기는 사실상 어렵다. 하지만 불과 10년이 채 안 된 기간 동안에 보여준 이들의 부침(浮沈) 과정 또한 현재의 정전 구성이 본질적이거나 자명한 것은 아니라는 사실을 말해 준다 하겠다.

더욱 중요한 것은 교과서에 실린 것은 거의 정전이라 볼 수 있지만, 교과서에 실리지 않았다 해서 모두 다 비정전(非正典)인 것은 아니라는 사실이다. 실라버스와 정전은 구분될 필요가 있다(John Guillory, 1993: 29-30). 실라버스는 특정한 제도적 맥락에서 학습용 텍스트들을 선별한 것을 말하고, 정전이란 위대하다고 간주되는 작품들의 총합을 의미한다. 하지만 정전은 상상적 목록으로만 존재할 뿐이므로, 그런 의미에서 정전은 작품들의 상상적 총체(imaginary totality)라 함이 옳을 것이다. 따라서 정전의 완전한 목록이란 없고 선집에 다 실릴 수도 없다. 다시 말해 실라버스는 시간과 공간에 제한을 받는 텍스트들의 목록이기 때문에 선집이나 실라버스에 실리지 않았다고 해서 모두 비정전적인 것으로 보아서는 안 되는 것이다. 실라버스에 포함되지 않은 정전적 텍스트들도 얼마든지 있을 수 있다. 만일 실라버스의 변화가 있다면 그것은 일련의 정전적 텍스트들에서 다른 정전적 텍스트들로의 변화를 나타낼 뿐이다. 이 같은 맥락에서 정전적인 것과 비정전적인 것 사이의 구분은 개별 작품들에 대해 실제로 판단이 행해지는 형식으로 볼 것이 아니라 제도적 장치로서의 실라버스의 효과로 이해할 수 있을 것이다. 다시 말해 실라버스란 항상 정전적 작품들로부터 선별되어 이루어지게 마련이라는 단순한 사실에 근거하여 정전이 실라버스를 결정짓는다고 하는 진술보다는, 오히려 실라버스가 정전의 존재를 상상적 총체물로 설정해 준다고 말하는 것이 역사적으로 볼 때 훨씬 더 정확하다.26)

정전은 현실로 존재하는 목록을 구현함으로써가 아니라 개별 텍스트들로 하나의 전통을 소급 구성함으로써 가상의 총체성을 이룩한다. 그 전통에 작품들이 첨가되기도 하고 제외되기도 하지만 총체성, 곧 문화적 동질성의 인

---

26) "정전성은 작품 자체의 속성(property)이 아니라 그 전달, 작품집에 있는 다른 작품들과의 관련, ─그 제도적 장소 즉 학교의 실라버스─ 의 속성이다." John Guillory(1993: 55)

상은 바뀌지 않는다. 그러므로 생명파와 청록파가 교과서에서 사라졌다 해서 정전 구성의 변화가 일어났다고 보는 것은 우견(愚見)이다. [표 3]이 주는 문화적 동질성의 인상은 변함이 없기 때문이다. 즉, [표 1]과 [표 2]의 차이가 [표 2]와 [표 3]의 차이와 같다고 말할 수는 없는 것이다. [표 1]과 [표 2]의 차이가 특정 작품의 배제에 초점이 놓여 있다면, [표 2]와 [표 3]의 그것은 특정한 전통의 일관성 속에서 선택의 문제만이 작용된 경우라 할 것이기 때문이다.

결국 이 단계까지 현대시조는 꾸준히 교과서에 수록되어 왔고 김소월, 한용운, 김영랑, 이육사 등은 이제 정전의 작가로서 확고한 지위를 차지하기에 이른 것으로 보인다. 이들을 정점으로 하는 순수시와 민족시 계열에 문협정통파에 해당하는 생명파와 청록파가 다시 합세하게 된다면 문단의 주류는 거의 포괄하게 되는바, 그것이 이루어진 것은 2차 교육과정기의 일이다. 이 교과서는 상상적인 총체적 목록으로서의 정전이 집약되어 외현된 것이라 해도 별로 지나침이 없을 정도이다.

[표 4]

학년	작 품	작 가
1	금잔디	김 소 월
	청포도	이 육 사
	봄길(시조)	최 남 선
	혼자 앉아서(시조)	최 남 선
	이른 봄(시조)	정 인 보
	근화사 삼첩(시조)	정 인 보
	고지가 바로 저긴데(시조)	이 은 상
	심산 풍경(시조)	이 은 상
	아차산(시조)	이 병 기
	비(시조)	이 병 기
	개화(시조)	이 호 우
	균열(시조)	이 호 우
	옥저(시조)	김 상 옥
	백자부(시조)	김 상 옥

2	알 수 없어요 진달래꽃 모란이 피기까지는 파초 광야 깃발 사슴 그 먼나라를 알으십니까 국화 옆에서 도봉 나그네 승무 별헤는 밤	한 용 운 김 소 월 김 영 랑 김 동 명 이 육 사 유 치 환 노 천 명 신 석 정 서 정 주 박 두 진 박 목 월 조 지 훈 윤 동 주
3	해당없음	

이 교과서에서 이루어진 위와 같은 작품 수록 현황은 이후 수차의 교육과
정 개정에도 불구하고 별다른 변화가 발견되지 않는다는 점에서 하나의 전범
(典範)을 보이는 것이라 할 수 있다.[27] 그 결과는 곧 앞에서 밝힌 바와 같이
순수시와 민족시 중심의 정전 구성에 다름 아니다.

여기까지 본고는 순수와 민족이라는 범주가 역사적이고 상황적인 산물에
불과한 것이었음을 드러내고자 하였다. '민족'이라는 담론을 놓고 해방 공간
이 보여 준 갈등과 대립의 양상부터가 그 담론의 자명성을 해체하는 것으로
된다. 좌익의 '민족'과 신민족주의자들의 '민족'이, 그리고 문협정통파의 그것
은 서로 다른 실체를 의미한 채 전개되었다. 시대 상황은 좌익의 담론을 전면
에서 배제되게 하고, 한 시대를 규정짓던 신민족주의의 담론마저 소멸의 길
로 이끌어 갔다. 대신 신민족주의에 내포되어 있던 우익적 요소만이 우익의
담론에 결합하였고, 그런 가운데 그 사이의 갈등은 은폐될 수 있었던 것이며,

---

27) 3차교육과정기 인문계 고등학교 국어 교과서의 경우, 박두진, 이수복, 김해강, 정훈,
김광림, 김종길, 이육사, 한용운(2편), 김소월, 유치환, 김영랑, 박목월, 노천명, 김동명,
서정주, 조지훈, 정한모, 박남수, 조병화, 윤동주, 김춘수 등이 실려 있으며, 4차의 경
우, 박두진, 이상화, 유치환, 이육사, 김현승, 김종길, 김소월, 신석정, 김영랑, 박목월,
서정주, 정한모, 한용운, 윤동주, 조지훈, 김춘수, 김남조 등으로, 그리고 5차의 경우
국정교과서에는 김소월, 한용운, 김수영 등으로 구성되어 있다.

결국에는 국가의 정통성 문제와 결부되어 문협정통파의 담론이 헤게모니를 획득하게 되었던 것이다.

임화의 민족문학과 이병기의 민족문학이 달랐던 것만큼이나 이병기의 그것과 김동리의 그것이 같을 수 없었음은 물론이다. 그들에게 있어서는 민족의 범주 자체가 달랐기 때문이다. 이에 우익 즉 순수문학만이 아니라 좌익의 문학도 민족문학이라는 시각과, 순수문학만이 민족문학이라는 시각은 엄청난 사고의 분화를 가져온다. 후자의 시각은 민족주의 이념이 지배하던 시대 하에서 순수문학의 완전 복권 및 중심화의 논리에 다를 바가 없다. 하지만 민족의 회복이라는 지상의 과제에 자유로울 수 없었던, 즉, 시대적 급진성에서 벗어날 수 없었던 과정에서 형성된, 순수문학이 곧 민족문학이라는 논리는 그 시대성과 이데올로기성이 은폐되면서 시대 초월적인 문학의 본질이라는 이름으로 객관화되고 자명화되기에 이르렀던 것이다. 이는 민족이라는 정치적 개념에 순수문학이 스스로 가담하고 마는 형국이었지만, 그것이 일단 지배 담론화하게 되면 역사적 상황물로서의 본질은 후방으로 사라지게 마련이었던 덕택이라 할 것이다. 문장파와 문협정통파의 공통적 성향이 다시 굳게 결합해 우리 문학의 주류로 서게 되었음이 그 한 예가 된다.

순수시와 민족시라는 이질적 담론은 이 같은 과정을 통하여 우리 문학과 문학교육의 중심부에 공존하고 결합될 수 있었던 것이다. 요컨대 순수시가 지배화되면서 민족시는 거기에 통합되는 과정을 경과하였던 것, 즉 순수시는 그 본래의 모습을 그대로 견지한 채 민족시의 범주는 다소 편협화의 과정을 겪어야 했던 것, 달리 말해 순수시는 그 자체로 정전의 요건을 갖추게 된 반면 민족시는 그 이상의 심급에서의 가치판단을 통과할 때 비로소 정전의 지위에 오를 수 있었다는 것, 그럼에도 불구하고 우리 문학교육의 정전 구성은 외형상 이 이원적(二元的) 가치가 공존하는 모습을 보임으로써 배제의 사실이 은폐되고 다원론의 미덕이 발휘되는 듯한 효과를 낳을 수 있었던 것이다. 아울러 이 같은 과정은 진정한 문학적 이유에서만 이루어진 것이 아니라, 오히려 강한 정치성을 내포하는 것이었으면서도, 오늘날의 정전 구성이 오로지 문학적 심급에서 설정되는 것처럼 여겨지게 하는 효과 또한 낳게 되었던 것이다.

따라서 그 효과를 분석한다는 것은 곧 모순의 폭로를 의미하는 것이 된

다. 만일 그를 통해 자명성이 해체된다면, 정전을 섭렵함으로써 거두게 되리
라 기대되는 효과는 허구이기 쉬우며, 나아가서는 정전 중심의 교육과정 자
체가 문제점을 내포하고 있음이 드러나게 될 것이다.

2. 작품 주해 중심의 구성 원리와 주해 방식의 형성 과정

(1) 주해 중심의 교육과정과 주해 방식의 성격

제6차 교육과정의 기본 원칙이 다양성의 존중에 있음은 이미 언급한 바
있다. 그것은 단지 작품 선정에만 국한되지는 않는다. 6차 교육과정은 <문학
작품에 대한 접근 방법>에 있어서도 다음과 같이 다양성을 최우선의 원칙으
로 상정하고 있기 때문이다.

> (2) 문학 작품의 이해와 감상
> (가) 문학 작품에 대한 접근 방법
> ① 작품의 해석과 평가에는 다양한 시각과 방법이 있음을 이해한다.
> ② 작품의 이해는 일상적인 언어 생활에 기반을 두고 이루어진다는 것을 이
>   해한다.
> ③ 작품의 감상과 이해는 작품의 세계와 수용자의 삶이 조응되는 과정임을
>   이해한다.

그런데 이 ①항에서 말하는 다양성이란 ③항의 '수용자' 측면과 매우 긴
밀한 연관 관계를 갖고 있음이 드러난다. 그것은 <문학의 본질과 기능>에서
이미 다음과 같이 규정되어 있기 때문이다.

> (1) 문학의 본질과 기능
> (다) 문학의 수용과 가치
> ① 작품은 수용자의 상황에 따라 다양하게 해석될 수 있음을 안다.
> ② 작품의 가치는 역사와 현실에 대한 올바른 인식에 바탕을 두고 이루어짐

을 안다.

③ 문학은 삶의 총체적 모습을 제시함으로써 교훈과 감동을 주게 됨을 안다.

여기서 주목해야 할 사실은 6차 교육과정에 이르러 비로소 수용미학(受容美學) 이론 내지는 독자 반응(讀者反應) 이론의 기치가 부각되고 있다는 점이다. 일반적으로 교육과정의 개정은 전대(前代)의 교육과정과 차별성을 부각하게 마련이란 점을 이해한다면, 이런 점에서 이번 6차 교육과정 개정의 개성은 독자 곧 학생의 몫을 현저히 고양하는 데서 찾을 수 있을 것이다. 그런데 이때의 차별성이란 단지 다름의 일종이 아니라 발전 방향성에서 그 의의를 구하는 성질의 것임을 감안한다면, 이는 곧 이번 교육과정이 전대 교육과정의 한계 내지는 폐해에 대한 반성적이고 발전적인 사유 형태로서 수용미학 이론을 상정하고 있음을 말해 주는 것이 된다.

그에 대한 암시를 위에 인용한 (2)-(가)-②와 (1)-(다)-②의 진술에서 구해 볼 수가 있다. 이러한 진술, 즉 일상 언어와 시적 언어의 분리에 대한 반론 및, 역사 혹은 현실과 작품과의 연계성 승인 등은 신비평(新批評) 내지 분석주의(分析主義)의 폐해에 대한 자의식을 정확히 반영하고 있는 것이다. 그것이 전제되지 않고서는 위의 진술은 차별성의 의의를 구하지 못하게 된다. 이 점은 특히 수용미학 이론의 발상과 전개 과정을 고려할 때 쉽게 이해가 간다. 이를 가리켜 일종의 컴플렉스라 표현할 수 있다면, 신비평 내지 분석주의는 우리 문학교육에 커다란 자국을 남긴 외상(外傷)과도 같은 것이라 할 수 있을 것이다. 따라서 이 진술은 역설적으로 우리 문학교육에 있어 분석주의적 관점이 여전히 지배적으로 작동하고 있음을 암시해 주는 것으로 볼 수가 있다.

하지만 미리 말해두거니와, 정전의 대체가 정전성의 극복으로 이어질 수는 없듯이, 이론의 대체가 곧 교육상에서도 발전적 성과를 거두리라 기대하기는 어렵다. 더욱 중요한 사실은 실제 이 6차 교육과정을 두고 이론의 대체라 볼 수는 없다는 점에 있다. 대부분의 경우 교육과정의 개편은 이론의 대체(代替) 역사라기보다는 이론의 부가(附加) 역사라고 봄이 사정에 걸맞는다고 할 수 있다. 그에 대해서는 뒤에서 상술토록 하겠는데, 여기서는 수용미학적 관점 또한 상대적 비중이 높아진 채로 기존의 교육과정에 부가된 정도라는

것을 기술하는 데 만족하도록 하겠다. 가령 (2)-㈎ 이하의 항목을 들면 다음
과 같다.

> ㈏ 문학 작품 구성 요소들의 기능 및 관계
> ㈐ 문학 작품에 나타난 갈등과 삶의 양상
> ㈑ 문학 작품의 현실 상황
> ㈒ 문학 작품의 미적 구조
> ㈓ 문학 작품의 내면화

이 중 넓은 의미에서 볼 때 ㈏~㈒는 분석주의와 역사주의적 관점에 해당
하는 항목이라 할 수 있으며, 수용미학적 관점이라 볼 수 있는 것은 단지 ㈓
한 항목을 통해 부가되어 있을 뿐이라 지적할 수가 있다. 아마도 교육과정은
이렇듯 다양한 주해 방식의 부가적 나열을 통해서 (2)-㈎-①의 진술, 즉 "작품
의 해석과 평가에는 다양한 시각과 방법이 있음을 이해한다"는 목표가 구현
되길 기대하고 있는 것인지도 모른다. 그렇다면 이는 앞장에서 다양한 정전
의 섭렵이라는 다원주의적 표방과 짝을 이루는 주해 방식의 다원주의에 해당
하는 것이 된다.

그러나 그렇게 될 경우, 수용미학적 관점의 부가 이외에 6차 교육과정은
전대의 5차 교육과정과 근본적인 변별성을 찾아 볼 수가 없게 된다. 왜냐하
면 이 (2)-㈎-①의 진술은 이미 5차 교육과정에서 기술된 것을 그대로 전재한
것이며, (2)-㈎~㈓의 항목 역시 단지 개조식으로 기술된 것일 뿐, 5차 교육과
정과 별반 다를 바가 없기 때문이다.[28] 따라서 5차 교육과정의 근본 패러다
임이 무엇인가 하는 것이 다시 문제로 부각된다.

---

28) 5차 교육과정에서는 다음과 같이 기술되어 있다.
   <문학 작품의 이해 및 감상>
   3) 작품에 나타난 갈등과 그 갈등의 해결 과정을 통해 인간의 정서와 삶을 이해한다.
   4) 문학 작품을 당시 사람들의 역사적 삶과 관련지어 이해한다.
   5) 문학 작품을 이루는 여러 기본 요소들의 기능을 이해하고, 작품 속에서 이들 요소
      들의 유기적 관계를 파악한다.
   6) 문학 작품에 내재하고 있는 미적 구조를 파악한다.
   7) 여러 종류의 작품에서 그 작품이 주는 감동의 요인을 찾아 본다.

5차 교육과정의 의의는 분석주의와 역사주의가 문학 작품의 주해 방식으로 교육과정상 표면화된 데서 찾아보아야 할 것이다. 특히 국어Ⅱ 문학 과목의 경우, 거의 모든 교과서가 작품 이해의 관점을 기술한 총론 부분에서 분석주의와 역사주의를 가장 대표적인 관점으로 다루고 있음은 주목을 요한다. 가령 지학사 교과서(김봉군·한연수 저)의 경우, 역사주의, 형식주의, 심리주의, 신화비평 등 다양한 비평적 관점을 소개하고 있지만, 역시 중핵은 분석주의와 역사주의에 놓여 있었다 할 것인데, 이 점은 위 교과서의 교사용 지도서 가운데 일부를 그대로 전재한 다음의 인용문(김봉군·한연수, 『고등학교 문학 교사용 지도서』, 지학사, 1990, p. 46)에서 명백히 드러나기 때문이다.

■ 작품을 해석, 비평하는 두 관점 ┬ 역사주의
                              └ 분석주의

<보기> '청포도' (이육사)

시구	역사주의	분석주의
하늘 밑 푸른 바다가 가슴을 열고	조국 광복, 그 환희의 표상	아름다운 자연의 시각적 이미지
흰 돛 단 배가 곱게 밀려서 오면	애국지사가 배를 타고 귀향함	
내가 바라는 손님	애국지사, 독립운동가	고향을 떠났던 그리운 벗
고달픈 몸	독립운동 때문	여독이나 객고 때문

이 교과서는 또 다른 보기로 현진건의 <운수좋은 날>을 들면서 이를 역사주의적 비평 관점으로 이해할 경우 일제 강점기의 궁핍상을 그린 것으로, 분석주의적 비평 관점으로 이해할 경우 상황의 아이러니와 관련되는 것으로 설명하고 있을 뿐만 아니라, 학습 문제로도 가령 "문학 작품을 역사주의 또는 분석주의 방법으로만 볼 때의 장점과 단점을 지적해 보자."와 같은 문제를 설정하고 있다. 이러한 데에서 알 수 있듯, 우리 문학교육에 있어 문학 작품의 주해 방식은 분석주의와 역사주의라는 이원적 구조를 그 축으로 삼고 있는 것이다.

이 같은 사정은 표현론적 관점, 반영론적 관점, 효용론적 관점, 절대주의적 관점, 종합주의적 관점 등을 소개하고 있는 한샘 교과서(김윤식 · 김종철 저)의 경우도 다를 바가 없다. 핵심적인 것은 역시 분석주의와 역사주의라고 할 수 있는바, 그 같은 점은 이른바 종합주의적 관점이라 명명한 것의 해설에 잘 드러나 있다.29)

하지만 이렇듯 분석주의와 역사주의가 공존하게 된 것 역시 처음부터 자명한 질서에서 비롯된 것은 아니었다. 앞서 언급한 것처럼 우리의 교육과정 개정이 차별성의 원리에서 이루어진다는 점을 승인한다면, 이 5차 교육과정 역시 전대의 교육과정에 대한 반성적 산물임은 필지의 사실이다. 이는 곧 4차 교육과정의 패러다임을 묻는 행위로 이어지게 되는데, 미리 소략하게 말해 두자면, 4차 교육과정은 3차 교육과정기를 통해 성장한 분석주의적 패러다임이 전면적으로 부각된 모습을 보여 주고 있다. 결국 5차 교육과정은 분석주의의 결함을 역사주의의 도입을 통해서 극복하고자 한 셈이고, 6차 교육과정은 독자의 수용 측면을 부각시킴으로써 분석주의의 한계를 넘어서고자 한 경우라 할 수 있다. 요컨대 이러한 패러다임들은 모두 분석주의적 주해 방식에 대한 대타성에서 비롯된 것이며, 이로써 분석주의가 배제하고자 했던 요소들은 문서상으로는 거의 모두 복권된 셈이 된다. 다만 수용 이론 쪽은 아직 그 실현 여부를 볼 수가 없다는 점에서 현재 우리 문학교육에 있어 지배적인 작품 주해 방식으로 설정하기는 어려우며, 따라서 작품의 주해 기제를 통해서 형성되는 지배적인 담론은 여전히 분석주의와 역사주의로 상정하여야 할 것이다.

여기서 유념해야 할 것은 분석주의와 역사주의라는 이 이원적 구조 또한 앞서 정전 구성에서 지적한 바와 같이 상호 모순되는 담론으로 이루어져 있다는 점이다. 이 경우에도 다원주의의 외형은 견지되고 있다. 하지만 역사주의의 복권 또한 그 실제 국면에서 보면 한갓 이론의 부가에 지나지 않는다.

---

29) "이 글은 이육사의 대표작에 속하는 '광야'를 역사주의적 관점과 분석주의적 관점을 상보적인 차원에서 통합시킨 종합주의적 관점에서 유려하게 해석해 낸 것이다. '광야'에서 1연 3행의 '들렸으랴'와 5연 1행의 '천고' 두 시어를 해석의 대상으로 삼으면서 절대주의 분석 비평의 장점을 바탕으로 기존의 역사주의적 해석에 반성을 가한 다음, 분석 비평의 한계를 다시 역사주의적 관점에서 극복하는 해석 과정을 보여 주고 있다." (김윤식 · 김종철, 『고등학교 문학 교사용 지도서』, 한샘교과서(주), 1990, p. 78.)

여전히 주해 방식의 중심성은 분석주의에 놓여 있었던 것이다. 5차 교육과정 문학 교과서의 경우, 그 총론 부분을 넘어 실제 작품 분석 해설 단계에 이르면 총론에서 강조된 관점의 다양성보다는 현저히 분석주의적 해설에 기울고 있다는 점에서 이 같은 점은 여실히 드러난다. 예컨대 앞에서 인용한 교사용 지도서(김봉군·한연수 저) 가운데 <현대시 이해의 기초>에 들어 있는 학습 내용 중 그 항목들만 들어 보면 다음과 같다.

(1) 읽기 (2) 시점 (3) 가진술 (4) 수사법 ①비유 ②상징 ③반어 ④역설
(5) 심상 (6) 율격과 형태 (7) 반복과 변이 (8) 주제 (9) 시의 갈래

이는 분석주의 위주의 교육과정기 교과서의 모습과 전혀 다를 바가 없는 것이다. 나아가 이러한 항목을 가르침에 있어 가장 주된 전거가 바로 신비평에 있음은 <보충자료>의 해설 내용을 보면 더욱 분명해지는데, 그 중 몇 가지만 발췌해 소개하면 다음과 같다.

■ 함축과 긴장 : 말의 뜻은 외연(外延, denotation)과 내포(內包, connotation)의 두 쪽에서 생각할 수 있다. I. A. 리처즈는 말뜻이 외연 쪽에 기울어 쓰이는 것을 과학적인 쓰임(scientific use of language)이라 하고, 말뜻이 내포 쪽에 치중하여 쓰일 때 이것을 정서적인 쓰임(emotive use of language)이라고 구별하였다.
■ 정서와 객관적 상관물 : T. S. 엘리어트가 내세운 이론. 객관적 상관물이란 '어떤 특별한 정서를 나타낼 공식이 되는 한 무리의 사물, 정황, 일련의 사건으로서, 바로 그 정서를 불러일으키도록 제시된 외부의 사실'들이다.
■ 시의 갈래 : 이 밖에도 신비평가 J. C. 랜섬의 물질시(physical poetry)와 관념시(platonic poetry)가 있다. 17세기 J. 단(John Donne, 1572~1631)의 시를 형이상의 시(metaphysical poetry)라고 하며, 시를 심상에 의해 무의미의 극단에까지 밀고 가는 무의미시, 절대시를 거론하기도 한다 .

여기 언급된 이들은 신비평가나 형식주의 비평가 내지는 그들의 비조(鼻祖)에 해당한다. <현대시 이해의 기초>가 이렇게 이루어지게 된다면, 그 기초에 입각해 이루어지게 될 실제 작품의 이해와 감상이 어떠한 양상을 띠게 될지는 더 말할 나위가 없을 것이다.

더욱 중요한 사실은 <역사의 벼랑에서>라는 단원에 실려 있는 한용운의 <당신을 보았습니다>, 김동환의 <국경의 밤>, 심훈의 <그 날이 오면>, 이육사의 <절정>, 박두진의 <해>와 같은 작품들의 경우에는 분석주의적 주해와 역사주의적 주해가 함께 제시되고 있지만, 다른 단원의 경우, 윤동주의 시를 비롯한 일부 작품의 경우를 제외한다면 거의 대부분의 시 작품에 관한 주해 방식은 오로지 분석주의 중심으로 이루어져 있다는 점이다. 이는 교실 현장은 물론이려니와, 비교적 다양하고 다원론적인 관점을 지지하는 현재의 교육과정에 있어서도 여전히 중심부성을 차지하고 있는 것은 분석주의적 담론임을 말해 주는 것이라 하겠다. 즉, 전체에 관철되고 있는 것이 분석주의라면 역사주의는 그 실제상 일부의 경우에 진리치를 내포하는 주변부적 담론이라 할 것이며, 이는 달리 말해 분석주의 수용 이후의 교육과정 개정이 분석주의의 중심부성에 대한 도전이라기보다는 그 중심부성을 그대로 유지한 채 여타의 관점, 즉 새로운 이론들을 부가하는 데 그치고 말았음을 의미하는 것이다.[30]

그 결과 이론들은 서로 충돌하지 않는다. 이는 이론이 그 이론됨을 상실한다는 의미와 다를 바가 없다. 이론은 사상에서 분비되며 그런 고로 자체 내에 어느 정도의 과격성을 내포하게 마련이다. 절충이라든가, 중용 혹은 조화는 이론의 세계와는 거리가 멀다. 종합주의적 관점이 그 미덕에도 불구하고 이론일 수는 없는 이유 또한 그와 연관이 깊다. 다원주의의 미덕이란 것이 상충되는 의사들의 절충에 놓여 있는 것은 아니다.

어느 면에서 우리 문학교육은 이론에의 저항을 보인다. 이론의 부가를 통한 다원주의의 추구란 실상 이론의 기피를 뜻하는 것으로 곧잘 변하기 때

---

30) 주목할 것은 4차 교육과정에서도 역사주의에 대한 배려는 보인다는 점이다. 하지만 그것은 어디까지나 분석주의를 전면에 설정한 가운데 이루어지는 것이었다. 즉, 5차 이후의 교육과정에서 분석주의와 역사주의는 표면상 등가로, 실질상 위계로 설정되어 있지만 4차 교육과정에서는 표면상으로도 분석주의의 우위를 인정하고 있는 점에서 차이가 나는 것이다. 가령 4차 교육과정 고등학교 국어1 교사용 지도서(한국교육개발원, 1984: 35)에는 다음과 같이 명시되어 있다. "역사주의를 택하느냐, 분석주의를 택하느냐의 문제는 일도 양단으로 분간하기는 어렵다. 모든 문화적 소산은 역사적 진공 상태에서 생겨나는 것은 아니다. 그렇다고, 모든 작품이 역사적 종속물이라고 단정하기도 어렵다. **작품 자체의 해석과 분석을 앞세우고, 그 특성에 따라 시인(작가)의 생애와 역사적 배경이 고려되어야 할 것이다.**" (강조-인용자)

문이다. 그러면서도 우리는 분석주의라는 '이론'을 여전히 가르치고 있다. 이는 곧 분석주의적 담론이 한갓 이론이 아닌 본질적인 것, 객관적인 것으로 자명화되어 있음을 의미하는 것이 아닐 수 없다.

그렇다면 분석주의는 어떠한 과정을 통해 이렇듯 주해 방식의 지배적 담론으로 형성될 수 있었으며, 거기에는 과연 어떠한 이유가 놓여 있는지, 그리고 이러한 분석주의적 주해 방식은 어떠한 담론 효과를 지니게 되는지 등등에 관해 살펴볼 필요가 제기된다 하겠다.

주지하듯이 그 기원은 신비평의 수용과 밀접한 연관을 맺는 것으로 알려져 있다. 하지만 그 전에 미리 밝혀 두어야 할 것은 우리 문학교육에 지대한 영향을 끼친 것으로 알려진 신비평이 실상은 원산지 미국에서의 신비평 본래의 모습과는 상당한 거리를 두고 있다는 점이다. 사정이 그러하다면 신비평의 교육적 영향을 밝히기 위해서는 현저히 이중적인 작업이 요구된다 할 것이다. 즉, 한편으로는 우리 문학교육에 존재하는 신비평의 허상을 드러내야 하며 다른 한편으로는 신비평에 관한 비판적 검토가 수행되어야 하는 것이다. 그러나 이러한 작업은 이중적이긴 하되 모순적이진 않은데, 왜냐하면 이는 곧 그 같은 허상적 존재에도 불구하고 신비평은 어떤 이유로 이 땅에서 이제껏 그토록 강력한 존재 이유를 지닐 수 있었던가 하는 문제틀로 귀결될 것이기 때문이다.

또한 우리 문학교육에 끼친 신비평의 영향을 비판적으로 검토함에 있어 오로지 주해의 측면에서만 그 폐해를 지적하는 것은 사태의 절반 이하를 검토하는 것에 지나지 않는다. 엄밀히 말해 신비평적 주해 방식은 정전의 섭렵 방식과 맞물려 존재하는 것인 까닭에서이다. 아울러 신비평의 이데올로기를 비판하고 그것을 교육적 폐해에 직결시킴으로써 그 전면적 폐기를 주장하는 태도 역시, 신비평의 이데올로기에 대한 검토를 거치지 않은 상태에서 그저 무비판적으로 수용하는 것만큼이나 위험성을 내포한다고 할 수 있다. 신비평 아닌 그 어떠한 이론도 이해 관계로부터 자유로울 수는 없다. 우리에게 소중한 것은 교육적으로 수월한 이론(theory)의 선택이 아니라 학생들로 하여금 이론화(theorizing)에 이르도록 하는 방식의 모색에 있는 것이다. 이와 같은 지적은 결국 문학 이론의 층위에서만이 아니라 교육적 층위의 기제를 동시에 아우르는 작업이 요구됨을 의미한다.

(2) 주해 방식의 형성 과정 : 분석주의적 담론의 지배화

신비평 자체가 미국 상류계급 국수주의(國粹主義)의 소시민적 변형이라든가(장경렬, 1994), 산업 자본주의 사회의 공식적인 지배 이데올로기로 작동하고 있던 중산계급 자유주의 이데올로기에 적대감을 표하는 농본적(農本的) 보수주의 이데올로기를 반영하고 있다든가(테리 이글튼, 1986), 엘리트주의적이고 권위주의적인 속성으로 인해 파시즘과 연관을 맺게 되었다든가(김윤식, 1973) 하는 지적들은 오늘날 상식에 속할 정도가 되었다. 요컨대 신비평의 문학주의적 면모 뒤에 감추어진 이데올로기성, 즉 신비평의 정치성이 폭로되면서 신비평의 객관성 표방은 더 이상 유지, 존속이 불가능해진 셈이다. 모든 이론은 이해 관계로부터 자유로울 수 없다는 점에서 이론은 정치적인 것이라는 견해가 오늘날에는 일반적이다. 그 같은 점에서 신비평의 한국적 수용을 둘러싸고 이를 단지 문학적인 이유에서만 설명하는 것 역시 신비평 자체의 운명이 보여주었던 바처럼 하나의 왜곡을 낳기가 쉽다. 따라서 신비평이 도입된 배경과 과정을 살펴봄에 있어 신비평의 담론이 그 수용 당시 우리나라 제반의 제도적 담론 층위와 정합하는 측면을 검토하는 작업은 필수불가결한 일이라 할 것이다. 이를 위해 먼저 신비평이 도입되기 이전 한국의 교육계와 학문계의 담론적 추이 과정을 살펴보도록 하겠다.

해방 직후 한국 교육계에는 조선교육위원회, 조선교육심의회, 조선교육연구회, 한국교육문화협회, 새교육협회 등의 각종 위원회와 단체가 구성되기에 이른다. 그 가운데 미군정에 실질적으로 참여한 조선교육위원회는 비 미국계(非美國系)가 배제된 인적 구성을 보이고 있었다.

1945년 9월 11일 미군정 교육담당관으로 배속되었던 라카드(Earl N. Lockard) 대위가 미군정 학무국장으로 임명된 이후 한국측 교육계 인사 가운데 그에게 결정적인 영향력을 발휘한 사람은 오천석(吳天錫)으로 알려져 있다. 정통 미국 유학파의 일원이었던 그는 바로 그 같은 조건으로 인해 조선교육위

원회 인선 작업에 깊이 관여하였고, 그 결과 초등 교육에 김성달, 중등 교육
에 현상윤, 전문 교육에 유억겸, 교육 전반에 백낙준, 여자 교육에 김활란, 고
등 교육에 김성수, 일반 교육에 최규동 등 7명으로 조선교육위원회[31]는 그
구성을 보게 된다.

이에 반해 미군정 자체를 반대했거나, 혹은 미군정과 관계한 조선교육위
원회와 갈등 관계에 있었던 이들로는 대체로 좌익계 교육 정책을 지원한 조
선교육자협회의 이만규, 김택관, 이성근, 조선학술원의 백남운, 신남철, 그리
고 민족주의를 표방한 조선교육연구회의 안호상, 안재홍, 손진태, 이인영, 조
윤제 등을 들 수 있다. 그런데 미군정 기간 동안 좌익은 물론이려니와, 조선
교육연구회 또한 앞에 지적한 조선교육위원회에 의해 철저히 견제를 받게 된
다. 조선교육연구회는 독일 예나 대학에서 공부한 안호상(安浩相)을 중심으로,
대체로 조선에서의 토착적인 교육 경력과 사회적 이력을 바탕으로 한 민족주
의적 성격이 강한 인물들로 구성되어 있었다. 이들은 서구 문물 중에서도 유
럽 계통의 사상적 조류에 동감하는 비미국 유학파였던바, 특히 안호상은 미
군정 한국 문교 관리들의 교육 사상적 기저, 즉 미국식 진보주의 교육 사상에
대한 학문적 견제책으로서 유럽식의 교육 사상을 소개함으로써, 미군정 시절
에는 주요 교육 정책 결정에서 배제되는 운명을 겪어야만 했다.

하지만 단독 정부 수립 이후, 문교부 장관으로 발탁된 사람은 오히려 조
선교육연구회의 안호상이었다. 그가 초대 문교부 장관으로 발탁된 배경으로
는 여러 가지가 지적되고 있지만,[32] 그 가운데 가장 관심을 끄는 것은 그가

---

31) 이들에 대해 한때 친일 시비가 벌어지기도 하였으나 이들의 인적 구성상 특징에 대해
   라카드는 다음과 같이 증언하고 있다. "조선교육위원회 위원들은, 그들의 정치적 입장
   에 있어서 급진적(좌경)이었다기보다는 차라리 보수적(극우)이었다는 것을 부인하기
   어렵다. 그러나 여론조사에 의해서 나타난 결과나 신문기사의 보도에 의한다면, 조선
   교육위원회는 상당한 신임과 존경을 받고 있었다. 조선교육위원회가 위원의 개인적
   배경이나 개인적 이해관계에 의해 크게 영향을 받고 있다는 점은 두말할 나위도 없
   다." Headquarters(1946), "United States Army Millitary Government in Korea", *History
   of Bureau of Education*(Mimeograph), p. 8. 여기서는 한준상(1987: 576)에서 재인용함.
32) 먼저 정치적 세력 기반이 미약했던 이승만이 김성수 세력을 견제하기 위해 족청계의
   이범석과 제휴했다는 점에서 안호상의 발탁이 가능했다고 설명된다. 김성수는 조선교
   육위원회의 중심인물이었고 안호상은 이범석과 긴밀한 인간 관계를 맺고 있었기 때문
   이다. 그는 또한 국대안 파동시 그 실시를 강력히 찬성하는 한편 반탁운동을 주도하였

평소 주장했던 일민주의(一民主義)가 이승만에게 정치적 지배상 매력적인 이
데올로기로 보였을 가능성이 컸다는 측면이다.
　'민주주의 민족 교육'의 기반인 '일민주의'의 개념에 대해 안호상은 다음
과 같이 말하고 있다.

> 　한백성주의는 '온 백성주의'로서 한 개인이나 계급이 아니라, 이들을 없애
> 가진 통일체인 한 백성을 큰 한 가족과 겨레로 여기는 민족주의까지 된다. (…)
> 다시 말하면, 한백성주의에 있어서는 온백성은 한 겨레라는 민족주의가 그 내
> 용과 목적이요, 민주주의는 이 내용과 목적의 실현의 방법이요 수단이다. 한백
> 성주의의 목적은 민족주의요, 방법은 백성주의 곧 민주주의다. (…) 한백성주
> 의가 민주주의로서는 개인의 金力의 토대와 표준으로 된 구미식 민주주의인
> 자본주의적인 개인주의적 민주주의와, 또 계급의 권력과 폭력의 토대와 표준
> 으로 된 소련식 민주주의인 공산주의적인 계급주의적 민주주의와 달라, 항상
> 人力과 人格의 토대가 표준이 된 新羅式 民主主義인 한백성의 민족적 민주주
> 의이다. (문교40년사편찬위원회, 1988: 89)

　이와 같이 일민주의란 자본주의와 공산주의가 모두 유물적(唯物的) 돈[錢]
주의로서 취할 바가 못되니 계급주의나 개인주의 모두 배격하고 '한배검'의
역사에서 연원하는 고유의 전통에 바탕을 둔 민족 사상을 중심으로 굳게 단
결을 하여야 민족적 자유와 번영을 도모할 수 있다는 것이었다. 이러한 내용
의 일민주의가 이승만에 의해 국시(國是)로서 명시되자, 민주주의의 유일한 토
대라는 명목으로 보급 운동이 전개되어 그 전국적인 확대를 도모하게 된다.
사실, 당시에는 여전히 좌우익의 이데올로기적 갈등이 내재해 있었고 게다가
미국식 자유 민주주의의 도입에 따른 부적응 문제로 인하여 남한 사회는 진
통을 겪고 있었으므로 이러한 민족 우위의 논리는 현실적 요구에 부응하는
일면이 있었다. 그 당시 자유 민주주의라는 이념은 형식적인 정체(政體)로만
기능하고 있었을 뿐, 실질적인 내용은 반공 이데올로기로 채워지고 있었다.
따라서 안호상이 '구미식의 자본주의적 개인주의적 민주주의'와 '공산주의적
인 계급주의적 민주주의'를 모두 지양한다 하였을 때, 적어도 이념상으로는

　다. 한준상·정미숙(1989: 344-5) 참조.

매력적이었음에도 불구하고, 그 실질적 내용은 그 스스로 일민주의를 "홍익
인간의 이념에 입각하여 남북이 통일되어야 한다는 민족적 염원이며 공산당
의 계급투쟁론에 대항하는 이론"(정영수 외, 1985: 88)이라 주장한 데서 알 수
있듯이, 이승만 정권의 반공 이데올로기에 다름이 없었던 것, 즉 교육적 이념
의 형태라기보다는 정치적 이념에 가까운 것이었다.

　물론 안호상의 이러한 역사 인식에는 대종교 계통의 역사 인식과 아울러
약육강식 적자생존의 사회진화론적인 시각에 의거해 민족 단위의 외경력(外競
力)을 중시하던 일제 강점기하 민족주의사가들의 영향이 보이는 것도 사실이
지만(노태돈, 1991: 24), 일제 하 민족주의 사학의 중심축이던 반제(反帝)의 자리
에 반공(反共)이 대치되면서, 실증성(實證性)의 수준보다는 심정적인 측면이 더
강하게 표출되고, 그 결과 민족주의라기보다는 환몽적인 종족주의(種族主義)
수준으로 떨어지고 말았던 셈이다. 즉, 반제의 구도 하에서는 민족에 대한 탐
구 자체가 의의를 지녔던 반면, 반공의 구도 하에서 민족적인 것에 대한 강조
는 자칫 은폐의 경향을 지니는 이데올로기로 전락하기가 십상이었던 것이다.

　이러한 경향은 앞서 해방 공간의 문학론에서도 살펴보았듯이 민족주의라
는 이름 아래 동시적으로 전개되었던 인민민주주의 민족문학론과 김동리의
민족문학론의 민족 개념이 분화되면서 일어난 필연적인 현상과 일치한다. 다
시 말해 민족 정신의 우위에서 계급적 인식을 포괄한다는 논리가 헤게모니를
차지하게 되면서 실상은 근대 민족 국가의 민족 개념이 포기되고 반근대적인
민족개념, 곧 종족주의적 경향이 남한의 통치 이데올로기에 현실적으로 기능
하게 되었던 것이다. 따라서 김동리의 이른바 제3 휴머니즘론에서 안호상의
일민주의적 목소리를 듣게 되는 것은 이상한 일이 아니다.[33] 이러한 주장들

---

[33] "제3 휴머니즘은 이와 같이 자본주의 사회의 모순과 결함을 근본적으로 시정하는 일
　방, 맑시즘 체계의 공식적 메커니즘을 지양하는 데서 새로운 고차원의 제3 세계관을
　확립하려는 데에 그 지향이 있다. (…) 다시 말하면 자본주의적 기구의 결함과 유물
　사관적 세계관의 획일주의적 공식성을 함께 지양하여 새로운, 보다 더 고차원적 제
　3 세계관을 지향하는 것이 현대문학정신의 세계사적 본령이며, 이것을 가장 정계적
　으로 실천하려는 것이 오늘날 필자가 말하는 소위 순수문학, 혹은 본격문학이라 일
　컫는 것이다." (김동리, "순수문학과 제3 세계관－김병규씨에게 답함", 『대조』 2권 2
　호, 1947. 8.)

은 표면상으로는 논리의 모습을 띠고 있으나 실제로는 이미 선택된 이데올로기에서 출발한 것이기에 이 논리 또한 궁극적으로는 이데올로기를 넘어설 수는 없는 것이었다.

이러한 경향은 비단 정치계나 교육계, 혹은 문학계에서만 발견되는 것이 아니다. 학문계 또한 동일한 담론을 취하게 됨으로써, 이 담론은 객관의 권위가 부여되면서 남한 사회 전반의 지배적 담론으로 자리잡게 되었던 것이다. 안호상의 민족주의 민족 교육의 이념에 대하여 당시 서울대학교 사범대학장이었던 손진태가 다음과 같이 부연하였던 사실은 주목을 요한다.

> 민주주의 민족교육은 의타적이 아니요, 민족자주적이다. 타의 장점은 취하되 그 단점까지 맹목적으로 모방하지는 않는다. **그러므로 비판적이며 과학적이다.** (문교40년사편찬위원회, 1988: 89)(강조 - 인용자)

이는 초월적 단위로서의 민족에 대한 강조가 '과학적'인 것으로 인정되는 순간이다. 앞서 국사 교육에 관여한 손진태의 신민족주의 사학에 대해서는 잠시 언급한 바 있는데, 우선 그는 민족의 근대 형성설을 부정하고, 우리 민족은 유사 이래로 동일한 혈족이 동일한 지역에서 동일한 문화를 가지고 공동한 운명 하에서 공동한 민족 투쟁을 무수히 감행하면서 공동한 역사 생활을 하여 왔음을 강조하면서 한국사는 곧 한국 민족사라고 규정하였다. 이렇게 되면 전통 시대 각 시기의 역사성 부각은 물론이고 근대적인 민족이 등장하는 과정과 그 성격을 이해할 수 없게 되며, 그리고 내일의 균등사회를 창출해 낼 수 있는 역사적 배경이 부각될 수 없게 됨이 물론이다. 따라서 손진태의 사학은 도덕적 규범 논리로 과거를 초역사적으로 재단하려 한 면을 지니며, 그러므로 이에 대해 "도덕적 반복 사관으로 되돌아갈 위험성을 내포하고 있고", "역사학의 과학적 이해에 기여한 바가 상대적으로 적으며", "민족과 계급을 모두 허구화시켰다."는 비판이 이어져 왔던 것이다(노태돈, 1991: 11).

국문학계 또한 여기서 크게 벗어날 수는 없었다. 안호상으로 대표되는 조선교육연구회의 구성원에 손진태, 이인영 등과 함께 진단학회 출신의 조윤제가 들어 있었던 사실, 그리고 이들이 거의 예외 없이 서울대학교의 교수로 진출해 있었다는 사실은 주목을 요한다.

　도남(陶南) 조윤제(趙潤濟)의 국문학 연구에 대해서는 김윤식 교수의 업적[34]이 이미 존재하고 있거니와, 여기서 관심을 두고자 하는 바는 이러한 지적 패러다임[35] 속에서 도남의 국문학 연구가 취했던 방향과 그것이 대학에서의 국문학 연구라는 제도에 끼친 영향에 있다. 김윤식 교수에 의하면 도남 조윤제는 우리 문학사 기술에서 법칙성에 대한 방법론적 과제에 관심을 가지기 시작한 최초의 국문학자로 기록된다. 일제 강점기하 경성 제국 대학이라는 제도적 틀 속에서 국학을 한다는 것은 일종의 긴장을 요하는 일이었다. 즉, 근대의 산물인 대학이란 학문하는 곳인 만큼 방법론이 무엇보다 앞서 전제되지 않으면 안되었는데 학문적 동기가 민족의식의 고취에 있었던 만큼 그것에 합당한 과학(방법론)을 찾아야 했던 것, 그 앞에 군림하고 있는 실증주의라는 방법론은 결국 일본 제국 대학의 성격 그대로 제국의 이익에 봉사할 우려가 다분했던 것, 이러한 위기와 긴장이 도남에게서 발견되는 것이다. 여기서 그는 딜타이의 정신과학 내지 해석학에서 그 해결을 발견하게 되는데, 그것은 곧 문학이 인간의 삶의 반영이라는 전제 아래, 한국문학 속에는 한국인의 삶의 반영이 들어 있고 그것은 어떤 의미로는 한국인의 이념의 반영인 만큼 그 이념을 찾아내는 것, 그런데 작품 속에도 이념이 들어 있지만 그것만으로는 부족하므로 연구자 자신에 있는 이념을 꺼내어 그것과 작품 속의 불투명한 이념을 증폭시킬 때 비로소 선명한 이념이 포착된다는 것, 이러한 해석학적 방법론이 과학으로서의 국문학 연구를 가능케 하는 것이라 그에게는 보였던 것이다. 이는 달리 말하면 조선문학은 조선인이 아니고서는 완전히 연구될 수 없음을 가리키는 것이기도 하다. 아울러 이때 도남이 말하는 이념이란 것이 선험적이고 시대 초월적인 것임은 말할 나위 없다.

　그러나 도남이 기댔던 딜타이 이론의 문제는 그와 같은 해석이 곧 진리일

---

34) 김윤식(1978) 및 김윤식(1984)가 대표적임.
35) 일제 강점기 시절 철저한 실증주의자로서 출발했던 조윤제가 손진태와 더불어 실증주의를 자기 비판하면서 신민족주의 사관에 도달하였다는 사실은 잘 알려져 있다. 하지만 엄격히 말해 신민족주의란 해방 뒤에 국사학계에서 논의된 명칭이며, 도남의 이러한 사상은 일제 말기에 이미 완성되고 있었고 손진태는 해방 후에야 나름대로의 체계를 완성할 수 있었던 것이며, 그러므로 도남은 신민족주의라는 말을 잘 쓰지 않는다.

수는 없다는 점에서 그러한 사상의 진리 내용이 부인되고 단순히 이데올로기로 환원된다는 데 있다. 어떤 사상의 진리 내용이 부인되는 한 인문학에 있어서 지식의 기초는 마련되기 어렵다. 이는 주관적인 지식 근원설의 바탕 위에서 객관적인 지식의 가능성을 찾는 것이다. 이 점은 분명한 자기 모순이다. 그래서 딜타이는 주관과 객관은 동일한 하부 구조, 즉 삶에서 연유한다고 함으로써 그 모순을 해결하려고 하였던 것이다(박상섭, 1994: 183-6).

이러한 딜타이의 한계는 거의 그대로 도남의 국문학 연구가 갖는 한계로 지적될 수 있다. 적어도 학문의 객관성 내지 보편성이란 점에서는 그렇다. 하지만 그 같은 보편성을 희생하는 대가를 치르더라도, 민족이라는 이념을 도남이 포기할 수는 없었다. 말하자면 한국문학 작품 속엔 인류의 이념이 들어 있고 연구자 속에도 인류적 이념이 들어 있음을 문제삼았더라면 그의 국문학 연구가 보편성에 도달하지 않았겠는가 하는 질문이 그에게는 거의 무의미하였던 터이다. 그의 학문적 동기가 말해 주듯, 중요한 것은 민족의 생존이었고, 그 결과 그의 국문학사는 국문학을 하나의 생명체로 비유하는 유기체론의 모습을 띄게 되었던 것이다.

이렇듯 해방 직후 거의 유일하게 학문의 지위를 가질 수 있었던 국학조차 순수 학문에는 미달한 편이었다 할 수 있다. 도남은 여기서 더 나아가지는 못한다. 신민족주의는 해방 이전 가질 수 있었던 반제로서의 의의도 점차적으로 사라져 가고, 정부 수립 이후에는 반공으로서의 의의마저 점점 삭감되는 형편에 이르고 말았던 것이다. 대타적 성격에서 출발한 담론이 갈 길은 상대방이 소멸할 경우 그 의의가 빛바래져갈 수밖에 없었기 때문이다. 김동리의 제3 휴머니즘조차도 정부 수립 이후 6·25를 거치고 격동의 시대를 살아오는 동안 그 긴장된 의미를 잃어버리고 있는 명제가 되었음에 틀림없다(권영민, 1988: 374).

다시 앞으로 돌아가자면, 안호상의 일민주의 역시 같은 운명을 겪을 수밖에 없었다. 한국전쟁 발발 직전에 실시된 제2 대 국회의원 선거에서 이승만의 세력 기반이었던 독촉계(獨促系)와 서북계(西北系)가 선거에서 대거 탈락하는 사태가 벌어지자, 이범석과 이승만의 제휴 관계는 더 이상 존속할 필요가 없어졌으며, 따라서 이범석의 사상적 동지였던 안호상이 문교부 장관에서 물러나

야 했던 것은 자연스런 순서였던 것이다(한준상·정미숙, 1989: 346). 그 결과 안
호상의 일민주의는 더 이상 명맥을 유지하기 어려웠다. 일민주의라는 복고주
의적이고도 전체주의적 이데올로기 대신 '민주주의 교육' 이념이 등장했다.
즉, 신민족주의와 같은 류의 이념형은 학문계, 교육계, 정치계 등등에서 그 시
대적 소임을 다하고 지배적 담론으로서의 지위를 양도하게 되었던 것이다.

그렇다면 시대의 지배적 담론이 신민족주의로부터 반공 친미 이데올로기
로 이행되어 나아갔을 때, 그리고 도남의 학문마저 시대적 의의를 상실해 가
기 시작했을 때, 학문으로서의 국문학은 어떠한 형편에 처해 있었는가를 살
펴볼 필요가 제기된다. 이에 전후(戰後) 50년대에 대학을 다닌 한 연구자의 회
고를 빌면 다음과 같다.

> 제가 대학에 들어간 것은 6·25가 끝난 지 두 해 뒤인 1955년이었습니다.
> (…) 막연히 글공부를 겨냥하고 들어온 대학 국문과에는 물론 그 나름의 학문
> 적인 과목이 없지는 않았으나 (…) 그러나 불행히도 이런 강의는 많지 않았습
> 니다. 관심을 가졌던 현대문학 강의는 기껏해야 신문학에 참여한 분들의 체험
> 담 수준에 지나지 않은 것처럼 느껴졌습니다. (김윤식, 1994: 378)[36]

위 인용문에서 '그 나름의 학문적 과목'이라 일컬은 것은 곧 국어학과 고
전문학 분야를 가리킨다. 국어학은 이미 비교언어학적인 방법론에 따라 국어
계통론, 음운론, 문법론, 음성학, 의미학, 방언학 등 세분된 전공 분야에 의한
과학적 연구가 진행되어 있었고(서울대학교30년사편찬위원회, 1976: 145), 고전문
학은 '청조 고증학의 계보를 이어받은 전통적인 서지 고증'과 '떼에느의 환경
론'에 기저를 둔 이병기와 딜타이 류의 독일식 문헌학에 기초한 조윤제가 자
리잡고 있었던 것이다(서울대학교30년사편찬위원회, 1976: 546-7). 이에 반해 현대
문학 분야는 현저한 과학성 컴플렉스에 빠져 있었음을 위 인용문은 보여 주
고 있다. 이 점에 대해서는 대략 다음과 같이 정리해 볼 수 있겠다.

첫째, 국어학에 비해서는 고전, 현대 가릴 것 없이 국문학 자체가 과학으
로서는 상대적으로 미달해 보였다는 점이다. 이는 가람의 도락(道樂)으로서의

---

36) 이 외에 50~60년대 국문학계의 연구 풍토에 관해서는 최원식(1992), 김용직(1991),
김동환(1993) 등을 참고할 수 있다.

학문 태도는 물론이려니와, 도남의 경우 또한 방법론적인 자각을 견지하고 있었음에도 불구하고 국문학 연구 자체가 대상에 대한 일종의 강한 자의식에서 벗어나기 어려웠던 점을 가리킨다. 즉, 학문으로 성립하기 위해서는 연구 대상과의 거리 두기가 필연적으로 동반되어야 할진대, 가람과 도남의 경우, 민족 정신으로부터 결코 자유로울 수가 없었던 것이다. 그런데 그 같은 연구의 의의마저 앞서 지적한 대로 시대의 변화와 더불어 점차 사라져 가고 있었던 것이다.[37]

둘째, 그나마 국문학의 경우 고전문학은 학문으로서의 모습이 비쳐졌으나, 현대문학은 그럴 가능성이 거의 발견되지 않았다는 점이다. 가령 도남의 국문학사를 과학으로 승인한다 하더라도 현대문학이 거기에 동등한 자격으로 편입될 수는 없을 것이다. 왜냐하면 한국의 고전문학이 한민족(韓民族)의 훼손되지 않았던 시절의 문학이라고 본다면 일제 식민지 기간에 형성 발전된 근대문학은 훼손된 가치 속에 놓였던 것으로서, 유기체적 관점으로는 일관된 설명이 불가능한 것으로 되기 때문이다.

셋째, 그렇다고 해서 현대문학이 고전문학과 같은 방법론을 따를 수는 없었다는 데서 현대문학의 학문적 위기는 심화된다. 실증이나 문헌학을 하기에는 현대문학이라는 대상 자체가 그 연륜이나 전통이 미치지 못할 뿐만 아니라 그 같은 방법론만으로는 학문으로서의 본질적 의의를 구하기가 미흡한 성격의 것이기 때문이다. 하지만 여기에는 한 가지 덧붙여야 할 사항이 있다. 그것은 현대문학의 경우 방법론적 자각을 갖고 문학사 기술을 행한 경우가 없었느냐면 그렇지는 않다는 점이다. 임화의 신문학사 연구가 그 한 예이다. 그러나 임화의 작업은 그 방법론에 걸맞는 실증이 뒤따라 주지 못했으며, 더욱이 이제 임화라는 존재 자체가 대학의 학문 제도 속에 승인될 수조차 없는 시대, 이른바 냉전 체제에 돌입해 갔던 것이다. 따라서 그 이외에는 박영희, 백철 류의 체험담 내지는 자서전적 수준의 것이 존재할 따름이었다. 이렇듯 분단과 냉전 체제로 인하여 그나마의 현대문학 유산은 현저하게 축소될 수밖에 없었으며, 이 같은 점에서도 현대문학 연구는 학문으로서 존립하기가 매

---

37) 한국 전쟁 후 국문학계에서는 민족사관이 비판되면서 실증주의가 새롭게 부활되고 있었음이 그 특징으로 기록되고 있다. 최원식(1982: 56-7) 참조 바람.

우 난처한 형국이었던 것이다.

물론 이러한 과학성 컴플렉스는 대학이라는 제도의 확립을 전제로 해서만 이해될 수 있는 일이다. 위 인용문의 연구자가 학문에 대한 자의식을 갖게 된 것 역시 바로 대학에 들어와서의 일이었음이 드러난다. 그는 그저 '막연히 글공부를 겨냥하고' 대학에 들어왔던 것, 하지만 대학이라는 제도는 그런 것이 아니었음을 자각하게 되었던 것이다. 학문은 실용성 내지 실천으로서의 앎이 아니라는 것을 깨닫게 되었다는 것은 곧 이론학으로서의 학문의 자율성에 대한 자각과도 통하는 것이었다.[38]

그런데 근세 이후 학문계의 역사는 학문이 이론학의 경우처럼 그것이 탐구하는 대상에 의해 규정되는 것이 아니라 방법에 의해 확보되는 것임을 보여주어 왔다. 즉, 방법 자체가 앎의 원리로 된 것이다. 방법이 학문 분류의 기본 원칙이 되면서 나타난 변화 가운데 가장 두드러진 것의 하나로 지적될 수 있는 것은 아리스토텔레스의 학문 체계에서 부각되었던 학문 체계의 위계적 성격이 소멸되었다는 점이다. 오히려 방법적으로 엄밀한 통제 가능성 여부가 그 방법에 의해 성립한 이론들의 학문성 수준을 결정하게 되므로, 자연과학의 방법을 엄밀히 적용하기 어려운 영역의 이론들은 낮은 수준의 학문성을 지닌다는 평가 체계가 성립하기도 하는 것이다. 위 글에서 50년대 현대문학 연구의 학문성을 낮게 평가한 것 역시 이러한 소이에서라 할 수 있다.

따라서 문제는 다시 현대문학 연구 분야로 돌아오게 된다. 대학이라는 제도 속에서 학문으로 성립하기 위해서는 방법론이 가장 요구되는 터인데 현대문학은 어떻게 해야 그 제도적 승인을 받을 수 있을 것인가 하는 문제가 그것이다. 위 연구자의 회고를 다시 한 번 빌면, "대학의 국문과에서의 문학사 강좌란 물론 해방과 더불어 시작되어 교과 과목으로 성립되었지만 근대문학 분야란, 따지고 보면 한갓 부록 같은 것에 지나지 않았는데, 고전문학과 근대

---

38) 이는 이미 우리 대학의 초기 정신 성향에서도 발견되는 바이다. 일찍이 1947년 당시 서울대 문리대 학장이었던 이태규 박사의 개학식사에서도 그 점은 잘 드러나 있다. "우리 문리과 대학은 직업 교육을 하지 않는다. 진리를 탐구하여 조국 문화를 앙양하는 사회 지도자를 양성하는 것이 우리 대학의 사명이다." (서울대학교30년사편찬위원회, 1976: 35)

문학이 조금씩 분화되어 근대문학사가 교과목으로 성립된 시기는 6·25를 겪고 난 환도 이후"(김윤식, 1994: 385)[39]의 일이라고 한다. 현대문학이 어떻게 국문학 연구의 테마로 될 수 있었을까. 어떻게 그것이 제도적 승인을 받을 수 있었을까.

학문의 성립과 관련하여 정작 중요한 문제는 앎 자체를 위한 앎의 근세적 제도화가 앎을 추구하는 인간 행위의 목적 연관과 관련하여 단순하지 않은 문제를 제기한다는 점에 있다. 자기목적적이며 따라서 그 자체로서 가치 있다고 이야기되는 앎의 추구가 개인적 차원에서 이루어지기는 하지만 이 추구를 가능하게 하는 외적인 틀로서의 대학은 이 제도가 속해 있고 그것을 유지하는 사회의 유용성의 요구 아래 놓이게 됨으로써 그 자체로서 가치 있다고 이야기되는 이론적 앎과 탐구에 다시 그 가치를 규율하는 또 하나의 심급이 형성되게 된 것이다. 그리고 이 상위의 심급은 진리보다는 유용성이나 기타 다른 목적에 의해 인도되므로 제도 안의 앎의 추구 행위는 이 외적 목적에 종속되게 되며, 진리를 추구하는 행위에 귀속되었던 내재적 가치는 이 외적 목적과 그것이 추구하는 가치에 의해 매개된 수준에서나 이야기될 수 있는 부차적인 위치로 떨어지게 되는 것이다(이성규, 1994: 9).

그러므로 현대문학 연구가 학문의 범주 속으로 편입해 들어간 것은 국문학 연구 자체 내의 요구에 의한 것만이 아니라 그 같은 상위 심급의 변화를 반영한 것으로 보아야 옳다. 즉, 해방 공간에서 정부 수립 초기까지 지배적 담론으로 요구되었던 신민족주의는 어느덧 시대성을 소진하게 되고 한국 전쟁 이후 전개된 냉전 체제와 미국을 모델로 삼는 근대화의 요구는 더 이상 고전을 통한 민족적인 것의 추구에 국문학 연구가 만족할 수 없도록 만들었던 것이다. 대학이라는 제도 속에서 도남이 가졌던 민족 정신과 방법론 사이의 긴장 관계는 훨씬 퇴색되어 갔고, 방법론 곧 과학성에 대한 요구가 더욱 강렬해져 갔다. 중요한 것은 이제 시대 정신의 중심축이 서구화 내지 근대화에 가까운 쪽으로 전회(轉回)되어 갔고, 이 같은 시대 정신은 과학성에 대한 요구 혹은 전문화의 요구와 근친 관계에 서 있었다는 점이다.

---

39) 근대문학이 대학의 정식 과목으로 채택된 것에 대해서는 최원식(1982: 56-7) 역시 환도 이후의 일로 기록하고 있다.

전문화란 곧 국문학 연구를 고전문학과 현대문학으로 나누어 별개로 관리하는 방식을 낳았다. 대학의 교수 구성 방식부터가 그러하고 교과 과정 또한 그러하다. 고전문학과 현대문학을 별개의 지식으로 간주하는 이러한 제도 속에는 국문학 자체 내에 혹은 국문학을 둘러싼 사회의 지배적 담론 자체가 이른바 전통 단절론을 승인하는 자리에 있음을 선명히 대변해 주고 있는 것이다. 그리고 이 전통 단절론이 근대화의 산물임은 부인할 길이 없다. 아울러 이러한 전문화에 대한 지향은 곧 이데올로기에 대한 불신과 직결된다. 전문주의의 융성이 과학에 대한 강한 신념을 갖게 된 사회적 분위기에 의해 강화된 것인지, 혹은 학자들이 자신들의 사회적 권위를 확보하려는 노력의 일환으로 이루어진 것이든지 간에, 분명한 것은 전문주의와 이데올로기는 대립되는 현상처럼 이해되기에 이르렀다는 점이다.

사실 해방 직후부터 우리의 학문과 사상 역시 동서 냉전 체제의 틀 속에 집어넣어진 셈이며, 이 상황에서는 동구 내지 서구 어느 쪽이든 간에 서양 문명의 절대적 우위관이 지배하는 세계가 펼쳐지고 있었던 것이다. 이 가운데 동구의 학문과 사상 경향이 제거되기에 이르렀고, 이렇게 될 경우 학문적인 것은 곧 자율성을 바탕으로 하는 서구적인 것을 의미하게 마련이었다. 더구나 사회의 지배적 담론이 근대화 내지 서구화로 변질되고 그 대사격(大使格)이자 본질적인 것이 미국으로 대표되는 한, 미국의 학문은 일종의 물신화 과정을 겪을 수밖에 없었던 것이다.

이상에서 본 바와 같이 고전문학과 현대문학이 별개의 지식으로 관리되고, 현대문학은 심각한 과학(학문)성 컴플렉스를 겪어야 했던 것, 그리고 그 배경에는 대학이라는 제도의 확립과 미국식 전문주의의 영향이 놓여 있었다는 것, 나아가 미국적인 것이 물신화의 대상으로 군림하게 되었다는 것, 바로 이때 현대문학 연구에 하나의 구원처럼 등장한 것이 바로 미국의 신비평이었다.

　도미 전부터 백교수가 「뉴크리티시즘에 대하여」(1956.11.)를 썼지만 직접 그 이론가들을 만난 보고서가 나왔을 때, 이를 접한 독자들은 다음 두 가지 기묘한 체험을 하지 않았을까. 책으로만 접했던 이들 석학을 한국학자도 만날 수 있다는 생각이 그 하나. 이를 두고 전후세대가 안고 있는 외국(서양) 이론에 대한 물신사상에 젖어 있음이라 하면 안될까. 다른 하나는, 이점이 중요하거니와, 뉴크리티시즘이 대학 중심으로 전개되고 있다는 사실, (…) 왜냐하면 대학에서 문학공부하기란 학문으로 문학을 다루는 것이며, 따라서 (…) 뉴크리티시즘 곧 학문이라는 생각이 굳어졌던 것입니다. 뉴크리티시즘이 뭔지 잘 알지는 못하나, 좌우간 분석비평의 일종이며, 이것만이 학문이라는 일종의 물신적인 생각에 사로잡혔던 것으로 기억됩니다. (김윤식, 1994: 380)

신비평이 미국의 대학 제도와 연관된 것은 두 가지 측면으로 이해되는데, 하나는 그것이 당대 대학 내의 주류를 형성하고 있던 역사적 문헌학적 연구에 반발하여 문학 연구의 주도적인 패러다임으로 작용하면서 현대문학 연구와 비평 영역을 대학의 교과목으로 제도화시켰다는 점이며, 다른 하나는 일반교양교육으로 강력한 기능을 발휘하였다는 점이다. 그런 점에서 신비평의 도입 과정은 물신화된 미국이 우리의 전범으로 작용한 또 하나의 양상을 새삼 보여 주는 예라 할 것이다.

물론 신비평이 실제적으로 국문학 연구에 영향을 끼치게 되는 것은 60년대 중반 이후의 일이지만, 그 이전까지 학문으로 불렸던 태도는 앞서 지적한 문헌 연구와, 또 하나 새로이 대두된 비교문학적 연구 태도가 존재하고 있었을 따름이다. 하지만 전자의 경우, 문헌 연구나 자료 연구는 본격적으로 작품을 논하기 위한 기초 작업일 수는 있어도 그것으로 시 작품 자체가 해석되거나 평가되는 것은 아니었다는 점, 한편 후자의 경우, 보편성을 지향했던 비교문학적 방법이 결과적으로는 우리 시의 독자성 내지 주체성을 상당히 희생시키는 경향을 낳고 말았던 점에서 문제적이었던 것이다(김용직, 1991: 12). 1950년대 신진 연구가는 물론 기성 세대 역시, 공통적으로 그들이 지향했던 새로움의 방향은 문학의 보편성과 밀접한 연관을 가지는 것이었다(김동환, 1993: 63). 하지만 그로 인해 채택된 비교문학적 방법은 서구 문학에 비해 상대적으로 우리 문학이 열등하다고 판단되는 결과를 빚었다는 점에서 일련의 위기의식을 국문학 연구자에게 가져다 주고 말았던 것이다.

이에 반해 신비평은 그것이 근대화의 모델로 항상 빛을 발하고 있던 미국에서, 그것도 대학을 중심으로 전개되고 있었다는 사실, 아울러 그것은 문학의 해석과 평가에 관여하는 것이었고, 상대적으로 개별성에 상처를 주지 않으면서도 보편성을 보장해 주리라는 기대에 연결되면서 국문학 연구의 주류로 부상할 수 있게 되었던 것이다.

또한 이념적인 것에 대한 속박으로부터 벗어나고자 한 욕망 역시 신비평을 수용하는 적극적 요인이 된다. 전문주의는 이데올로기로부터 대립된 자리에 서 있는 것인바, 신비평이 이른바 객관성의 시학으로 비쳐졌기에 이념의 소용돌이를 피할 수 있으리라 기대되었던 것이다.[40] 이는 특히 교육의 장면에서 그 최대치를 거둘 수 있게 된다. 탈이념적으로 보이고 또한 객관적 지식처럼 보이는 것 이상으로 교육에서 매력적인 것은 없기 때문이다. 동시에 이는 탈이념의 허구가 간파되고 반공 이데올로기에 대한 역담론(逆談論)이 생산되면서 신비평이 호되게 비판당하는 원인이 되기도 한다.

1957년을 전후하여 학문계와 비평계에 도입되었던 신비평이 우리 나라의 중등 교과서에 명시적으로 나타나게 된 것은 비교적 이른 시기라 할 수 있는, 1959년 문교부 간(刊) 고등국어Ⅲ의 Ⅲ-3단원 「문학의 이해와 감상」[41]을 통해서였는데 이 글의 필자 역시 신비평을 처음 도입한 것으로 알려진 백철(白鐵)이었다. 이 글에서 그는 문학 작품을 어떻게 읽을 것인가에 대하여 문학 작품을 그 내용과 형식의 두 면으로 갈라서 보는 일이 가능하다면서 다음과 같이 설명하고 있다.

문학 작품이란 결국 시(詩)든 소설이든 간에 표현을 특질로 한 하나의 특수

---

40) 분석비평이 이른바 외재적 비평에 대한 거부의 자리에 서는 것이라면, 당대 지식인의 탈이데올로기 지향성에 이 신비평이 가져다 주었을 매력이란 상상하기 어렵지 않다. 『문학의 이론』(백철·김병철 공역, 1959)의 <한국어판에의 서문>에서 웰렉이 다음과 같이 언급하고 있는 것은 당시의 시대상황을 고려할 때 일종의 긴장을 내포하고 있는 것이라 할 만하다. 동서 냉전체제에 있어서는 미국과 한국은 동시적인 긴장 관계를 형성하고 있었기 때문이다. "퇴폐적인 방법을 내포하고 있는 인위적인 羈絆으로부터의 자유, 편견과 협소한 국부적인 퍼스펙티브로부터의 자유, 정치적 및 그 밖의 외부적인 통제로부터의 자유는 문학도뿐이 아니라 모든 한국학도의 이상인 것처럼 우리들의 이상이기도 하다고 우리들은 확신하는 바이다." 신비평이 '외부적 통제로부터의 자유'를 가져다 주리라는 것, 그것이 '모든 한국학도의 이상인 것처럼 우리들의 이상이기도 하다'는 이 '확신'이야말로 신비평이 이데올로기적 속성을 갖는다는 것을 확인시켜 주는 예라 할 것이다.
41) 이 글은 1964년도 교과서에 「문학의 이해와 비평」이라는 제목으로 바뀌어 재수록되어 있다.

한 언어적(言語的)인 조직체(組織體)다. **여기에서 우리는 형식면에 치중해서 문학에 접근할 필요가 있는 것이다.**

　문학 작품을 하나의 유기체(有機體)라고 하는데, 그것도 의미(意味)에 대한 언어의 특수한 조직성(組織性)을 가리킨 것이며, 또한 문학 작품을 여러 가지 복잡한 요소들의 결정체(結晶體)로 보는 것도 언어의 결합(結合)에 의한 형식적인 결과를 말하는 것이다. 흔히 문학 작품의 창작을 야금술(冶金術)에 비겨서 이야기하는데, 그 역시 언어 표현의 비결을 이야기한 것이라고 볼 수 있다.
　결국, 구체적으로 문학 작품을 이해하는 데는, 그 작품의 말의 조건을 따지고 들 수밖에 없다. (강조―인용자)

이 글 뒤에 그는 '문학적인 용어'를 '정서적'인 것과 '상징적'인 것으로 설명하면서 '이 점이 다른 학문들의 용어와 구별되는 점'이라 하였거니와, 하지만 그에 대한 예를 다음과 같이 들고 있는 한에 있어서는 그의 신비평에 대한 이해도가 썩 신뢰할 만한 것은 못되는 것으로 보인다.

　문학 작품의 형식에 있어서 구체적 수단인 언어는 그것이 하나하나 개별적(個別的)으로 씌어질 때와 여럿이 합해서 한 조직체로 될 때와에 있어서, 그 말들이 전달하는 이미지는 단순한 것에서 복잡한 것으로 비약하는 마술적(魔術的)인 변화를 일으킬 수 있다는 것이다. 예를 들면, "맑다", "푸르다"는 그 하나하나의 낱말의 뜻으로는 그 물이 맑고 푸른 것임을 나타내지만, 두 말이 합쳐서 "맑고 푸르다" 하면 그것은 다시 물이 깊다는 뜻도 나타내는 것이다.

이 인용문에 바로 이어 그는 "이와 같이, 언어의 성질과 조건을 분석해서 작품을 이해하는 것"은 "미국을 중심해서 일어난 소위 「신비평가(新批評家)」들이 주장하는 「실제적 비평」"이라고 적시(摘示)해 놓았는데, 하지만 실상 위와 같은 설명은 신비평이 동원될 성질의 것이 아니었다. 일상 언어와 시적 언어의 분리에 기초한 신비평의 기본적 성격이 몰각되어 있는 이러한 진술은 백철의 신비평에 대한 사고가 실제비평의 방법론으로는 미달한 수준이었음을 반영하는 것이라 할 수밖에 없다. 이렇듯 신비평이 한갓 언어 분석의 수준으로 떨어질 경우, 신비평은 그 세계관과 방법론상의 긴장을 상실 당하고, 단지 작품 자체를 대상으로 했다는 태도상의 원칙론을 갖고서 그것이 신비평이라 여겨질 수 있는 토대를 제공하기가 십상이었던 것이며, 더욱이 교육상에 있어서는 신비평의 용어와 지식을 가르치는 것이 신비평적 접근이요 객관적 접근이라는 왜곡을 가능케 하였던 것이다.

이러한 결과는 백철이 신비평을 도입하던 당시에 이미 어느 정도 예견되었던 바라 할 수 있다. 미국 국무성의 초청으로 도미(渡美)하여 거기서 신비평가들을 직접 대하고 대화와 강의를 함께 할 수 있었다는 것은 그로선 대단한 특권이라 아니할 수 없다. 그러나 그가 신비평에 무한포용현상을 보였으리라 기대하는 것은 잘못이다. 실제 브룩스 등과의 대화에서 그는 매우 예리한 질문과 비판을 던진다. 이것이 가능했던 것은 오로지 그의 도미 연도가 1957년이었음을 밝히는 것만으로도 충분하다. 그 해는 곧 노드롭 프라이가 자신의 기념비적인 저서 『비평의 해부』를 출간한 해에 해당한다. 그리고 그 1년 후 머리 크리거는 그의 저서 『시의 새로운 옹호자들』에서 신비평이 지닌 이론적인 모순을 지적하면서 신비평이 이제는 막다른 길에 다다른 상황임을 밝힌 바 있다. 즉, 신비평이 미국의 문학비평가들과 문학교육을 위해서 할 수 있는 모든 것을 다했기 때문에, 보다 새로운 비평운동이 중심 무대에 그 모습을 드러내도록 옆으로 비켜서야 한다고 그는 기술하였던 것이다(프랭크 렌트리키아, 1994: 17).

결과적으로 백철은 신비평 자체에 대단한 집착을 보이지는 않는다. 그보다는 신비평을 위시한 미국의 현대비평적 경향, 곧 분석적 태도가 소중한 것이었다. 그로서는 다만 언어에 대한 강조, 작품 자체의 중시, 문학사의 연속적 파악 같은 원칙적 태도가 문제될 따름이었던 것이다. 그의 강조점이 아카데미시즘 자체에 놓여 있었음은, 따라서 전혀 이해 못 할 바가 아니다. 기실 비평의 태도와 그것이 낳은 제도적 측면이야말로 그에게는 유용했던 것으로, 이것이 한국 문단의 신질서 형성을 염두에 둔 소산임은 다음의 글로 미루어 볼 때 어느 정도 추측이 가능해지기 때문이다.

미국 비평계에서 주목되는 것은 저명한 비평가들이 대학교수로 있다는 사실이다. 그것은 저명한 문학교수가 많이 문단의 비평가로 활약하고 있다고 보는 것이 옳을 것이다. 다시 말하면 현대 미국의 비평사조와 그 방법 등은 대학

교수가 비평가를 겸하고 있다는 사실에서 우선 특징을 잡을 수 있다. 그 특징은 실용적이며 그 방법은 소위 분석적인데 이것은 유독 미국의 뉴우크리틱만을 지적한 것이 아니라 현대비평의 전체적인 경향으로 파악해서 잘못이 아닐 것이다. (백철, 「분석비평의 의의 — 비평문학의 원형질로서의 방법론」, 『백철문학전집3』, 신구문화사, 1968, p. 370)

미국이 당시 우리의 모델 체계, 보편성의 척도로 기능하였음은 말할 것도 없다. 따라서 그의 이 같은 보고는 대단한 권위로 우리 문학계와 학문계에 작용했다고 보아 거의 틀림이 없을 것이다. 이 말은 신비평이 그 도입 초기부터 장차 문학계와 학문계, 나아가 교육계의 지배적 담론으로 자리잡기에 충분한 권위를 갖고 들어 왔다는 것을 의미한다. 이로부터 강단비평의 헤게모니화가 이루어지고 비평의 학문화가 가능해지며 현대문학 연구와 교육의 학문적 위상이 강화될 수 있었음은 물론이다. 이것은 또한 그가 도미 이전에 보여 주었던 미국 대망론(美國待望論)과 대학 대망론(大學待望論)이 강력하게 결합하게 되었음을 의미하는 것이기도 하다. 그로서는 미국 체험이 그야말로 기대와 실질이 부합하는 의미를 안겨다 주었던 것이라 할 수 있다. 따라서 다시금 중요한 것은, 이미 그 권위가 무너져 가고 있던 신비평을 왜 수용해야 하는지에 관한 명분의 획득 문제라 할 수 있다.

　뉴크리티시즘이 이제 와서 기성의 것으로서 비판을 받고 있는 것이 저쪽 비평계의 현실이라는 것을 보고 있으면서도 나로선 어디까지나 한국 비평계의 딴 현실에 서 있는 입장에서 뉴크리티시즘은 한번 우리 문단에 소개하면서 그 세례를 받게 하는 것이 유익함이 되리라는 것을 믿었던 것이다. (…) 이 실제적인 분석의 비평방법이 우리에게 큰 반성을 주는 것은 사실이다. 지금까지 우리가 해 온 비평이란 사실 디렛탄트 이상을 가지 못한 점이었다. (…) 이 점에서 오늘의 문학비평은 우선 종래의 것에 그 분석과정을 추가해서 개편할 필요를 부득이 느끼게 된다. 그것이 비록 뉴우크리티시즘과 같은 것이 아니라도 앞서 말한 바 현대비평의 특질로서 그 분석비평의 과정을 중요하게 채용해야 할 것을 느끼는 것이다. (백철, 「뉴크리티시즘의 행방」, 『세대』, 1966. 2. p. 88)

다시 말하거니와, 백철은 신비평의 한계에 대해 충분하고도 정확히 인지하고 있었다. 그는 신비평을 소개하는 자리에서 "우리의 비평 문학과 결부해 볼 때 정말 이와 같은 비평 방법이 작품 해석에 가장 효과적일까 하는 의구 심과 함께 문학의 전통이 다른 우리 문학의 입지에서도 과연 뉴우크리티시즘 의 비평 방법이 유효하게 적용될 것인가 하는 반문과 재검증"42)의 필요성을 인정하고 있다. 그렇다면 그것을 우리는 왜 받아들여야 하는가 하는 문제가 제기될 때, 그것은 오로지 우리 문단의 비평계에 던져줄 반성적 의미에 기인 하는 것이었다고 할 수 있다. 즉, 비평을 흔히 입법비평(立法批評)과 기술비평 (記述批評)으로 구분할 경우 우리의 신문학 비평계를 지배해 온 것이 민족주의 및 계급주의 등 주로 전자에 속하는 것이었음을 감안할 때 그의 신비평 수용 명분은 충분히 납득이 가는 셈이었던 것이다.43)

바로 이 지점에서 신비평은 더 이상 신비평이 아니어도 좋았다. 그것은 분석주의적 비평 태도를 일컫는 대명사로서 이 땅에 기능하였던 것이다. 미 국에서 초기 신비평이 지니고자 했던 문제 의식, 말하자면 과학과 기술 우위 의 시대에 비과학적인 의미 곧 인문학적 가치를 의사 과학적(擬似科學的) 방법 으로 지키고자 했던 정신과 방법론 사이의 긴장은 점차 상실되어 가고, 그러 한 적극적인 의미에서보다는 탈이념적 측면이라든가 객관화의 의장(意匠) 등 기존 문학 이론에 대한 대타적인 수월성만이 전면에 부각되어 갔던 것이다. 그러는 가운데 신비평이 갖는 보수주의적 이데올로기는, 실상 바로 그 같은 이념적 친연성이 배면(背面)에 깔려 있었기에 한국에 수용될 수 있었음에도 불구하고, 효과적으로 은폐될 수가 있었다. 새삼 말할 것도 없이 이데올로기 를 은폐한다는 점에서 그것은 명백히 이데올로기적이다. 거칠게 말해 그것은 궁극적으로는 반공 이데올로기로 작용하게 되었다고 말할 수 있을 것이다.

이렇듯 정작 본토 미국에서는 '죽은 말[馬]'로 정평이 난 지 오래임에도 불구하고, 그리고 그러한 추이를 국내의 학문계에서도 비교적 이른 시기에 간파하고 있었음에도, 신비평이 여전히 그 득의의 영역을 견고하게 지키고 있는 곳은 아마도 문학교육의 장(場)이라 할 것인데, 이는 신비평이 교육에 수

---

42) 백철, 「분석비평의 의의」,『백철문학전집3』, 신구문화사, 1968, p. 371.
43) 이와 관련하여 신비평의 도입 및 전개과정을 상징 자본의 장(場) 개념에서 고찰해 보 는 것은 상당한 의의를 가질 수 있을 것이다. 우한용(1995)을 참고할 것.

용되었던 초기, 신비평이 이 땅의 문학교육에 끼친 공헌과 의의에서 그 이유
를 찾아보아야 할 것이다. 정말이지 신비평은 시인의 전기적 사항 따위를 늘
어놓거나, 자구 풀이 등의 훈고적 태도로 일관하거나, 그저 시를 죽 읽고 감
상은 개인의 몫으로 돌려버리곤 했던 문학교육의 구태(舊態)에 강한 충격을
던져 줄 수 있었다. 신비평이 우리 교육에 수용되기 이전, 시 제재를 다루는
교사의 입장에선 내용이나 주제 해설 이상을 넘어서기가 힘들었던 것이 사실
이며, 그런 이유로 시 교육의 정체성은 혼미를 거듭하고 있었던 것이다. 시
교육이 도덕이나 윤리 교육으로 그칠 수는 없는 것, 그렇다고 해서 정말 '시'
를 가르친다는 것 자체가 가능해 보이지 않았던 것, 그러므로 신비평으로 대
표되는 분석비평적 태도가 강조되었을 때, 교육계의 입장에서는 환영하지 않
을 도리가 없었던 것이며, 이 점에 관한 한 신비평이 문학교육에 끼친 긍정적
의의를 인정하는 데 결코 인색할 수는 없는 셈이다.

그렇다면 신비평은 문학교육에 얼마만한 변화를 이끌어 왔을까. 이를 위
해 다음 두 글을 비교 대조해 보도록 하자. 앞의 것 (가)는 가람 이병기가 편
수한 미군정청 문교부 간(刊) 중등국어교본 하권(5·6학년 소용)에 들어 있는
「예술의 감상」이라는 단원의 일부분이고, 뒤의 것 (나)는 앞서 인용한 바 있
는 1959년 문교부 간(刊) 고등국어Ⅲ 백철의 「문학의 이해와 감상」 가운데 일
부분이다.

> (가) 일찌기 이 점에 대하여 프랑스에서 부루누디엘의 객관 비평설과 아나
> 돌 프랑스의 인상 비평설 사이에 일어난 유명한 논쟁은, 근대의 예술 비평사상
> 에 일(一) 신 시기(新時期)를 그은 것이었다. **부류누디엘은 원래 데이누, 산드
> 부우부와 같이 과학적 비평의 견지에 서서 전통주의의 사상을 가진 사람인
> 만큼 비평의 표준을 객관적 법칙에 두고 틸끝만큼도 개성의 존경을 인정하
> 지 않았다.** 이와 반대로 아나돌 프랑스는 루메에틀 혹은 우오터 베이터 등과
> 함께 비평이란 것은 작품을 통하여 자기를 보는 것이라고 설파하여, 평가의 주
> 관적 인상에 치중하였다. 어디까지든지 감상자의 개성과 창조성을 인정하였다.
> **(…) 부루느디엘 일파의 객관 비평설은 벌써 과학 만능 사상 시대의 유물로
> 서 낡아 버렸다. 무엇에나 개성과 창조성이 중시되는 금일의 사상 경향으
> 로 본다면, 적어도 문에 감상 상에 있어서, 우리는 프랑스, 루메에틀 등의
> 주관설에 일치하지 아니할 수 없다.** 와일드가 "최고의 비평은 창작보다도 훨

씬 더 창작적이라."고 말한 의미도 여기에 있다고 생각한다. (강조-인용자)

(나) 둘째는 주로 자연과학과 실증주의 철학의 영향 밑에서 생겨난 근대 비평인데, 여기서는 옳고 그른 것, 즐겁고 불쾌한 것이 표준이 아니라, 사실이냐 사실이 아니냐에 따라서 그 가치를 규정짓는 것이다. **상트 뵈브**는 이 점에 대하여 "우리들이 그것을 즐기는 것만으로는 부족한 것이다. 그 이상으로 우리가 즐기는 그것이 진실한 것인가 아닌가를 알아야 한다."고 말하였다.
　이것은 도덕성에서 작품을 평가하는 것(톨스토이나 이광수를 가리킴-인용자 주)**과 비교해서 더 참된 비평**이라 하겠으나, 역시 두 가지가 다 작품의 내용성에서 가치를 평가하는 점에서는 같은 것이다.
　여기에 대해서 주로 작품의 형식면에서 가치를 판단하려는 비평이 있다. 즉, 문학은 그 자체의 조건-형식의 미적 구조에 따라서 작품의 가치를 인정하는 것이다. 문학의 본질은 그 언어의 미적 구조이기 때문에, 그러한 본질에 비추어 작품의 가치를 보자는 것이다. (…)
　이런 비평 태도는 결국 앞서 말한 **신비평가의 분석 비평**과 서로 관계가 있는 것이 명백한 사실이다. 따라서 이런 평가의 과정은 작품을 여러 조각으로 분해했던 것을 다시 종합하는 결론의 과정을 의미한다. (…)
　결론적으로 말하여, **비평은 작품의 구조와 기능으로 가치를 결정하는 것이 더 본질적인 비평**이라고 보아야 하겠지만, 그러나 보충 설명이 더 필요하다. 그것은 비평이 그 자체로서 완전한 것이 아니며, 그 태반의 경우에 있어서 다시 내용성의 조건과 연락이 되어야 한다는 것이다. (…) 여기에 현대 비평의 어려움과 복잡성이 있다고 보아야 할 것이다.
　결국, 문학 작품을 여러 가지 조건에서 **종합적**으로 파악하고 이해하는 동시에, 그 복잡한 조건을 참조하여 가치를 평가하는 일이 현대 문학을 참되게 공부하는 길이 될 것이다. (강조-인용자)

인용이 길어졌지만, 이 두 글이 보여주는 대조점은 매우 주목할 만한 가치가 있다. 먼저 (가)에서는 '산드 부우부(C. A. Saint-Beuve)' 등의 객관 비평설을 '과학 만능 사상 시대'의 낡은 '유물'로 취급하여 아나톨 프랑스 류의 인상 비평설을 옹호하고 있는 반면, (나)에서는 '상트 뵈브'의 비평이 내용 위주의 비평 가운데 '더 참된 비평'이라 고평되고 있는 것이다. 전자가 이른바 인상비평 내지 개성의 옹호 쪽에 기울어진 글임은 인용문의 바로 앞에 놓여 있는 다음 글에서도 극명히 드러난다.

이 모양으로, 감상도 역시 일종의 창작인 바에는 거기에 개성의 작용이 근저가 되어 있는 것은 말할 것도 없다. 즉 동일한 작품에서 받는 감명과 인상도, 개인 개인에 의하여 다를 것이다. 환언하면 한 개의 상징을 통하여, 거기서 받아들이는 사상, 감정, 기분 등은, 감상자 자신의 개성과 체험과 생활 내용에 의하여, 사람사람이 이에 차이가 없을 수 없다. 비평을 일종의 창작이라 하고, 창조적 해석이라고 보는 인상 비평은, 즉 이 견지에 선 것이다.

이에 반해 신비평가들은 인상주의 비평가나 시적 신비감의 추종자로서가 아니라 시적 대상의 현상을 마치 과학자처럼 조사하는 것이 자신들의 주된 임무라 보았다. 두루 알려진 바처럼 초기 신비평에서 발견되는 시적 자아의 이론은 거칠게 말해 낭만주의의 개인적 정서적 자의식의 극단화에 대한 반동으로서 그들은 자신의 입장을 고전주의로의 회귀로 간주했었다.

엘리어트는 「전통과 개인의 재능」에서 시는 개성의 표현이 아니라 개성으로부터의 도피라고 했다. 이 논문의 핵심은 그 주장에 있는 것이 아니라 그 유추에 있다. 화학적 반응이란 결정체의 표면에서만 일어날 뿐 그 자체는 그 반응에 영향 받지 않는 것처럼, 시인의 정신 또한 시를 만들어내는 반응에 대한 하나의 결정체로 기능할 따름이라는 것이다. 이는 시인을 능동적인 동시에 수동적인 자로 간주하는 것으로 엘리어트는 시인이 개성을 갖고 있다 할지라도 이 같은 개성이 정신 그 자체와 동등한 것이라고는 간주하지 않았던 것이다. 창조의 순간에는 개성의 속성이라기보다는 개성의 체험인 다양한 요소들을 새로운 실체, 즉 시 속으로 융합하기 위해 정신이 기능한다는 것이다. 이런 식으로 시는 시인의 체험에 관한 것이며 이는 그 체험을 겪는 각 개인에게 고유하고 또 주관적인 개성이라기보다는 다른 사람 또한 유사한 체험을 갖고 또 가질 수 있다는 의미에서 객관적인 것이다. 이와 같이 신비평가들은 시인이 시를 창조한다는 점을 인정하는 동시에 꾸준히 시인을 시로부터 분리시켰다. 그것은 고백이나 일기처럼 시인의 개성이 폭로되는 것으로 시를 간주하기보다 시인을 생산적 기능으로, 대상-창조의 장인(匠人)으로 허여함으로써 이루어졌던 것이다. 이와 같은 맥락에서 볼 때 (나)가 (가)의 개성 옹호에 대립해 있었던 사정은 충분히 이해가 가고 남음이 있다 할 것이다.

그런데 리이치에 의하면 신비평은 인상주의 비평에 대해서 뿐만이 아니라 신인문주의, 반모더니스트 문화 비평과 마르크시스트 비평의 사회학적 경향, 산업사회에서의 과학의 영향, 그리고 학문 비평에 대해서도 대립해 있었던 것으로 기술된다(Leitch, 1993: 39). 즉, (나)가 기대고 있는 신비평 또한 전자의 글과 마찬가지로 '과학 만능 사상'에 대해 혐오감을 보이고 있었던 것이다. 이에 대해 신비평은 비평 방법론이 '과학적'일 수는 있지만, 그 방법이 곧 그 방법에 의해 탐구되는 시의 내용과 혼동되어서는 안 된다고 주장함으로써 모순을 극복하고자 했다. 요컨대 시는 과학적 진술과 다른 것이고 동시에 비평 방법은 그 자체가 의사 과학적(擬似科學的) 행위로 될 수 있다는 것이야말로 신비평의 본질적 가정이었으며, 이는 곧 비과학적 의미에 대한 과학적 분석의 형태라는 점에서 경험주의에 해당되는 것이었던 셈이다(Art Berman, 1988: 29). 말하자면 경험주의적 방법론을 필요로 할지언정, 경험주의적 방법에 굴복 당할 수는 없었던 것이고, 그에 따라 산업사회에서의 과학을 혐오하면서도 동시에 과학적인 비평의 수립을 추구하는 이중적이고 이질적인 것의 결합이 신비평가들에게는 요구되었던 것이다.

백철은 이것을 신비평의 모순이거나 한계로 파악했던 듯하다. 이 점은 브룩스와의 대담에서도 잘 드러난다.

> 백철 : 그렇지만 <잘된 작품 The Well Wrought Urn>의 서론에서 너무 시의 역사적인 배경을 무시한 것에 사과하면서 시가 그 시대의 표현이라 말하고 싶다고 했는데 그것은 뭣을 의미하는가. 지금의 말과는 틀리지 않는가.
>
> 브룩스 : 내가 그 점을 수정한 것은 사실이다. 그러나 근본적인 문학관이 변한 것은 아니고 또 그 두 가지 이야기가 모순되는 것도 아니다. 왜냐하면 역사라든가 시대의 조건을 문학작품 내부의 조건으로 계산하지 않고 그 작품에 대한 하나의 배경, 하나의 분모로 보는 데 중요성을 두었을 따름이다.
>
> (…)
>
> 백철 : 그럼 작품 내부의 조건만을 분석 감정해서 그 비평이 완수되는 경우도 있다는 것인가?
>
> 브룩스 : 그렇다. 많은 경우는 그렇다.
>
> (…)

백철 : 그럼 한 가지 의문이 생긴다. 그렇게 하다가는 뉴우크리티시즘이 아
주 근거를 버리고 19세기적 비평방법으로 퇴보하지 않겠는가.
(백철, 「클린드 브룩스—비평정신의 모색」, 『백철문학전집3』, 신구문화사,
1968, pp. 355-62)

신비평의 한계를 인정하지 않을 수 없다는 것, 하지만 그렇다고 19세기적
비평 방법으로 퇴보할 수도 없다는 것, 그렇다면 어떻게 할 것인가 하는 이
문제에 대한 답변을 그는 브룩스에게서 뿐만이 아니라 아이버 윈터즈를 통해
다시 듣게 된다.

백철 : 물론 당신도 분석비평가의 일원임은 사실이지만 뉴우크리티시즘에
대해서는 어떻게 생각하는가? 랜섬은 당신을 뉴우크리티시즘과 비겨
서 비순수하다고 은근히 비난했는데…….
윈터즈 : 나를 공격했다고 해서 하는 말이 아니라 실제 랜섬 등의 뉴우크리
틱이란 풍세가 사나우면서도 실상 비평사적으론 미풍에 지나지 않는
것이다. 역시 하나의 고질과 같은 편향이다. 그러나 한 사람을 들라
면 브룩스 같은 비평가가 주목되지 않을까 한다.
백철 : 가령 어떤 점이…….
윈터즈 : 그가 근래의 자기 비평관을 수정해서 역사적인 배경을 중요시한
점이 그렇다고 본다.
(백철, 「이보르 윈터즈—현대비평의 새로운 경향」, 『백철문학전집3』, 신구
문화사, p. 343)

이렇듯 그가 보고 배워야 할 신비평은 이미 예전의 그 엄격하고 완고한
성질의 것이 아니었다. 도리어 그는 신비평과 역사주의와의 모종의 화해에
주목하고자 한 것으로 보인다. 따라서, 다시 앞서 인용한 (나)로 돌아갈 때,
그 글의 결론이 작품 구조의 측면과 역사적 인식의 측면을 종합적으로 이해
해야 한다는 쪽으로 맺어진 것은 이러한 사정을 고려할 때 당연한 귀결이라
할 수 있을 것이다. 하지만 그럼에도 불구하고 "비평은 작품의 구조와 기능으
로 가치를 결정하는 것이 더 본질적인 비평"이라고 못박고 있음은 여전히 유
념할 필요가 있다. 이는 주관적이고 인상적인 감상에 내맡겨졌던 우리 문학
교육이 이론의 미덕을 취하는 순간인 것이기 때문이다.

이로 인해 문학에 대한 인상주의적 접근, 혹은 문학의 신비화가 어느 정도 불식될 수 있었던 것은 사실이다. 가령 분석주의가 본격화되기 이전의 교과서에서 우리는 다음과 같은 진술을 만날 수가 있다.

> 이은상 : 시란, 넓은 의미라고 할까, 근본적인 출발점이라고 할까 하는 점에서 말한다면, 천체 우주의 운행되는 조화라든지, 또 인간의 생명이 약동하는 그 자체에서부터 느껴 알 수 있는 어떤 깊은 세계의 신비한 음향이라고도 할 수 있읍니다.
> (문교부, 『인문계고등학교 국어1』, 1968.1 초판, 1970.1 펴냄, p. 196)

이러한 진술이 교육상 갖는 의미에 대해서는 당대의 평론가 유종호의 다음과 같은 비판적 언급을 드는 것으로 충분할 것이다.

> 위의 대목은 언어 표현을 통해 한 편의 시 작품으로 정착되기 이전의 어떤 내면적 경험을 전제하고, 그것을 넓은 의미의 시라고 부르면서 정의를 꾀한 것이라고 할 수 있다. 즉 <시혼>, <시심>, <시정신>이라고 흔히들 막연하게 쓰고 있는 개념을 건드리고 있는 것이다. 그리하여 시의 세계를 알 수 없는 것으로, 하나의 신비로 떠받들고 만다는 결과를 빚어내고 있다. 사실에 의해서 뒷받침되지 못하는 개념은 그 자체가 공소할 뿐 아니라 사고의 훈련에도 유해하다. (유종호, 1974: 253)

아울러 유종호는 이렇듯 시를 신비화하는 데에는 몇 가지 이유가 있다고 보았는바, 그것은 "고대시가 가지고 있는 주문적(呪文的) 요소"의 잔재들이 아직도 사람들의 뇌리에 남아 있기 때문이며, 근대사회에 처한 시인의 위치, 즉 상품 가치에 저항하는 정신의 귀족으로서 시인들이 스스로의 주장을 정당화하기 위해 만든 신화와 관계되어 있다는 것이다. 이러한 그의 비판이 분석주의 정신의 옹호에 가닥이 놓여 있는 것임은 분명하다. 이때 그 분석주의란 "누구나 밋밋한 자기완성을 도모할 수 있는 민주 사회의 건설"과 연관을 맺는 것을 의미한다.

물론 그러한 의미를 달성하는 데 우리의 분석주의적 시교육이 실제적으로 기여했는가 하는 것은 별도의 문제다. 오히려 결과적으로는 그 역방향에

서게 되지 않았는가 하는 것이 본고의 기본 관점이지만, 그 점을 차치할 때, 분석주의의 도입 이후, 위에서 비판된 것과 같은 류의 글이 더 이상 교과서에 실리지 않았다는 사실만큼은 유념할 필요가 있다. 예컨대 4차 교육과정에는 이상섭의 <문학의 구조>가, 5차 교육과정에는 김종길의 <시와 언어>가 그 자리를 대신하고 있는 것이다. 이들은 모두 신비평의 개화에 본격적인 기여를 한 학문계의 대표로서, 특히 후자의 글은 신비평의 문학관을 압축적으로 요약하여 해설한 경우에 해당하는 것이었다.

이러한 변화들은 교육과정 자체에 이미 잘 반영되어 있다. 가령 신비평이 도입되기 이전의 고등학교 교육과정(문교부령 제46호, 1955년 8월 1일 제정 공포)을 살펴보면 다음과 같다.

ㄱ. 시, 소설, 수필, 희곡, 전기(傳記) 등의 문학에 대한 지식과 이해를 가지고 이를 즐겨 읽는다.
ㄴ. 인생의 반영(反映)으로서의 문학 작품을 감상하는 힘을 기른다.
ㄷ. 촌가(寸暇)를 아끼어 독서를 즐기는 생활을 가지게 한다.
ㄹ. 문학 작품을 읽음으로써 인생에 대한 흥미를 느끼고 언어 생활에 적응(適應)하는 힘을 기른다.
ㅁ. 문학 작품을 읽음으로써 감정을 도야하고 삶의 즐거움을 느낀다.
ㅂ. 문학 작품에 나타나는 인물을 판단하고 비교하는 능력을 기른다.
ㅅ. 문학 작품을 읽음으로써 정의(正義), 우정(友情), 지성(至誠), 헌신(獻身), 성(聖)스러운 것에 대한 존경 등의 관념을 기른다.
ㅇ. 문학 작품을 읽고, 작가의 창작 의도(創作意圖)를 알게 된다.
ㅈ. 문학 작품을 읽고, 작가의 사상 감정과 서로 통한다.
ㅊ. 수식적(修飾的)인 말을 감상하게 된다.
ㅋ. 개성적(個性的)인 문체(文體)의 다름을 인식(認識)하게 된다.

이상의 내용은 「고등학교 국어 지도 내용」 중 '읽기' 영역의 하위 영역 가운데 하나로 설정되어 있던 '문학 학습의 목표'로 기술된 부분이다. 이를 일별해 보면 대부분의 경우 문학 작품에 있어 주로 내용 연관이 짙게 드러나며 특히 효용론과 표현론(의도론)에로의 경사가 발견되는 편에 서 있었음을 확인할 수 있을 것이다. 이에 반해 신비평 내지는 분석비평적 태도가 본격적으

로 도입되었던 제4차 교육과정기 고등학교 교육과정(문교부 고시 제442호, 1981
년 12월 31일 제정 고시)의 문학 영역 내용 진술의 경우, 그 같은 요소는 거의
발견되지 않는다. 참고로 당시 국어Ⅱ <현대문학>의 내용 진술 중 현대시
영역의 항목들을 보이면 다음과 같다.

> 하) 시는 본질적으로 시인의 은밀한 독백을 독자가 엿듣는 전달 상황에 있
> 　　는 문학 양식임을 안다.
> 거) 시에서, 노래하는 사람이 독자에게 직접 설득하는 목소리, 스스로 자신
> 　　에게 독백하는 목소리, 인물 간의 대화를 모방하는 목소리, 남의 사건을
> 　　이야기하듯 하는 목소리 등을 구별함으로써, 서정시의 다양한 표현 방
> 　　식을 구체적인 작품을 통해 감상한다.
> 너) 시의 문학적 효과는 흔히 심상의 세계를 표현하는 언어에 있음을 알고,
> 　　감각적 인상을 나타내기 위한 시적 언어의 여러 가지 특수한 기법을 구
> 　　체적인 작품을 통해 분석한다.
> 더) 구체적인 작품을 통해, 정형시와 자유시와 산문시의 개념을 서로 사이
> 　　의 상관적 관계에서 파악하며, 내재율과 외재율에서 느끼는 즐거움의
> 　　차이를 안다.
> 러) 구체적인 작품을 통해 언어 요소들의 규칙적인 반복이나 그 변조의 효
> 　　과를 알고, 소리와 뜻의 어울림을 파악함으로써 시의 음악성과 암시성
> 　　을 이해한다.
> 머) 시의 소재나 주제가 시대 및 사회적 변천에 따라 어떤 주류를 이루면서
> 　　변모되어 온 여러 가지 양상을 대표적 작품을 통해 파악한다.

　　이러한 진술에서 신비평의 영향을 발견하기란 어렵지 않은 일이다. 어조
나 심상, 시적 언어의 특수 기법(역설과 아이러니 등), 운율, 음성과 의미의 긴장
등이 그것이다. 더욱이 미국에서의 신비평이 현대문학을 대학의 교과목으로
제도화하는 데 기여했던 점을 감안한다면, 우리의 경우 그 이전까지는 국어
Ⅱ 과목으로 고전문학만이 설정되어 있었던 데 반해, 바로 이 제4차 교육과
정기에 이르러 비로소 현대문학이 독립된 교과목으로 분화되었다는 사실 또
한 결코 우연이라 할 수만은 없을 것이다.
　　신비평의 도입으로 인해 비로소 교사들은 시를 가르칠 수 있게 되었다고

여겼던 듯하다. 3차 교육과정기 개편 교과서의 발간에 즈음해, 『시문학』지를 통해 10회에 걸쳐 시교육 관련 특집으로 연재되었던 다음의 글에서[44] 그 같은 사정을 엿볼 수가 있다.

　　이와 같은 장애요인[45]을 분석해 보면서 실제로 어떻게 교단에서 시를 가르쳐야 할까를 살펴 보기로 한다. (…) 실제, 교단에서는 이러한 방법이 좋다고 느꼈고, 또한 그대로 필자 자신이 실시하고 있기 때문에 주안점을 소개하기로 하자.
　　먼저 다룰 작품을 소개하고 난 뒤 시인연구에 들어갈 일이다. 생애와 작품을 살피면서 대표작까지도 언급되어야 하겠다. 그리고 난 후 해당 시인의 작품의 경향과 특징을 살핀다. 되도록이면 한 시인의 작품을 기별로 나누는 것이 바람직하나 기별로 나누기 곤란할 경우도 생길 것이다. (…) 그 다음, 해당 작품의 분석에 들어가는데 시의 종류를 분석하되 이를 형태상, 내용상, 경향상 등의 종류로 나누어 주어야 한다. 이어 주제, 제재를 밝히고, 대표적 소재를 가능하면 聯別로 뽑는 것이 좋으리라 생각한다. 이 과정까지 해당 작품의 개관이 이루어져야 한다. 이어 구성에 대한 분석으로 들어가되 聯이 나누어져 있으면 聯別로 분석해 간다. 수사법과 리듬의 究明, 출전을 밝히고, 표현의 특색을 살피고 난 뒤 시구의 부분 분석에 임해야 한다. 이 부분 분석에서 시어의 의미, 단어의 뜻, 그리고 문법, 기타 자세한 부분에까지 언급이 되어야 한다. 이러한 과정이 끝나면 감상으로 들어가 종합평가를 실시해야 한다. 종합평가로 결론을 이끌어 내고 나서 해당 작품을 다루면서 얻은 것을 확대, 응용시켜 학생들의 학습 참여 의식을 높여 주어야 하리라 생각한다. **이상과 같은 하나하나의 방법은 물론 뉴크리티시즘의 방법을 원용한 것이라고 말할 수 있다.** (…) **여태까지의 해설집을 보면 지나치게 감상위주로 되어 受驗에 임하는 학생에겐 오히려 더 난해한 부담만 안겨 주었고,** 자습서나 문제집은 수록 작품에 대하여 비판적 안목으로 보지 않고 장점만을 취하고 미화하는 데 지나지 않고

---

44) 전재수, "개편 고등학교 교과서의 현대시 해설",『시문학』46-55, 1975. 5-1976. 2. 문학교육 현상을 연구 대상으로 삼음에 있어 커다란 장애 가운데 하나는 교실 현장을 묘사한 객관적 기록을 구하기 어렵다는 점이다. 이러한 형편을 감안할 때, 이 자료는 당시 고등학교 교사가 전문 시잡지에 상당한 기간 동안 연재한 글이라는 점에서 자료적 가치가 충분하다고 판단된다.
45) 이는 리처즈가 『실제비평(Practical Criticism)』에서 제시한 열 가지의 시 향수 방해 요인을 가리킨다. 유병석은 "교단에서 시를 어떻게 가르칠까"(『문학사상』, 1975. 5-6)라는 글을 통해 리처즈의 이 실험 결과가 주는 교훈을 검토한 바 있는데, 지금 인용하고 있는 이 글은 바로 유병석의 글을 통해 촉발된 것이었음이 본문에 드러나 있다.

들 있다. (강조 - 인용자)

　다소 길게 인용한 것은 이 글이 당시에 이상적으로 간주된 교실 모습을 잘 재현해 주고 있다고 판단되었기 때문이다. 제안 형식의 글이란 점에서 적어도 당시 위 글의 필자는 위와 같은 교수 방식이 새롭고 또한 이상적인 방식이라 여겼을 것임에 틀림없다. 더구나 시인 소개, 작품 개관, 작품 분석, 감상 및 종합 평가로 이루어진 이 교실 모습은 오늘날에까지 이어지는 한 전형이라고 볼 수 있다. 물론 요즈음은 시인의 생애 소개라든가, 시에서 문법을 따지는 등에 시간을 소비하지 않지만, 적어도 한 작품을 둘러싸고 가르칠 것은 다 가르치고 보아야 한다는 발상만큼은 현재의 현장 교사들도 공유하고 있는 점이기 때문이다.

　문제는 위 글의 필자가 제안하고자 한 이상적 교수 형태, 다시 말해 교육의 구태와 한계에서 벗어나기 위해 그 자신이 생각하기에 신선미를 지닌 것으로 판단되어 제언하고 있는 내용의 정체에 있다. 그것을 그는 "뉴크리티시즘의 방법을 원용한 것"이라고 분명히 밝히고 있다. 나아가 그는 "감상 위주로 되어 있어 수험에 임하는 학생에겐 오히려 더 난해한 부담"만 안겨 주었던 지난날의 시교육을 이 뉴크리티시즘이 극복해 주리라 믿고 있다.

　이와 같은 사실은 당시의 교육을 이해하는 데 많은 생각거리를 제공해 준다.

　첫째, 신비평을 교육에 도입하는 것이 일종의 계몽적 의의를 지니고 있었다는 점이다. 위 글이 제언의 형태라는 점에서 그 점은 단적으로 드러난다. 이는 신비평이 외래적이고 근대적이며 지적인 권위를 지닌 담론으로 당시를 지배하고 있었음을 보여 주는 예가 된다.

　둘째, 그와 같은 주장에도 불구하고, 위 글에서 진정한 신비평적 요소를 발견하기란 정작 어렵다는 점이다. 이는 위에 인용된 글이 8회에 걸쳐 연재한 각론 부분, 즉 현대시 작품 해설의 실제를 보면 더욱 분명해진다. 하지만 지금의 초점은 신비평에 대한 몰이해를 비난하는 데 있는 것이 아니다. 초점은 이것이 당시의 시교육 현장에 대해 제언을 할 정도의 위치에 있는 교사의 수준이라면 당시 교사들과 교실 현장의 보편적 양상이 어떠했으리라 짐작하

는 데 놓여 있다. 즉, 신비평은 제대로 이해되거나 적용되지도 않은 채, 그럼
에도 불구하고 그 권위의 후광을 계속적으로 유지해 나가고 있었다는 것이다.
아울러 신비평에 대한 이러한 오해가 그 후 신비평의 폐해에 대한 끊임없는
비난을 야기하고 대안 개발을 촉구하게 한 원인이 되었음도 주목할 일이다.

셋째, 신비평의 도입으로 말미암아 지난 날 시교육이 '감상 위주'에 머물
렀던 한계를 극복해 주고 학생들의 '수험'에 도움을 주게 되리라 믿고 있었다
는 점이다. 이때 '감상 위주'의 교육 형태란 이해의 과정 없이 막연히 주관적
이고 인상주의적인 감상에 내맡겨졌던 시교육의 구태를 가리키는 것이라 하
겠다. 중요한 것은 이러한 발상이 입시 제도와 갖는 연관성에 있다. 즉, 신비
평의 교육적 효용성은 분석주의적 주해를 통해 이해를 높이고 이로써 감상
능력을 제고하고자 하는 텍스트 능력의 신장 측면보다는 감상 위주로부터 이
해 위주로 변모함으로써 입시 제도에 보다 적극적으로 대응할 수 있다는 측
면에서 더욱 커다란 기대를 모았다는 것이다.

넷째, 따라서, 이러한 신비평의 수용은 교사가 가르쳐야 할 지식들의 집
합체를 대폭 확장하는 데 기여할 수 있었다. 비록 신비평의 본령에서 다소 어
긋난다 하더라도 이른바 신비평적 교육은 본문의 주해에 강력한 힘과 가르칠
것을 교사들에게 제공하여 주었으며, 적어도 교사들의 교수 내용을 구성해
주는 지식 제공이란 점에서 시인의 생애나 신비평적 주해는 갈등 없이 부가
될 수 있었다. 이러한 사정에는 물론 신비평에 대한 본질적 이해가 미달한 것
또한 하나의 원인이 되었을 것이다.

일반적으로 교사 집단은 교수 내용이나 교수 방식에 있어 전폭적인 변
화보다는 점진적이고 부가적인 방식의 변화를 선호하는 경향을 보인다. 이
같은 점진적 책략(gradualist strategy)은 교육과정의 공원 벤치식 접근(park-bench
approach)[46]과 유사한 성격을 갖고 있다. 즉, 기존의 방식과 새로운 방식 사이

---

46) 게리 월러의 이 비유는 "힘센 신참자가 나타나면 벤치에 앉아 있던 모든 이들이 그를
위해 공간을 만들어주고자 자리를 좁히는 것. 그리고 가끔, 좀더 혼잡하게 될 경우에
는, 끝자리에 앉은 이─아마도 문헌학─가 떨어져 나가는 것"을 가리키는 것으로, 학
과와 교육과정에 이론이 부가되는 현행의 방식에 대한 비판의 뜻으로 사용된다. 이러
한 방식에서는 다성성(polylogue)이 전혀 발현될 수 없다고 그는 비판하는바, 이 점에
서 그라프가 명명한 영역-담당 혹은 영역-포괄(field-coverage) 모델과 상통한다. 이에

에 존재하는 갈등은 전경화(前景化)되지 않는 것이다. 오히려 문학사적 지식이
든 비평 용어에 관한 지식이든 간에, 지식이라는 형태적 유사성만이 광채를
띤다. 교사의 편에서 지식 곧 교수 내용의 양적 증대와 확보는 교사의 권위를
유지하고 강화하는 데 결정적이기 때문이다. 그런 점에서 신비평의 유용성은
우리의 경우 교육의 공급자 논리 측에서 더욱 뚜렷하게 발견된다 해도 과언
은 아닐 것이다.

한편, 이로 인해, 지도 내용 곧 주해가 늘어나면 늘어날수록, 신비평의 참
모습은 사라져 갔다고 함이 옳을 것이다. 예컨대 『시의 이해(Understanding
Poetry)』의 <어조> 부분에서 던져진 질문 가운데 "이 시의 특질을 말해 보라.
격렬하게 분노하는가? 차갑게 신랄한가?"와 같은 문제는 우리의 참고서에서
도 발견할 수 있지만, "이 시는 <현대 세계에 있어서 개인의 정체>에 관한
것이라 할 수 있는가? 학생의 관점을 말하라"[47]와 같은 질문 방식은 거의 찾
아보기가 어려웠다. 간혹 우리의 경우에서도 주제와 어조의 연관을 묻는 경
우가 없진 않았으되, 시의 구조적 연관이나 맥락주의에 주목하기보다는 용어
자체에 대한 피상적 이해, 시의 부분 부분에 대한 단편적 해명에 기우는 경우
가 더 일반적이었다. 더욱이 학교 현장에서는 "분노하는가?" 하는 식의 질문
법을 구사하기보다는 "분노한다"라고 못박아 주입하는 것이 보편적인 교수
방식이었으며, 그러기에 "~라 할 수 있는가"라든가 "학생의 관점을 말하라"
는 식의 탐구적 혹은 주체적 학습이 채택되길 기대하는 것은 거의 불가능한
형편이었던 것이다. 따라서 학생들로 하여금 일반교양으로서의 문학적 소양
을 갖추게 하고 인문학적 유산을 주체적으로 전취케 하고자 한 신비평의 의
도로부터 우리의 문학교육은 멀어질 수밖에 없었던 셈이다.

이러한 사정을 이해하기 위해서는 그 당시가 지식 위주의 교육과정기였
다는 점,[48] 그리고 입시 정책에 있어서도 선다형 일변도의 고사 형태가 유지

대해서는 다음을 참고할 것. Gary Waller(1985: 6) 및 Gary Waller(1994: 93), Gerald
   Graff(1987: 6-9).
47) 여기서는 이상섭(1987: 195)의 번역을 따름.
48) 학문중심 교육과정과 신비평의 관련성에 관해서는 김상욱(1995: 153-4) 및 김상욱
   (1993)을 참고할 것. 한편 신비평을 문학교육에 적용되는 지식의 구조로 적용을 시도
   한 예로는 이대규(1988)를 들 수 있다.

존속되고 있었다는 점,49) 아울러 이에 가세하여 참고서 시장이 점차 방대해 짐에 따라 온갖 주해로 가득 찬 자습서와 문제집이 교육 현장에 공급되었다는 점 등이 첨기되어야 하겠다. 입시와의 연관을 고려해 볼 때, 용어에 대한 지식과 이해, 주어진 정답 이외의 것을 바라거나 탐구하는 행위 등은 전혀 생산적이지도 실용적이지도 못했기 때문이다. 그 결과 분석비평은 문학을 지식 교과화하는 결과를 초래하는 데 기여하고 말았던 것이다.

그러므로 오늘날 문학교육의 폐단에 대한 모든 책임을 신비평 자체의 탓으로 돌리는 것은 물론 온당치 못한 일이 될 것이다. 더욱이 우리의 경우는 신비평을 신비평답게 교육에 수용하지도 않았다. 신비평 속에 편재하는 시학주의(詩學主義)는 특정한 전문 술어들을 개발해 내게 했거나 이미 확립된 술어들을 특정한 방식으로 이용되게 하기도 하였던 것, 가령 아이러니와 패러독스 같은 전통적인 술어들은 실상 특별히 한정된 의미로만 사용되었던 것임에도 불구하고 우리 경우에는 한갓 수사적이거나 기교적 차원에서만 다루어져 왔던 것이다.50) 전통적인 술어의 사용이 신비평과 혼효되면서 정작 신비평의 허상은 점점 커져만 갔고 그만큼 그에 대한 혐의도 증대해 온 측면은 부인하기 힘들다. 즉, 신비평의 도입이란 것이 꼼꼼히 읽기 그 자체를 제쳐놓고, 꼼꼼히 읽는 기술에 관한 지식만을 정보의 차원에서 강조하게 되어 오히려 텍스트의 꼼꼼히 읽기를 역행하는 결과를 낳게 된 것이다. 말하자면 신비평적 실천에서 애용되는 몇 가지 도구, 텐션이라든지, 메타포라든지 하는 것을 기술 정보의 차원에서 강조하는 것은 1차적 텍스트에 묻혀 있다고 생각되는 삶의 가치를 도외시하고, 텍스트의 읽기를 흔히 일컫는 심볼 사냥, 메타포 사냥으로 바꿔 놓고, 따라서 텍스트의 진정한 의미를 외면하는 '표피적' 수용에 이르고 말았던 것이다(석경징, 1993: 43).

하지만 신비평이 신비평답게 수용되지 않았다 해서, 그 책임이 완전 면책되지는 않는다. 문제는 원래 특정한 세계관과 문학관에서 분비되었고, 따라서 선별의 원리에서 이론화가 추구된 신비평의 객관성 표방을 자명한 것으로 받

---

49) 3차와 4차의 학문중심 교육과정 및 대학 입시제도와 문학교육의 형식주의적 경사 현상이 갖는 관련에 대해서는 박인기(1991)을 참조할 것.
50) 이에 대한 실례를 소개한 것으로는 이상옥(1992)을 참고할 것.

아들이게 될 때 발생한다. 나아가 신비평은 그 자신이 '이론'의 일종이면서 인문주의의 옹호와 강력히 결합됨으로써 '이론에의 저항'을 보일 가능성이 농후하다. 이것은 어느덧 신비평이 지배 담론화함으로써 신비평적 개념이 곧 문학의 본질인 것처럼 자리잡게 되면서, 즉 신비평적 사고는 이론이 아니라 자명한 그 무엇으로 대체되면서, 이에 대항한다는 것은 곧 불순한 것으로 취급당하기 마련이라는 점과 연관된다. 이러한 이론의 본질화는 교육상 커다란 위력을 발휘하게 된다. 더욱이 이러한 위세가 정전 체제와 절합하게 될 때 더욱 강력한 담론 효과를 발현하게 될 것임은 분명한 사실이다.

제3장 문학교육의 지배적 담론과 담론 효과

1. 순수문학 중심의 정전 구성과 담론 효과

(1) 정전 구성의 이념성

순수문학과 민족문학의 결합으로 이루어진 정전 구성에 있어 먼저 문제되는 것은 그 둘이 기본적인 담론 성격상 상호 배타적인 존재라는 점이다. 그러나 전자는 문학 본질의 이름으로, 그리고 후자는 일제 강점기와 해방 공간이라는 역사적 특수성을 명분으로 삼기에, 그 각각의 가치는 충돌을 일으키지 않게 되어 있는 것이 우리 문학교육의 현실이며, 이는 또한 대립적 가치의 존중이란 측면에서 다원론적 미덕을 안고 있는 것으로 이해되기에 이른다. 하지만 가치의 충돌이 은폐된다는 것은 다원론의 역동성이 상실되게 마련임을 의미한다. 더욱이 정전이란 현존하는 것이 아니라 구성되는 것일 따름이라 할 때, 즉 정전의 구성은 타자와의 관련 속에서, 타자와의 투쟁 속에서, 나아가 타자의 배제를 통해 형성될 수 있었던 것이라 할 때, 그 타자의 존재가 폭로되지 않는다면 진정한 다원주의와는 거리가 멀어질 수밖에 없다.

그럼에도 불구하고 순수문학과 민족문학으로 이루어진 정전 구성이 자명성을 획득할 수 있었던 것은 순수와 민족이 그 각각에 비순수와 반민족이라는 이항대립을 설정하고 있기 때문이다. 순수/비순수,[1) 민족/반민족의 이항대립 구도에서는 항상 앞쪽 항의 것이 옹호될 수밖에 없다. 사실, 순수와 민족은 그 자체가 이미 가치 평가적인 어휘인 까닭에서이다. 그러나 순수의 입장에서 보자면 민족은 비순수에 가깝다. 그렇다면 이는 비순수의 범주 또는 민족문학이란 범주를 편협하게 혹은 자의적으로 설정하고 있음을 새삼 말해 주는 것이 아닐 수 없다. 말하자면 순수와 민족의 실상은 진정한 타자 관계가 아니다. 모든 비순수가 다 타자인 것도 아니다. 따라서 타자와의 공존이란 의미에서 볼 때 우리의 정전 구성이 진정한 다원론으로는 볼 수 없게 된다. 순수와 민족은 동일자(同一者)로 작용할 가능성이 크기 때문이다. 적어도 그 둘이 공통적으로 대항하는 타자가 상정될 때, 그들은 그것을 배제하기 위해 결합하는 동일자가 될 가능성이 농후한 것이다.[2)

여기에는 가령 임화의 <우리 오빠와 화로>가 정전에서 배제되는 사연을 생각해 보는 것이 도움이 되겠다. 임화의 시가 민족시라는 범주에 편입될 수 없는 이유는 무엇일까. 그것은 앞서 말한 대로 민족이라는 단어가 분화되어 가면서 임화의 민족문학론이 반민족적 담론으로 위치 지워졌기 때문이다. 그렇다면 이것은 정치적 심급이 판단하는 문제이지 결코 문학적인 이유로는 볼 수가 없게 된다. <우리 오빠와 화로>가 주는 문학적 감동에도 불구하고 그것이 정전의 지위를 차지할 수 없는 것은 명백히 정치적 이유에서인 것이다. 그러나 <우리 오빠와 화로>를 배제하는 이유로 정치적인 심급을 제기하는 전략은 단순상태를 면치 못한다. 이때 효과적으로 등장하는 것이 바로 순수문학론이다. 카프 문학도 민족적이므로 정전에 포함하여야 한다는 주장이 제기된다면, 이에 맞서는 담론은 오히려 순수문학론이 되는 것이다. 즉, 임화는

---

1) 물론 순수/비순수의 이항대립에는 고급문학/대중문학의 구도도 포함되는 것이며, 궁극적으로는 문학/비문학, 문학언어/일상언어의 이항대립에 연결된다.

2) 동일성의 논리란 타자를 동일자에 환원시키고 그럼으로써 차이를 동일성에 종속시킴이 없이는 타자를 스스로 제시할 수 없다는 사고 형태를 의미한다. 그 종속의 방법이 코기토적 사유의 형태이건 지각의 형태이건 이는 타자를 동일자의 언어로 옮기는 것을 그 목표로 삼는다. 그리하여 동일성의 논리는 이질적인 것을 동화시키고 무분별한 것에 의미를 부여하며 비합리적인 것을 확장된 이성 내에 통합시키는 구성을 수행한다. 즉, 지배적 담론은 동일자가 타자를 억압하고 배제시킴으로써 형성되는 것이다(벵쌍 데꽁브, 1993: 244).

오로지 정치적인 이유에서만이 아니라, 문학적으로 볼 때도, 혹은 결코 정치적인 이유에서가 아니라, 오로지 문학적인 이유에서 배제해야 한다고 합리화할 수 있게 되는 것이다. 이것이 바로 순수문학론과 민족문학론이 결합하여 얻게 되는 가장 중요한 담론 효과 가운데 하나라 할 수 있다. 즉, 미학과 정치가 서로의 취약점을 기능적으로 보완해 주게 되는 것이다. 그러나 정치적 이유는 항상 은폐된다.

이는 곧 정전의 형성에 있어 우리 문학 내지 문학교육이 문학적인 심급과 정치적인 심급이라는 중층적인 결정 심급을 내포하고 있음을 말해 주는 것이다.3) 더구나 이것은 배타적으로, 혹은 자의적으로 작용한다. 즉, 진실로 순수 문학적인 이유에서라면, 소위 정통적인 민족문학조차도 비순수에 해당하므로 배제되어야 하나, 실제적으로 그같이 기능하는 법은 결코 없는 것이다. 같은 목적의식기 문학이라 하더라도 카프는 제외되는 데 반해 국민문학파의 시조 부흥 운동은 오히려 매우 적극적으로 소개된다는 점 또한 그러한 맥락에서 이해될 수 있다. 즉, 이 중층적인 결정 심급의, 그것도 배타적인 그물망을 통과하지 않고서는 결코 교과서 안으로 들어오거나 정전의 반열에 오를 수가 없는 것이다.

이 두 가지 심급 가운데, 배제의 차원에서는 정치적 심급이 더 우세하게 작용하지만, 선별이라는 가치 부여 국면에 있어서는 문학적 심급이 더 우월한 지위를 갖는다는 점에서 어느 정도의 역할 구분이 가능할 것으로 보인다. 정전의 자격 심사를 두고 생각한다면 정치적 심급을 우선 통과해야 하고 그 과정을 통과한 것에 최종적인 정전의 자격을 부여하는 것은 문학적 심급이라 볼 수 있는 것이다.

정치적 심급과 문학적 심급의 배타적 자의적 결합은 대상에 따라 적절한 대응책을 제시할 수 있을 만큼 자체 내에 다양한 기제와 권력을 가지고 있다. 다시 말해 정전의 지위를 부여받기 위해서는 최소한 순수하거나 민족적이어

---

3) 여기서 문학적인 심급이라는 것 역시 그 근본에 있어서는 정치적인 것이라 할 것이나 편의상, 그리고 스스로를 문학적이라 주장한다는 점을 부각하기 위해 에서 나아가 이 심급 너머에는, 즉 문학과 문학교육 너머의 차원에는, 알튀세의 주장대로 경제적인 최종 심급이 놓여 있다고 보아야 할 것이다. 여기서는 다루지 않는다.

야 하는데, 그러나 그 어느 한쪽 자질만을 충족시킨다 해서 만족스러운 것은
아니며, 더욱이 어느 일련의 작품을 정전의 목록에서 배제해야 할 필요가 발
생할 경우, 각 심급이 적절하게 대처하고 기능하는 효율성이 발휘되는 것이
다. 그럼에도 불구하고 그 폭력은 잘 드러나지가 않는데 그 이유는 이들의 결
합 자체가 이질적인 것의 포괄을 허용하는 듯한 다원주의적 완결성을 갖추고
있기 때문이다.

　　이들이 배타성을 발휘하는 대상에 반드시 카프 문학만이 해당되는 것은
물론 아니다. 가령 1910년대의 계몽주의 문학은 민족적인 이유에서 의당 교
과서에 수록되지만, 가치 평가의 국면에서는 '계몽주의의 한계'라는 어사에서
처럼 항상 '한계'를 지닌 것으로 다루어짐으로써, 정전에까지는 이르지 못하
는 것이다. 그 이유는 비교적 '순수'하지 못하기 때문이라고 할 수 있다. 사실
상 문학이 시나 소설만을 의미하는 이렇듯 협소한 폭을 갖게 된 것은 비교적
최근의 일이며, 문학과 현실의 연관 역시 훨씬 오랜 역사를 가지고 있음에도
불구하고, 오로지 현재에 구성된 관점만이 초월적인 담론으로서 권력을 행사
하고 있는 것이다. 심지어는 모더니즘이나 전위적인 작품 계열 역시 주변부
에 위치하게 된다. 이 또한 순수문학론과 문장파 류의 민족문학론이 반근대
주의를 표방하고 있음을 감안한다면 이해하기 어렵지 않다. 모더니즘 역시
상대적으로 보아 덜 '순수'할 것이기 때문이다.

　　이는 곧 심지어 정전에 해당하는 작품 가운데서도 위계가 존재함을 암시
한다. 아마도 순수하면서 동시에 민족적인 작품이 있다면 그것은 그 둘간의
상승작용으로 인하여 최고의 정전으로서의 지위를 차지하게 될 것이다. 김소
월이나 윤동주 같은 존재가 바로 그러하다.[4] 그러므로 이들이 한국의 애송시

---

4) 교과서 편찬에 있어서 박목월이나 박두진에 비해 조지훈이 선호되어 온 것 역시 이 같
　은 맥락에서 이해됨직하다. 이론상에서가 아니라 실제 작품 실천에 적용할 때 순수와
　민족을 명쾌하게 구분하기란 다소 힘이 들지만, 범박하게 말해 순수의 측면에서는 단
　연 박목월이 우위에 서는 것으로 일반적으로 평가됨에도 불구하고 조지훈의 시가 선
　호되어 온 것은 그의 전통 취향적 순수시가 그 두 가지 요건을 고루 충족시켜 주는 것
　으로 비쳐진 데 기인했을 가능성이 크다고 판단된다. 즉, 조지훈이나 박목월의 작품이
　모두 정전에 해당하는 것은 물론이지만 실라버스의 시공간적 한계를 고려할 때 기왕
　이면 조지훈의 작품을 선정하는 것이 효율적이었으리라는 것이다.

로서 항상 첫째와 둘째를 다투는 것은 전혀 우연이 아니다.[5]

물론 이들 간의 위계는 실로 미세한 것이며 또한 개별 작품에 대한 가치평가의 축으로까지 직결되는 것은 아니다. 특히 실제 각각의 작품이 교육의 국면에 적용되는 한에서는 이들은 위계적 질서라기보다는 등가적인 것으로 처리된다. 순수시는 순수시대로, 민족시는 또 그 나름대로의 의의를 인정받게 되는 것이다.

개별 작품에 대한 평가 측면에선 그러하지만, 그러나 정확하게 말한다면 이러한 담론 속에서 순수시와 민족시라는 범주는 외견상 등가로 처리되는 것이지 실질상 등가로 설정되어 있는 것은 아니다. 애당초 '순수'와 '민족'의 결합은 자기 모순적이며 그것을 등가로 제시한다는 것은 다원주의라기보다는 은폐의 측면이 강하다.

우리 문학의 지배적 담론을 전제로 할 때, 순수시는 단지 외부적 협잡물에 저항하는 소극적 의미만을 지니는 것이 아니라 때로는 순수시가 곧 시라는 적극적 의미로 확장되곤 한다. 이에 대해 민족시는 그 자체로 시임을 결코 주장하지 못한다. 민족시임에도 불구하고 잘된 시라는 평가는 존재해도 순수시임에도 불구하고 잘된 시라는 말은 어법 자체가 잘못된 것으로 받아들여진다. '잘된 순수시'란 그 자체로 완결된 의미를 지니지만, '잘된 민족시'라는 언술 속에는 혹여 결핍되었을 법한 그 무엇이 보충되었거나 저차원의 상태가 고차원의 그것으로 승화되었다는 함축이 내포되어 있다.

또한 '민족'은 때로 '순수'를 관통하도록 요구되지만, '순수'는 '민족'의 부담을 가질 필요가 없다. 결국 '순수'와 '민족'은 겉으로는 등가적으로 제시되지만 그 이면에는 결국 순수 대 비순수, 순수 대 이념의 위계가 자리잡고 있어서 순수가 강화되고 이념을 주변화하는 담론 효과를 그대로 보전한 채 다원주의적 의장을 활용하고 있는 것이다.[6]

---

5) 1993년도 갤럽 조사에 의하면 애송시인별 순위는 다음과 같다. ① 윤동주 ② 김소월 ③ 유치환 ④ 김남조 ⑤ 조병화 ⑥ 서정주 ⑦ 한용운 ⑧ 조지훈 ⑨ 김춘수 ⑩ 이해인.

6) 박인기(1994: 156)는 분단 이데올로기로 인한 문학교육과정의 이러한 불구성을 심미적 편향 구조라 정리하면서, 이는 심미적 가치 자체마저 왜곡하는 양상으로 나타날 수 있다는 점에서 심각한 우려를 표명한다. 즉, 문학의 총체적 심미성은 의미나 이념의 표상 공간 속에서 예술적 울림의 효과를 드러내는 것이라는 점에서 심미성만이 단독으

이렇듯 실질적인 위계가 존재함에도 불구하고 '순수'와 '민족'을 등가로
처리하는 방식은 우리 문학과 교육이 정치의 부담을 떨칠 수 없는 데에 기인
한다. 그런 의미에서도 탈정치주의 내지 탈이데올로기의 표방은 허구이기 쉽
다. 그것이 성립되기 위해서는 정치라든가 이데올로기라든가 하는 것의 개념
을 현실 정치 내지는 특정한 이데올로기를 의미하는 것으로 지극히 협소화해
야만 한다. '민족'이란 것도 사실 '참여'나 '계급'과 같은 이념태와 다를 것이
없다. 그러나 '민족'은 초월적인 개념으로 작동하기 때문에 '참여'나 '계급'보
다는 비정치적인 것으로 보이게끔 설정되어 있고, 따라서 전자는 보편적 체
험과 연관되지만 후자의 보편성은 묵살되거나 혹은 비문학적인 것으로 평가
절하된다. 한마디로 이것은 체제의 문제일 따름이다. 그러므로 현 체제에 가
하는 충격의 강도로 짐작해 볼 때, 이념 지향 가운데에도 민족-참여-계급의
위계가 설정될 것으로 보인다. 현 단계 우리 문학교육이 그 중 어디까지를 포
괄하고 있는가 하는 것은 곧 우리 정치의 단계를 설명해 주는 모델이라 보아
크게 어긋나지 않을 것이다.

한편 교육 내용으로서의 문학 지식은 또한 학문계의 차원에서도 합의를
거치게 되어 있다.[7] 그 합의라는 것은 곧 이데올로기적 작용성을 말해 주는
것인데, 이 점은 합의란 것이 갖는 유동성(流動性)을 보면 더욱 명백히 밝혀진
다. 적어도 오늘날의 학문계에서는 점차적으로 카프의 시는 인정되어 가는

로 문학을 드러내는 것이 적합치 않기 때문이다. 그런데도 심혼적 정서에 호소하는 심
미성 일변도의 문학 제재들이 자리잡아 왔던바, 이는 국가 전략으로서 교육이 놓이는
위상을 보여 주는 예라 할 것이다.

7) 한국문학 연구 성과에 관한 방대한 연구가 이선영(1993)에 의해 이루어졌다. 이는 실
증적 사회학의 기초를 마련해 준 것으로 학문계의 동향을 파악할 수 있는 주요 자료가
된다. 이에 따르면 김소월의 경우 1940년대부터 시인론의 주요 대상이 되고 있으며,
50년대에 이르면 이광수를 제치고 1위에 오르게 된다. 한편 생명파와 청록파에 대한
작가론은 50년대 이후 60년대에 걸쳐 꾸준히 증가됨을 보이고 있으며, 특히 50년대에
는 이상, 윤동주, 한용운에 대한 연구가 본격화되는데 그 같은 연구 성과는 한용운(1차
교육과정기), 윤동주(2차교육과정기), 이상(4차교육과정기 국어Ⅱ)의 순으로 교과서를
통해 반영되었던바, 이 역시 흥미로운 과제라 할 수 있다. 가령 80년대 초반 김수영론
이 괄목한 증가를 보였고 5차교육과정 고등학교 국어 교과서에 드디어 김수영의 시가
수록되었다는 사실은 학문계와 교육계의 담론 추이 및 그 적용의 시차(時差)를 반영하
고 있다는 점에서 주목되는 것이라 하겠다.

추세인 데 반해 친일시(親日詩)는 여전히 합의에서 제외되는 것으로 보인다.8) 이는 민족문학론의 '민족' 개념이 민족 내부의 대립적 차원에서 분화되면서 지배 담론화된 것인 데 반해, 친일시가 갖는 반민족적 정체성은 민족과 민족 간의 대립적 층위에서 규정되는, 절대적이고 질적인 규정성이란 점에서 이해 될 수 있다. 이는 우리 문학교육의 지배적 담론이 타협의 산물임을 말해준다. 하지만 그러한 사실은 은폐된다는 점에서 그것은 다시 한 번 그 정치적 성격 을 드러내 준다.

그렇다면 이렇게 형성된 정전이란 우리 사회의 지배적 담론이 자신에게 유의미한 선택과 배제의 과정을 통해 구성한 '메커니즘(cultural arbitrariness)'9) 일 따름이다. 이것은 이데올로기적 근거를 은폐하는 중립성의 이름으로 위장 된다. 따라서 그 자명성이 해체되고 그 자의성이 폭로되며, 그 결과 그 담론 에 저항하는 사태가 벌어지지 않는 한, 그것은 계속적으로 '상징적 폭력'10)을 행사하게 되며 그를 통해 문화의 재생산이 이루어지게 될 것이다.

부르디외의 문화 재생산론을 문학교육의 정전 문제에 적용한 존 길로리 에 의하면, 문학 교수 요목은 지배 문화적 지식이 유포되는 수단으로서의 제

---

8) 학문계의 동향을 검토해 보면 시인론의 경우 1980-85년 사이에 발표된 대상 작가 순 위(이상, 한용운, 김소월, 윤동주, 서정주, 김수영, 신석정, 정지용, 조지훈, 박목월)와 1986-90년 사이의 순위(김소월, 정지용, 이상, 윤동주, 이육사, 한용운, 김기림, 박목월, 이상화, 조지훈)는 대체로 일치하고 있는데, 하지만 이같이 상대적으로 안정된 정전급 작가의 구성은 조만간 흔들리게 될 것으로 보인다. 비록 월북 작가의 해금에 따른 일 시적 현상으로 볼 수도 있겠으나 1986-90년 10위 이후의 순위는 다음과 같이 구성되 어 있어 일련의 지각 변동이 예상되기 때문이다. <백석, 고은, 김영랑, 김춘수, 신경 림, 오장환, 김억, 신동엽, 황지우, 김광균, 유치환, 이용악, 김수영, 임화, 서정주, 박두 진, 김현승, 신석정, 김지하, 박노해, 이장희, 이성복, 조병화, 구상, 노천명, 조명희, 최 남선> 이선영 편(1993) 참조.
9) Bourdieu(1977)의 용어로서, 지배계급이 자신들에게 의미 있는 것으로 간주되는 것을 규범화함으로써 자신들의 힘을 행사하는 방식을 가리킨다.
10) 이는 그람시의 헤게모니 개념에 가까운 것으로, 종속 계급들이 사실상 그들 자신의 이 익에 반대되는 관념과 실제를 '자연스러운 것' 또는 '상식적인 것'으로 취급하게 되는 교묘한 과정을 뜻한다. 이는 불평등이란 오히려 필연적이고 불가피한 것으로 간주되 도록 하기 위해서 학교가 어떻게 상징적 권력을 행사하는가를 나타내 준다. 그러나 학 교가 자율적인 것으로 간주되기 때문에 학교의 실질적인 비중립성이 효과적으로, 그 리고 합법적으로 은폐되기에 이른다고 부르디외는 주장한다.

도적 형식이며, 그것은 곧 언어 자본과 상징적 자본을 구성한다고 한다. 이
때 특히 상징적 자본이란 지식 자본의 일종으로서 그 소유 자체가 그에 대한
이해보다도 우위에 설 수 있는 것, 그로 인해 그 소유자로 하여금 교양인이라
는 문화적 물질적 보상을 허여해 주는 것을 의미한다. 아울러 그는 문학 작품
들의 '이데올로기적 내용'보다도 그 자본의 효과란 측면에서 이 두 가지 종류
의 자본이 궁극적으로 더 사회적인 의의를 갖는 것이라 간주한다. 요컨대 정
전의 가치는 작품 그 자체에 내재해 있는 것이 아니라 그 제도적 표현의 맥
락, 다시 말해 그들이 가르쳐지는 방식에 내재해 있는 이데올로기적 개념의
벡터로 보아야만 하는 것이다(John Guillory, 1993: ix). 따라서 길로리에 의하면
결국 정전이란 텍스트 자체에 소여된 자질, 곧 소위 항구적이고 보편적인 문
학성에 의해 확정되는 것이 아니라, 경제적 정치적 영역에서 현존하고 있는 실
천들을 재생산해 내는 데 필요한 일관성과 의미 창조를 위해 지배 이데올로기
가 작동한 결과물, 곧 역사적이고 상황맥락적인 산물이라 할 수 있을 것이다.
　　다시 말해 합의에 의해 생산된 그 메커니즘이 객관적이고 타당한 지식으
로 교육 현장에서 변모하는 것처럼, 그 지식이 소비되는 과정에서 또 한번 은
폐의 과정을 거친다는 데에 또 하나의 중대한 문제가 놓여 있는 것이다. 즉,
그 지식은 일반적으로 의사소통이라기보다 주입의 과정을 통해 전달되게 마
련인데, 사태의 심각성은 그 주입이라는 형식에 그치는 것이 아니라, 실제적
으로는 주입인 것이 학생들의 의식상에서는 합의의 성격으로 존재하게 된다
는 점에 있다. 그것은 정보의 차단과 왜곡에 의해 마치 학생들이 스스로 생각
해 보아도 그러한 가르침의 내용이 정말 자명한 이치인 것처럼 여겨질 정도
로 전해지고 그와 동시에 일종의 합의를 거둔다는 점에서, 즉 특정한 가치체
계를 아무런 의문 없이 내면화하게 함으로써 일정한 문화적 재생산을 가능케
하고 있는 것이다.[11] 상징적 폭력의 체계는 피억압자들에게 기계적으로 부과

11) 이는 정전의 형성 자체에만 문제가 있는 것이 아니라 전수(傳授)의 기제 또한 문화의
　　재생산에 밀접히 연관되어 있음을 가리킨다. 주체(Subject)는 종속(subjected)의 과정을
　　거쳐 비로소 주체가 되는 것이지만, 유순한 주체의 양성만이 교육의 목적이 아니라면,
　　교육은 특히 문화의 영역에 있어 코드화된 지식의 전수와 지식의 코드화된 전수 양자
　　로부터 벗어나기 위한 근본적인 도전에 직면할 필요가 있는 것이다. Mohanty(1986:
　　155) 참조.

되는 것이 아니라 최소한 부분적으로는 피억압자들 스스로에 의해 재생산되기 때문이다.

그 까닭은 습성(Habitus)들이 실천의 창의적 작용에 제한을 가하고 그것을 지배하는 데에 연유한다. 다시 말해서 학교나 가정과 같은 객관적 구조는 습성을 생성해 내는 경향이 있고 이것은 역으로 똑같은 구조를 재생산하는 사회적 경험을 구성하는 것이다. 이는 곧 헤게모니의 문제에 직결된다.[12]

그러므로 정전의 섭렵을 통해 학생들로 하여금 다양한 문학적 체험을 얻게 해 주고자 하는 우리 문학교육과정의 기저 원칙은 그 실제와 어긋날 가능성이 커지게 된다. 즉, 정전의 섭렵을 통해 다양하고 상충된 담론들이 학생들의 내부에서 갈등과 통합의 과정을 거치고 그로 인해 학생들의 전망의 확대가 이루어지길 기대하기란 거의 어려운 것으로 보인다. 그러기엔 우리의 정전 구성이 제한적임을 면치 못한다. 그것은 오히려 제한된 특정한 견해와 담론들이 섭렵이라는 누적 과정을 통해 재생산되고 강화되는 데 기여할 따름이다. 이는 섭렵의 원칙이 텍스트 능력의 신장을 목적으로 삼는 하나의 수단으로 작용되기보다는 확정된 정전의 섭렵 그 자체를 목적으로 하는 경향이 농후하기 때문이다. 그 결과는 결국 전망의 확대보다는 협소한 전망의 강화에 이르게 될 것이다.

그런 점에서 고급문학과 대중문학의 이항대립 문제도 교육적으로 재고해야 할 사항이다. 학교 체제 중심의 문학교육과정은 경향상 보수적 학문성 또는 고전 중심의 성향을 띤다. 이제껏 문학교육과정은 문학 유산의 전승만을 일의적 역할로 해 왔던 것이다.[13] 그러나 이러한 교육과정 조직은 학교 환경

---

12) 헤게모니는 권력집단이 현상을 유지할 목적으로 강압이나 폭력에 의존하지 않고 문화 형식(신화, 이미지 등 본질적으로 기호론적인 체제)을 가지고 피지배자들의 의식을 조작하여 지배자와 피지배자의 논리를 자연화 또는 상식화시킴으로써 권력 집단의 현재 상태를 유지하는 능력을 가리킨다. 헤게모니가 잠재적인 것이라면 이데올로기는 명시적인 것이다. 헤게모니는 이데올로기를 통해 실천으로 나타난다. 만약 이데올로기가 단순히 부여된 추상적 관념에 지나지 않고, 사회적 정치적 문화적 관념과 가정, 그리고 습관들이 어떤 특정한 조작이나 훈련의 결과라고 한다면, 문제는 더욱 쉬워질 것이다. 하지만 헤게모니는 이데올로기처럼 단순히 부차적이거나 상부구조적인 것이 아니라 일상 생활과 의식 속에 스며들어 있는 심층적인 것이기에 문제가 어려워지는 것이다.

에서 생성되는 문화와 경험을 학교 외의 경험에도 적용시키는 것을 목적으로 하는 것이었다. 그런데 이제는 이러한 기대 전반을 검토해야 할 정도로 학생들의 문학 환경은 변화되고 있고, 텍스트의 소통 공간 자체가 학교 외적 공간으로 개방되고 다양해지고 있는 것이다.14) 그러므로 학교 내적 체제의 완결성만 고수하다 보면, 학교 내의 문화적 경험이 박제화되거나 고립되는 경우가 나타난다.

홍미로운 점은 오늘날의 문학 정전이 반드시 고급문학 전통의 소산만으로 구성되어 있지는 않다는 점이다. 과거의 대중문학이었던 작품들이 오늘날의 정전에 포함되어 있다는 사실은 고급문학의 범주가 텍스트의 내재적 성격과는 무관하게 자의적으로 규정될 수 있다는 것을 암시해 주고 있다. 다시 말해 고급문학의 범주는 특정한 텍스트들의 범주라기보다는 텍스트들을 평가하고 해석하는 방식에 따라 달리 설정되고 있다는 것이다. 따라서 오늘날 대중문학의 고급문학에 대한 도전은 바로 텍스트들의 평가와 해석에 있어서의 자의성에 대한 도전이기도 한 것이다.

하지만 이러한 도전 역시 문학교육과정에 쉽사리 반영될 듯싶지는 않다. 현 당대의 이른바 고급문학도 들어설 자리가 없는 형편에 고급성마저 양보하기란 적어도 전통의 일관성이란 측면에서 허용되기가 어려울 것이기 때문이다. 일단 그러한 것들은 '문학사의 평가'를 통과해 나올 수가 없다. 그러나 비록 그것이 전통과 고전이 우리를 구제해 주리라는 선의에서 비롯된 것이라 하더라도, 그로 인해 교실과 현실은 분리될 수밖에 없게 된다. 고전에 대한 감식안이 당대 문화에 대한 문화적 능력(cultural literacy)을 높여 주리라는 가설은 검증된 적이 없을 뿐더러, 어쩌면 그것이 하나의 문화적 편견일지도 모를 것임에도 불구하고, 확증되지 않은 당대의 문화가 교실 속으로 들어오는 것

---

13) 문학교육의 내용을 문학 유산 계승의 차원에서만 유독 강조해 온 것이야말로 우리 문화 교육의 역동성을 저해하는 요인이 되고 말았다는 지적은 김창원(1991)에서도 제기된 바 있다.

14) 이는 다시 '현재'를 바라보는 관점 문제와 연관된다. 사실의 기술과 그에 대한 처방은 연구자 각각의 입장과 견해에 따라 분기되는 지점이 될 것이다. 포스트모더니즘의 수용 문제가 문학교육에서 다루어질 때도 역시 이 점이 논의의 초점이 될 것이다. 이에 대해서는 우한용(1992)을 참고할 것.

은 허용되지 않는 것이다. 거기에는 현 시대의 문화에 대한 비관주의와 유서
깊은 문학적 정적주의(靜寂主義)가 가로놓여 있다.

그 결과 가르쳐야 하고 전수되어야 하는 것은 전통적으로 꾸준히 고급문
화로 존재해 왔던 것이라고 여겨지게 되고 이 문화를 소유한다는 것은 하나
의 특권처럼 정당화되기 때문에, 문화 그 자체는 의문에 붙여지지 않게 되는
것이다. 문학적으로 정전에 해당하는 작품들은 단지 보편적이고 항구적으로
판단될 뿐만 아니라 오로지 사회적 지위 획득이라는 견지에서도 반드시 따라
야 할 전범으로 여겨졌을 법하다(Lionel Gossman, 1990: 29).[15]

독자의 과제는 정전으로 불리는 그 텍스트의 보편 타당성을 발견하는 것,
즉 그러한 텍스트만으로 이루어지는 제도에 적응하는 것이다. 의식적으로든
무의식적으로든 그 작품들의 뿌리를 역사적 조건 속에서 폭로하려는 시도는
거의 없었다. 요컨대 정전의 섭렵을 통해 문학교육이 형성코자 기대하는 주
체란 비판적인 전망의 소유자라기보다는 지배적인 문학관을 수용하고 재생산
하는 협소하고 단일한 전망의 소유자로 되고 마는 것이다.

교육의 국면에서 정전은 가르쳐져야 할 텍스트의 공식적 실체이며, 공식
적 실체로서 그것은 전범적이고 규범적인 진술을 한다. 이상적이고 대표적인
질서로 존재함으로써 정전은 과거와 현재 사이의 영속적이고 통일적인 연관
을 자연화(naturalize)한다. 그 체계를 의심하는 문제들은 허용되지 않은 채, 그
것은 텍스트, 문화, 문명의 초월적이고 보편적인 정체성을 확립하고 거기에
다시 가치를 부여하는 것이다. 그 정체성은 실상 역사적으로 볼 때, 가령 앞
서 순수/민족문학의 전개과정에서 보듯, 수많은 단절과 전복이 존재했음에도
불구하고, 침해되지 않은 채 면면히 이어진다. 아울러 그것은 역사 속에서 특

---

15) 한편 부르디외는 이를 문화 자본의 개념으로 설명하고 있다. 이 개념은 학생의 환경을
동질적인 것으로 가정하는 모든 논의들의 기만적 성격을 비판하려는 것으로서, 그에
따르면 예컨대 지배 사회에 의해 고도로 그 가치가 인정된 문화 자본 형태에 익숙하
지 못한 가정의 학생들은 결정적인 불이익에 처하게 된다고 한다. 즉, 그는 학교를 지
식과 가치를 포함한 문화 자본의 생산, 분배, 교환, 소비가 이루어지는 일종의 문화 시
장으로 파악하였으며, 학교 교육이 문화 자본의 일상적 운동 과정을 정당화함으로써
자본주의 사회의 계급적 지배 구조와 사회적 불평등을 재생산하는 기능을 하고 있다
고 주장하였던 것이다. P. Bourdieu & J. C. Passeron(1977). 이와 연관하여 정전의 문
제를 깊이 있게 검토한 예로는 John Guillory(1993)를 들 수 있다.

화되어 현재에 이른 특정한 관점을 이른바 과거와 현재의 대화라는 관점에서 합법화한다(Radhakrishnan, 1991: 121). 그것이 곧 앞서 본 바와 같은 전통의 일관성 혹은 문화적 동질성으로서의 정전이 갖는 기능성이다.

그 같은 점에서 볼 때, 결국 어떤 하나의 텍스트가 정전으로 될 수 있는 것은 그것이 종국적이고 올바르며 공공 도서관의 일부이기 때문이 아니라 일단의 사람들을 '결속(binding)'시키는 것이 되기 때문이다. 정전화의 전체 핵심은 텍스트의 권위를 승인하는 것이지만, 이는 단지 다른 경쟁적 텍스트들에 대해 그 텍스트가 갖고 있는 원본성(origin)을 고려하여서만이 아니라 그것이 하나의 결속력 있는 텍스트로서 장차 통치하고 지배하게 될 현재와 미래를 고려해서 이루어지는 것이다. 따라서 어떤 텍스트와 그에 주어진 상황과의 관련이 늘 일차적인 관심의 대상이 되는 해석학적 견지에서 볼 때, 정전화의 주제는 권력인 것이다(Burns, 1983: 67).

그러기에 정전이 행하는, "금지하거나 억압하는 명백한 가치 평가의 주요 효과 가운데 하나는 전시품을 선점하고, 또한 규준에서 벗어나는 가치 체계의 인정 가능성을 회피하며 그럼으로써 기존의 가치 평가적 권위를 기만적으로 강화하는 것"(Thaïs E. Morgan, 1990: 4)이라는 비난에서 벗어나기 힘든 것이다. 정전이란, 단지 거기에 존재하기 때문에 우리가 끊임없이 다시 올라가야만 할 지적 세계가 아니다. 텍스트 선택 자체가 이미 이론적 기획의 산물이기 때문이다.

항구적 정체성이 문학에서 인정되지 않는다면, 이 부재하는 객관적 실재를 단지 공동체의 합의로 대치하는 것은 개념적 후퇴에 지나지 않는다(송무, 1994: 330). 그것은 불안정한 일체의 요소가 없는, 폐쇄된 정적(靜的) 체계 속에서만 가능하기 때문이다. 전통적 교육과정에서 그것은 항존성이라는 이름으로 옹호된다. 하지만 엄밀히 말한다면 그것은 상대적인 안정성일 따름이다. 그럼에도 불구하고 정전을 유지해야 한다면 그 이유는 문화의 재생산 욕구로밖에는 설명되기 힘들다.

물론 문화의 재생산 자체가 교육상 절대적으로 그릇된 일이라 볼 수는 없다. 문제는 그 상대적 안정성에 불과한 것이 절대화되고 그에 따라 특정의 담론들을 억압하거나 은폐하게 될 때 발생한다. 그리고 더욱 큰 문제는 그 같은 사태의 발생 가능성을 피하기가 원천적으로 어렵다는 점에 있다. 담론 형성체가 갖는 속성과, 아울러 선별된 교육 내용으로서의 지식이 갖는 위상 등을 고려할 때, 타자를 배제하거나 억압할 가능성은 그렇지 않을 가능성보다 제도적으로 내지는 구조적으로 훨씬 클 것이기 때문이다.

가령 현 단계로서 우리는 민족주의가 갖는 교육적 의의를 부인하기가 어렵다. 세계 시장의 형성이라는 자본의 논리가 꾸준히 관철되고 있는 세계사의 흐름에서 민족주의란 하나의 생존 논리란 측면에서 우리가 지녀야 할 가치이자 덕목이 되고 있기 때문이다. 하지만 이같이 역사적이고 상황적인 산물이 일단 교육 내용으로 들어오면, 그것은 불가피하게 존중해야 하지 않으면 안될 가치로서보다는 절대시되거나 신성시되며 시대 초월적인 가치 체계로 곧잘 변질되고 만다. 민족주의 자체가 진정한 대안이 되리라고는 믿기 어렵다. 민족 간의 경쟁은 개인 간의 경쟁에 못지 않게 애초부터 자본주의 발전 동력의 일부였던 만큼, 단순히 자기 나라 자기 민족의 국제적 위상을 높여보자는 식의 민족주의가 세계 시장에 대한 대안이기는커녕 바로 그 구성 요인의 하나임은 더 말할 나위 없다. 그러므로 민족주의는 세계 시장의 보편주의 이데올로기에 대한 진정한 대안이라기보다 그 보완으로 그치기 쉽다고 보아야 할 것이다. 그럼에도 불구하고 그 같은 사실은 교육 현장에서 은폐되기 마련이다. 즉, 어떠한 가치에 대해 그 실체가 폭로되지 않고, 아울러 그것을 존중했을 때 상실할 수 있는 가치는 또 무엇인가 하는 것들이 밝혀지지 않은 채, 그것이 무비판적으로 따라야만 할 것으로 학생들에게 투여된다면, 대안은 커녕 보완조차 되지 못하는 일련의 왜곡을 가져오게 되는 것이다. 달리 말해 어떤 담론이 지배적 위치에 서게 될 때는 필연적으로 왜곡의 요소를 갖게 되며 그것은 가치의 일방적 전수라는 교육의 기제와 만나게 될 때 더욱 안정된 위상을 획득하게 되는 것이다. 이는 정전을 통한 문화 재생산 문제에 있어 사회의 지배적 가치 체계와의 긴밀한 연관 속에서 그 텍스트들을 정전화하는 제도적 기제만이 아니라, 그 재생산적 가치를 내재하고 있고 그 가치에 대해 심문 당하지 않는 정전의 실체적 속성 또한 동시에 고려해야 함을 의미해 준다.16)

그렇다면 이제는 현재의 정전 구성, 즉 순수문학의 지배화로 표현되는 정전 구성을 통해 학생들에게 전수하고자 하는 문학적 코드가 구체적으로 어떠한 것인지에 대해 밝혀야 할 차례이다. 다시 말해 텍스트를 작품으로, 나아가 정전으로 가르치는 이 정전 섭렵 중심의 교육과정 자체가 어떠한 효과를 갖는지에 대해 어느 정도 밝혀진 이상, 정전으로서의 텍스트가 갖고 있는 속성들이란 과연 어떠한 것들이며 그것은 또 어떠한 담론 효과를 발생시키는지에 대한 검토가 요구되는 것이다.

(2) 문학의 신비화와 권위에의 종속

시문학파와 문장파, 그리고 문협정통파에까지 이르는 순수문학적 담론의 계보는 세부 국면에서 드러내는 유파 간의 차이점에도 불구하고 그 차이들마저 도리어 하나의 커다란 스펙트럼을 다채롭게 장식하는 데 기여하는 거대한 담론을 이루고 있다. 즉, 그 담론 체계는 내부에서의 차이는 다양성이란 이름으로 포괄되는 반면, 대외적으로는 완고한 체제를 이루고 있는 것이다. 역사적으로 보아 이들은 각각 뚜렷한 경쟁적 담론 상대를 갖고 있었고 그 타자와의 대립과 투쟁을 통해 자신의 담론을 성장시켜 온 대타 규정적 존재들이었다고 할 수 있다. 시문학파의 경우 카프와 모더니즘이 그러하였고, 문장파는 파시즘과 인문평론이 그 대상이었으며, 문협정통파는 인민민주주의 민족문학론과 부단한 헤게모니 쟁탈을 추구하였던 것이다. 그와 동시에 이들의 담론은 범박하게 말해 반근대주의적인 것의 옹호에 공통된 가닥을 갖고 있었다 할 것이다.

시문학파는 가능한 한 현실의 틈입으로부터 문학을 지키고자 했다. 이때

---

16) 학생들에게 가르쳐야 할 텍스트 선정을 두고 무엇이 과연 오늘날 우리 공동체의 진정한 합의를 반영하는 것이냐 하는 문제는 현실적으로 매우 중요하지만, 그것과, 문학교육을 통해 학생들을 어떠한 주체로 형성하고 성장시킬 것이냐 하는 문제는 전혀 별개의 문제틀이라 할 수 있다. 전자는 문학교육의 목표가 문화 유산의 전수라는 점에 동의했을 때 발생하는 윤리적이고 기술적인 문제일 따름이다. 본고는 현재의 정전들이 갖는 제한적 속성을 분석 비판하고 그에 따라 정전의 개방을 주장하긴 하되, 현실적인 정전 구성 문제를 직접적인 관심으로 두지는 않는다. 현실의 정전 구성이 아니라 정전성 자체가 궁극적인 문제라 판단되기 때문이다.

의 현실에 대한 거부란 1910년대와 20년대의 지식인 문인상(文人像)과 결별하는 것을 의미하는 동시에 30년대 들어 본격적으로 도래한 자본주의적 속악성(俗惡性)에의 소극적 저항을 내포한다(황종연, 1991). 즉, 한편으로는 전근대적(前近代的)인 지사적(志士的) 글쓰기로부터 벗어나 글쓰기의 자족성을 획득하면서, 동시에 자본주의적 시장 경제가 빚어내고 있는 탈신비화된 근대 문인의 지위도 이들은 거부해야 했던 것이다. 결과적으로 시문학파는 근대로부터 도피하여 시라는 자율적 세계 속에서 그 길을 찾고자 하였던바, 이는 근대에 대한 낭만주의적 저항에 속하는 것이라 할 수 있다. 이 경우 일본 제국주의가 근대의 표상임을 감안한다면, 그 역시 민족의 언어를 지키는 정녀(貞女)의 모습이라 할 수 있을 것이다.

문장파의 기본구도 역시 여기서 크게 벗어나지는 않는다. 다만 그들은 민족적이고 전통적인 것에 대한 강한 애착을 보인다. 거의 물신화의 지경에 이르기까지 하는 이 상고주의(尙古主義)는 파시즘 곧 근대라는 괴물로부터 벗어날 수 있는 효과적인 도피처 구실을 하였다고 볼 수 있다. 마르크시즘 또한 근대적인 것의 하나이므로 거부되어야 함은 당연한 것이었다. 따라서 해방 후 이들이 보인 행적을 일방적인 좌익에의 경사로만 풀이하는 것은 오류다. 이들에게 민족이란 이념은 마르크시즘도 포괄할 수 있는, 나아가 순수마저 포기할 수 있는 물신화의 수준에 도달해 있었던 것이기 때문이다. 이들의 비극은 해방 공간의 민족적 요청이었던 새로운 국가의 수립이라는 것이 실제로 얼마나 엄정한 근대성의 조건에 기초하는 것인지를 미처 알아볼 수 없었던 눈멂에 기인한다.

한편 민족문학론의 일환으로 제기된 문협정통파의 순수문학론은 민족 개념을 시대를 초월하는 종족성에 의존함으로써 마치 이것이 문학의 초월적이고 보편적인 내지는 항구적인 속성과 결합할 수 있는 듯한 모습을 취하였거니와, 그것은 결국 반근대주의로 귀결되는 것이었다. 이들이 주장한 휴머니즘이라는 것 역시 서구의 근대적 산물로서의 의미가 아니라 인류의 유적(類的) 보편성처럼 사용되고 있음은 그 같은 이유에서라 할 수 있다. 하지만 정부 수립과 더불어 강제적으로 그 타자의 소멸이 이루어지자 순수와 민족의 긴장 또한 자동 소멸되면서 순수만이 제몫을 담당하게 된다. 그리고 이러한 타협의 산물이 오늘날 우리 문학계와 문학교육에 있어 지배적인 담론으로서의 권력을 행사하게 되었던 것이다.

이렇듯 순수와 민족 간의 비중에 대해 다소간의 편차를 보임에도 불구하고 이들이 한데 묶일 수 있었던 근거는 바로 반근대주의적 성격에 있었던바, 이는 자율성의 시론, 선시적(先詩的)인 것에 대한 강조 등으로 나타나게 된다. 자율성의 시론은 유기체론에 근거하며, 선시적인 것 곧 포에지에 대한 강조는 이른바 정신주의의 형태로서, 문학을 종교와 도덕의 수준에 오르게 하며 작가의 지위에 구도자로서의 권위를 부여한다. 이러한 경향은 모두 체험을 강조하는 데서 출발하여 낭만주의적 정신을 경과하며, 결과적으로는 위대한 정신이 낳은 문학 작품을 통해 그 체험을 공유하고 동일시해야 하는 것을 독자(학생)의 몫으로 남긴다. 이것은 결국 이론에의 저항에 맥이 닿게 되며 소비자로서의 독자(학생)는 전적으로 수동적인 지위에 처하게 된다. 그렇지만 이러한 반근대주의적 관점은 근대 이후 도구적 합리성에 맞서는 의미에서 문학과 교육이 동시에 지녀야 할 하나의 덕목으로 현재까지도 강화되고 있다. 인문주의의 위기와 맞물려 있는 이 문제는 별도로 논의되어야 할 터, 여기서는 위에서 지적된 반근대주의적 문학론의 속성들이 어떠한 담론 효과를 창출하게 되는지에 대해 살펴보기로 하겠다.

먼저 문학의 자율성을 강조하는 담론이 갖는 교육적 효과에 대해 살펴보자. 뷔르거에 의하면 문학은 제도 예술 내지는 제도 문화라는 개념으로 설명될 수 있다.[17] 예술이라는 부분 체계의 역사를 구성하기 위해 뷔르거는 제도 예술과 개별적 작품의 내용을 구별할 필요가 있다고 주장한다. 그에 따르면, 가령 어떤 개별적 작품이 사회를 반영하고 있을 때, 그 작품을 설명하기 위한 모델로서는 불충분하다고 할지언정, 제도 예술이라는 관점, 즉 예술과 사회를 대립 내지 병립시키는 것은, 예술이 고전적 이론가들에 의해 실제적인 사회생활에서 유리된 어떤 것으로 규정되어 온 데에서 알 수 있듯이, 나름대로의

---

17) 페터 뷔르거(1986)에 따르면, 시민사회에서의 예술은 이른바 리얼리즘 소설을 포함하여 모두 제도 예술로서의 지위에 처해 있다. 역사적 아방가르드에 의해서만이 그 제도 예술의 자율성이 거부되었는데, 그것조차 시민 사회의 예술 목록에 포함되고 마는 것이 하나의 아이러니라고 그는 지적한다.

진리요인을 내포하고 있다는 것이다. 그리고 우리의 문학교육의 지배적 담론은 바로 그러한 고전적 이론들의 연장선상에 위치해 있는 것이다.

그렇지만 제도 예술을 통해 설정된 예술 대 사회라는 이분법은 결코 근원적(original)인 것이 아니다. 그것은 다만 시민사회의 성립과 더불어 존재하게 된 역사적인 산물, 즉 전체 사회적 발전 과정의 한 산물이었을 따름이다. 시민사회에서는 제도 예술은 실제적 생활과 대립되는 것으로서만 규정될 수 있다. 그리고 시민 사회에서 차지하는 예술의 그 같은 특수한 위치는 자율성의 개념을 가지고 표현하는 것이 가장 적절할 것이다. 여기서 자율성이란 물론 제반 사회적 이용에의 요구들에 맞서는 예술의 상대적인 독립성을 가리키는 것이다.

따라서 예술 혹은 문학이란 무엇인가 하는 것을 규정하거나 가르치고자 할 때에, 자율성이라는 카테고리가 갖는 사회적 피제약성을 밝혀주지 않는 한에 있어서는, 그 자율성은 스스로 이데올로기적 왜곡의 흔적을 필연적으로 지니게 된다. 왜냐하면 시민사회에 있어서의 이 같은 예술의 성격이 사회로부터의 예술의 완전한 독립성이라는 그릇된 관념으로 변형되어 버리기 때문이다. 그러므로 자율성은 엄격한 의미에서의 이데올로기적 카테고리로서, 이 카테고리는 실제생활로부터의 예술적 독립이라는 진리의 요인과 역사적으로 등장한 이러한 상태를 예술의 '본질'로 '실체화'하는 허위의 요인을 결합하고 있는 것이다.

문학 혹은 예술이라는 '현실' 내지 '실체'에 대한 '실체화'가 그같이 이루어질 경우 그 '실체'에 대한 학생들의 '지식'이 어떻게 형성되고 규정될지는 명약 관화하다. 사실, 시민사회에서 예술의 발전은 형식과 내용 사이의 변증법이 날이 갈수록 형식에 유리한 방향으로 진행되어 왔다. 예술 작품의 내용적 측면, 즉 진술 내용은 형식적 측면에 비해 훨씬 뒤로 밀려나 있었으며, 이 형식적 측면은 좁은 의미에서의 미적인 것으로 독립적으로 분화되어 나왔던 것이다. 그렇게 본다면 문학교육 특히 현대문학을 가르치는 교육 현장에서 이러한 형식의 우위성이 강조되는 것은 당연하기까지 할 것이다.

하지만 문제는 이러한 가치 판단, 즉 원래는 역사적으로 제한된 성격이었던 이 담론이 하나의 지배적 담론으로 화함으로써, 그러한 담론이 형성하는 특정한 지식 또한 문학 일반으로 전이, 확장된다는 사실에 있다. 가령, 학생들이 우리의 고전 시가에서 문학성을 발견하기 어려워하는 이유는 어디에 있는지, 또한 고전 시가에 있어서도 일반적으로 고려속요가 시조보다 문학성이 우월한 것으로 가르쳐지고 받아들여지는 근본 이유는 어디에 있는지, 나아가 계몽주의 문학이라든가 계급문학, 또는 참여문학이 문학적 정전으로서 선호되지 않는 현상은 무엇을 의미하는지 등등의 문제에 마주서게 될 때, 아마도 그것은 실제 생활로부터의 독립이라는 예술의 자율성 논리와, 형식 내지 기교의 우위를 문학성의 우위로 간주하는 현재의 지배적 담론의 인식틀(épistémè)18)이 반영된 데에서 찾아보아야 할 것이다.

여기서의 주된 관심은 예술의 현실로부터의 독립성, 즉 자율성이 제도화되어 있다는 것과 그와 동시에 예술이 이번에는 교육의 도구로 사용되는, 즉 사회적으로 이용되는 경향 간에 존재하는 명백한 모순을 밝히고자 하는 것이다. 뷔르거의 분석에 의하면 이러한 예술의 교육적 도구화는 예술의 자율성 개념에 있어 필수 불가결한 조건임이 곧 드러난다. 예술의 자율성과 그 교육적 활용은 동전의 앞뒤와 같이 표현될 수 있다는 것이다.

칸트적 개념에 따르면, 미적 체험이 일어날 때 미적 대상은 욕망의 대상으로서가 아니라 무관심한 숙고의 대상으로서 관련을 맺는다. 그럼으로써 개별자를 초월하는 주체의 구성 요소에 기여할 수 있게 되는 것이다. 그러므로 예술이 실제 생활 과정에서 인간성이 실현되지 않는 사회에 있어 인간성을 옹호하는 것으로 기능하기 위해서는 자율적인 것으로 개념화되고 제도화되어야 할 필요가 존재하는 것이다. 왜냐하면 예술이 실제 세계에 대한 하나의 선택적 대안이어야 한다는 요구가 부과된다면, 그것은 실제 세계와 전적으로 다른 것으로 대립되는 조건에서만 그럴 수 있기 때문이다. 즉, 예술의 자율성

---

18) 흔히 '인식소'라 번역되는 이 에피스테메란 용어는 '인식틀'이라 번역하는 것이 더 타당할 듯하다(이진경, 1995: 212). 푸코의 이 용어는 특정 시기에 다른 진술이 아닌 바로 어떤 진술을 지식으로 간주하게 하는 '사고의 기반'으로 이해될 수 있다. 푸코의 연구는 지식이라는 개념으로서의 지식은 그것을 한정하는 규칙들에 의해 제공된다고 단정한다. 그러므로 지식을 실천하는 사람들이 그런 규칙을 의식하지 못할지라도 지식의 발전에는 규칙성이 있다. 따라서 『지식의 고고학』은 인식틀을 "주어진 시기에 과학 사이에서 발견되는 관계들"의 총화, 그리고 "어떠한 사람이 담론의 규칙성이라는 층위에서 지식을 분석할 때" 지식들 사이에서 찾을 수 있는 연결망으로 정의한다. 미셸 푸코(이정우 역, 1992) 참조.

개념이 교육 프로그램에 필수 불가결한 것으로 간주되도록 하는 것은 바로 사회와의 대척적인 관계 때문인 것이다.19) 그렇다면 이는 우리의 문학교육이 예술의 자율성을 재생산하고 있다는 결론에 도달케 하며, 현실 사회와 대립된다는 점에서 일종의 낭만주의적 미학을 기저에 갖고 있음을 말해 주는 것이라 할 수 있다.

가령 17·8세기 영문학의 경우, 문학은 현재처럼 과학과 대립되는 것으로서가 아니라, 전통적으로 내려온 구비문화와 지방적인 문화에 대립되는 것으로서 규정되고 있었다. 문학의 세계에 들어간다는 것은 지방적인 것에서 벗어나 보편적이고 고전적인 관점을 획득하는 것을 의미하는 것이었다. 특히 프로테스탄트들은 학생들로 하여금 자연 상태로부터 벗어나게 하고 구비문화와 지방문화의 일상성과 미신에서 벗어나 시대와 민족을 넘어 보편적이고 문명적인 보다 폭넓은 관점을 갖도록 해주기 위한 필수적 수단으로 언어와 문학을 발견하였던 것이다(Lionel Gossman, 1990: 32-35). 하지만 19세기 초 서구의 산업 자본주의는 낭만주의를 발생시키게 된다. 문학은 더 이상 도시와 농촌, 통치자와 피통치자를 구별시켜 주는 것으로 남지 않게 되었던 것이다. 그것은 오히려 그러한 것들을 결합해야만 하는 것으로 되었다. 문학교육은 따라서 분리나 차별의 도구가 아니라 상실한 총체성을 회복하는 수단으로 간주되었던 것이다. 예술가는 자연에 호소함으로써 개인과 사회 양자의 내부에 있는 유기적 통일체에 대한 시각을 제시했다. 하지만 이렇게 예술이 개인적인

---

19) 하지만 뷔르거의 분석은 시작해야 할 바로 그 지점에서 멈추고 있다고 토니 베네트는 비판한다. 즉, 이러한 예술 관념이 교육적 실천과 제도 속에 침투해서 구체적으로 영향을 끼치게 되는, 바로 그 연관의 특정한 메커니즘에 대한 고려가 이루어지지 않았다는 것이다. 반면에 공교육이 한편으로는 학생들로 하여금 자아 표현 기술을 배우도록 고무하면서, 다른 한편으로는 도덕적 제어와 정상화를 위한 통치기구로 기능하는 그 모순을 해결하고자 한 이안 헌터는 '감독 당한 자유'와 '자아표현을 통한 교정'이라는 메커니즘의 연관을 주장하면서, 예술과 문학이 교육적으로 전개되고 있는 상황에 미학이 구체적으로 영향을 끼쳐온 것은 관념의 형태로서가 아니라 통치 기술과 연관된 일련의 자아 형성 실천임을 입증하였다고 평가된다. 푸코식 계보학을 적용한 헌터의 결론은 결국 대중 교육의 윤리적 행태는 그것이 전달하는 관념의 기능이 아니라 그것이 조직되는 규율 기술의 기능이라는 것이다. Ian Hunter(1988), *Culture and Government: The Emergence of Modern Literary Education*, Macmillan. 여기서는 Tony Benet(1990: 167-181)에서 재인용함.

수준으로, 즉 경제적 해방보다는 오히려 정신적 위안을 주는 수준으로 후퇴한 것은 그 자체의 희생을 치르는 것이었다. 예술이 개인적인 수준으로 후퇴함에 따라 예술가는 정치적 경제적 삶에서 주변부로 밀려나게 되고, 정열적인 헌신은 과거에 대한 동경, 위안, 단순한 이상주의로 바뀌게 되었다. 이러한 정적주의(quietism)는 사회적 경제적 불의에 직면했을 때 무력했다(렉스 깁슨, 1989: 140). 아울러 이러한 발전들의 결과로 문학과 미학이 사회적 국면에서 제거되었다. 문학은 그 사회적 맥락 위에, 밖에, 그리고 그 맥락을 초월하여 존재했던 것이다.

  여기에서 문학의 역할은 종교의 역할 바로 그것이었다. 문학은 사회를 결속시키는 이데올로기를 제공해 주는 것이고, 종교적인 불안한 마음으로 인해 고통받고 너무나 뚜렷한 계급으로 분할된 사회에 조화와 통일을 회복시키는 것이었다. 문학교육에 대한 열망은 따라서 공동체를 증진하는 수단, 즉 종교적 의장으로 나타나게 되었다. 종교는 이미 더 이상 믿을 수 없는 존재가 되고 말았기 때문이다. 낭만주의 작가들은 문학에 종교와 같이 신비스럽고 분석할 수 없는 특질이 있다고 보았다. 문학에 관한 담론은 종교에 관한 담론으로부터 그 뒤를 이어받을 준비가 되어 있었고, 그러한 일은 급속히 이루어졌다.

  마찬가지로 우리 문학교육의 지배적 담론으로서 순수문학론 역시 항상 문학을 종교와 같은 지위에 설정하고 계급을 초월한 통일적 인간상을 열망하여 왔다. 그것은 한편으로는 도구적 합리성에 맞서는 인문주의의 위상과 연관되지만 다른 한편으로는 체제의 안정과 관계되는 것이었다. 계급문학이 배제되는 사연은, 비록 우리의 근대화 과정이 서구 제국주의의 침략으로 왜곡되었다는 것, 따라서 그 제국주의에 대항한 1920~30년대 사회주의 문학에 의해서도 공동체성 내지 총체성의 회복을 추구하는 노력들이 전개되었다는 점을 십분 인정할 수 있다 하더라도, 그것이 계급적 구분을 포기하지 않는 한, 체제의 안정상, 문학의 본령정계나 문학교육에 포함될 수 없다는 데 기인한 것이었다. 비록 마르크스주의 문학 스스로 반낭만주의를 표방했다 할지언정, 마르크스주의 문화이론 역시 그 보편주의적 열망이라는 점에서 낭만주의적 미학의 속박 상태에 가장 깊게 놓여 있는 것일진대(Tony Benett, 1990: 175), 그렇다면 우리의 문학교육은 '제도'로서의 자율성 측면을 '개별 작품' 수준에까지 적용하고 있다는 비판으로부터 벗어나기가 어렵게 되는 것이다.

더구나 낭만주의적 담론이 문학교육에 미치는 작용-태는 비단 문학사적으로 확립된 정전의 형성에만 그치는 것이 아니다. 그것은 텍스트 독해와 창작의 층위 모두에 걸려 있는 문제인 것이다.

문학 텍스트를 포함하여 매체를 통한 담론의 가장 두드러진 특징은 그 '일방성(one-sidedness)'에 있다. 일상 담론에서는 대화 참가자가 교대로 텍스트의 생산자이기도 하고 해석자이기도 하지만, 여기서는 생산자와 해석자 사이에 날카로운 분리가 존재하는 것이다. 매체 담론의 또 다른 특징은 그것이 대중을 위해 고안된 것이며, 그리고 생산자는 청중의 다양한 부면들에 적응하기는커녕 청중 속에 있는 자가 누구인지조차 알 수 있는 길이 없다는 사실이다. 그런데 담론 생산자라면 누구나 '어떤' 해석자를 염두에 두고 생산해야 하기 때문에, 매체 담론 생산자들이 해야 할 일은 하나의 '이상적 주체'에게 말을 건네야 하는 것이다. 매체 담론은 그 속에 이상적 주체를 위한 주체 위치를 설정해 왔고, 실제의 독자들은 그 이상적 주체와 관계를 타협해야만 한다(Norman Fairclough, 1989: 49-50).

그런데 선시적이고 정신적인 것에 우위를 두는 우리 문학교육의 지배적 담론에 있어 작가의 위치는 낭만주의적 작가 개념과 유사하게 설정되어 있으며 이는 작가의 권위성(Author-ity)을 현저히 인정해 주는 경우에 해당한다. 그러므로 학생(독자)들의 텍스트 독해는 작가의 권위에 철저히 종속될 수밖에 없는 셈이다. 아마도 작가의 지위를 묻는 이러한 문제는 결국 창조성의 해명을 요구하는 데까지 이를 것이다.

쟈넷 월프(1986)는 작가 혹은 예술가의 문제와, 어떻게 하면 천재로서의 예술가라는 전사회적(前社會學的)이고 신비적인 개념에 의존함이 없이 예술에 대한 사회학적 접근으로 개인적 창조성을 개념화할 수 있겠는가 하는 문제에 답하고자 했다. 현존하는 많은 '창조성'의 정의들을 거부하고, 형이상학적·분석 초월적이지 않은 개념을 수립하고자 한 그녀는 결국 예술 작업을 다른 종류의 작업과 본질적으로 상이한 것으로 생각하는 것이 이롭지 않으며, 그리하여 창조적 혹은 혁신적 행위를 포함한 어떤 행위수행자(agent)의 어떤 현실적 활동도 모든 분야의 사회적·개인적 생활에서와 똑같은 방식으로 이루어짐을 주장하게 된다.

하지만 작가와 현실의 분리는 우리 문학의 지배적 담론 속에서는 본질화되어 있다. 우리 주변에서는 생활인이자 예술가로서의 작가가 처하게 되는 딜레마가 시대를 초월한 문제인 것인 양 이야기된다.[20] 그리고 예술가는 사회를 벗어나서 존재하는 주변적이고 괴상한 인물로서 예술적 천재성 덕분에 평범한 사람의 일반적 상황으로부터 이탈해 있는 존재라고 생각되기에 이르는 것이다. 그러나 30년대 말 세대논의에 처해 김동리가 입지점을 두고 있었던 예의 작가적 불행론에서 보듯,[21] 그것이 비록 예술가는 예술의 창조를 위해 사회의 중심부로부터 밀려나 주변부에 처해야 하고 사회적·시간적 환경을 벗어나야만 한다는, 이를테면 근대 시민사회에 예술가가 처한 소외 문제에 관한 정확한 지적이라 하더라도, 그러한 사정이 작가·예술가의 보편적인 비극은 아니라는 점에 문제가 있는 것이다. 예술가의 소외는 종종 그 사회를 묘사할 수 있는 유리한 위치를 점하게 되는 것으로 이해될 수도 있기 때문이다.

예술의 본질상 예술가들은 평범한 속인(俗人)이어서는 안되고 사회 생활과 상호 활동으로부터 멀리 떨어져서, 그리고 때로는 사회적 가치와 실천에 대립하면서까지 고고하게 홀로 작업해야만 한다는 견해, 즉 "詩人은 亭亭한 巨松이어도 좋다. 그 위에 한 마리 猛禽이어도 좋다. 굽어보고 高慢하라"[22]는 견해는 19세기 서구 낭만주의가 낳은 하나의 역사적 산물일 따름이다. 따라서 천재성을 부여받고 신적인 영감을 기다리며 사회관계의 모든 정상적인 규범들로부터 자유로운 작가·예술가 개념을 일반화하여 본질화한다는 것은,

---

20) 쟈넷 월프는 예술과 노동이라는 두 영역의 잠재적 유사성은 노동이 소외됨에 따라 상실되었고, 예술 작업이 자본주의 하에서 점점 더 노동 일반과 흡사해지는 만큼이나 소외되고 부자유한 노동이 되는 것도 사실이라 할 것인데 예술가를 자본주의적 제 관계와 시장 법칙의 제한으로부터 자유로운 소수 인간들 중의 하나로 보는 낭만주의적 예술가관은 아직도 존속하고 있음을 지적한다.
21) "씨가 말하는 바, 행복과 불행이란 말은 작가로서의 본질적 성패를 의미하는 말인가, 시정적 득실을 의미하는 말인가. 만약 후자가 아니고 전자이라면 하필 변천된 이 마당에 와서 행불행을 부르짖을 것이 아니라 당초 문학에 지향했던 그날부터 이미 작가로서나 혹은 사상가(문예)로서는 극히 초라한 운명을 졌던 것이니 그러한 작가에게서는 외적 동기의 자기분열이 없었다고 하더라도 작가로서의 기대는 성격적으로 이에 가지지 못한 자이다." (김동리, "순수이의", 『문장』 1권 7호.)
22) 정지용, 『정지용 전집2 : 산문』, 민음사, 1988, p. 246.

비록 우리 사회의 발전이 예술가들을 주변화시켜 왔다는 점을 지시하는 한에서 그 나름의 진리치를 담고 있다 하더라도, 문학과 현실을 분리하며 문학의 본질은 현실과 사회 심지어 개인의 삶까지 초월하는 것이라는 인식 효과를 낳는 데 작용하게 된다. 그 결과 이 개념에 합당하지 않은 현실주의 문학은 물론이려니와, 예컨대 문학을 '제작'하는 모더니즘 작품 같은 경우도 배제되거나 곧잘 예외적인 경향으로 취급될 수밖에 없는 것이다.

그런데 오늘날 문학 연구는 오히려 창조적 주체로서의 저자를 점차적으로 주변으로 몰아내는 추세를 보이고 있다. 오늘날에는 저자란 근대가 낳은 인물이며, 더 일반적으로 보아서 사회에 의해 창조된 인물이므로, 저자가 텍스트의 진정한 의미의 유일한 원천이자 기원이라는 생각은 역사적으로 특수한 것일 뿐만 아니라 잘못된 것이라 주장되기도 한다(Roland Barthes, 1977: 148). 이 같은 견해를 따르면 텍스트는 완결된 기념물이라기보다는 전쟁터로 간주되어야 한다. 이제 작품은 저자와 독자 간의 대화로 여겨지며, 해석은 잠정적인 것, 상황적으로 특수한 것으로 인식된다.

하지만 이러한 연구 경향과 교육과의 관계는 아직껏 그 원만한 실현을 보인 적이 없다. 기존의 권위를 부정하는 이론들은 학생들은 단지 정전이라는 신성한 텍스트에 노출되는 데에서부터 지식을 얻을 수 있고 또 그래야만 한다는 전통주의의 강력한 저항에 여전히 직면해 있다. 현재 문학교육의 지배적 담론은 문학 작품이란 가치 있는 체험의 기록이므로 그 체험에 동일시하는 것이야말로 학생들의 주체 형성에 도움이 되리라는 명제에 입각해 있는 것이다.

우리 문학과 문학교육에서 작가의 체험이 얼마나 중시되는지는 박용철(朴龍喆)이나 정지용(鄭芝溶)의 시론에서 가장 극명하게 드러난다. 하우스만의 영향 아래 이루어진, 시의 창조 과정에 대한 통찰이란 점에서 한국 근대시론 중에서도 그 기념비적 가치가 부여되고도 남을 만한 것으로 평가되는(한계전, 1983: 137), 박용철의 「시적 변용에 대해서」의 다음 한 구절은 그와 정지용 간의 거의 완전한 일치를 보여 준다. 특히 이 글은 그 일부가 1953년도에서 1968년도에 이를 동안 단 한 번도 빠짐없이 고등학교 2학년 국어 교과서에 실려 있었음에 주목할 필요가 있다.

영감이 우리에게 와서 시를 잉태시키고는 수태를 고지하고 떠난다. 우리는 처녀와 같이 이것을 경건히 받들어 길러야 한다. 조금이라도 마음을 놓기만 하면 소산해 버리는 이것은 鬼胎이기도 하다. 완전한 성숙에 이르렀을 때 태반이 회동그란이 돌아 떨어지며 새로운 창조물 새로운 개체는 탄생한다……

태반이 돌아 떨어진다는 말이 있고 꼭지가 돈단 말이 있다. 물과 쌀과 누룩을 비저 넣어서 세 가지가 다 원형을 잃은 다음에야 술이 생긴다. (박용철, 「시적 변용에 대해서」, 『박용철전집 2권』, 시문학사, 1940, p. 8)

박용철에게 시는 곧 체험이다. 그러나 모든 체험이 곧 시가 되는 것은 아니다. 먼저 그 체험의 양과 질이 문제되며 그 체험들이 용해되어 자신의 원형을 상실하고 새로운 차원으로, 즉 순수화가 벌어질 때까지 기다려야 시가 되는 것이다. 그 기다림이란 정지용의 비유처럼 "시가 시로서 온전히 제자리로 돌아빠지는 것은 차라리 꽃이 봉오리를 머금듯 꾀꼬리 목청이 제철에 트이듯 아기가 열 달을 채서 태반을 돌아 탄생하는 것"[23]이듯이, 그 기다림이 있어야 비로소 "태반이 회동그란이 돌아 떨어지며" 시가 탄생하는 것이다. 따라서 시의 탄생에 있어 결정적인 것은 제작 기교가 아니라 어디까지나 시 이전의 상태, 선시적(先詩的)인 것이 된다.

시인으로나 거저 사람으로나 우리에게 가장 중요한 것은 심두에 한 점 耽耽한 불을 질르는 것이다. 라마고대에 성전 가운데 불을 貞女들이 지키는 것과 같이 은밀하게 작열할 수도 있고 연기와 화염을 품으며 타오를 수도 있는 이 무명화, 가장 조그만 감촉에도 일어서고, 머언 향기도 맡을 수 있고, 사람으로서 우리가 아모것을 만날 때에나 어린 호랑이 모양으로 怯함이 없이 만져보고 맛보고 풀어 볼 수 있는 기운을 주는 이 無名火, 시인에게 있어서 이 불기운은 그의 시에 앞서는 것으로 한 先詩的인 문제이다.

로마 시대에 성전의 불을 지키는 정녀(貞女)의 표상에서 보듯, 무명화(無名火)라 불리우는 이 선시적인 것에 대한 강조는 시인을 성자(聖者)보다 높은 곳에 위치시켰던 문장파의 정신주의에 직결되는 것이라 할 수 있다. 박용철이

---

23) 정지용, 앞의 책, p. 248.

예술 이전의 강렬한 표현 충동을 가리켜 "속인들이 가르쳐서 인생의 길이라고 하는 길의 많은 것을 포기하지 아니하면" 얻을 수 없는 것이라 하였을 때 그 점은 더욱 분명해진다. 달리 말하자면 순수와 정신주의는 선시적인 것의 우위라는 입장에서 서로 만나게 되는 것이다.

이들은 일차적으로 20년대 문인들로 대표되는 지식인 문학가에 대립해 있다. 20년대의 문인들은 문학 텍스트의 생산자인 동시에 계몽가, 정치가 등으로 자처했으며 사회도 그렇게 인정했다. 순수시란 것이 의미가 아주 적게 섞였거나 시적 정서 이외의 것은 간취되지도 상관되지도 않는 시를 뜻할 때, 적어도 그러한 지식인의 입장은 문인으로서는 순수하지 못하다. 반면 그들은 30년대 들어 자본주의의 본격적 도래와 더불어 진행된 문학의 상품화, 전문화에도 저항한다. 전대에 비해 상대적으로 작가들의 글쓰기는 자족적으로 되었지만, 이번엔 상업주의에 구속되는 형국이 벌어지고 만 것이다. 따라서 순수문학은 다시 통속 대중문화와도 대립하여야 했다. 자본주의적 시장 경제로의 진입과 더불어 문학은 주변화되고 문인은 탈신비화된다. 이 근대성을 받아들인 모더니스트들은 차라리 정직한 태도였는지도 모른다.

근대 자본주의라는 제도에 맞서되, 전근대적 지사적인 글쓰기도 거부해야 하는 것, 바로 여기에 시문학파와 문장파의 딜레마가 놓인다. 그들의 해결책은 정신주의로 맞서고 순수로 맞서는 길이었다. 그것은 시와 시인의 비분리론에 입각한 낭만주의적 작가관 내지는 문인 문학가에 해당하는 것이었던 바, 표현론이라는 입장에서는 유교적 교양 문인과 낭만주의는 상통하는 일면이 있는 것이다.[24]

문제는 체험에 대한 강조가 교육적으로 의미하는 바라 할 것이다. 체험에 호소하는 것의 일반적 함의는 다음과 같이 진술된다. 첫째, 현실과의 직접적 접촉을 가정함으로써 현실의 지식이 이데올로기와 주체 위치에 따라 형성되는 측면을 무시한다. 둘째, 자아를 전일적(全一的)인 것으로 간주함으로써 그 내적 갈등을 무시한다. 셋째, 범주 일반화를 통해 그 범주 구성 간의 차이를 무시한다(John Schilb, 1992: 53).

---

24) 이에 대해서는 황종연(1991)을 참조 바람.

　따라서 창작 차원에서 시인이 체험에 호소하는 것부터가, 따지고 보면 자신의 체험에 관여하는 이데올로기적 요소나 자신의 주체 위치를 고려에 넣지 않고 있는 것, 다시 말해 자신의 체험을 전일적 자아로서의 그것으로 상정하고 현실과 무매개적으로 내지는 무맥락적으로, 곧 순수하게 접촉하는 것(체험)이 가능하다는 믿음 하에서 체험으로부터 현실의 지식을 이끌어낸다는 함의를 갖고 있는 것인바, 이는 천부적인 특권이 주어지지 않고서는 도저히 성립할 수 없는 것이 된다. 그런데 이것이 교육 내지 독서라는 수용 과정에서 또다시 강조될 때는 결국 학생 독자의 입장에서는 자신의 체험과는 무관하게, 오로지 받아들이고 동일시해야 할 권위로 작용하게 된다. 문화에 있어 체험이란 없다. 실제 그것은 지배계급의 이론에 의해 구성된 이데올로기적 담론으로 이루어진 체험 효과일 뿐이다(Mas'ud Zavarzadeh, 1992: 30). 이와 같이 체험에의 호소는 결국 수동적이고 유순한 주체의 형성에 기여하게 된다는 점에서 이데올로기적 효과를 갖게 마련인 것이다.

　전통적 교육에서는 이를 두고 가치 있는 체험과 지식의 전수라는 논리에서 합리화하여 왔거니와, 반면 그 같은 체험과 지식이 자명한 진리가 아님이 드러나게 된다면, 교육 자체가 허위의 요소를 내포하는 것으로 되고 만다. 전통적 교육에서 학생은 항상 행위의 수용자 내지 객체로만 묘사되고 행위 주체로는 실질적으로 인정받지 못한다. 그런 가운데 진리를 규정하고 지식을 합법화하는 지배적 담론 실천들을 은폐하면서 문화적 위치에 의해 주체로 생산된다는 사실을 인식하지 못하게 함으로써 사회의 통합과 유지에 효과적으로 기여하게 되는 것이다. 즉, 전통적인 휴머니즘 교육에 가까울수록 문학적 텍스트를 범역사적 진리로 제공함으로써 차이보다는 통합을 강조하고 행위자라기보다는 절대적인 주체를 강조하지만, 이는 결과적으로 인문주의의 위기를 가져 온 사회에 대항하기보다 그 사회의 유지와 존속 논리에 함몰되고 마는 유순한 주체를 생산할 따름인 것이다. 반근대주의의 정신이 근대 사회에 저항하는 요소를 점차 상실하고 오히려 보수주의로 작용하고 만다는 지적은 그래서 유효한 것이다. 그것은 시민적이라기보다는 귀족적이기 때문이다.

　따라서 전통적 문학교육의 담론을 탈신비화하는 것은 매우 중요한 의미를 띠고 있다. 비판이란 담론 실천의 조건화에 대한 탐구라 할 수 있다. 그러한 작업을 통해 외견상 자명해 보이는 담론을 심문하고 초월적이고 보편적인 담론으로 보이는 것이 실상은 상황 의존적 담론임을 폭로하는 것은 그 자체만으로도 교육적으로 유익하다고 할 수 있다. 학습자는 이를 통해 특정의 텍스트가 본질적으로 유의미한 것이 아니며, 의미란 의미화 실천과 자신이 친숙한 코드의 효과임을 발견하게 될 것이다. 이항대립의 제도적 경계 자체, 곧 제도적으로 승인된 문학성 자체를 문제틀로 만든다는 것은 그 같은 구성의 자의성을 지적하고 기존의 정전 속에서 발생해 온 변화들을 전경화함으로써, 자명한 것은 아무 것도 없다는 인식에 도달케 하며 바로 이 점에서 탐구로서의 교육이 갖는 의의에 부합할 수 있는 단초가 마련되는 것이다.

하지만 교수의 기제가 변화되지 않는다면 이항대립의 교체와 순환에서 벗어나기란 용이치 않은 문제다. 토니 데이비스에 따르면, 문학, 문학비평(문학 이데올로기), 그리고 문학사는 동시에 출현했고 서로 강화한다. 문학, 아니 모든 문화적 형식 속에서 발견되는 위대한 전통은 결국 예술의 역사, 예술사의 역사, 그리고 예술 비평의 역사의 소산이며, 그 각각은 다시금 그 나름대로 집단, 권력 관계, 제도와 기존적인 실천과 인습의 사회사(社會史)인 것이다.25) 이를 달리 표현하면 문학과 문학교육 또한 동시에 출현했고 서로를 강화해 왔다고 할 수 있다. 그러므로 '무엇을' 읽느냐와 '어떻게' 읽느냐의 문제가 공통된 방향을 향해 서로를 결합해 나아갔다면, '무엇을'의 고리를 끊는다 해서 근본적인 변화가 기대될 수는 없는 노릇이다. 이는 결국 '무엇을'의 문제틀에서 '어떻게'의 문제틀로의 전이가 필연적으로 요구됨을 의미한다.

코드화된 지식의 전수만이 아니라 지식의 코드화된 전수가 검토되어야 한다고 했던 것은 이러한 사정에 연유하는 것으로, 우리 문학교육의 지배적인 방법론으로 자리잡아 온 것으로 판단되는 분석주의 비평의 담론 효과를 검토하고자 하는 사연 역시 이와 연관이 깊다. 의미란 본래적으로 혹은 텍스트적으로 결정될 뿐만 아니라 해석적 실천에 의해 통제되고 제한되는 것이기도 하기 때문이다.

---

25) Tony Davis(1978), "Education, Ideology and Literature", *Red Letters*. 여기서는 김문환 (1993: 387-8)에서 재인용함.

2. 분석주의 중심의 주해 방식과 담론 효과

(1) 주해 방식의 보수성

초기의 제1세대 신비평가들의 대부분은 단순한 해설가에 그치는 것이 아니라, 그들이 과학과 산업주의에 압도된 것으로 진단 내렸던 이 문명에 있어 문학의 기능에 관한 파죽적인 일반 이론들로 무장된 사회비평가들이었다. 더구나 가장 좁은 의미의 해설적 실천에 있어서도, 신비평적 분석은 문학 텍스트를 감수성의 분열, 전통의 쇠퇴, 혹은 과학과 시적 상상력 사이의 투쟁과 같은, 보다 커다란 문제와 관련된 알레고리로서 다루는 경향이 있었다. 신비평적 해석 방법은 랜섬과 테이트의 농지 계획에서부터 게네쓰 버크의 급진주의에 이르기까지의 정치적 스펙트럼에 걸쳐 있는 사회적 교육적 과업과 연관을 맺고 있었던 것이다. '꼼꼼히 읽기'(close reading)의 방법이 애당초 그 방법에 보다 커다란 목적을 갖게 했던 이론적 문화적 계획으로부터 분리되어 갔던 것은 오로지 신비평이 제2차 세계대전 이후 대학의 교육에서 제도화되었기 때문인 것이다.

신비평은 고도의 '읽기 이론'이었다. 신비평가들은 작품의 완결성에 손상이 가지 않으면서도 가장 튼튼하고 빈틈없는 비평적 해부의 기법들을 개발해 낼 수 있었다. 그들로 하여금 작품의 '객관적' 지위를 주장하도록 하였던 바로 그 충동이 또한 그들로 하여금 작품을 분석하는 엄격하게 '객관적인' 방법을 진척시키도록 하였던 것이다. 발생학적(發生學的) 비평 방법이나 독자 수용적(讀者受容的) 비평 방법은 금기시되었다. 그러한 것들은 모두 신비평이 혐오한 상대주의의 수용을 불가피하게 만들 것이기 때문이다.

한 편의 시에 대한 전형적인 신비평적 설명은 그 다양한 '긴장들', '역설들' 그리고 '양면성'의 엄격한 연구를 제시하며 이것들이 그 견고한 구조에 의해 어떻게 용해되고 통합되는가를 보여 준다. 만일 시가 그 자체로 새로운 유기체적 사회가 되고 미국 남부의 몰락에 대한 궁극적인 해결책이 되려면 시는 인상주의적 비평이나 주관주의에 굴복할 수가 없었다. 그 비평적 도구들은 과학이 지식을 판단하는 지배적인 기준이던 사회에서 과학 자체가 내세운 조건들 위에서 엄격한 제 과학들과 맞서기 위한 한 방법이었다. 기술주의적 사회에 대한 휴머니즘적 보완 혹은 대안으로서 시작된 신비평 운동은 그리하여 그 자신의 방법들 속에 그러한 기술주의(技術主義)를 재생산하게 되었던 것이다.

이 같은 신비평의 분석주의적 관점이 교육에 적용되어 가장 광범위한 영향을 끼쳤던 것의 하나가 바로 실제비평(practical criticism)이다. 이 시기 미국에서 일반교양교육 운동이 벌어진 것은 두 가지의 두려움에 대한 대응책이었다. 첫째, 학문적 전문화의 증대와 직업 훈련에 대한 강조로 인해 지식은 파편화되었고, 둘째, 이데올로기의 깊은 갈등으로 인해 서구 문화의 통합이 혼돈의 상대주의로 와해되고 있었던 것이다. 일반교양교육은 공통된 신념과 가치의 회복에 대한 욕구를 표현한 것이었으며 인문학은 학생들에게 공통의 문화적 유산의 의식을 심어준다는 점에서 이러한 목적에 중핵적인 것으로 비쳐졌던 것이다. 이때 신비평이 대학의 일반교양교육 과목으로서의 문학을 가르치는 데 있어 확고한 위치를 차지하게 되었던바, 그 같은 교양의 성취를 위해 고안된 것이 이른바 리차즈(I. A. Richards)의 실제비평이었던 것이다.

케임브리지 대학생들에게 행한 일련의 실험 과정에서 리차즈는 시인과 표제를 밝히지 않은 시편들을 매주 학생들에게 제시하고 이 시편에 대한 그들의 의견을 기술하여 오도록 하였다. 시의 배경이나 학생들이 시를 취급할 방향에 대한 일체의 정보 없이 진행하였다는 것은 당시로서는 충격적이었다. 그의 실험은 비록 세련된 독자들이라 하더라도 그들 스스로의 방법으로 시를 읽을 때 그들이 지성적으로 읽으려 하지 않았음을 입증했다고 평가되었다. 그러나 해석이나 가치 평가의 다양성뿐만 아니라 자신이 읽은 것을 일상적인 산문의 의미로 작성함에 있어서도 그들은 실패한다는 사실도 드러났다. 또한 그들은 책이나 강연에서 얻어들은 인습적 견해들을 되풀이함으로써 자신들의 해석의 어려움을 은폐하려 하였다. 나아가 리차즈는 이러한 시 해석의 오류를 극복하고 시를 올바로 해석하는 방법까지 소상히 제시하고 있다.

하지만 이 실험의 의미에 대해 오늘날의 평가는 과거의 그것과 사뭇 달라져 있다. 가장 흔히 지적되는 바는 그의 실험이 사실은 매우 비정상적이라는 점이다. 그가 의도적으로 감춘, 시의 저자, 표제, 역사적 문맥 등은 독자의 경험을 구성하는 표준적인 인자(因子)들이기 때문이다. 리차즈가 자신의 자료로부터 끌어낸 결론은 정작 그가 끌어냈어야 할 결론과 정반대를 암시해 주는 것으로도 이해될 수 있다는 점에서 치명적인 결함을 갖는 것이었다. 왜냐하면, 비록 학생들이 문학에 보다 직접적인 접촉을 할 필요가 있었다 할지라도, 만일 그 같은 접촉을 제공하는 방식이 시인이 살던 시대, 원작자, 창작 상황에 대한 정보를 억제하는 것이라면, 그 같은 통제 실험에서 학생들이 그 시를 성공적으로 파악할 수 없었다는 사실은 역설적으로 그만큼 그 같은 정보의 필요성을 입증하는 예로도 이해될 수 있는 것이기 때문이다.

학생들의 고정된 반응 양식 또한 비난될 일만은 아니었다. 자신들의 이해 관계에 연관되지 않은 비평적 반응이란 없기 때문이다. 오히려 리차즈야말로 "그 자신도 대부분 공유하고 있는 이해 관계의 맥락을 객관화시키지 못했으며 그리하여 지엽적이고 '주관적인' 평가의 차이가 세계를 인식하는 특수하고 사회적으로 구조화된 방식 속에서 작용한다는 사실을 충분히 인식하지 못했던 것"(테리 이글튼, 1986: 25)이다.

또한 이 실험에서 학생들은 교사가 감추어 놓은, 즉 교사가 갖고 있으리라 기대되는 정답을 상정하고 그에 대해 반응했을 따름이다. 다시 말하면 교사의 학급 내 권위가 그대로 유지되고 승인되는 가운데 학생들이 그러한 권력으로부터 자유롭게 반응하길 기대하는 것 자체가 오류를 안고 있었던 것이다. 바로 그런 이유에서 폴 보베는 리차즈의 실제비평을 "근본적으로 보수적이며 심지어는 반동적인" 기획으로, 고급문화의 능력을 "대학에 들어온 새로운 학생들 속에" 각인시키고자 한 도구로, 푸코에 의해 묘사된 판옵틱 감옥26)

---

26) 중앙의 감시자가 자신을 드러내지 않고 모든 재소자의 방을 볼 수 있도록 만들어진 감옥 구조를 가리킨다. 방 안에 있는 재소자는 자신이 관찰되고 있는지의 여부를 알 수 없기 때문에 항상 자신의 행동을 규제해야 한다. 원형 감옥은 어떠한 폐쇄적인 기관에서도 채택이 가능한 권력 기제이다. 학교에서도 이런 일이 가능하다. 시험과 감시 등을 통해 교육은 강압적이고 중앙 집권화된 규범 같은 것이 되며 또 그것이 정상적인 것으로 간주되기 때문이다. 마단 사럽(1992: 172) 참조.

에 대한 문학적 대응으로 묘파하기도 하였다. '실제비평'은 "서구의 학문적 자본주의의 헤게모니적 담론과 실천"의 연장이며, "선진 자본주의사회의 학문적 기계의 일부"로 이해된다. 마찬가지로, "모든 언어적 문학적 현상에 대해 단일한 설명을 제공해 줄 단일 언어 이론을 만들어 내야 할 필요에 리차즈가 매달려 있는 것은 차이를 관용할 수 없는 휴머니즘의 전형적 예"인 것이며, 따라서 실제비평의 효과는 "지식 생산의 권력적 조직망 속에서의 비평의 위치와 미국 문화 내의 지배적 힘과의 관계를 은폐하는 것"이었다고 보베는 결론짓게 되었던 것이다(Paul A. Bové, 1986: 53).

물론, 리차즈의 기획이 그 이전 상류 사회 비평의 헤게모니를 분쇄하는 진보적 역할을 명백히 수행하였던 것임은 고려되어야 한다. 그럼에도 불구하고, 실제비평이 문화와 정치의 관계를 은폐하고 50년대와 그 이후의 학문적 담론이 일반적으로 탈정치화(脫政治化)하는 데 기여하였다고 비난하는 데에는 진실이 들어 있다. 실제비평과 문학교육 이론과의 연계는 "위대한 문학 작품은 역사와 문화에 독립적이며 따라서 문학교육은 역사에 의해 매개됨 없이 이들 작품을 '직접적으로' 체험하는 데에 기초를 두어야만 한다."는 가정에 입각한 것이었다. 그러나 인문학의 구제력(救濟力)이 인문학을 역사로부터 분리시킴으로써만이 회복될 수 있으리라는 이러한 가설이 잘못되었다는 사실은 그 실험의 결과를 바라볼 수 있게 된 오늘날, 즉 인문학의 회복은커녕 위기감이 더욱 고조되기에 이른 오늘날의 시점에서는 비교적 알기 쉬운 일에 속한다.

이상에서 보듯 실제비평은 결국 문화적 역사적 맥락을 떼어내어 작품 자체에만 주의를 집중함으로써 문학의 위대성이 판단될 수 있다고 전제하는 것이었다. 그러나 이것이 근본적으로 보수적인 기획이고 그 결과 지식·권력 관계를 은폐하는 데에서 궁극적인 담론 효과가 발견된다 할진대, 구체적인 문학교육 현장과 관련하여 더욱 주목되는 바는 이러한 실제비평 방법론은 항상 단일한 설명을 요구하는 것으로 귀결됨으로써 교육에 권위주의 형태를 부여하게 된다는 점이다. 작가와 독자(학생)는 이미 배제되었고 권위는 비평가로서의 교사에게만 허여되어 있는 것이다. 이 권위주의적 속성이 상대주의를 거부한 그들의 절대주의적 경향과, 또한 성서(聖書) 해독상의 근본주의(根本主

義)에 밀접하게 연결되어 있음은 물론이다. 하지만 신비평가의 입장에서라면 그 권위는 주관적인 것이 아니라 텍스트의 객관적 분석이 부여하는 것이라고 마땅히 반론해 올 것이다. 또한 그것은 작품을 '꼼꼼히 읽는 것'으로부터 나올 뿐이라고 주장하게 될 것이다.

'꼼꼼히 읽기(close reading)'란 이 말은 실제비평처럼 세세한 분석적 해석을 의미했거니와, 실상 꼼꼼한 읽기를 요구하는 것은 텍스트에의 적절한 주의 집중을 주장하는 것 이상을 의미했다. 그것은 다른 어떤 것보다 '페이지 위의 단어들'과 그 자체 내의 맥락들에만 주의를 집중하도록 요구하게 마련이다. 그러나 가장 단순한 전언(傳言)조차도 텍스트내의 맥락만으로 전달되고 이해될 수 없음은 하나의 상식에 속한다. 꼼꼼히 읽기란 '텍스트'를 '작품'의 개념으로, 그것도 유기체적이고 자율적인 존재론적 위상의 것으로 보아야 한다는 전제에서 출발하여 이 전제에 충실한 읽기를 유도하고 그 전제의 약속을 만족시키는 읽기를 생산하는 것이다(도정일, 1994: 329).

이에 교육과 문학의 표준으로 자리잡고 있는 '꼼꼼히 읽기'의 중심부성은 도전되어야 한다는 주장이 오늘날 제기되고 있다(Rabinowitz, 1992: 241). 이 주장에 따르면, 꼼꼼히 읽기란 창조자의 심리학상 의심스러운 개념을 내포하고 있다고 한다. 즉, 그것은 작가들이 의식적으로든 무의식적으로든 텍스트의 세부에 이르기까지 통제력을 유지할 수 있고 그 결과 모든 디테일이 결합되어 의미를 지닐 수 있게 되고, 결과적으로 브룩스의 설명대로 "훌륭한 시에서는 모든 단어가 다 중요하다(C. Brooks, 1947: 222)."라는 식의 가설을 은연중에 깔고 있다는 것이다. 한편 꼼꼼히 읽기에 대한 옹호는 문학이 생산(生産)되는 방식에 대해서만이 아니라, 문학이 소비(消費)되는 방식에 대해서도 그릇된 가설들에 의존하고 있다. 그 가설들은, 특히 학교 교실에서 문학을 어떻게 읽어야 하는가에 대한 규범 내지 처방으로 쉽사리 변하곤 한다. 이러한 교육적 규범은 독서 방식에 지대한 영향을 미치고 이로 인해 중요한 담론 효과의 발생을 초래하게 된다.

말할 것도 없이 읽기의 종류는 매우 다양하다. 한편으로 그것은 독자가 처한 당장의 상황에 따라 가변적이고, 또 한편으로는 텍스트에 따라 다양하게 변한다. 작가들 또한 저마다의 독자를 상정하고 있다. 그러나 꼼꼼히 읽기를 특권화함으로써 이러한 다양성은 심각하게 축소된다. 물론 꼼꼼하게 읽는 독자가 모두 정말 똑같은 방식으로 읽는 것은 아니다. 하지만 다양한 형태의 꼼꼼히 읽기는 서로간에 강력한 가족 유사성(家族類似性)을 갖고 있으며, 비평가를 비롯한 권위주의적 지배는 특정한 가치 평가를 조장할 수 있으며, 해석을 왜곡할 수 있고, 전망의 폭을 억압하며, 학생과 비전문적 독자에게는 실생활과 학문을 분리시킬 수 있는 것이다.

첫째, 가치 평가의 측면에서 꼼꼼히 읽기는 의심스러운 문학적 위계화를 불가피하게 불러일으킨다. 신비평적 이론이 요구하는 특정의 처리 방식에 작품이 스스로를 허여하는 정도에 따라 문학적 가치는 곧잘 결정된다(Daiches, 1956: 3). 대부분의 경우 오늘날 우리가 정전이라고 알고 있는 것들은 일련의 표준화된 읽기 전략, 특히 꼼꼼하게 읽기와 관련된 종류에 잘 조응하는 텍스트들의 집합체로 구성되어 있는 것이다. 신비평가들이 높이 평가한 시는 밀접히 상호 연관된 의미로 가득 찬 복잡하고 독자적인 시였다. 궁극적으로 신비평가들 특유의 시 읽기 방식은 위대한 시 작품의 정전 전체에 대한 광범위한 학문적 재평가를 불러 일으켰던 것이다. 간단히 말해서 신비평가에 있어 시 읽기는 미리 존재하는 특이한 규칙의 틀에 입각한 기교적 수사적 해석과 문학적 평가를 함축하는 것이었던바, 이에 따라 시적 복잡성은 문학적·해석적 가치 체계 안에서 주요한 자리를 차지하게 되었던 것이다(Rabinowitz, 1992: 243-4).

신비평가에게 시의 가치는 그 내용이 아니라 구조에 달려 있다. 시에서 내용을 뽑아내고, 한 텍스트를 요약하거나 풀이하는 것은 '패러프레이즈의 이단(異端)'인데 그런 일은 '의미'를 명제나 진술로 축소시키는 것이고 형식과 내용을 분리시킴으로써 문학을 철학, 과학 및 정치와 경합하게 만들기 때문이다. '의미'는 구조의 한 양상이다(C. Brooks, 1947: 178). 신비평의 전형적인 형식주의적 읽기는 구조의 통일, 균형 또는 조화가 입증되었을 때 완성에 도달했다고 본다. 상이한 것들이 조화를 이룰수록 텍스트와 그 해석은 더욱 좋은 것이 되는 것이다. 이처럼 신비평식 형식주의 읽기가 변함 없이 입증했고 또 입증하려 한 것은 숱한 수사적, 의미론적, 심리적, 상징적 세력이 평형을 이루는 통합된 극적 구조였던 것이다(C. Brooks, 1947: 186-7).

그것이 비합리적이라는 것은 아니다. 다만 분석적으로 꼼꼼히 읽는다는 것이 사심 없음을 의미하지는 않는다는 것, 그것은 가치 중립적 행위도 아니고 탈이념적인 것도 아니라는 것, 따라서 그 역시 자명하거나 객관적인 것일 수 없다는 것, 이는 꼼꼼히 읽기라는 방법론에 의해 형성된 정전 체제가 스스로 설명해 주고 있다는 것, 그럼에도 불구하고 여전히 객관의 의장을 걸치고 있다는 점 등을 지적해 두고자 할 따름이다. 특히, 실용성에 의해 지지 받지 않았던들, 신비평이 오늘날 교육 현장에서 그토록 깊숙이 삼투될 수는 없었을 것이다. 꼼꼼히 읽기는 교실에서의 활용에 매우 잘 적용되는 것처럼 보였다. 그것은 교사가 과제를 내줄 필요가 있거나 문제를 출제해야 하는 상황에서도 대단히 적합하게 보였던 것이다.

그러나 교육적 편의성이 이론 선택의 기반으로 작용할 수는 없는 일이다. 왜냐하면, 만일 꼼꼼히 읽기를 특권화한다면, 이것은 동시에 물질적 사회적 조건의 현실적 묘사보다 수사적 글쓰기를 특권화하는 경향을 내보이는 것이며, 표면적 의미보다 심층적 의미를, 내용보다 형식을, 대중보다 엘리트를, 그리고 직접적인 것보다 간접적인 표현을 특권화하는 것이 되기 때문이다. 이는 또한 시의 영역에 있어 서술시보다는 서정시를 특권화하는 것이 되며, 소설의 경우, 플롯보다는 상징이나 심리를 특권화하는 셈이 된다. 이러한 특권화 행위가 그 반대 급부로 특정한 종류의 목소리에 대해서는 평가절하와 배제를 하게 됨은 물론이다.

둘째, 해석의 측면과 관련하여 볼 때 꼼꼼히 읽기는 그에 잘 맞지 않는 작품을 배제하거나 거부하게 할 뿐만 아니라, ─더욱 심각한 것은─ 잘 맞을 때까지 그 작품을 왜곡할 수도 있다는 점이다. 가령, 이상(李箱)의 난해시를 두고 제출된 다양한 해석들 가운데 많은 것들은, 난해하기에 더욱 꼼꼼히 읽은 소산임에도 불구하고, 끝내 유기체적인 관점에서 벗어나지 못하는 한, 해석의 왜곡을 범하기 쉽다. 즉, 유기체적인 해석에 잘 맞아들어 주지 않기 때문에 일반적인 독자들에게는 거부되고, 숙련된 독자로서의 비평가나 학자들은 그러기에 더욱 더 유기적이고 체계적인 해석을 만들기에 맹목인 경향을 보이곤 하는 것이다. 따라서 난해시처럼 어떤 정설(定說)이 마련되기 어려운 경우, 이런 작품은 교실 내로 들어오지 못하는 것이 일반적인 현실이다.

'작품에 있는 그대로'라는 말은 확정된 의미가 작품 내에 존재해 있다는 개념을 불러일으킨다. 하지만 어떠한 비평가도 독자로서의 자신이 작품에 투사되는 것을 막을 수는 없다. 단지 자신의 해석적 진실성을 증명하기 위해 작품을 근거로 삼을 따름인 것이다. 그럼에도 불구하고 텍스트 속에서 자기 자신을 읽고자 하는 경향은 꼼꼼하게 읽기의 교육을 통해서 개선되리라고 생각할지도 모른다. 사실상 어디서 텍스트가 끝나고 어디서 독자가 시작하는 지에 관한 질문은 학문적으로 훈련된 독자들을 다루게 될 때 더욱 곤란하게 된다. 숙련된 독자는 어떤 텍스트든 그것을 자신이 기대하는 특정 방식의 시적 발화로 변형시킬 수 있기 때문이다.

더욱 큰 문제는 일반적인 우리 학생들, 즉 미숙련 독자를 대상으로 할 때 발생한다. 꼼꼼히 읽는 것이 곧 객관적으로 작품을 읽을 수 있는 능력을 곧장 보장해 주는 것은 아니며 그렇다고 숙련된 독자처럼 자기화의 독서를 이룩할 수도 없는 학생들의 입장에서라면, 작품에 대한 해석은 교사의 해석에 전적으로 의존할 수밖에 없게 된다. 프레이리는 이를 두고 은행 적금 체제(Banking-system)에 비유를 하였거니와,[27] 이 같은 단의성(單意性)의 신화는 실상 우리 교육 일반에 걸쳐 광범위하게 존재하고 있는 것이므로 문학교육을 통해서 학생들의 자발적이고 창조적인 문화 수용이 가능하리라는 것 역시 그 실현을 기대할 수 없는 신화에 불과한 것이다. 비판적 사고가 허용되지 않는 한 창조성은 발현될 수 없기 때문이다.

사실 신비평의 분석주의적 독해 방법은 비판적이거나 창조적인 독자를 상정하고 있는 것이 아니라, 그들의 관점에 일치하는 이상적인 독자를 상정하고 있는 것이다. 신비평의 독자는 시가 하나의 허구임을 알고 있으면서도

27) 파울로 프레이리에 의하면 교사의 의도가 아무리 진보적이라 하더라도 교사의 권위에 의존하는 교수 방식이 유지되는 한 변혁은 기대할 수 없다고 진단하였다. 학생들은 예금계좌(depository)에, 교사들은 예금주(depositor)에 비유되는 교육의 은행 체제(banking system)란, 교사가 지식을 맡기면 학생들은 무조건 받아들이고 암기해야 하는 사태, 즉 학생들의 일방적이고 수동적인 지위를 지적하고자 하는 의도를 갖는 것이다. 이 비유 속에서, 가령 그 지식의 재생을 요구하는 시험과 같은 제도는 곧 예금 인출에 비유될 수 있을 것이다. Paulo Freire(1989: 58) 참조.

그 시에 대한 유일하고 '진정한' 해석을 찾는 사람으로 상정된다. 무엇보다도 그가 피해야 하는 것은 '이런 저런 가능한 여러 가지 해독'이다. 이른바 데카르트적 불안처럼 상대주의적 해석학의 망령이 신비평을 괴롭혔기 때문이다.

이와 같이 한편으로는 신비평적 관점에 유순한 텍스트와 다른 한편으로는 꼼꼼하게 읽는 유순한 독자들의 결합은 문학적 건강성에 심대한 결과를 가져올 수 있다. 가장 흔한 결과 가운데 하나는 수사적 병(病)이다. 그 주요 증후(症候)는 구체적이고 특수한 것조차 그것이 마치 무언가 좀더 일반적이고 추상적인 상태들을 대신하고 있는 것처럼 취급하는 경향이다. 이는 문학에서 재현된 역사적 현실을 보다 추상적인 연관들의 매개로만 다룸으로써 정치적 담론의 권력을 중립화하는 효과를 낳게 된다(Rabinowitz, 1992: 235).

셋째, 꼼꼼히 읽기가 과연 학생들에게 전망의 확장을 가져다 줄 수 있겠는가 하는 점이 문제로 제기된다. 신비평의 기본 전제는 외연적(外延的) 읽기가 적합할 수 있기 전에 학생들은 반드시 내재적(內在的) 읽기의 훈련을 받아야 한다는 것인데, 과연 내재적 읽기의 훈련을 받으면 외연의 확장이 가능할지에 대해서는 자못 의심스럽다. 내재적 읽기는 이미 방대하고 다양한 텍스트 선집을 탐독하지 않은 사람에게는 거의 쓸모 없는 기술이기 때문이다. 나아가 새로운 텍스트와 새로운 문학적 체험에 대한 수용성은 그것에 접근하고자 하는 관심에만 달려 있는 것이 아니다. 수용성은 그 동안 해온 독서 범위와 해석 전략의 다양성에도 달려 있는 것이다. 꼼꼼히 읽기가 모든 텍스트의 문을 열어줄 수 있는 마스터키가 될 수는 없는 노릇이다.[28] 또한 원칙대로 말하자면 꼼꼼히 읽기는 속도가 느린 읽기를 의미하기 때문에 독자가 친근하게 될 수 있는 텍스트의 수효를 줄이는 셈이 된다. 전문적이고 직업적인 독자가 되지 않는 한, 정전조차 섭렵하기도 벅찬 이상, 문학관을 개변하고 새로운 문학관에 도달할 만큼 새로운 문학적 체험을 획득하기란 거의 불가능하다. 꼼꼼히 읽기가 열어 주는 제한된 양의 텍스트, 그 체험 속에서 꼼꼼히

---

28) 이 점과 연관하여 다음과 같은 지적은 기존의 문학교육 연구 경향에 성찰의 기회를 제공해 준다. "문학교육에서 중요한 것은 어떤 작품의 해석에도 적용될 수 있는 마스터키와 같은 공식을 가르치는 것이 아니라, 학생들의 '문화적 체험' 자체를 향상시킬 수 있도록 고무하는 것이다(김은전, 1993: 10-11)."

읽기의 위력은 재현될 것이지만 그것으로 열리지 않는 텍스트는 거부될 가 능성이 크다.

따라서 전통적인 정전을 넘어 전망을 확대하고자 하더라도, 제한식(制限食) 에 길들여진 자에게 새로운 텍스트가 주는 영양소는 섭취되기 어렵다. 숙련 된 독자라면 낯선 텍스트에 또 다시 자신을 투사함으로써 낯익은 해석의 재 생산을 꾀하기 쉽다. 낯선 전통에서 나온 텍스트를 접하게 될 때 그들은 자신 들이 이미 알고 있는 텍스트의 반향(反響)을 찾고자 하기가 쉽다. 꼼꼼히 읽으 면 읽을수록, 그들은 심지어 그 같은 반향이 실제로 존재하지 않는 경우에도 그것을 발견하였다고 스스로 생각하게 될 수 있다. 결과적으로 전통의 정전 적 텍스트들은 그 중심성을 그대로 차지하게 될 뿐만 아니라, 사실상 그 중심 성은 재강화된다. 새로운 문학적 체험이 그같이 전유될 때 기존의 정전들은 마치 그것이 문학적 실천의 보편적 원천인 양 작용하는 것으로 보일 것이기 때문이다.

넷째, 학교에서의 문학 체험과 실생활의 그것이 분리되는 측면을 지적할 수 있다. 수업 시간에 학생들은 의무적으로 꼼꼼히 읽기에 열중하겠지만, 소 위 훌륭한 학생의 경우조차도 학교에서 벗어나기만 하면 책을 읽을 때 다른 기술을 사용하는 것이 보통이다. 전문적으로 문학에 연관된 사람들은 진정한 독서와 '단지 흥미로 하는 독서' 사이의 구분을 하는 경향이 있는 반면, 일반 인이라면 그 같은 구분을 진정한 독서와 '단지 수업을 위해 하는 독서' 사이 의 구분으로 응당 바꿔 말할 것이다.

학교에서는 감춰진 심층의 의미를 갖고 있으리라 기대되는 비유, 은유, 상징을 찾아 씨름해야 하는 것이라고 여길 때, 학생들에게 그것은 기억되어 야 할 것이지 해석되어야 할 것으로 간주되지는 않는다. 그 내용은 시험에서 소비될 것이다. 대부분의 학생들은 오로지 소비자로서 그 단어의 문학적이고 수사적인 의미라고 알려진 내용을 받아들이는 데 거의 모든 수업 시간을 보 낸다. 하지만 학생들 대부분은 미학적 이유로 학교를 다니지는 않는다(Comley, 1985: 129-130). 그들은 저마다 사회 진출과 관련된 목표를 가지고 있으며 학 교 교육에 투여된 자신들의 노동과 재화와 시간이 그 목표에 유용하게 되길 기대한다. 말하자면 교실과 강의실을 둘러싼 세상은 도구적 합리성에 지배되어 있는 것이다.

따라서 도구적으로 합리적인 경우는 하나의 문학 텍스트를 두 번 읽지는 않는 것과 같은 일이다. 그 징표는 흔히 시험을 앞두고 "어제는 김소월을 했어."라고 말하는 데에서처럼, '읽다'라는 말을 대신해 '하다'라는 동사가 쓰이는 것으로부터 알 수 있다. 이것은 단지 대용동사적 표현으로만 볼 수 없다. 거기에는 의무에 대한 수행성의 의미가 강하게 내재되어 있으며, 결국 이때 '했다'는 말의 뜻은 시험을 위해 암기해야만 했다는 것을 의미한다. 즉, 문학 공부를 통해 도구적 합리성에 맞서는 체험을 얻게 되길 우리는 기대하지만, 비록 그 체험 가치의 전적인 부정 내지 무효화를 의미하지는 않는다 하더라도, 끝내는 도구적 합리성으로 문학 체험을 대하게 되고 마는 것이다. 이는 학생들의 잘못을 지적하고자 함이 아니라, 현실의 지배성을 직시하고자 함이다. 결과적으로 우리 교육은 학문에서 진행되는 것과 실제 삶 속에서 진행되는 것 사이에 인위적인 분리를 조장하고 있는 셈이 된다. 그것은 마치 대부분의 독자들이 대부분의 시간을 소비하는 독서의 종류, 가령 대중문학에 대해 학문계와 교육계는 무시하거나 평가절하 하려는 경향과 일치한다.

그러나 비록 일상적 독서가 평가절하될 수는 없다 하더라도, 과대평가할 성질의 것 역시 아니다. 즉, 신비평에 대한 거부가 또 다시 '독서백편의자현(讀書百遍義自見)'이라는 세계로 돌아가야 함을 의미하지는 않는 것이다. 또한 꼼꼼히 읽기의 과정이 문학을 반드시 보수적으로 보이게 하는 것은 아니다. 어떠한 보수적인 작품도 충분히 꼼꼼하게 읽으면 저항적일 수 있는 것이다.

조나단 컬러는 "우리가 어떠한 비평적 연합을 요구한다 하더라도, 문학작품의 자율성 개념에서 벗어나고 또 그 통일성을 드러내는 작업의 중요성 및 '꼼꼼히 읽기'의 필요성에서 벗어나기 위해서는 불굴의 노력이 요구된다는 점에서 우리 모두는 신비평가들이다(Jonathan Culler, 1981: 3)."라고 말했거니와, 현대 비평 이론들에 의해 자율성과 통일성이라는 신비평적 개념은 어느 정도 붕괴되었다 하더라도, '꼼꼼히 읽기'의 필요성은 여전히 강력하게 남아있는 것처럼 보인다. 그 결과 신비평은 이론으로서는 불신되면서 교수법으로는 채택되는 역설적 상황이 벌어지고 있는 것이다(Dasenbrock, 1990: 63).

꼼꼼히 읽기는 신비평가와 해체주의자―적어도 예일학파―의 사이를 근본적으로 연결짓고 있는 것이 사실이다. 가령, 예일학파의 밀러는 꼼꼼히 읽기에 대한 비판을 놓고서 "우리의 직업에 대한 중대한 배반"이라고 보았다 (Miller, 1979: 13). 독자 중심 이론가인 스탠리 피쉬 또한 이와 동궤에 속한다. 즉, 피쉬의 경우, 독자의 반응을 중시한다 해서 해석의 무정부주의에 이르지는 않는데, 그에 따르면 문장은 상황 속에서만 나타나며 그 상황 혹은 맥락은 의사소통이 일어날 수 있도록 해 주는 실천, 목표 등을 제공해 주는바, 언어 사용자로서의 개별 해석자는 그가 속한 해석 공동체(解釋共同體)와의 제휴로부터 가설과 해석 전략을 끌어냄으로 인해 이러한 전략의 구속으로 말미암아 제한된 수의 의미가 가능해진다는 것이다(Stanley Fish, 1980: 303-21). 그러기 때문에 그의 경우에도 꼼꼼히 읽기는 여전히 유효한 것이 된다. 사정이 이러하므로 1980년대에 이르러서도 윌리엄 케인은 다음과 같이 말할 수 있었다.

> 신비평은 무력하고, 지지자를 잃고, 쇠퇴하고 죽었거나 죽어가고 있는 듯이 보인다. 오늘날 아무도 신비평을 위해 말하는 사람이 없다. (…) 그러나 사실인즉 신비평은 살아있고 번창하고 있다. 그것이 무력해 보이는 것은 그 힘이 구석구석 퍼져 있어 우리가 평소에는 그것을 전혀 느끼고 있지 않기 때문이다 (William E. Cain, 1984: 105).

하지만 그 같은 동일성 내지 유사성에 대한 강조가 차이성의 은폐로 이어져서는 안 된다. 해체주의자가 신비평가와 다른 것은 특정한 기술이나 방법론적 측면보다는 태도의 문제에 존재하는 것이다(Debicki, 1985: 170). 신비평은 시가 단순한 관념이나 산문적 요약의 것으로 환원되지 않도록 하는 반면, 모든 요소가 모든 독자들을 만족시켜 줄 단일한 해석으로 작용토록 시도한다는 점에서 매우 이성 중심주의적인 것으로 규정될 수 있다. 그러므로 교육의 측면에 적용될 때도 신비평과 해체주의는, 전자의 경우 작품의 항구적 의미를 암묵적으로 가정하는 가운데 교사의 편에서 모든 문제에 대한 권위주의적 해결을 기대하는 경향이 있는 반면에, 후자는 주어진 어떠한 해석도 전복될 수 있다는 인식에서 자유로운 토론에 몰두하는 경향이 있다는 점에서 구분되는 것이다.

따라서 꼼꼼히 읽기는 그 자체에 원죄가 있다기보다는 그것이 문학으로 하여금 역사, 문화, 정치 등 현실과 맺는 특수하고도 구체적인 연관을 분리하게끔 작용하게 될 때, 즉 텍스트로 하여금 그 생산의 사회적 조건으로부터 분리시키게 될 때, 이른바 학식 있는 독자 혹은 능력 있는 독자라는 개념에 의해 함축되는 바의 단일한 정체성에 모든 독자들이 순응하도록 요구하는 보수적인 독서 이데올로기와 밀접히 연관될 때 폐해를 낳게 된다고 할 수 있다(Henriksen, 1990: 26). 그것은 특정한 기호와 연관된 신비평이 객관성과 보편성을 지향하면서 벌어진 일이며, 동시에 그와 같은 표방을 우리가 고스란히 받아들이게 되었을 때 발생한 일이다. 그 경우, 신비평적 주해 방식을 통해 그 가치가 입증된 작품은 곧 가치의 객관성을 획득한 것으로 인정될 수 있으며, 심지어는 그 객관성이란 이름으로 초기의 신비평이 지녔던 세계관과 방법 사이의 긴장과는 무관하게 신비평적 기준을 자의적으로 활용할 수도 있게 되었던 것이다.

신비평 또한 과거에는 매우 저항적이었고 그런고로 이론적이었지만, 그것이 확고한 체계화를 이룩한 이후로는 이론에 저항하면서 자신들은 본질화하는 경향, 즉 자신은 '이론'이 아니라 본질적이고 객관적이며 자명한 그 무엇으로 기능하고 그래서 자신들의 정치성을 은폐하는 경향이 일어나게 된 것이다. 폴 드 만에 의하면, 이론에의 저항이 강렬할수록 이론은 발전한다고 한다(장경렬, 1995: 201-2). 이는 학문계에선 사실일지 모른다. 하지만 교육계에서는 반드시 그렇지만은 않다(Flynn, 1990: 193). 요컨대 신비평적 주해 방식이 객관화와 본질화의 과정을 경과하면서, 우리 문학교육은 학생들로 하여금 비판적이라거나 창의적인 독법보다는 폐쇄적이고 보수적인 독법으로 시를 대하게 하고 말았으며, 문학적 능력의 고양으로 나아가기보다는 교사와 작가의 권위에 종속적인 주체로 형성하게 되었던 것이다.

그렇다면 신비평적 주해를 통해 형성하고자 한 문학관의 내용은 구체적으로 무엇일까. 특히 우리 문학과의 만남에서 그 담론 효과는 어떻게 발현될 것인가.

(2) 유기체론의 본질화와 분석주의의 절대화

두루 아는 바와 같이 형식적 관점이란 존재론(objective theory)에 해당된다. 존재론이란 예술 작품을 어떤 외부적 사항과도 독립시켜 오직 작품 자체로 해명하려는 이론이다. 따라서 작품을 내적으로 연관된 부분들의 구조 혹은 하나의 자기 충족적 실체로 인식하며 그 구조를 분석한다. 또한 작품을 그 고유한 존재 양식에 내재하는 기준들에 의해서만 평가한다. 시의 진리가 객관적인 세계를 지시하는 대응적 진리가 아니라 시의 물질적 요소간의 관계에서 생기는 내적 통일의 진리라면 시는 곧 자율적 세계요, 유기적 세계라 할 수 있을 것이다.

사실 이러한 관점의 역사는 상당히 길다. 모방적 관점, 또는 효용론적 관점에 서 있는 아리스토텔레스의 이론도 비극을 독립시켜 논의할 때는 형식적 관점에 가까운 것이었고 거기에서 강조된 통일성의 세계는 코울리지에 이르러 유기적 형식론으로 귀결되어 갔던 것이며, 또한 시의 자율성 이론은 이미 칸트에 의해 공식화된 것이었다. 칸트는 심미적 판단은 사물의 실존과는 무관한 관조라고 주장했다. 바꿔 말하면 그것은 주관적 목적도 객관적 목적도 없이 다만 '모방력들의 상호관계', 즉 '형식적 목적성'만 지니고 있으므로 '무목적적 합목적성'을 지니고 있다. 이때 미를 '합목적성'이라 정의한 것은 예술 작품을 목적을 지닌 유기체로 보았기 때문이며 이것이 곧 목적론적 유기체론에 해당되는 것이다. 아울러 '무목적적'이라 함은 첫째, 사물의 존재에 무관하다는 뜻에서 작품과 세계간의 단절을 의미하고 둘째, 외적인 유용성이 없다는 뜻에서 작품과 독자와의 관계 단절을 의미한다. 신비평의 자율성의 시론과 유기체 시론은 이러한 계보상에 존재하는 것이다.

신비평가 가운데 누구보다도 분명하게 시에 대한 유기적 관점을 강조한 이는 바로 브룩스였다. 그는『잘 빚은 항아리 : 시의 구조에 관한 연구』에서, 시란 존 던(John Donne)의 시에 나오는 잘 빚어 만든 항아리, 또는 키이츠의 시에 나오는 희랍의 자기(瓷器)에 비유될 수 있다고 하였다. 키이츠는 이 희랍 자기를 "너, 말없는 형상이여, 영원처럼 우리를 애태워서 생각을 버리게 하는 구나."(Thou, silent form, dost tease us out of thought / As doth eternity)라고 묘사했다. 신비평가들은 이 말할 수 없는 것을 '보여 줄' 수는 있다고 주장했다. 즉, 브룩스에 의하면 시는 추상적인 명제로서는 말할 수 없기 때문에 '말이 없지만 (silent)', 그러나 '형상(form)'을 통해서 '보여 줄' 수는 있다는 것이다. 따라서 시는 말로 할 수 없는 모호한 충동, 즉 감정이라고도 사상이라고도 말할 수 없는 '배아(胚芽)'가 성장하여 핀 꽃의 형상인 셈이다. 이때 사람의 손으로 빚어 만든 인공물로서의 자기나 항아리를 '배아'의 비유가 시사하는 것처럼 하나의 꽃과 같은 유기체로 보고 있는 점은 유념해야 할 필요가 있다.

이에 일단은 유기체론이라 하는 것이 과연 어떠한 사고에서 비롯된 체계이냐 하는 것부터가 먼저 해명되지 않으면 안 된다. 그것은 곧 신비평가들이 이렇듯 유기체 개념에 맹목인 이유는 무엇인가를 묻는 것으로 이어지게 된다.

리비이스의 『검토(Scrutiny)』가 발흥되기 시작한 1920년대 후반과 1930년대에 영문학도가 된다는 것은 산업 자본주의가 갖는 범속화(凡俗化) 측면들에 대한 논쟁에 휩쓸려 가담하게 되는 것을 의미했다(테리 이글튼, 1986:51). 영문학도가 되는 것이 가치 있을 뿐만 아니라 가장 중요한 삶의 방식이라는 것ー자신이 미약하나마 자기 나름대로 20세기의 사회를 17세기 영국의 '유기체적' 공동체의 방향으로 되돌리는 데 기여하고 있다는 것ー을 아는 것은 보람 있는 것이었다.

그런데 근대 사회에서 유기체론이 하나의 문제로 제기되는 것은, 첫째, 사회의 전체성을 강조하기 위한 것, 둘째, 민족주의의 발생에서와 같이 한 민족의 성장을 강조하기 위한 것, 셋째, 문화에서와 같이 서서한 변화와 적응이라는 특정한 의미를 가진 자연적 성장을 강조하기 위한 것, 넷째, 사회의 기계론적 물질주의적 해석을 부정하기 위한 것, 다섯째, 농업과 같은 자연적 진행과 밀접한 관계를 갖는 사회를 옹호하고 산업 자본주의를 비판하기 위한 것 등의 경우에 해당하는바, 이 모두의 경우에 공통적으로 적용되는 유일하게 확실한 사실은 그것이 항상 과거의 것으로 나타난다는 점이다(레이몬드 윌리엄스, 1988: 256). 유기체적 사회는 현대 산업 자본주의의 기계화된 삶을 비난하는 데 편리한 신화가 된다.

이 사회적 질서에 대한 정치적 대안을 내놓을 수 없었던 그들은 그 전에 낭만주의자들이 그랬듯이 그 대신에 역사적 대안을 제시했다. 그들에 의하면 오직 유기체적 사회가 남아 있는 것은 영어의 특정한 사용들에서였다.[29] 따라서 그들에게 있어 문학은 어떤 의미로는 그 자체가 바로 유기체적 사회였던 것이다. 문학이 중요했던 이유는 문학이 바로 하나의 온전한 사회적 이데올로기와 다름없기 때문이었다. 달리 말하면 이것은 상류계급 국수주의의 일종의 소시민적 변형이었던 셈이다.

한편『검토』일파처럼 산업 자본주의의 정신적 불모성에 혐오를 느낀 엘리어트는 옛 미국 남부의 삶에서 하나의 대안을 보았다. 이때 엘리어트가 실제로 공격하고 있는 대상은 중산계급의 자유주의 이데올로기 전체, 즉 산업 자본주의 사회의 공식적인 지배적 이데올로기였다.[30] 자유주의, 낭만주의, 프로테스탄티즘, 경제적 개인주의 등, 이 모든 것들은 자신의 개인적 자원말고는 의지할 데가 없는, 유기체적 사회로부터 축출된 사람들의 뒤틀린 교리들이다. 엘리어트 자신의 해결안은 극우적 독재주의로서 사람들 모두 비인격적 (impersonal) 질서를 위해 자기들의 '인격(개성)'과 견해를 희생해야 한다는 것이다. 문학의 영역에 있어 이 비인격적 질서는 '전통'이다. 다른 문학 전통처럼 엘리어트의 것은 실제로 아주 선별적인 것이었다. 그러나 이 자의적인 구조물은 역설적으로 다시 절대적 권위를 지닌 힘을 부여받는다. 정치적 영역에서 엘리어트의 이러한 권위 옹호는 다양한 형태들을 띤다. 그는 프랑스의 파시즘과 유사한 운동인 '악씨옹 프랑쎄즈'에 동조하였으며 1920년대 중반에

---

29) 산업사회에서 언어가 탄력성을 잃게 되었고 시에 적합하지 못한 것이 되었다는 엘리어트의 견해는 러시아 형식주의와 유사점들이 있다. 물론 그들 사이에는 유사성 만큼이나 차이점도 크다. 이에 관해서는 프레드릭 제임슨(윤지관 역, 1985) 및 토니 베네트(임철규 역, 1983) 참고 바람.

30) 신비평과 과학 기술 산업 사회와의 관련은 종종 언급되어 왔다. 테리 이글튼(1986: 45) 은 이들이 시를 "산업 자본주의 사회의 소외로부터의 피난처"로 간주했으며 반면에 그 방법론에 있어서는 "기술주의technocracy"(p. 49)를 따랐다고 하였다. 크리스토퍼 노리스(Deconstruction, p. 8)는 그들이 "과학적 방법론을 거의 두려워하지 않았다"고 하였으며, 조나단 컬러(On Deconstruction, p. 20)는 그들이 "제 과학에 의한 침입에 대해 문학연구를 방어"했다고 한다. 또한 테렌스 호욱스(Structuralism and Semiotics, p. 153) 에 의하면 신비평은 선진 산업 자본주의와 그 교육적 관료제에 연원을 둔 것으로 이해 되지만 어떤 점에서는 북부의 산업으로부터의 위협에 직면하여 유기적 공동체의 삶을 갈망한 남부 농본주의에 의한 전통주의적 반동으로 간주된다.

기독교로 개종한 뒤에는 소수의 대 가문들과 자신과 같은 신학 지성인들의 엘리트 소집단에 의해 운영되는 남부 농본주의를 옹호하였다.

이 같은 맥락에서 신비평가들은, 부분과 부분들이 결합하여 이루고 있는 복합적인 유기적 통일성을 깨는 것을 일종의 신성 모독(神聖冒瀆)으로 간주하였다. 이들의 시학을 '로고스(Logos)의 시학'이라 부르는 이유가 바로 여기에 있다. 시를 가리켜 '말의 성상(聖像, verbal icon)'이라 부르거나 시의 변설(辯說)을 두고 패러프레이즈의 '이단(異端, heresy)'이란 용어를 사용하는 것 역시 이런 맥락에서 이해될 수 있다. 또한 신비평가들의 특색은 '은유'를 종교적 또는 신성한 용어로 서술하는 데 있었다.[31]

그러므로 모든 은유적인 언어에 중심적인 역할과 '신학적'인 가치가 부여된 것을 감안할 때 근본주의적 개신교의 해석과 신비평의 '꼼꼼히 읽기' 사이에 어떤 일치가 있더라도 놀라울 것은 없다. 역사적 사실과 텍스트의 결합에 관심을 집중하는 현대 성서학(聖書學)의 '고등비평'과는 달리 근본주의적 해석학은 작품에 신성한 지위를 부여한 다음에 존경하는 마음으로 텍스트를 풀어 나아간다. 신비평의 형식주의는 이 전통 위에 세워진 것이다(리이치, 1993: 47-8).[32] 즉, 시의 언어를 신의 언어인 로고스로 성화(聖化)한 신비평가들은, 성경의 정확 무오성(正確無誤性)을 믿었던 보수파 기독교의 근본주의자들이 불트만 식의 성경 해석을 이단으로 취급하였듯이, 시의 자율성을 해치는 그 어떠한 것도 허용할 수는 없었던 것이다.

그러므로 신비평가들이 거의 배타적으로 시 장르에 관심을 두고 있음은 당연한 귀결이라 할 수 있다. 실상 대부분의 문학 이론들은 특정 문학 장르를 무의식적으로 전면에 내세우며 이 장르로부터 그 일반적인 의견들을 도출하게 마련이지만 현대 문학 이론의 경우에 있어 시로의 이동은 특별한 중요성

---

31) Grant Webster(1979), *The Republic of Letters; A History of Postwar American Literary Opinion*, Baltimore: Johns Hopkins University Press, pp. 100-2. V. B. Leitch(1993: 47)에서 재인용. 참고로 밝히자면, 기독교의 근본주의 운동이란 일차 세계대전 이후 미국 프로테스탄트를 중심으로 창조설, 기적, 처녀잉태, 부활 등을 문자 그대로 믿고자 하는 운동을 가리킨다.

32) 다만 성경 주석가들이 성서 저자의 의도를 해명하려고 한 데 반하여 신비평가들은 작가의 의도를 배제하고자 하였다는 점에서 차이를 보인다.

을 띤다. 왜냐하면 시는 모든 문학 장르 중에서 역사로부터 차단됨이 가장 뚜렷한 장르, 사회성이 가장 빈약한 형태로 감수성이 활약하는 장르이기 때문이다. 소설을 빈틈없이 짜인 상징적 양면성의 구조로서 보기는 어려울 것이다. 그러나 시에 대해서조차도 신비평가들은 다소 단순화하여 '사상(思想)'이라고 부름직한 것에 대해서는 아주 무관심하다. 그들은 문학 작품들이 실제로 말하는 것에는 유별나게 관심이 없다. 관심은 거의 전적으로 언어의 질, 감정의 유형, 이미지와 경험의 관계에 국한된다. 이것은 결국 시와 현실의 분리를 조장하게 된다(Berman, 1988: 41-3).

따라서 만일 시가 그 자체로 하나의 객체가 되려면 신비평은 그것을 독자와 작자 양측으로부터 떼어놓아야 했다. 신비평은 집필시의 작가의 의도는 비록 그것이 복원될 수 있다 해도 그것이 그 작가의 텍스트에 관한 해석과는 무관한 것이라고 주장하였다.33) 엘리어트의 몰개성론(沒個性論)은 바로 작가를 배격하는 형식주의 교리의 고전적 선언이 되었다. 시인은 감정과 개성을 표현하는 것이 아니라 그로부터 도피하는 것이다. 시인은 감정들과 느낌들을 결합시키는 '특별한 매개체' 또는 '변용시키는 촉매'에 불과하다. 윔새트와 비어즐리의 유명한 '의도의 오류'는 엘리어트의 몰개성의 시론을 발전시킨 데 불과하다. 그들의 논지는 시를 평가하는 기술은 시를 창작하는 기술과는 달리, 시 자체의 공적 언어가 지닌 공적, 내재적 증거에 의존해야지 사적, 외적 증거에 의존해서는 안 된다는 것이었다.34) 또한 그들에 의하면 시를 판단하는 것은 푸딩이나 기계를 판단하는 것과 같다. 푸딩이나 기계와 같다는 이 기이한 이미지는 문학을 객체화하고 공간화하려고 한 신비평가들의 생각을 응축하고 있다. 다시 말해서 문학을 그 생산자에서 분리시키는, 불변하는 존

---

33) 신비평가들은 의도에 대해 두 가지 전혀 다른 주장을 종종 혼동하곤 했다. 그 하나는 작가의 의도는 본질적으로 알 수 없는 고로 텍스트의 의미를 제어하거나 제한할 수 없다는 것. 다른 하나는 아무리 작가의 의도를 발견할 수 없다 할지라도, 제한은 의미를 빈곤하게 만들 것이기 때문에, 해석을 제어하거나 제한하는 것이 허용되어서는 안 된다는 것이다.
34) 윔새트와 비어즐리는 시는 "탄생하면 작가로부터 분리되어 세상에 돌아다니기 때문에 그 시에 관해 의도할 힘도 통제할 힘도 없어진다. 시는 대중에게 귀속된다. 시는 언어로 형상화되어 있다(Wimsatt & Beardsley, 1954: 5)."라고 했다.

재론적 지위를 시에 부여하고자 한 것이다. 마찬가지로 특정 독자들의 정서적 반응도 시의 의미와 혼동되어서는 안되었다. 시에 존재론적 지위를 부여하기 위해서는 소비자 역시 분리되어야만 하기 때문이다.[35]

이에 따라 시는 시인의 의도나 시로부터 도출된 독자의 주관적 감정과 상관없이 그것이 객관적으로 의미하는 것을 의미하였다. '의미(meaning)'는 공적이고 객관적이며 문학 텍스트의 언어 그 자체에 새겨져 있는 것이지 작가가 집필 시에 가지고 있었으리라고 추정되는 충동이나 독자가 작품의 단어들에 부여하게 될 자의적이고 개인적인 '의의(significance)'의 문제가 아니었다. 비평가가 할 일은 푸딩이나 기계를 그것이 제대로 작동하는가 아닌가를 결정하듯이 텍스트를 판단하는 일이다. 모든 부분은 함께 돌아가야 하고 어느 한 부분이라도 무관한 것일 수 없다. 언어의 성상인 시는 모든 단어와 함축들이 관계를 이루는 의미의 공간적인 복합체이다. 결국 의미의 전체적 동시성은 회고적(retrospective) 분석 이후에야 의미의 해석이 뒤따라 나올 수 있음을 뜻하게 되며 이로 인해 신비평은 객관적이고 전지적이라는 느낌을 갖게 하였던 것이다.

이 모든 것은 시를 자기 충족적인 객체로, 납골 단지(Urn)나 성상(聖像, Icon)처럼 견고하고 물질적인 것으로 전환시키려는 그들의 충동과 밀접한 관련이 있다. 결국 신비평이 실지로 했던 일은 시를 주물(呪物)로 전환시키는 것이었다. 시는 그 자체로 완결된 대상이다. 그것은 재현될 수 없는, 과거 유기체적 공동체 사회에 대한 하나의 향수에 해당하는 것이었다. 신비평가에게 있어 시는 새로운 종교였으며[36] 산업 자본주의 사회로부터 도피할 수 있는

---

35) 결국 의도의 오류와 영향의 오류는 다음과 같이 공식화되었다. "의도의 오류란 시와 그 근원을 혼동하는 것이다. (…) 그것은 비평의 기준을 시의 심리적 원인에서 끌어내려는 시도에서 출발하여 전기와 상대주의로 끝난다. 영향의 오류란 시와 그 결과를 혼동하는 것이다. (…) 그것은 비평의 기준을 시의 심리적 영향에서 끌어내려는 시도에서 출발하여 인상주의와 상대주의로 끝난다(Ransom, 1941: 21)."

36) 이는 물론 신비평가들이 문학을 종교나 도덕과 혼동했다는 뜻은 아니다. 브룩스는 신비평의 특징을 첫째, 문학 비평을 '외재적' 문제로부터 분리하여 '문학 대상' 자체에 관심을 집중시키고자 한 것, 둘째, 작품의 구조를 구명하지 작가의 심리나 독자의 반응을 구명하지는 않는다는 것, 셋째, 형식과 내용의 이원론보다는 작품 전체의 맥락을 중시하는 '유기적' 문학론을 내세운다는 것, 넷째, 작품을 꼼꼼히 읽기 등으로 열거하

피난처였다. 그들에 따르면, 시는 자기 폐쇄적이고 자기 완결적인 객체로 존재한다는 것이었다. 따라서 시는 자신 이외의 다른 언어로 표현될 수 없는, 즉 패러프레이즈할 수 없는 것이 된다.

이는 또한 우리 시문학파, 문장파, 문협정통파로 이어지는 문학의 주류에 있어 늘 강조되는 문학의 본질론과도 부합한다. 그들이 공히 산업 자본주의에 대해 대립하고자 한 것이라든가 유기체론이 그러하고, 문학의 지위를 종교적인 차원으로 상정한 것 또한 그러하며, '존재의 시론'(한계전, 1983: 135)에서 출발한 박용철이 임화의 시론을 가리켜 변설의 시론이라 비난한 데에서 알 수 있듯, 패러프레이즈의 오류에 대한 지적이 그러한 것이다. 이런 면에서 신비평과 우리 문학의 주류는 기본적으로 유사한 담론적 성격을 담지하고 있었던 것이라 할 수 있다. 하지만 완전하게 동일한 담론으로는 볼 수가 없다. 그들의 기호(嗜好)는 때로 대립적이기조차 함이 사실이기 때문이다. 그럼에도 불구하고 문학교육에 있어 이들이 상호 근친 관계에 서 있는 것처럼 작동하고 있다면 여기에는 필연코 왜곡의 요소가 숨어 있음을 의미할 수밖에 없게 된다. 다음의 예를 보자.

> 고전은 아득해서 좋다.
> 시간으로 아득함은 공간으로 아득함보다 오히려 이국적이요 신비적이다. 古墳照神의 그윽한 경지는 古塔의 蒼苔와 같이 연조라는 자연이 얹어주고 가는 가치이다. 蒼然함! 오래 울궈야 나오는 마른 버섯과 같은 향기! 이것은 아무리 명문이라도 일조일석에 修辭할 수 없는, 고전만이 두를 수 있는 일종의 背光인 것이다. (이태준, 「문장의 고전, 현대, 언문일치」, 『문장』 14, 1940. 3, pp. 134-5.)

황종연(1991: 86)의 지적대로, 이태준(李泰俊)이 고전을 대하면서 경험하고 있는 '背光'이라는 것은, 벤야민의 용어로 하자면, 고전의 '아우라'라 할 수

는 가운데 다섯째 항목으로 문학을 종교와 도덕과 구별짓는 것을 들고 있다. 그것은 주로 대다수 신비평가들이 확고한 종교관을 가지고 있어, 종교나 도덕 같은 문학의 대체물을 찾고 있지 않기 때문이라는 것이다. 하지만 이러한 언급은 오히려 그들의 문학관에서 종교적인 성격을 찾는 행위에 타당성을 부여하게 된다고 여겨진다. Brooks (1974: 567-8).

있다. 아우라는 예술 작품이 숭배를 받는 가운데 누리는 권위, 그것의 모방불
가능한 독특함의 조건, 그것이 진품임을 입증하는 시간과 공간상의 일회적
현존을 나타낸다. 그것은 오늘날의 문학이 꾸며낼 수도, 흉내낼 수도 없는 독
특한 그 무엇이다. 이 훼손될 수 없는 원본성이야말로 이태준에게는 예술에
있어 본질적인 것으로 규정된다. 그것은 곧 시의 자기완결성을 뜻하며 존재
로서의 시론에 다름이 없다.

> '古'자는 秋史같은 이도 얼마나 즐기여 쓴 餘韻 그윽한 글자임에 반해 '骨'
> 자란 얼마나 火葬場에서나 추릴 수 있는 것 같은 앙상한 죽엄의 글자인가 ! 古
> 翫品 들이 '骨董' '骨'字로 불리워지기 때문에 그들의 生命感이 얼마나 剝奪
> 을 당하는지 모를 것이다. 말이란 大衆의 所有라 任意로 고칠 수는 없겠지만
> 나는 될 수 있는대로 '骨董'대신 '古翫品'이라 쓰고 싶다. (이태준, 「古翫品과
> 生活」, 『문장』 20호 1940. 10, p. 208)

> 冊만은 '책'보다 冊으로 쓰고 싶다. '책'보다 '冊'이 더 아름답고 더 冊답다.
> (이태준, 『무서록』, 박문서관, 1941, p. 149)

말을 임의로 고칠 수 없음을 알면서도 자신만큼은 '骨董'대신 '古翫品'이
라 쓰고 싶다든가, '책'보다 '冊'으로 쓰고 싶다는 진술은, 물론 개인적 도락
(道樂)의 수준에서 나온 것이겠지만, 문제는 그렇게 하는 것이 '더 아름답고
더 冊답다'고 생각하는 데에 있다. 그것이야말로 원본성을 그대로 지닌 것이
며 그래야 더 미적, 곧 예술적으로 되는 법이라는 이 발상 속에는 고전 내지
전통에 대한 물신화가 엿보이기 때문이다. 아울러 이것은 문학 작품이란 글
쓴이(writer)의 것이 아니라 저자(author)의 것이라는 권위성(Author-ity)[37]과도 연
관되는 것으로 보인다. "'책'보다 '冊'이 더 아름답고 더 冊답다"는 진술이
단지 문자의 그래픽적 요소에의 집착을 뜻하지만은 않는 것이다. 여기서 우
리는 전통주의와 미문주의(美文主義)의 만남을 보게 되는 것이다.

그런데 이러한 전통주의와 미문주의는 단순히 기교의 획득을 통해 만족
될 수 있는 것이 아니다. 그들이 존중하였던 고전의 실체가 조선조 상류사회

---

37) Sharon Crowley(1990: 96). 그에 따르면 글쓰기와 연상되는 권력의 질은 문화가 텍스트
에 부여하는 저자의 권위의 정도에 따라 변화한다.

의 교양에서 가능한 것이었던 것처럼, 오히려 시는 제작되는 것이 아니라 창
조되는 것이요, 일상에서 가능한 한 멀리 떨어진 고절한 정신 세계 속에서 이
루어지는 것이다. 그래서 전통주의와 미문주의는 다시금 정신적인 것의 우위
를 강조하게 마련이었다.

> 시인의 운율과 희열의 제작은 그 동기적인 점에서 그의 비결을 공개치 아니
> 하나니 시작이란 언어문자의 구성이라기보담도 먼저 성정의 참담한 연금술이
> 오 생명의 치열한 조각법인 까닭이다. 하물며 설교 훈화 선전 선동의 비린내를
> 감초지 못하는 詩歌類似文章에 이르러서는 그들 미개인의 노골성에 아연할
> 뿐이다. 거읔히 시의 Point d'appui(策源地)를 고도의 정신주의에 두는 시인이
> 야말로 詩的 上智에 속하는 것이다. (정지용, 『정지용전집2』, 민음사, 1988, p.
> 261)

시는 언어의 구성물이라기보다 정신적인 것의 열렬한 정황이므로 '고도의
정신주의'야말로 시인이 추구해야 할 바라면, 앞서 인용한 바 있는, "詩人은
亭亭한 巨松이어도 좋다. 그 위에 한 마리 猛禽이어도 좋다. 굽어보고 高慢
하라."는 진술은 근거 없는 자만(自慢)이 아니다. 성자(聖者)는 정신적인 것을
탐구하는 데 그치지만 시인은 그것을 언어로 아름답게 표현하는 자라는 정지
용의 논리에 의하면 시인은 성자보다 더 높은 위치에 있는 존재이기 때문이
다(이숭원, 1992: 306).

이러한 관점이 일제 말기 파시즘을 견디어내는 유효한 방식이었음엔 이
견이 있을 수 없다. 정신주의는 번잡한 현실과의 타협을 거부할 수 있는 가장
확실한 길 중의 하나였다. 하지만 여기에는 현실과의 긴장된 교섭을 통해 이
룰 수 있는 길이 아예 배제되어 있음 또한 사실이다. 그런 유형의 시는 '시가
유사문장'에 지나지 않는, 한 마디로 비시적(非詩的)인 '미개인'의 것이라고 그
는 폄하하였던 것이다. 결국 이 정신주의의 귀착지는, '시인의 타고난 재간'
이라는 비의적(秘義的) 표현에서 보듯, 일단 낭만주의적 시론 내지는 순수시론
으로 파악된다.

그런 점에서 정지용이 '장수산'과 '백록담'으로 표상되는 자연의 세계에
몰입해 들어간 것도 필연적인 수순이라 할 수 있다. 근대화를 반자연적(反自然

的)인 상태로 규정하고 자연에의 귀화를 이념의 자리에 놓는 이러한 태도는 급진성을 내포하지 않을 수가 없었던 것이다. 하지만 현실에의 패배를 다른 대치물로 극복하고자 하는 이러한 의지는 그와 동시에 현실에의 패배를 인정하지 않을 도리가 없다는 점에서 하나의 낭만적 이로니에 해당한다. 다만 그 최소한의 현실 부정적 요인이 인정된다 하더라도 현실적인 이념으로 기능하지 못하는 한에서는 결국 보수주의에 도달하고 만다. 문장파의 반마르크시즘, 반파시즘이 일종의 반근대주의에 해당함은 이러한 이유에서다.38)

여기서 주목할 것은 신비평의 정신 성향과 우리 근대문학에서의 주류를 구성하는 유기체론이 반근대주의 내지는 보수주의 이데올로기란 점에서 그 거점을 함께 하고 있다는 점이다. 물론 우리 문학의 지배적 담론으로서의 유기체론은 선시적(先詩的)인 것을 강조하는 데에 무게가 놓여 있었음에 반해 신비평의 유기체론은 구성상의 특질을 추구하고 있다는 점에서 변별될 수도 있을 것이다. 하지만 이는 달리 말하자면 외부의 목적으로부터 독립하여 자율적으로 시가 존재한다는 것에 무게 중심을 둔 순수시파의 기호(嗜好)가 이른바 정전의 형성에 강한 영향을 끼쳤다면, 신비평의 유기체론은 작품 자체의 구성적 특질에 눈길을 고정시킴으로써 그 같은 정전에 더욱 더 가치를 부여하게 되었음을 의미하는 것으로 된다. 더구나 그것은 객관적이고 보편적이라는 권위마저 지니고 있었던 것이다. 그렇다면 유기체론의 담론 효과가 이른바 우리 시사(詩史)의 주류를 설명하는 모델로 기능할 때 가장 잘 발현될 것임에는 달리 이견이 있을 수 없다.

유기체론이 이데올로기적 기능을 발휘하리라는 것은 예상하기 어렵지 않다. 일단 그것은 생물학적 유추에 의존하는바, 유추 작용이 필연적으로 갖게 되는 사실 오도의 측면만 강조해도 충분할 것이기 때문이다. 인간의 원초적 사유 방식은 논리가 아니라 유추라고 알려져 있거니와 이러한 유추적 사유

---

38) 다만 우리의 유기체론은 근대주의 뿐만이 아니라 제국주의로부터도 대립하고자 한 데서 비롯된 것이기에 파시즘에로의 함몰을 피할 수 있었다는 점에서는 하나의 대비를 이룬다 하겠다. 특히 이태준의 언어에 대한 물신화에서 보듯, 이들의 유기체론은 전통적인 상징들을 직접 이용함으로써 정서의 심층부에 호소하고자 하는 민족주의와 연결되어 있는 것이며, 실제적으로는 제국주의와 근대주의에 의해 파괴된 전통적 공동체 사회에 대한 향수 어린 이론이었던 것이다.

방식의 원초성은 경험적 인식 뒤에 숨어 있는 특질에 대해 알고자 하는 사유에서 구체화된 것이다. 따라서 이것은 소박한 차원의 해설 전략이라고 볼 수 있는데 문제는 이러한 유추의 동기가 인간의 마음과 외부에서 일어나고 있는 것을 결합시켜 마침내 동일화하려는 욕망에서 비롯된 것이라는 점에서 일어난다. 즉, 유추는 동일하지 않은 것 사이에 동일성을 구성하고 부여하려는 것으로서, 유추 관계를 형성하는 구성력은 곧 권력에의 의지(意志)로도 해석될 수 있는 것이다(구모룡, 1992: 11). 다시 말해 작품이란, 그것이 살아있는 유기체는 아님에도 불구하고, 일종의 유추 과정을 적용하게 될 때는 흔히들 유기적 형식에 대하여 비유기적 형식을 대립시켜 놓게 되는 바, 이는 일반적으로 비유기적인(기계적이며 인공적인) 것에 비하여 유기적인(살아 있으며 자연적인) 것에 대한 가치 판단상의 선호를 포함하고 있으며, 그 중심부에는 유기적 형식은 의미로부터 성장되어서 그 의미를 구체화시키는 반면 비유기적 형식은 이미 존재하는 의미를 구속한다는 가정이 놓여 있는 것이다(김윤식 편, 1976: 216-7). 그렇다면 더욱 중요한 문제는 단지 유기체론 자체에 그러한 성격이 내포되어 있다는 점보다는 그것이 문학에 있어 자명하고 근원적이며 본질적인 담론으로 위치하게 되고 또 그같이 실천될 때 권력에의 의지로 인한 왜곡의 흔적을 필연적으로 내포하게 된다는 점에서 찾아야 할 것이다.

이로 인해, 예컨대 전위주의(前衛主義) 계열의 시는 교육적 정전에서 곧잘 배제되기에 이른다. 이러한 현상은 단지 그 같은 계열의 시가 우리 시사에서 충분한 양이 확보되어 있지 않다거나 작품성이 떨어지는 데 연유하는 것만은 아니다. 여기에는 우선 작품성을 평가하는 기준 자체가 먼저 문제시되어야 할 것이다. 즉, 이들 계열이 신비평의 유기체론을 거부하는 자리에 서 있다는 사실에 주목해 볼 필요가 제기되는 것이다. 아방가르드가 홀대 받아온 주된 이유는 신비평의 과학주의적 측면이 갖는 합리주의적, 분석적 패러다임에도 존재하는 것이다(Ulmer, 1990: 115).

물론 이들 계열이 배제되는 데에 대한 이유로 교육 현장에서 다루기 힘든 면, 곧 작품의 난해성 측면을 들 수도 있을 것이다. 그러나 이 경우에도 역시 이른바 그 난해성이란 유기체론을 전제로 할 때 발생한다는 점을 또한 염두에 둘 필요가 있다. 이 계열의 시로서는 주로 이상(李箱)의 작품이 교과

서에 실리곤 하는데, 그 경우엔 거의 예외 없이 <거울>에 한정되어 있거니
와, 당연히 그 이유는 이 작품이 이상(李箱)의 다른 작품들에 비하면 다소 덜
난해하고 좀더 유기적이라는 데에서 찾아져야 할 것이다. 학생들에게 이상
(李箱)의 작품도 문학이라는 견해를 갖게 하기에는 유기체론은 필경 제한적이
다. 그러나 그렇다고 해서 유기체론 자체가 저항되는 사태는 벌어지지 않는
다. 따라서 이상(李箱)의 문학이 문학으로 인정될 수는 있겠지만, 유기체론이
지배적 담론으로 작동하는 한에서는 낯설고 기이한 그 무엇으로 정위되는
주변화의 길을 피할 수 없는 것이다. 지식은 변해도 견해는 쉽게 변하지 않
기 때문이다.

   문제는 학생들이 교실을 벗어나 황지우 등 동시대 시인들의 작품을 대할
때 더욱 심각하게 발생할 것으로 보인다. 만일 공식 교육을 통해 배운 지식이
제대로 적용된다면, 그들은 아마도 교실 밖 당대의 문화 가운데 소중한 부분
들조차 거부할 가능성이 크다.

   나아가 역설, 아이러니, 비유, 상징 등만을 시의 금과옥조(金科玉條)로 받아
들이게 된다면, 수많은 리얼리즘 계열의 시들도 거부되기 십상이다. 일상언어
와 시적 언어 사이에 철저한 분리를 지켜 나가는 한, 그리고 그것이 본질화의
과정을 거치는 한, 예컨대 임화의 <우리 오빠와 화로>는 그 어떤 이유를 제
외하고서도 정전에 오를 가능성이 별로 발견되지 않을 것이다. 그렇다면 학
생들이 대학에 들어와 전혀 새로운 시, 비유도 상징도 없는데 감동을 주는 시
를 마주 대할 때 받는 충격은 무엇을 의미하겠는가 생각해 볼 필요가 있다.
대학생들이 중·고교 시절에 배운 시보다 대학에서 만나는 소위 민중시 계열
이나 실험적인 시계열을 보다 편애하는 경향이 있다면, 그리고 만일 대학생
들의 이러한 경향을 오로지 하나의 지적 만족으로만 취급하거나 혹은 일종의
문화적 편식주의(偏食主義)라고 우려하는 사람이 있다면, 그것은 이들이 사실
상 교육에 대하여 저항하고 있다는 점을 놓치는 일이 될 것이다. 말하자면 위
와 같은 현상은 우리의 중등 교육 현장에서 벌어지는 문학교육이야말로 일종
의 문화적 편식주의였음을 의미하는 것으로 읽혀져야 할 일인 것이다.

   더욱 중요한 문제는 고등학교를 졸업한 누구나가 다 그 대학생과 같은 체
험을 하거나 할 수 있지는 않다는 점, 따라서 누구나 다 그 같은 저항을 하지

는 않으며 대부분은 그렇게 할 수조차 없다는 데에 놓여 있다. 종류에 따라 허용될 수 있는 편식이란 일반적으로 있을 수 없다. 그러므로 중등학교에서의 문학교육에 있어, 유기체론적, 보수주의적 이념에서 바라볼 때 아무리 영양가 높은 것으로 보인다 하더라도 편식을 강요할 수는 없다. 그로 인해 중등학교를 마친 우리 학생들이 비상하게 불건강해질 때는 또 다른 편식이 필요해지며, 이러한 순환은 끝이 나지 않을 것이기 때문이다.

유기체 담론의 효과는 이같이 개별적 작품에 대한 평가에서만이 아니라 그 같은 평가에 기초한 문학사 기술의 문제에서도 발견된다. 유기체 개념의 이점은 그 개념 내에서는 통시적인 것과 공시적인 것의 영역이 하나의 살아 있는 종합을 찾아내고 있거나 혹은 아직 분리되지 않았다는 점에 있을 것이다. 왜냐하면 관찰자의 주의를 공시적 구조(변화하고 발전해 온, 그리고 지금은 유기체 자체의 삶 속에서 서로 동시적으로 공존하는 것으로 이해될 수 있는 기관들)로 인도하는 것은 바로 통시적인 것(유기체의 점진적 변화에 대한 관찰)이기 때문이다. 따라서 기능과 같은 개념들은 두 차원이 교차하는 바로 그 부분에서 발견될 수 있으며 그런 개념들과 더불어 역사는 그 나름의 독립적인 이해 양식임을 주장하게 된다.

그렇지만 결국 유기체적 모델은 실체론적 사고 방식에 너무 크게 의존하고 만다. 만약 그 연구 대상들이 자율적인 실체로서 미리 주어지지 않으면 이 모델은 사회 내지 문화에 대한 여러 가지 유기체론에서처럼 방법론적인 목적을 위해서 허구적 대상을 꾸며내기 쉽다(프레드릭 제임슨, 1985: 서문 v). 신비평가들이 현대적 조건을 편향적이고 시대착오적으로 모든 시기의 문학에 적용하여 해석하고 판단하려 한다고 1940년대 미국의 문학사가들이 우려했던 것이 결코 기우만은 아니었다. 신비평의 유기체론은 신비평가들이 문학적 지도(地圖)에 대규모의 수정 작업을 행할 수 있었던 이론적 도구이었던 것이다. 그러나 이들은 이것이 어느 특정 이데올로기적 편견들을 기반으로 하는, 논박될 여지가 많은 단순한 하나의 전통 건설이라고는 결코 생각하지 않았다. 다시 말해 유기체론은 객관이라는 명분 하에 이루어지는 가치 평가의 핵심이었던 셈이다.

이에 반해 우리의 경우, 문학사를 어떤 유기체로 구성하느냐에 대한 것이 아니라 그저 유기체로 구성한다는 원칙만이 관심거리였던 것, 즉 작품 선별 원리로서의 신비평적 세계관이나 가치관 혹은 문학관 같은 것은 희석되어도 무관할 수 있었던 것으로 보인다. 따라서 우리의 경우, 유기체로서의 문학사를 구성한다 해서 그것이 곧 신비평적이라고 불릴 수는 없게 된다. 고전문학의 경우, 작품의 선정 원리는 전혀 신비평적이지 않아도 좋은 것, 이때 도남의 문학사를 포함하여 이미 우리 나름의 유기체론이 성장해 있었음을 감안한다면, 신비평이 유기체론으로써 우리 문학사 기술에 영향을 준 것은 새삼스러운 것도 결정적인 것도 아니며, 단지 기존의 유기체론에 권위를 부여하는 것 이상의 의미를 넘어서기가 힘든 경우라 할 것이다. 그러나 이로 인해 오히려 한국문학의 연속성 문제는 여전히 그 만족스런 결과를 보지 못하고 있는바, 이로 인해 고전문학과 현대문학의 단절감은 더욱 커져가고 말았던 것이다.

그런 의미에서라면 신비평의 담론 효과와 관련해 볼 때 우리의 문학사 교육은 현저히 이중적이라고 볼 수 있다. 문학사 기술에 있어서는 신비평적 관점이 결정적으로 작용하지 않음으로 인해 우리의 고전이 대부분 살아남을 수 있었다는 것, 반면에 현대문학에는 철저히 적용됨으로써 결과적으로 고전문학에 대해 문학적 가치를 폄하하는 현상이 벌어지게 된다는 점이 그것이다. 우리 문학교육은 가령 시조를 당연히 중요한 교수 요목으로 삼을 수 있는 반면, 현대문학교육을 통하여서는 신비평적 관점이 보편적이고 객관적인 것으로 가르쳐짐으로써, 학생들의 입장에서는 시조를 배우긴 배우되, 현대문학보다는 가치가 저열한 것으로 무의식중에 인식되게 마련인 것이다. 말하자면 우리는 현재적 관점에서 구성된 문학사 교육도, '역사적 원근법(김흥규, 1992)'에 의한 문학사 교육도 실천하지 못하고 있는 셈인 것이다.

이는 유기체론의 입장에서도 모순되는 결과라 할 수 있다. 도남의 유기체론적 문학사 기술에서 보았듯, 민족이란 하나의 생명체로서 단일한 역사와 문화를 구성하고 유지해 온 것이므로 어떠한 외적 요인에 의해서도 해체되거나 파괴될 수 없는 것이라 할 것인데, 현재적 관점, 가령 신비평적 관점에서 문학사를 새로이 재구성하지 못하는 한, 전통의 단절은 피할 길이 없어지게 되었던 것이다. 신비평을 두고 벌어지는 이러한 딜레마는 보수주의적 이데올

로기라는 공통된 성격에도 불구하고 신비평의 유기체론과 민족문학론의 유기
체론이 실상은 썩 어울릴 수는 없는 것임을 대변해 주는 예라 할 것이다.

요컨대 신비평의 유기체론과 순수/민족문학론의 유기체론이 접합되는 측
면만큼이나 모순되는 측면도 폭로되어야 할 중요한 사항인 것이다. 하지만
이 이합 관계(離合關係) 가운데 갈등의 측면은 은폐되어 교육 현장에서는 전혀
언급되지 않는다. 현대 문학 작품 개개에 대해서는 신비평적 유기체론이 적
용되고 고전문학사 전체에는 민족문학론의 유기체론이 설명 모델로 각각 기
능할 따름인 것이다. 다만 그 어느 경우든, 유기체론 자체에 대한 의심과 저
항만은 결코 허용될 수가 없는 것이다.

이상과 같은 지적에 대해 다음과 같은 반론이 제기될 수도 있을 것이다.
유기체론이 산업 자본주의에 대한 미학적 저항으로 이해될 때 이러한 보수주
의는 문학교육뿐만이 아니라 교육 일반적 가치 문제에 있어서 유의미한 성격
을 지니지 않는가 하는 질문 등이 그것이다. 그러나 이에 대한 대답 역시 부
정적일 수밖에 없다. 교육관과 문학관의 차이는 차치하고라도, 이 같은 문제
에 관해서는 무엇보다 먼저 현재 우리 사회의 발전 단계에 대한 숙고가 앞서
야 할 것이다. 신비평의 당대적 의의를 아무리 인정한다 하더라도 후기산업
사회에 처한 문학의 대응방식이 그렇게 단순하지만은 않을 것이며, 1920년대
의 건강성이 현재는 도리어 병을 악화시킬 수도 있기 때문이다. 산업사회의
병폐를 치유하는 데에 있어 17세기 형이상학파(形而上學派)의 회복을 내세우
는 것, 그것이 아무리 건강한 보수주의이고 또한 이 경박한 사회에 그나마 맞
서는 문학의 엄숙주의라 하더라도 그것만이 유일한 객관으로 자리잡는 것은
받아들이기 어려운 일이다. 17세기 형이상학파 시들의 고답적인 비유와 상징
의 세계보다 훨씬 강력한 언어로 이 산업사회의 모순에 항거하는 유산들이
이미 이 땅에는 존재해 있는 것이다. 신비평의 유기체적 담론은 그러한 유산
들로부터 눈을 돌리게 만든 데에 대해 일정한 책임을 지지 않을 수 없다.

다시 말하거니와, 산업 자본주의 사회에 처해 시의 현존성을 주장하는 것
은 어쩌면 필요한 그 무엇일는지도 모른다. 하지만 그것은 필요하긴 하되 그
역시 하나의 의도된 허구에 불과하며 비신화(非神話)의 시대를 위하여 유익한
성찬식 신화였을 따름이다(Leitch, 1993: 66). 결과적으로 그것은 도피 이상의

의미를 지니지 못하게 되었다. 나아가 그것은 은폐의 기능까지 담당하게 됨
으로써 오히려 산업 자본주의 사회의 유지에 기여하는 측면마저 내포하고 있
었던 것이다. 그러기에 제프리 하트만은 "신비평가들에게 의미는 정치적이지
않을 뿐더러 과학적, 역사적, 철학적, 전기적, 사회학적인 것도 아니다. 그러
므로 신비평은 아무 것도 아닌 것이다. 이 아무 것도 아닌 것이 그동안 내내
괴롭혀 왔다. 그것은 마치 승인되지 않은 신학적인 구속인양 작용했다."[39]라
고 불만을 토로하였다.

　　이 같은 시각에서 볼 때, 신비평은 엄격하고 수도사적인 금욕주의로 보인
다. 은총의 해석학과 은총의 시학에 중심을 둔 신비평의 신학적 차원은, 그러
나 그 모순된 성격으로 인해 현실 사회의 부정에 입각한 사회학적 혹은 해석
학적 지평을 개척하지도 못하고, 과학으로서의 시학에도 기여할 수 없었던
까닭에 문학 연구를 황폐한 상태(wilderness)로 몰아 넣은 데 책임져야 할 속죄
양이 되고 말았던 것이다. 요컨대 해석학과 시학 간의 길항을 어떻게 극복하
는 것이냐가 관건이라 할 때, 정작 그들의 분석주의는 해석학적 의도를 은폐
한 채 시학으로서의 권위를 유지하고자 한 형국이었다. 따라서 이것만이 시
학으로서 본질화되고 자명화될 때, 교육상으로는 다른 해석학을 억압하는 것
으로 작용하게 마련이었던 것이다.

3. 지배적 담론의 결합 효과

(1) 포괄과 배제의 기능

　　지금까지 해 온 작업은 순수문학적 담론과 분석주의적 담론이 우리 문학
교육의 정전 섭렵과 주해 방식 상의 지배적 담론이 되어 왔음을 밝히고 그
자명성을 해체하고자 한 것으로 요약할 수 있다. 이를 위해 본고는 우선 각

---

39) G. H. Hartman(1980), *Criticism in the Wilderness: The Study of Literature Today*, New
　　Haven: Yale University Press, pp. 285-6. 여기서는 Leitch(1993: 67)에서 재인용.

담론들의 기원을 소급해 올라가는 방식을 채택하였는데, 이 과정에서 각 담론들 속에 자기 모순적인 요소가 존재한다는 사실을 발견할 수 있었다. 한편 본고는 문학교육의 담론 분석을 위해서는 문학교육 자체 내의 닫힌 테두리 내에서만으로는 충실한 수행이 이루어질 수 없다고 판단하였는바, 이는 사회적 제 담론들 간의 연관을 중시하는 연구 태도를 요청하게 되었다. 담론/지식/권력의 관계를 상정하는 이상, 문학교육의 담론 분석은 적어도 제도적 차원에서의 문단이나 국문학계, 교육계, 정치계 등과의 담론 실천적 연관을 검토하지 않을 수 없었던 것이다. 그리고 이 과정에서도 담론 실천 간의 공모와 타협의 요소들을 검출할 수 있었다. 나아가 이러한 과정을 통해 성립된 지배적 담론이 교육 실천상에서 획득하게 되는 담론 효과를 순수문학적 정전 중심의 기제와 분석주의적 주해 중심의 기제와 연관하여 살펴볼 수가 있었다.

이제 더욱 중요한 것은 정전 섭렵의 기제와 주해 중심의 기제가 상호 결합함으로써 발생하게 되는 담론 효과에 관한 것이 된다. 정전을 가르치는 것이 '무엇을' 가르치느냐 하는 문제, 즉 내용 층위와 관련된 것으로, 그리고 신비평적으로 가르치는 것이 '어떻게' 가르치느냐 하는 문제, 즉 방법론 층위와 관련된 것으로만 이해하는 것은 편의적이긴 하되 옳지는 않다. 왜냐하면 정전'을' 신비평'으로' 가르칠 수도 있고 신비평'을' 정전'으로' 가르칠 수도 있기 때문이다. 이 결합의 위력은 대단히 강력하며 따라서 이로부터 상승 작용이 일어날 것임은 예상하기 어렵지 않다.[40] 그 가능성은 이미 앞에서도 어느 정도 드러난 바 있거니와, 말하자면 우리 문학교육은 상대적으로 안정된 정전을 소유한 가운데, 그에 걸맞는 교수 방법론을 갖춘 셈이 되며, 특히 객관

---

40) 이 점과 관련하여 볼 때, 그 동안 문학교육과정 운영에 있어 "내용 자체에 대한 과도한 경사가 방법의 개발을 몰각하게 만들었던 일면이 있다. 내용 자체에 대한 순일한 관심과 탐구는 인문과학으로서의 문학탐구로 귀결된다(박인기, 1994: 163)."라는 지적은 음미할 만하다. 이때 내용이란 제재의 속성을 의미하는 것으로 보이는데 이는 곧 제재의 속성이 그것을 가르치는 방법론을 자동적으로 채택하게 만드는 구속력을 발휘함을 의미한다. 그런 점에서 정전으로 표상되는 교육 내용과 신비평적 교수 방식은 절합적 측면을 갖는다. 물론 엄밀하게 구분하자면 신비평이 곧 주입식 교수 방식을 요구한다고 할 수는 없다는 점에서 신비평 그 자체가 교수 방식이라 할 수는 없지만, 현실적으로는 그것이 권위주의적 교수 방식과 곧잘 결합된다는 측면은 주목해야 할 일이다.

주의의 표방과 더불어 지식 위주의 교육과정이라든가 입시제도의 특수성과 교묘히 맞물리면서 이들은 지배적 담론으로서의 위치를 더욱 강화할 수 있었던 것이다.

로버트 스콜즈는 섭렵(coverage)과 주해(exegesis)라는 이 두 가지 교육과정상 원칙에 대해 비판적으로 지적한 바 있다(Scholes, 1990: 95). 섭렵의 원칙에 따르면 학생들은 가능한 한 많은 주요 작품과 작가를 망라해야 한다. 학부는 물론이려니와, 대학원 교과 과정도 여기서 벗어나지 않는다. 정전은 그 수가 한정되어 있으면서도 결코 고갈되지는 않는 것이다. 한편 주해의 원칙은 학생들로 하여금 정전 가운데 그 어느 작품이라도 꼼꼼하게 대할 수 있을 것을 요구한다. 하지만 작품으로부터 작가를 분리하면서도 대개의 경우 작가에게 귀속될 수 없는 진리나 미를 발견하는 것은 금지되며 정전에서 거짓이나 추함을 발견하는 것 역시 금지된다. 정전과 마찬가지로 주석 달기 또한 제한적인 동시에 무한하다. 정전적 지위에 합당한 어느 작품에서 발생될 수 있는 '옳은' 종류의 의미에는 한계가 없기 때문이다. 그러나 '잘못된' 종류의 의미는, 비정전 텍스트가 그러했던 것처럼, 간단히 배제된다.

이 같은 지적은, 요컨대 섭렵과 주해를 통해 다양하고 상충된 견해들이 갈등과 통합의 과정을 거치고 그로 인해 전망(perspective)의 확대가 이루어지기는커녕, 제한된 특정한 견해들이 그 과정을 통해 재생산될 뿐만 아니라 오히려 상승작용하고 강화되기에 이르고 만다는 사실을 암시하는 것으로 이해될 수 있다. 그것은 섭렵의 원칙이 텍스트 능력의 신장을 목적으로 삼는 하나의 수단으로 작용되기보다는 확정된 정전의 섭렵 그 자체를 목적으로 하는 경향이 농후하기 때문이며, 아울러 주해는 적극적이고 비판적인 읽기 방식이라기보다는 학생들로 하여금 수동적이고 수용적인 주체 위치에 이르도록 하는 방식으로 되어 버리기 때문이다. 이러한 체제에서 텍스트 읽기·쓰기의 즐거움은 기대될 수 없다. 그리고 대학과 대학원의 문학 전공 학생들이 그러하다면 일반 대학생 그리고 중고등학교 학생들의 경우는 말할 것도 없을 것이며 이러한 사정은 우리나라의 경우도 전혀 다를 바가 없다.

그렇다면 이렇듯 정전 섭렵의 기제와 주해 중심의 기제가 상호 결합함으로써 발생하게 되는 담론 효과는 구체적으로 어떻게 나타날까. 이에 먼저 주

목해야 할 것은 우리 문학교육에서 정전에 해당되는 이른바 순수시 계열 및
제한된 의미에서의 민족시 계열과 신비평의 관계가 원래대로 말하자면 반드
시 화해의 관계만은 아니었다는 점이다. 가장 신비평적인 관점을 동원한다면
아마도 우리의 문학적 정전의 지형도는 상당히 그 모습을 달리 해야 했을 것
이다. 하지만 그런 일은 벌어지지 않았다. 순수시와 신비평은 유기체론과 탈
이념적 성향, 상대주의의 거부, 수사화의 경향, 그리고 단형서정시의 선호 등
에서 서로의 이해와 공통된 관심사를 굳건히 결합하게 되었으며, 시-시인의
비분리적 전통이라든가, 선시적(先詩的)인 것에 대한 강조와 같은, 우리 문학
의 주류 가운데 하나로서의 민족시의 경우, 신비평과의 존재 가능했던 모순
은 은폐되며 도리어 상호 보완적인 관계로 기능하기에 이르렀던 것이다. 신
비평으로 인해 민족문학이 배제될 수는 없는 일이기 때문이다. 하지만 '어
떤' 민족문학, 가령 카프 문학은 신비평의 이름으로 배제되고 만다. 즉, 우
리 문학의 주류로서의 정전과 그에 대한 주해 방식으로서의 신비평, 이 두
가지 담론은 필요에 따라 능동적으로 결합하여 문학 현실에 대한 지식 형성
에 포괄(包括)과 배제(排除)의 기능을 수행하는 일종의 권력을 획득할 수 있었
던 것이다.

　순수/민족의 검열 체계를 통과하면 이미 정전의 지위에 오를 기본 자격이
부여된 작품으로 보아 틀림이 없다. 여기에 신비평적 조회축을 투사하는 것
은 기왕의 정전성(canonicity)을 강화하는 데 기여하는 효과를 거두게 된다. 즉,
'잘 빚어진' 순수/민족시와 '덜 빚어진' 그것 간에 위계를 설정하는 데 기여
하게 되는 것이다. 하지만 신비평이 순수/민족의 조회축을 통과하지 못한 작
품을 구원하여 정전의 반열에 포괄시키는 일은 거의 일어나지 않는다. 간혹
순수/민족의 지배적 담론에 순응적이지 않은, 비순수 내지 참여 문학이 포괄
되기도 하는데, 이는 달리 말해 비순수의 경우는 일차 심급에서 배제됨이 원
칙이되 신비평적 조건을 다른 경우보다 더 엄격히 만족시켜 줄 경우에 한해
정전의 목록에 등재될 수 있음을 의미한다. 한편 아무리 신비평적 조건을 갖
춘 작품이라 하더라도 순수하지 않거나 민족적이지 않을 경우에는 명백히 배
제된다. 가령 친일시는 제 아무리 '잘 빚어진' 시라 하더라도 결코 포괄될 수
없다. '민족'은 문학적 심급의 상위에 존재하는 정치적 심급에 해당하는 것이

기 때문이다.

아마도 '순수'의 요구와 '민족'의 요구를 동시에 아우르고, 거기에 신비평적 심급마저 관통할 경우, 그 작품은 정전 가운데서도 최고의 지위를 누릴 가능성이 크다고 할 것이다. 하지만 순수와 민족의 미덕을 공유하는 작품이 정전의 최고 반열에 놓이는 사태 역시 반드시 정상적이라고만은 볼 수가 없다. 독자의 다양한 위치를 존중한다면 얼마든지 그렇지 않을 수도 있다. 그런데도 그 같은 반응이 일반적으로 존재한다면, 이는 우리 교육의 지배적 담론이 학생들에게 특정한 주체 위치를 부과하거나 강요하고 있는 데서 연유하는 현상이라고 할 밖에 없다. 그것은 일련의 조건화된 반응에 다름 아닌 것이기 때문이다. 즉, 탈이념으로서의 순수주의, 이념으로서의 민족주의라는 가치는 모두 이념적으로 기능하며 학생들은 이에 순응함으로써 이 사회의 지배적 담론이 요구하는 자신의 주체 위치를 획득하게 되는 것이다.

신비평은 불가피하게 작품의 위계화를 불러일으킨다. 하지만 그 위계는 자의적인 구성물이 될 가능성이 농후하다. '순수'건 '민족'이건 그것이 신비평을 만족시킨다면 평가절상의 기회를 갖게 되는 셈이라 할 수 있지만, '민족'을 만족시켜 주는 반면 '순수'의 입장에선 불만인 경우, 예컨대 일부 참여시나 민중시의 경우, '순수'의 방어적 논리를 신비평이 대신 수행해 해당 작품을 평가절하 하는 데 기여할 수도 있기 때문이다. 특히 '순수/민족'의 심급에서 진작 배제되는 것은 신비평적 심급을 통하여 더 적극적으로 배제된다고 해야 할 것이다. 따라서 카프의 시는 교육상 정전에 오를 기회를 전혀 가질 수가 없는 법이다. 그들의 시가 '해금(解禁)'이 되었어도 '복권(復權)'은 될 수 없는 이유는 분명 정치적 심급에 놓여 있지만, 문학교육의 지배적 담론이 갖고 있는 포괄과 배제의 기능은, 이 경우 문학적 심급 곧 신비평적 관점이 그들의 문학을 정전의 목록에 추가하지 않도록 할 것이기 때문이다. 더구나 신비평이 표방하는 바를 그대로 승인한다면 그것은 곧 객관적인 준거로 작용될 터임이 분명하다.

푸코에 의하면 어떤 사회에서든 담론의 생산을 통제하고, 선별하고, 조직화하고 나아가 재분배하는 일련의 과정들이 존재한다(미셸 푸코, 이정우 역, 1993: 16-23). 그는 배제(exclusion)의 과정으로 다음의 세 가지 체계를 들고 있다. 첫째, 금지(interdit), 즉 우리가 어느 상황에서나, 누구나 그리고 무엇에 관해서나 말할 수 있는 권리가 없다는 것으로, 性과 정치의 영역 등을 그 예로들고 있다. 둘째, 분할(partage)과 배척(rejet)을 들 수 있다. 여기에는 이성과 광기의 대립을 들 수 있다. 셋째, 진위의 대립(l'opposition du vrai et du faux). 푸코는 이것이 가장 중요하며 위의 두 가지 형태도 궁극적으로는 이에 귀속된다고 주장한다. 참과 거짓을 대비시키는 태도를 그는 '앎에의 의지' 혹은 '진리에의 의지'라고 부르는데, 결과적으로 앎에의 의지는 다른 형태의 담론을 억압하며 그 담론에 영향력을 행사한다.

이에 따라 우리 문학교육에서 반공 이데올로기가 엄격하게 적용되던 시기에 카프의 문학이 배제되었던 것을 두고 '금지'의 체계라 부를 수 있다면, 오늘날에도 여전히 그것이 배제되고 있는 것은 '분할과 배척'의 체계가 적용되고 있기 때문인 것으로 보아야 할 것이다. 비유컨대 우리 문학교육의 경우, 문학 텍스트 및 문학에 대한 담론과 지식의 생산을 통제하고 선별해 냄에 있어 그 척도 구실을 해 왔던 신비평 내지 분석비평을 이성이라 한다면 그에 대한 타자는 광기가 되는 것이다. 하지만 그 모든 타자가 다 광인은 아니었다고 할 수 있다. 그 이성은 선별적으로 그리고 상대적인 배타성으로 작동하였기 때문이다.

물론 여기서 묘사되는 권력은 배제하고 억압하고 검열하고 왜곡하는 부정적인 모습만을 띠고 있다. 푸코는 이런 부정적인 묘사가 권력에 대한 편협한 묘사라고 스스로 비판하며 권력은 사회 구조를 둘러싸고 있고 그 구조 안에 내재하는 생산적 그물망으로 간주되어야 한다고 믿기에 이른다(Foucault, 1980: 109). 바꿔 말해 권력은 어떤 대상에 대해 지식을 통해 배제하고 억압하는 데 그치지 않고 적극적으로 개인을 구성하고 대상들을 생산하며 주체에 관한 지식을 산출한다는 것이다.

이 점은 매우 중요한 의미를 지니는데, 왜냐하면 이는 권력의 적극적이고 생산적인 기능으로 인해 우리가 더 효과적으로 또한 용이하게 그 작용에 복속된다는 말이 되기 때문이다. 그러므로 주목해야 할 것은 권력의 다양한 작동 양식이다. 이것은 권력이 지식과 상호 결합되어 있다는 것, 즉 권력은 자신의 담론을 생산하지 않고는 존속할 수 없으며 지식 또한 마찬가지임을 뜻한다. 하지만 푸코가 파악하고자 한 지식은 일반적인 의미에서의 지식이라기보다는 그러한 지식 체계에 의해서 배제되고 소외된 지식, 곧 정복당한 지식(subjugated knowledge)을 의미한다(Foucault, 1980: 82). 이에 대한 관심은 지금까지의 이론적 도구로서는 포착하지 못했던 삶의 생생한 투쟁으로서의 기록을 의미한다. 요컨대 계보학(系譜學)은 잊혀져 있던 투쟁, 즉 지식을 생산하고 주체를 형성하는 권력들의 효과로 인해 은폐된 투쟁을 밝히는 작업인 것이다. 그렇다면 오늘날 우리 문학교육의 지배적 담론으로 존재하는 것들이 역사적으로는 그 상대방과의 투쟁의 과정을 통해 헤게모니를 획득하게 되었음이 사실이라 할 때, 이 같은 계보학적 접근은 결국 그 자명성을 해체하는 것이 되며, 이로부터 문학교육의 새로운 전망을 획득하고자 하는 데에 그 의의가 발견된다 할 것이다.

이데올로기란 그 자체가 부정적인 것도 아니며 거기서 벗어날 수 있는 것도 아니다. 그럼에도 우리 문학교육은 이 이데올로기라는 말에 심각한 거부 반응을 보인다.[41] 그 거부 반응 자체가 냉전과 분단 이데올로기에 따른 역사적 산물이고, 탈이념적이라는 것 또한 이데올로기적이며, 민족주의나 휴머니즘조차 이데올로기임에도 불구하고, 이 이데올로기 혐오증은 현재까지도 강하게 남아 있는 것이다. 더 큰 문제는 이데올로기 혐오증이 '이데올로기로 구성된 세계'의 이야기인 문학 자체에 대한 이해를 왜곡하고 협소화할 뿐 아니라 그 이데올로기로 구성된 세계에서 살아야 하는 학생들에게 문학에 대한 온당한 접근법의 하나를 봉쇄하게 된다는 데 있다(도정일, 1993: 327).

우리 학생들이 섭렵해야 할 정전은 그 자체로 보편적인 것도 아니며 그것을 주해하는 분석주의 또한 객관적인 것이 아니다. 그것은 모두 특정한 이해관계에서 비롯된 산물이며 그런 점에서 이데올로기적이고 권력적이다. 하지만 이에 대해 아마도 탈이념적 성향은 우리의 정전 구성이 탈권력적인 가치의 합의에서 비롯된 것이라고 여전히 주장할 것이다. 혹은 불가피하게 이념적임을 승인한다 하더라도, 그때의 이념은 국민적 합의에 기초한 것이라고

---

41) 이데올로기적 속성을 탈색시키려는 의도로서 문학교육의 내용을 미의식 일변도로 왜곡시키거나, 혹은 지배 이데올로기의 가치 주입을 주된 내용으로 삼았던 데에 대한 비판으로는 윤여탁(1990)을 참고할 것.

주장할 것이다.

이때 등장하는 개념이 곧 국민문학(國民文學)의 개념이다. 즉, 정전이란 국민 공동체의 이상이 제도화된 것이고 이를 학교 제도와 같이 국가가 소유하고 있는 구체적인 물질적 차원을 통해서 전수하는 것 또한 국민적 합의라는 주장이 그것이다. 민족국가에서 국민문학은 한 민족이 생산한 모든 문학을 가리키는 것이 아니다. 그 개념은 문학사를 유기적 총체성으로 파악할 수 있을 것을 전제로 하며, 따라서 여러 문학 가운데 그 민족 문화의 고유성과 특질을 드러내는 문학들의 집성으로 이어진다. 그런 의미에서 그것은 역사가 아니라 전통이며, 사실이 아니라 일종의 가치 개입적 행위가 된다. 그 선별은 어쩔 수 없이 폐쇄적으로 이루어진다.

그러나 이것은 다시 문학교육의 목표 진술과 충돌을 피할 수 없게 된다. 다시 말해 국민문학이라는 폐쇄적 논리와 문학교육의 다원주의 지향 논리는 갈등 관계에 놓일 수가 있게 되는 것이다. 아울러 민족 문화 유산의 전수와 당대 문화에 대한 문화적 능력 고양이라는 목표 또한 마찬가지의 관계라 할 수 있다. 하지만 그런 충돌은 실제 일어나지 않는다. 순수시와 민족시의 구성에서 보듯, 다원주의를 지극히 협소화함으로써, 혹은 당대 문화의 배제를 통하여 우리의 문학교육은 폐쇄성 측의 요구를 만족시켜 주고 있기 때문이다.

물론 오늘날 문학교육의 지배적 담론은 문학 유산의 섭취를 통해 학생들이 현재의 문화도 잘 이해하게 되리라는 선의에 기대고 있을 것이다. 그러나 그 같은 생산성은 기대되기 어려운 것이 오늘날의 현실이다. 교실과 현실은 분리되어 있다. 문학교육이 염두에 두어야 할 목표가 현재의 문학(문화) 소통 방식에 대해 학생들로 하여금 이해하고 참여하도록 하는 것이라면, 이는 하나의 문화적 편견에 불과할 수도 있는 사회의 지배적 문화관을 학생들에게 강요하는 행위일 뿐, 새로운 문화 창조로 나아가는 에네르기로는 그 함량이 매우 부족하기 때문이다. 요컨대 교육 내용으로서의 정전과 교육 방법으로서의 주해 방식이 폐쇄적일 경우, 나아가 그 둘이 상승 작용을 일으킬 경우, 이는 문화적 자본의 재생산으로 이어질 것이며 그에 따라 민주주의 시민 교육의 이상과도 멀어질 것이다.

(2) 이론의 부가와 갈등의 은폐

우리 문학교육의 지배적 담론은, 앞서 살펴 본 바와 같이, 그것이 특정한 담론들의 배제를 통하여 이루어진 결과물이란 점을 은폐하고 오히려 그 포괄성을 강조함에 따라 다원주의를 실현하고 있는 듯한 인상 효과를 낳고 있다. 더욱이 신비평에 대한 비판이 제기되면서 역사주의 비평이 신비평의 결여 부분을 메워주는 효과적인 보완 도구로 인정받게 되자 다원주의는 그 완성을 이루는 것처럼 여겨지게 되는 듯하다. 하지만 신비평이 역사주의와 대척적인 자리에 서는 것일진대, 역사주의 비평의 도입이란 또 다른 의미의 포괄을 가능케 함을 의미한다. '순수/민족'과 신비평의 관계에서 '순수'와 신비평의 관계가 '민족'과의 관계보다는 더 친화적이라 할 것인 바, 여기에 역사주의가 들어온다면 각각의 짝이 마련되면서 더욱 기능적으로 보완되는 길이 열릴 수 있게 되는 것이다. 그러나 이러한 형태가 다원주의에 값하는 것인지, 아니면 중심부를 그대로 유지한 채, 혹은 중심부를 강화하기 위하여 이루어지는 부가적 장치인지는 검토해 보아야만 할 사항이다.

일단 이것은 고전 논리학 혹은 기호학의 사각형 모델로 설명될 수 있다. 즉, 하나의 담론을 구성하는 두 개 층위의 대립을 상정해 볼 수가 있는 것이다. 제1 층위는 역관계를 형성하는 명제끼리 짝을 이룬다. '순수'와 '비순수(민족, 현실, 이념 등)'의 대립이 그 경우에 해당한다. 제2 층위에 설정되는 셋째 번 용어는 첫째 층위를 효과적으로 해석하며 첫째 층위의 이항대립에 각인되어 있는 범주의 본질을 정확히 묘사한다. 셋째 번 용어는 이런 방식으로 사각형의 위계 질서에 일련의 가치를 새겨 넣는다. 우리 문학교육의 경우 그 셋째 번 용어는 순수와 비순수의 대립을 지배하는 권력으로서의 합리적 탐구, 즉 '분석주의(신비평)'가 될 것이다. 따라서 넷째 번 용어가 등장할 수 있게 된다. 그것은 '분석주의'와는 '역(逆)'의 관계를 가지며, '순수'와는 '이(異)'의 관계를 갖게 되고, 아울러 '비순수(민족)'와는 '대우(對偶)'의 관계를 가지는 것, 즉 '역사주의'라 할 것이다. 이를 도표로 나타내면 다음과 같이 된다.

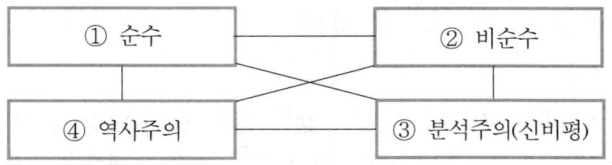

요컨대 기호 논리학의 대우 관계(對偶關係)에 따라 '순수'가 참이면, '분석주의' 곧 '신비평'도 참이다. 여기서 순수/비순수의 이항대립의 본질을 표현해 주는 것은 바로 신비평이다. '순수'를 만족시켜 주는데 '민족'이 불만인 경우[42]는 좀체 있을 수 없는 반면, '민족'을 만족시켜 주더라도 '순수'가 불만일 수는 있다는 것, 그리고 그 같은 경우, 신비평이 효과적으로 사용된다는 점은 순수와 신비평의 친화관계를 설명해 줄 뿐만 아니라, 이 구도의 결정적 심급이 순수문학적 심급임을 다시 한번 말해 주기 때문이다. '민족'이 독립된 범주로서 기능하긴 하나, 문학에 있어 그것은 필수적이라기보다는 부가적 가치를 갖는 경우가 많은 것이다. 그리고 '민족'의 가치가 그러하다면 '역사주의 비평' 또한 거기서 벗어나지 않는다.

더욱 중요한 것은 이 사각형에서 넷째 용어, 즉 역사주의가 차지하는 의의에 대한 것이다. 이 구도의 결정 심급에 대한 역관계(逆關係)로서의 넷째 용어는 이 담론의 잠재적 재상황화(再狀況化)의 측면을 강하게 내포하고 있는 것이기 때문이다. 즉, 그것은 재위치화(再位置化)된 주체 혹은 주체 위치가 되는 것이다. 이는 다른 말로 하면 제1 층위에서의 대립과 차이로부터 존재 가능하게 된, 다른 잠재적 가능성, 담론 내에서의 '타자'를 전경화(前景化)해 주는 것이다. 따라서 이 넷째 용어는 실제적으로 이러한 담론 내에서 억압된 혹은 앞으로 발생하게 될 새로운 권위를 나타내 준다. 이러한 모든 관계는 첫째 용

---

42) 미당 서정주의 작품이 그 순수성에도 불구하고 그의 친일 전력, 즉 반민족적 성격으로 인해 최근들어 교과서에서 배제되는 경우가 있긴 하나, 이것은 작품 자체 내에 근거를 둔 것은 아니라는 점에서 경우가 다르다. 한편 이러한 사실은 신비평을 적용하면서도 시-시인의 비분리로부터 결코 벗어나지 못함을 드러내 주는 예라고 할 수 있다. 요컨대 서정주 시의 배제는 마치 카프 시인의 배제와 마찬가지로, 작품 단위에서가 아니라 그 작가의 소속을 문제삼는다는 점에서 철저히 정치적 심급의 산물로 이해되어야 한다.

어, 즉 '순수'에 대한 대립적 연결에 의해 확립된다. 그 결과 이 넷째 용어는 사각형의 정식 내에서 말소되거나 억압된 가능성을 명료화함으로써 사각형을 종결짓는 한편, 새로운 가능성을 인식함으로써 사각형 '너머'로 나아갈 잠재력을 갖는 것이다.

요컨대 '역사주의 비평'은 다양한 형식적 대립의 연쇄를 통해 사각형에 들어옴으로써 한편으로는 이 사각형의 완성에 기여하는 반면, 다른 한편으로는 대립의 연쇄에 따른 산물로서 결국 기존 담론에 의해 억압되었던 것의 한 심급이 사각형 속으로 들어오게 되는 결과를 낳게 되는바, 이는 사각형 너머로 나아갈, 즉 담론 그 자체 논리의 잠재적 해체로서 진행될 가능성도 아울러 갖고 있는 것이다. 말하자면 역사주의 비평의 도입이란 순수문학과 신비평적 헤게모니에 대한 저항의 의미를 내포할 수 있었던 것이다.

그럼에도 불구하고 역사주의 비평이 갖는 이 이중적 가치는, 그 중 오로지 이 사각형의 완성에 기여하는 가치만 발현됨으로써, 문학교육의 담론 틀 자체의 해체나 전복으로는 나아간 적이 없다. 실제상으로 앞장에서 논구한 것과 마찬가지로 우리 문학교육에서는 분석주의가 더 지배화되어 있으며 그 중심부성은 여전히 도전 받지 않고 있음이 확인된다. 즉, 오늘날 우리 문학교육에서의 역사주의는 기존의 중심부에 단지 부가되면서 오히려 그 중심부 논리의 정식을 완결시켜 줌으로써 다원주의적 외관을 갖추게 하는 데 기여하고 말 따름인 것이다.

그럼에도 불구하고 5차 교육과정 이후 분석주의와 역사주의가 공존하게 됨으로써 분석주의의 폐해는 극복될 수 있는 것처럼 여겨지는 경우가 많다. 하지만 신비평으로 대표되는 분석주의와 역사주의의 화해에는 인문학의 제도적 승인과 관련된 단순치 않은 문제가 연관되어 있다.

미국의 경우, 역사와 비평간의 분리와 마찬가지로 역사와 문학의 분리는 미국 내 인문과학의 개념 변화와 일치한다고 한다(Thomas, 1990: 219-34). 미국이 오랜 기간동안 경제 지향적 사회였던 반면, '인문학'에 대한 언급이 그토록 자주 등장하기 시작했던 것은 제1차 세계대전이 되어서야 일어난 일이었다. '과거 문화를 대표하는 과목들'로 규정된 그 당시의 인문학은 역사적 이해와 밀접하게 관련되어 있었다. 그러나 1940년대에 이르러 인문학의 정의는

변화하였다. '풍부한 유산'에 대한 강조는, '선택, 선호, 취미'에 관한 '해방
적' 지식으로부터 획득되는 비판적 가치에 대한 강조로 대체되었다. '인문과
학에 공통된 요소는 가치에 대한 공통된 관심'이라는 언술 속에서, 핵심어는,
신비평가들의 글에서 종종 발견되는, '정신적인', '도덕적인', '인간적인', '가
치평가', '삶의 구안', '폭넓은 비전' 등이 차지하게 되었던 것이다.

  역사적 지식이 왜 더 이상 인문학자의 비판적 능력에 필수 불가결한 요소
로 간주되지 않게 되었는가 하는 데에는 많은 이유가 있을 수 있다. 이에 대해
서는 제도적인 이유 하나를 들 수가 있다. 인문학을 문화적 유산으로 정의한
과거의 정의는, 과연 고등교육은 저 널리 퍼져 있는 문학적이고 윤리적인 것
이어야 하는지, 아니면 주로 전문화되고 과학적인 것이어야 하는지에 관한 질
문이 미국 대학교육에 있어 주요한 질문으로 제기되었을 때 펼쳐진 것이었다.

  이때 타협은 분리를 하는 것이었다. 과학은 현존 세계를 설명하고 인문학
은 문화적 유산을 보존하는 것으로 분리되었던 것이다. 그러나, 19세기 말과
20세기 초 사이에 새로이 발전된 사회과학은 그 같은 타협을 복잡하게 만들
었다. 미국의 대학은 자연과학, 사회과학, 그리고 인문과학이라는 지식의 삼
분법을 창안함으로써 이 새로운 학문의 발흥에 대응하였다. 이 새로운 판도
의 삼각구도 속에서 역사학과는 때로는 사회과학에 속하고 때로는 인문학에
속하는 정체성의 분할을 겪었다.

  그러므로 상대주의가 역사학과를 지배하였을 때, 그와 동시에 발현한 신
비평가들이 역사 바깥에서 도덕적 가치와 비판의 근거를 추구하였던 것은 우
연이 아니다. 일단 도덕적 철학의 목표로부터 역사 연구를 분리하게 되면, 미
적 가치란 시간에 따라 변화한다는 상대주의로부터 피할 수가 없게 마련이다.
점차적으로 상대주의, 과학, 기술, 그리고 상업성에 의해 세계가 지배당하는
흐름 속에서 이러한 세계에 대한 비판적 시각은 초시간적인, 인문주의적 가
치에 의존하는 경향을 낳기가 십상이었던 것이다.

  신비평가들은 문학의 초시간적 보편성을 옹호했고 역사가 아닌 문학은
현대 세계의 파편화와 맞서 싸울 수 있는 학문이라고 주장하였다. 다른 학문
이 스스로를 전문화된 지식 유형으로 제한한 반면, 문학의 특수한 자질은 그
것이 전문화를 수반하는 파편화에 저항한다는 점이었다. 문학은 유기적인 전

체인 것이다. 전인격(全人格)에 참여함으로써, 그 특수한 자질은 단지 전문가만이 아니라 누구에게나 접근이 가능한 것이다.

사실, 보편성과 비전문화를 향한 문학의 요구는 대학의 모든 학생들로 하여금 문학 강좌를 수강하도록 요구하는 것을 정당화시켜준다. 문학이 전해 주는 특수한 지식은 전공, 계급, 인종, 성을 초월한다. 요컨대 문학은 우리를 인간화시켜 준다. 문학의 특수한 지식이 그 자체로, 그리고 저절로 인간화시켜 주기 때문에 다른 학문의 지식으로 문학을 보충할 필요는 없다. 그렇게 하는 것은 문학의 통일성과 전일성을 편협하고, 보다 전문화된 지식으로 축소하는 위험을 지게 되는 것이다.

여기에는 역사도 포함된다. 신비평가들은 역사가 위대한 문학 작품에서 구현된 보편적 진리를 흐리게 할지 모르므로 역사로부터 문학을 지키고자 했던 것이다. 가령 이른바 '의도의 오류'론 역시 이 같은 맥락에서 이해될 수 있다. 윔세트와 비어즐리가 실제로 작가의 의도가 문학적 해석의 대상이 될 수 없다고 말하려 했던 것은 아니었다. 그들이 주로 공격한 것은 작가의 의도를 찾는 실천이 아니라 그 의도를 오로지 전기적(傳記的) 정보, 시대 정신과 같은 가설적 구성물로부터 결정짓는 실제에 대한 것이었다(Thomas, 1990: 194). 신비평가들이 주저했던 것은 만일 시의 의미가 그 같은 증거에 의존하는 것이 허용된다면 그 보편성과 함께 그 가치가 줄어들게 되리라는 두려움에서 나온 것으로 보인다. 그 두려움은 텍스트를 역사적 문맥에 맡기는 것이 상대주의를 의미하고 그 결과 가치의 소멸이 오리라는 것이었다.

그러나 시간이 진행됨에 따라 대학의 기존 전통 내에 있던 학자들과 그에 대립하였던 신비평가들은 어느 수준에서 그들의 갈등이 해소될 수 있다는 이해에 도달하게 되었다. 비평가들은 문학 작품을 '내재적' 방식으로 '그 자체로' 다룬다. 반면에 학자 곧 역사가들은 '외재적 배경'을 다룬다. 비평과 역사는 문학 이해의 총체적 활동의 양상들일 따름이며 그러므로 어떤 교수든지 비평가적이고 학자적일 가능성은 있는 법이며 이들 기능 간의 반감이 녹아들기 시작했던 것이다. 즉, 비평가와 학자의 차이는 강조점의 차이일 뿐 원칙적으로 본원적인 갈등이 아니며, 이에 따라 비평과 역사는 상보적인 것으로 되었던 것이다.

비평과 역사의 화해는 교육과정을 통해서도 나타나기 시작한다. 대학에서 현대문학의 위치를 놓고 벌어진 논쟁 가운데 흥미로운 과제는 현대문학이 연구되어야 하는지 혹은 얼마나 연구되어야 하는지에 대한 것이 아니라 문학에 대한 현대적 관점에 어떤 지위가 부여되어야 하는지에 관한 것이었다. 1940년대 문학사가들이 곧잘 표한 불만은 신비평가들이 현대적 조건을 편향적이고 시대착오적으로 모든 시기의 문학에 적용하여 해석하고 판단한다는 것이었다. 문제는 문학의 정의에 관한 것이었다. 확실히 신비평가들은 시란 수사적 설득도, 표현도 아니며 그 구성적 개념이나 정서로 환원될 수 없는 자율적 담론이라고 말하는 근대 시학의 견지에서 전시대의 문학을 재해석하고 재평가했다.

이때 그 해결책은 교육과정을 통해 이루어질 수 있었다. 비록 완전한 의미에서의 통합에까지 이르지는 못했지만 역사와 비평은 교육과정 상에서 공존할 수는 있게 되었던 것이다. 조나단 컬러에 의하면 "『시의 이해』를 교재로 쓰는 입문 과정에서는 역사적 고려가 회피되지만 심화 과정에서는 문학을 시기에 따라 나누고 비평가는 학자와 마찬가지로 한 시기의 전문가로 기대된다."[43]는 것이다. 즉, 정전들은 연대순으로 신비평적으로 연구되고, 혹은 신비평적으로 연구된 정전들이 연대순으로 교수되는 일종의 타협이 완성되었던 것이다. 결국 옛 시학과 새로운 시학 사이에 갈등은 사라지게 된다.

이상에서 본 바와 같이 분석주의와 역사주의라는 모순적 담론이 주해 방식의 지배 담론으로 자리잡게 된 것은 화해와 타협의 산물이었을 따름이다. 본질주의와 상대주의가 갖는 갈등은 교육과정상의 통합을 통하여 극복되는 것이 아니라 단지 해소될 따름이며, 나아가 폐쇄적인 정전을 섭렵하도록 하는 것을 원칙으로 삼는 교육과정은 실제상으로는 분석주의적 관점의 일관성을 입증해 주는 데 기여하고 마는 것이다.

그 같은 교육과정을 통해 전수되는 지식이란, 푸코가 말하는 대로 지적인 구성물에 지나지 않는다. 이는 지식이란 실천을 통하여 생산된 것임을 의미한다. 그리고 지식이 생산된다는 것은 지식이 단순히 실재에 대한 반영이나

---

43) Jonathan Culler, "Literary Criticism and University". 여기서는 Graff(1987: 193)에서 재인용.

상징에 그치는 것이 아니라는 사실을 의미하며 또한 지식은 담론적 실천이 있는 곳에서만 형성됨을 의미한다(Foucault, 1972: 15).

　지식 생산을 위한 실천의 장으로서 가장 명백한 예로는 학교를 들 수 있을 것이다. 알튀세의 지적처럼 이데올로기적 국가 장치로서의 지배적 위치를 점하고 있는 것이 바로 교육인 것이다. 학교에서 지식은 권력에 의해 생산된 것으로서가 아니라 이해관계를 갖지 않는 것이라고 묵시적으로 간주된다. 하지만 다시 푸코에 의하면, 교육의 모든 체계들은 담론들이 점유하는 지식들, 권력들과 더불어 그들의 전유를 유지하고 수정하는 하나의 정치적인 수단인 것이다. 이를테면 과목이란 것도 기실 담론의 생산에 대한 통제의 원리이며, 학과와 같은 지식의 구획도 그러한 것이다.

　마찬가지로 우리 문학교육의 지배적 담론이 외견상 보이는 다원주의는 실상 통제의 원리로 작용하고 있다. 갈등은 은폐되며 그 결과 전체 국면에서는 차이의 집합처럼 작동함으로써 그 속에 존재하는 갈등과 모순에 대한 심문을 금지하게 되는 것이다. 순수문학과 민족문학, 분석주의 비평과 역사주의 비평 각각의 권위는 도전 받지 않을 뿐더러 그들 사이에 존재하는 명백한 모순들 또한 부각되지 않는다. 적당한 경우에 적당한 설명이 부가될 뿐, 왜 그 경우에는 그 같은 방식이 취해지는지에 대한 질문은 제기되지 않는 것이다. 이것은 체제 유지의 효율성에 기여하는 것이 되며 헤게모니의 재생산에 봉사하는 결과가 된다.

　제럴드 그라프는 이러한 현상을 두고 '공허한 다원주의'라 불렀다(Graff, 1990: 26). 근대 미국의 대학에서 이루어진 문학의 제도화에 관해 연구한 그는 학과 구성의 원리로 영역-담당 혹은 영역-포괄 모델(field-coverage model)이 존재하여 왔음을 확증한 바 있는데(Graff, 1987: 6-9), 이는 우리의 사정과도 정확히 일치하고 있어 주목할 가치가 적지 않다. 그에 따르면 전통적으로 대학은 통합된 문화를 전수하는 것으로 스스로를 생각하여 왔고, 따라서 대학은 무엇이 가장 지식과 교육의 가치가 있는 것인지에 대한 합의를 대표해야 하며, 그렇지 않으면 지적으로 파산 상태에 있는 것이라고 생각하여 왔다고 한다.

　문제는 그 같은 합의를 거둘 수 없게 될 때 일어난다. 근대 대학의 인문학은 전통주의와 전문주의, 아놀드의 문학적 휴머니즘과 문헌학적 과학 간의 결합에 의해 설립되었다. 그러나 이 결합은 밖으로부터 강요된 것이었고, 이로 인한 갈등은 전문화된 연구와 휴머니즘적 감상주의, 학문 연구와 교육 사이에서 즉각적으로 일어난 적대감으로부터 발견될 수 있는 사실이다. 앞에서도 잠시 언급했듯이 이는 그 후에 학자와 비평가 사이의 적대감으로 반복되어 나타났거니와, 대학의 갈등을 해소하는 것이 더 이상 불가능함을 발견하게 되면서, 행정 당국은 서로를 마주치지 못하도록 하는, 갈등 요인들을 중립화하고자 하는 수밖에 다른 선택이 없음을 간파하게 되었다. 그 결과 갈등적인 당파성을 무마하고 서로 각각의 길을 가도록 하는 단순 장치에 의해 곤란한 선택의 문제를 회피하는, 이른바 공허한 다원주의로의 일대 호소가 벌어지게 되었으니, 그것이 곧 '영역-담당 모델'이었던 것이다.

영역-담당 원칙은 교육의 근대화와 전문화에 수반된 것으로, 즉 인문학적 가치를 강화하고 동시에 전문화된 연구를 촉진해야 하는 이유에서 비롯된 것이었다. 그리고 이는 결과적으로 문학 학과란 역사적 장르적 문학 영역을 포괄하기 위해 배열된 집합체로 간주하게 하였다. 다시 말해, 문학 학과는 문학의 시대와 장르별로 이루어진, 다소간 균형 잡힌 영역을 담당할 수 있는 교수들을 포괄하게 된다면, 꽤 교수진용을 잘 갖춘 것이 되리라는 가정을 택하였던 것이다.

영역-담당 원칙은 거의 무해한 것으로 보였을 뿐 아니라 무엇보다도 그 장점은 학과와 교육과정을 궁극적으로 자기-조정적(self-regulating)인 것으로 만들게 된다는 점에 있었다. 각각의 교수에게 역할을 할당함으로써 그 원칙은 교육이라는 일이, 교수들이 목적과 방법에 대해 논쟁할 필요가 없이, 일견 자동화된 양식으로 나아갈 수 있는 체제를 창안해 내었던 것이다. 즉, 각각의 교수들에게 미리 결정된 탐구 영역을 담당하도록 그 역할을 할당함으로써, 영역-담당 모델은 방법과 목적에 대한 집단적 논쟁을 거칠 필요 없이, 학문 연구와 교육이 나아갈 수 있는 체계를 창조하였던 것이다.

둘째 번 장점은 새로운 사상, 주제, 방법을 동화함에 있어 엄청난 유연성(柔軟性)을 그 제도에 가져다 줄 수 있었다는 점이다. 이 모델에서는, 심지어 위협적인 종류의 혁신적인 것조차도 영역의 집합체 속에 단지 포괄되어야 할 또 다른 단위로 부가될 수가 있었던 것이다. 혁신에 대한 맹렬한 저항이 종종 일어나긴 했지만, 그것은 너무도 눈에 띄지 않게 일어났기 때문에 국외인들은 거의 알아차리지 못한 채 지나가 버리고 말았으며, 또한 모든 교수들은 저마다 각각의 영역이 있기 때문에 혁신의 흡수가 기존의 관습에 변화를 강요하지는 않았으며, 그리하여 결국에 가서는 저항은 사라지게 마련이었던 것이다. 이같이 영역-담당 원칙은 교수들 각 개인들로 하여금 자신의 과제를 처리함에 있어서 기능적으로 독립할 수 있도록 함으로써 서로 간의 갈등을 억제하였기 때문에 마치 '보이지 않는 손'처럼 그 영역들의 총합이 일관된 전체에 이를 수 있도록 기여하였던 것이다.

이와 같은 영역-담당 원칙은 우리 대학의 경우에도 명백히 적용될 뿐만 아니라 중등교육에서 문학을 가르칠 때 적용되는 원칙이기도 하다. 교과서의 구성에서부터 그 같은 면모는 여실히 확인되며, 실제 교육의 장면에서도 부분의 합이 곧 전체라는 가정이 적용되고 있는 것이다.

그러나 이는 단지 시대와 장르별 구분에만 해당되는 지적이 아니다. 순수문학과 민족문학, 분석주의 비평과 역사주의 비평이 하나의 종합처럼 작용되는 측면에서도 일종의 영역-담당 원칙이 발견되는 것이다. 이것은 곧 포괄의 원리로 작동된다. 순수는 순수로 설명되고 민족은 민족으로 설명되며 이로써 모든 것이 설명되었다는 다원주의의 확립이 가능해지는 것이다. 이것이 효율성과 유연성의 측면에서 강점을 지니고 있음은 부인하기 어렵다.

하지만 명백한 것은 그 같은 체계상의 이득이 사실은 심각한 값을 지불하고 얻어진 것이라는 점이다. 교수진과 교육과정을 자기 규정적으로 만듦으로써 영역-담당 모델은 교수들에게 효율적이고 손쉬운 방식으로 강의와 연구직을 해나갈 수 있도록 자유를 주었지만, 지정된 분야로 교수진이 구성되고 가르쳐지는 한, 어느 누구도 개별 학과들이 각각의 길을 나아가기 위해 개인적 또는 집단적 목표를 향한 이론을 가져야 할 필요는 없었던 것이다. 달리 표현하자면, 영역-담당 원칙은 그 조직 구성 자체가 곧 이론을 대신할 수 있도록 하였던 것이다. 충분한 인원이 확보된 영역들의 배열로 나타나는 그 외양으로 인해 학과가 자신의 일을 해나가기 위해서는 학과의 목적에 대한 이론적 사고를 불필요한 것으로 보이게 하였다. 교육과정 속에 있는 시대별 장르별 구성은 학과가 무엇을 대표하고 있는지에 관한 충분하고 명쾌한 표현이었다.

말하자면 어떤 공유된 인문주의적 목표의 그 공식적인 허구는 이론화되거나 시험될 필요가 없었던 것이다. 시대와 장르 강좌를 맡은 교사들은 시대와 장르가 무엇을 의미하는지, 시대와 장르가 어떻게 연관되고 대립하는지, 혹은 문학을 역사적이거나 발생론적인 방식으로 접근하는 것이 어떤 함의를 지니는지에 관해 질문할 필요가 없었다. 순수문학과 민족문학의 정전 구성, 분석주의적 주해와 역사주의적 주해도 마찬가지다.

이는 단지 교육과정을 비판하는 것이 아니라 이러한 분할 내의 상호 관련이 없었다는 점을 지적하는 것이다. 문제는 이론적 모델을 포함하여 어떠한 방법론적 모델도 그것이 상호 연관성 없는 구조 내에서 작동하는 한 효과적일 수 없다는 점에 있다. 한마디로 이러한 체계 내에서는 반성적 성찰을 촉구하는 이론의 이론다움은 상실되고 단지 체계 내에 부가됨으로써 강요된 화해에 도달하고 마는 것이다. 더구나 실질상의 갈등과 논쟁은 학생들과 국외자에게는 은폐되었다. 이는 학생들에게는 전문적 논쟁의 결과만 알려져야지 논쟁 그 자체가 알려져서는 안 된다는, 그것은 아마도 학생들을 혼란케 하고 타락시키게 되리라는 암묵적인 가정에 따른 것이었다.

분업은 관료 체제에서는 필요한 일이다. 문제를 낳는 것은 그 부문별 구획화가 아니라 관계와 대조점들을 은폐시킨 그 부문 간의 비연관성에 있는 것이다. 시대별 장르별 강좌(혹은 단원), 순수문학과 민족문학, 분석주의적 관점과 역사주의적 관점들이 서로에 대해 언급하지 않기 때문에 교사들은 그 각각이 서로에게 어떤 연관성과 대비점을 갖게 될는지, 예컨대 특정한 시대 구분 혹은 일반적인 의미에서의 '시대'가 의미하는 것이 무엇인지 혹은 역사적 발생적 방식으로 문학에 접근하는 것이 무엇을 의미하게 될지에 대한 문제를 제기하지 않기 십상인 것이다. 즉, 모든 부분들이 자신들이 어떻게 연결되고 대립할 수 있을 지에 대해 묻지 않도록 암묵적으로 동의하는 체계적인 비연관의 원칙에 따라 조직함으로써, 교훈적 의미를 잠재적으로 갖고 있는 갈등들이 문학교육과 연구의 목적 가운데 하나로 되는 것을 금지하였던 것이다.

마찬가지로 순수문학과 민족문학, 분석주의 비평과 역사주의 비평 가운데 존재하는 갈등들은 은폐되며 갈등의 잠재적 교육 가치는 발현되지 않는다.

학생들은 그러므로 자기 시대의 문화적 문제와의 관련 속에 자신들의 위치를 설정하는 수단을 박탈당하였다. 애초부터 교수진을 분할하였던 방법과 이데올로기의 잠재적 갈등들은 대결할 필요가 없었다. 서로간의 협력이 요구되지도 않았고 방법과 이데올로기를 결정하는 것은 각각의 교수에게 달려 있었던 것이다. 따라서 방법과 이데올로기에 대한 갈등이 더욱 자주 일어나고 강렬해진다 하더라도 인문주의적 가치와 목적을 공유하고 있다는 신화는 항상 유지될 수가 있었던 것이다.

이와 같이 영역-담당 원칙은 인문주의 신화가 이데올로기의 층위에서 영속화하는 것에 기여를 하였다. 시대별 장르별 주제별 등 다소 균형 잡힌 배열에 접함으로써 학생들의 정신 속에 인문주의와 문화적 전통에 대한 이해가 누적되리라는 신념을 표명하는 교육과정이 일어났다. 더 간명히 말하자면, 인문주의의 신화와 영역-담당 원칙에 함축되어 있는 가정은 곧 '문학은 스스로 가르친다.'라는 것이었다. 여기서 문학적 전통이 그 자체 내에 그리고 저절로 통합되어 있으리라고 전제되는 것은 당연한 일이다.

불행히도 그 가설은 결코 사실로 판명된 적이 없다. 그러나 그 꿈은 여전히 고집된다. 그것은 문학에 '대한' 다양한 형식의 논평들, 곧 이론에 대해 '문학 그 자체'를 호소하는 방식이다. 만일 위대한 문학 작품이 학생들과 작품 그 자체의 능력 사이에 끼여드는 제도적 전문적 방해물로부터 자유로울 수만 있다면 해결책이 얻어질 수 있다는 것이 바로 그 희망인 것이다. 오랜 기간 동안 이러한 견해의 공격 대상이었던 것은 바로 실증주의적인 학문이었고, 그 다음에는 분석주의적 비평, 그리고 오늘날에는 문학을 역사화하고자 하는 다양한 시도들이 거기에 해당되어 왔다.

앞서 우리 문학교육의 지배적 담론들이 그려내는 논리적 사각형의 모델을 제시한 바 있거니와, 그것은 각 층위에서 이루어진 선택과 배제들이 다시 층위 간의 결합을 통해 하나의 포괄적 담론을 이룸을 보이기 위한 것이었다. 각 담론들이 선택과 배제의 과정을 통해 이루어낸 메커니즘들은 다른 심급에 의해 포괄적으로 결합된다. 그 결합 또한 역사적 산물이며 메커니즘일 것임은 명백하다. 하지만 이 포괄의 작용성은 강력한 것이어서 자명성이 강화될 뿐, 은폐의 사실은 곧잘 간과된다. 그런데 앞서 그 사각형에서 넷째 용어 즉 역사주의 비평이 해체와 전복의 요소를 지닐 수 있었던 것이라 지적하였거니와, 그 가능성이 실현될 수 없었던 이유는 어디에 있는가 생각해 볼 필요가 있다. 거기에는 많은 종류의 설명들이 따를 수 있을 것이다. 하지만 그 어느 경우도 이른바 영역-담당 원칙이 갖는 제도적 성격을 감안하지 않을 경우 설명의 매개적 고리를 잃기가 쉬울 듯하다.

우리의 문학교육에 있어 분석주의가 지배화되어 있음을 가리켜 이론의 정전화 방식(canonizing method)이라 부를 수 있다면, 분석주의에 역사주의가 공존하고 있는 현상은 이론의 부가적 방식(additive method)이라 할 수 있을 것이다.44) 이론의 정전화 방식이란, 특정한 문학적 텍스트를 가리켜 정전이라 부르듯, 특정한 이론이 그 같은 지위를 차지하는 방식을 가리키는 말이다. 문학 정전처럼 이론적 텍스트의 정전 역시 쉽사리 본질화될 수 있다. 그 결과 학생들은 이론적 정전에 대해 심문하기보다는 그것을 마스터하도록 하거나, 다양한 접근법 가운데 창조적으로 작업하기보다는 특정한 방향성에 한정되도록 고무될 것이다. 한편 이론의 부가적 방식이란 문학교육이 자신의 영역에서 일어나는 변화를 따라 가면서 동시에 어떤 형태로든 전통을 보존해야 할 필요성을 느끼게 될 때, 새로운 이론의 단순 부가 과정을 통해 이 모순된 목표의 갈등을 자동적으로 해소하고자 하는 방식이다. 그러나 이러한 방식에서 그 각각의 이론은 다만 서로 고립된 과정으로 존재할 뿐, 갈등의 극복은 이루어지지 않는다.

우리 문학교육이 교육과정상으로는 부가의 원리를 통해 전대의 교육과정과 차별성을 구하고자 하며, 실제 교실 실천 국면에서는 교사들의 관성과 맞물려 이 같은 경향이 더욱 극대화되고 있음을 앞서 보인 바 있거니와, 하지만 정전의 대체가 정전성의 전복을 의미할 수 없는 것처럼 이론의 대체가 그 자체로 전복적 기능을 갖는 것은 아니며, 정전과 이론의 부가 또한 기존의 것들이 갖는 중심부성이 도전 받지 않는 한, 다원주의의 실현과는 멀어지게 되는 것이다.

오늘날에 이르기까지 문학교육에는 신비평을 비롯한 각종 이론이 존재해

---

44) 이론의 정전화 방식과 부가적 방식에 대해서는 McCormick(1992: 118-9) 참조.

왔고 기호학을 비롯한 새로운 이론의 교육적 적용을 도모한 연구마저 행해지고 있지만, 이렇듯 이론들마다 각각의 의의를 갖고 수월성을 경쟁하는 것은 이론을 접근법의 하나로 간주하는 한, '접근'이라는 비유가 함의하듯 본질주의의 혐의로부터 벗어날 수가 없다는 점에서 재고되어야 할 소지가 적지 않다. 이론이 다른 해석 전략 가운데 하나의 선택을 제공하는 것으로 이해된다면, 이론성 그 자체에 대해서는 심문하게 되지 않는 경우가 일반적이다.

경우에 따라 어느 것이 유용한 접근이라는 식의 이론관은 그 자체로서는 외견상 다원주의라는 인상을 주게 마련이다. 하지만 그 같은 공허한 다원주의는, 우리는 어떤 지위를 차지하도록 승인되어 있는데 다른 이는 그렇지 않은 현상, 그리고 어떤 이론이 그릇된 것일지도 모른다는 가능성을 부인하기 때문만이 아니라, 이론들 그 자체의 기획에 관해 무비판적으로 허여하는 결과를 낳는다는 점에서 반대될 수 있다(Shumway, 1992: 97). 그러므로 역사주의 비평이 신비평의 기획에 관해 반성적으로 제공되지 못하고, 또 그 자신의 기획을 포함한 이론성 그 자체에 대한 사색의 기회로 주어지지 않는 한, 해체와 전복의 기능보다는 당연히 그 다원주의의 정식을 완성해 주는 역할을 담당할 뿐인 것이다. 그것은 교육과정에 이론들을 단지 부가하는 방식에 지나지 않는다. 따라서 설령 우리의 문학교육이 배제하여 온 것들이 복권된다 하더라도, 그 지식/담론/권력 간의 갈등이 공개되지 않고 단지 부가될 따름이라면, 다시 말해 영역-담당 원칙과 같은 포괄의 원리가 제도상의 측면에서 항존하는 한, 근본적인 변혁은 기대되기 어렵다 할 것이다.

1. 문학교육의 지배적 담론과 주체 형성의 관계

　　문학교육의 지배적 담론이 발현하는 담론 효과를 검토하는 자리에서 그
것이 결국 낭만주의적 권위주의와 보수주의로 귀결됨은 이미 살펴 본 바 있
다. 낭만주의란 프로메테우스적인 의미에서의 정신적 반란이었다. 그들이 신
으로부터 훔쳐온 불은 바로 의식(consciousness)이었다. 그것은 인간이 자신의
운명을 통어할 수 있다고 설복하는 것이었으며, 그런 의미에서 마르크스주의
나 정신분석학 등은 모두 낭만주의가 고대해 온 것이라 할 수 있다. 하지만
신은 죽지 않았다. 신은 인간의 가슴속에 살아 있었던 것이다. 과학은 우리를
구제하지 못하며 이성은 아무 것도 알 수 없다. 진리를 알고자 한다면 우리는
가슴속에서 신들이 하는 말에 귀를 기울여야만 하는 것이다. 그리고 바로 여
기에 종교적 영감으로 되돌아가고자 하는 낭만주의의 둘째 번 얼굴이 놓여
있는 것이다(Falck, 1989: 1-2).

　　이러한 낭만주의의 두 얼굴은 개인의 해방이라는 신화와 함께 모종의 권
위적인 것에 대한 복종을 동시에 함축하는 것이었다. 이 같은 양면성은 인간
에게 자율성을 부여하여 인간이 마치 주체로 존재하는 듯한 신화를 형성하는
한편, 영원성이나 보편성 혹은 초월적인 존재에 대한 존경심을 끊임없이 강

요하게 된다. 이것은 근대 자본주의 사회에 대한 소극적 저항으로서 휴머니즘, 곧 인문주의의 옹호라는 가치를 주장하게 되거니와, 이 점으로 인해 문학교육의 필요성과 그 위상이 사회적으로 인정받기에 이르렀던 것은 부인할 수 없는 사실이다.

현재 우리 문학교육의 지배적 담론은 이 지점 위에 기초하고 있다. 비록 그것이 근대 이후 성립된 문학 제도의 상대적 자율성을 사회로부터의 문학의 완전한 독립성이라는 그릇된 관념으로 변형하여 현실과 문학의 분리를 본질화하고 실체화하는 허위의 요인을 내포하고 있다 하더라도, 그로부터 인문주의적 가치가 옹호되리라 기대한다는 점에서 문학교육은 그 교육적 가치와 당위성을 인정받고자 하였던 것이다.

주지하다시피 일반적인 어법에서 휴머니즘은 대체로 20세기 전체주의(全體主義) 및 그와 연관된 정치적 문화적 야만주의에 반대하는 이념과 태도를 포괄적으로 지칭하는 경우가 많다. 또 이른바 도구적 합리성에 기초한 기술 공학의 발전과 그것이 몰고 온 물질 숭상 및 기술 숭배의 기풍에 대하여 르네상스 휴머니즘에 근거한, 전통적 인문학의 이념에 대한 충실성을 주장하는 경우에 적용되기도 하며, 그와 연관하여 대중 사회의 이상 부재와 조야한 반지성주의에 대한 반대의 뜻으로도 쓰이곤 한다. 이렇게 일반적 어법에서는 넓은 의미의 인간 존엄성의 이념에 충실하면서 인간을 만물의 척도로 보고 인간성의 옹호와 그 강화에 헌신하는 태도나 사상을 휴머니즘이라 지칭하는 것이 보통인 것이다.

물론 휴머니즘을 단순히 인문주의로 옮기는 것은 적절치 못하다. 하지만 그것이 인문주의의 함의를 지니고 있는 것도 또한 사실이다. 휴머니스트는 본시 고전 고대의 그리스 로마 문화의 연구와 보급에 전념한 르네상스의 고전학자와 인문학자를 가리킨 말이기 때문이다(유종호, 1994: 17).

여기서 우리는 저 유명한 아놀드의 교양 이념과 만나게 된다. 이때 교양은 종교의 자리를 대신하는 것이었고 교양 교육은 강력한 사회적 의미를 지니고 있던 것이었다. 학생을 사회의 구성원이 되도록 준비시키며 자신의 개성을 표현할 수 있도록 준비시키는 것이 당시의 교육 이념이었다. 가장 중요한 것은 지식이 덕성의 기초가 된다는 생각이었다. 당대 학문 연구의 토대가

되어주었던 이러한 인간 이해와 교육관은 그 후 많은 역사적 흐름을 거쳐 인간의 자기 완성을 지향하는 인문주의적 충동의 핵심이 되어 왔다.

따라서 이러한 자기 완성 지향의 교양적 인문주의가 전문화와 기술 습득의 필요성이 확대되고 증가하는 시대를 맞아 도전 받게 되는 것은 불가피한 일일지도 모른다. 점증하는 전문화 추세가 대세를 이루고 있는 오늘날, 전면적인 완성이나 전인적 발전이라는 인문주의 이상은 그 실현 가능성이 줄어들 수밖에 없다. 오늘날 인문주의적 교양 교육과 전문적 직업 교육 사이에서 벌어지게 마련인 교과과정상의 논쟁은 바로 이 지점에 터해 있다.

인문주의란 주체의 가치를 강조함에 다름 아니다. 전통적 인문주의 교육과정은 개인은 사회적 의미의 원인이지 결과가 아니라는, 즉 그가 곧 의미화의 기원이자 원천이라는 관념에 기초하고 있다. 지배적 교육과정이 가정하고 있는 주체는 초시간적 반역사적인 주체, 곧 독립적이고 사적인 의식의 소유자로 특징지워진다. 그 의식을 통해 개인은 스스로를 이해할 뿐 아니라 세계에 의미를 부여하게 된다는 것이다. 이것은 저 시문학파와 문장파 등의 정신주의 및 체험의 시론에 연결된다. 거기서 문학은 종교와 도덕 이상(以上)의 것이었다. 동시에 그것은 신비평이 추구하였던 바이기도 하였다.

하지만 인간 본질을 초시간적이고 비역사적이며 범문화적인 것으로 간주하게 될 때, 이러한 자유의 유일한 한계는 보다 높은 권위를 인지하게 될 때라 할 수 있으며, 따라서 이렇듯 개인을 자유로운 존재로 이론화하면서, 동시에 상위 권력의 권위에 종속되는 것으로 간주하는 것은 모순이라 지적할 수 있을 것이다. 그러나 인문주의적 교육과정에서는 그것은 모순으로 간주되지 않는다. 그것은 자연스러운 과정이며 그같이 더 권위 있는 영혼에 복속함으로써 자아의 고양이 이루어질 수 있다고 간주되기 때문이다. 즉, 합리적 주체는 텍스트의 진실을 발견할 수 있다는 가정 하에, 설령 독해의 다양성을 인정한다 하더라도 핵심 진리는 따로 있으며 해석의 궁극적 목표는 거기에 접근하는 것으로 설정하는 한편, 그 진실이란 다른 의식(작가)이 만든 텍스트에 의해 주어지게 되므로, 그 의식과의 합일에 의해 자유와 권위에의 종속이라는 모순된 관념은 극복될 수 있다는 것이다. 요컨대 인문주의 교육은 주체를 자유롭지만, 위대한 작가 정신에 종속시키는 것으로 구상화한다(Zavarzadeh and

Morton, 1991: 6).

우리의 문학교육 또한 인문주의의 이념으로 학생들을 이르게 한다. 반근대주의와 상통하는 체험의 시론이 말해 주듯, 체험에의 호소는 결과적으로 자아의 개념을 초시간적 실체로 확장하면서 지배 문화나 사회경제적 맥락으로부터의 분리를 조장하기 때문이다. 세상이 천박한 도구적 실용주의에 지배된다 하더라도 이러한 체험을 존중함으로써 이 사회에 맞설 수 있는 주체가 형성되길, 문학교육의 지배적 담론은 기대하고 있는 것이다.

그러나 이렇듯 체험이 무엇보다도 중요한 것으로 간주되게 되면, 이론은 저항되어야 할 그 무엇이 된다. 시가 본질적으로 반이론적(反理論的, atheoretical)이라고 생각하는 것 역시 거기에서 벗어나지 않는다. 시가 본질적으로 반이론적이라고 말하는 것은 시가 어떠한 문화적 매개—문화란 사회가 의의를 부여한 실천의 결과물이다—를 초월하여서도 자동적으로 이해 가능한 초담론적 행위라고 말하는 것이 된다. 물론 그것은 '이론'에 '저항'하는 인간 상상력의 옹호로서, 이해관계를 벗어난 진술이라고 생각하기 쉽지만, 사실은 그 자체로 정치적 진술이 되고 만다.[1]

이것이 하나의 정치적 진술이라는 사실은 그것이 실상 특정 유형의 주체를 생산하는 것을 목적으로 하고 있음에 주목하게 될 때 더욱 뚜렷해진다. 그것은 곧 자율적 실체로서의 주체 개념, 즉 휴머니즘이라는 개념을 생산하는 것이다. 이러한 주체 개념이 현존하는 사회 체제를 유지하는 데 필수적인 것임은 말할 나위 없다. 그것은 곧 문학의 사회적 정치적 존재를 부인하고 동시에 가치 중립적, 객관적, 탈이데올로기적 지식의 추구라는 신화를 한편으로 유지하는 것이다. 객관성의 가정은 제도적 권력의 위계 내에서 사고될 수 없는 것의 배제를 가져오는 기반이 되기 때문이다.

사회 체제를 유지한다는 측면에서만 사회화라는 개념을 이해하는 한, 이것은 사회화의 기능을 담당하는, 다시 말해 사회의 지배적 가치를 전수하는 교육으로선 피할 수 없는 숙명 같은 것으로 이해될지도 모른다. 하지만 이 사

---

1) 프레드릭 제임슨(Jameson, 1981: 58)은 "모든 실천의 형태는 문학 비평류를 포함해서 하나의 이론 형태를 함축하고 또 전제하는 것이다. 실증주의라는, 즉 전적으로 비이론적인 실천이라는 환상은 그 말 자체가 모순이다."라고 말했다.

회는 도구적 합리성과 같은 사회의 지배적 담론을 이데올로기적 국가 기구로 서의 학교 교육을 통해 실제적으로, 그리고 전반적으로 관철시키고 있으면서 도, 한편으로는 문학 과목과 같은 일부 교과를 통해 인문적 가치의 회복을 강 조함으로써 효과적으로 유지되고 있는 것이다.

도구적 교육과 인문주의적 교육, 이 둘은 전혀 모순되지 않는 것처럼, 흔 히 전인 교육(全人敎育)이라는 이름으로 포장되어 있다. 더구나 인문주의적 교 과목으로서의 문학 역시 그것을 지배하는 담론은 사회의 지배적 가치를 내함 하고 있다. 그런 점에서 이른바 문학의 초월성은 매력적이며 또한 기능적이 다.2) '문학성'이 초역사적인 것이라면, 즉 어떠한 문화적 연관을 넘어서도 존 재하는 것이라면, 그 결과 문학 안에서 모든 이데올로기는 해소되는 것이라 여겨진다면, '제도교육'은 '문학교육'을 가능케 하며, '문학교육'은 또한 '제 도교육', 나아가 사회유지를 가능케 하는 기초가 될 수 있기 때문이다. 이를 통해 학교는 상대적 자율성이라는 이름 아래 자신이 수행하는 사회적 기능을 은폐하고 그렇게 함으로써 그 사회적 기능을 보다 효율적으로 수행할 수 있 게 되는 것이다(Giroux, 최명선 역, 1990: 112).

이러한 의미에서 '이론'에 '저항'하는 '이론' 역시 본래적으로 상황 맥락 적(contextual)인 것이다. 이렇듯 문학교육의 안과 밖에 존재하는 담론은 실상 내밀함을 유지하고 있는 것이다. 그러나 바로 그 속에서 문학과 교육은 점점 더 그 지위를 상실 당하고 또 위축되고 있는지도 모른다. 왜냐하면 그들은 진 정으로 사회의 지배적 담론에 대해 경쟁적인 담론을 제출해 본 적이 없기 때 문이다. 따라서 인문주의 교육이 애당초 지녔던 저항의 의미는 점차 사라지 고 사회의 유지에만 기능적으로 기여하게 되는 것이다. 프로메테우스의 불은 살아 있지만 그것은 어디까지나 신의 권위 아래에 놓일 따름이다. 이렇듯 한 편으로는 인문주의 교육을 강조함으로써 도구적 합리성에 저항하는 듯하지 만, 그것이 학교 안에서만 머무는 것은 아이러니컬하게도 결국은 이 사회의 지배 체제 유지에 복속되고 마는 것이다.3)

---

2) Mohanty(1986: 170) 및 마단 사럽(1992: 82) 참조.
3) 이러한 아이러니를 가야타리 스피박은 다음과 같이 빗대어 말하고 있다. "우리는 고도 기술 사회의 디스크 자키이다. 그 디스크는 유행에 뒤떨어진 '레코드'가 아니라 가장

주체의 자유라는 환상은 어느 정도 조작의 산물이다. 이론을 초월해 전일적(全一的) 자유를 누릴 수 있는 주체란 존재하지 않는다. 그렇다면 다시 이론이란 무엇인가 하는 문제가 제기되지 않을 수 없다. 이에 대해 예전엔 당연하게 여겼던 원칙과 개념들이 논쟁거리가 되었을 때 필연적으로 일어나는 질문들의 이름이 곧 이론이며(Graff & Gibbons, 1985: 9), 자의식적이고 반성적인 해석적 방법론적 수사적 실천을 향하는 경향이 바로 이론이라고 칭한다면(McCormick, 1992: 115), 즉 이론이란 단어를 이와 같이 우리들의 실천에 기저하여 있는 전제와 원칙에 대한 담론은 무엇이든지 지칭하는 것으로 사용한다면, 이론적이냐 아니냐 하는 것은 그 진술 자체의 자질에 달려 있는 것이 아니라 그것이 컨텍스트 속에서 기능하는 방식에 달려 있다고 봄이 옳을 것이다.

이 같은 이론의 정의는 그 자체로 논쟁적이다. 첫째, 실천이 기초하고 있는 필요 충분한 규칙을 생산하는 근본적 담론이라고 이론을 생각하는 기존 경향에 대해 반대된다는 점이다. 이 경우 이론은 체계 같은 것을 의미한다. 이론은 논쟁의 대상이 되는 것을 기술하기 위한 매개로서가 아니라 그것을 해결하기 위한 매개로 이해된다. 그것은 문제 제기의 방식이 아니라 일련의 해답인 것이다. 이것이 신비평, 형식주의, 초기구조주의를 지배하는 근본주의자들의 이론관이다. 둘째, 이론은 공동체의 실천에 대한 합리성이 더 이상 자명하게 받아들여지지 않는, 그래서 이전에는 말할 필요도 없었던 것들이 논쟁의 대상될 때 발생하는 것이다. 일단 합의가 무너지면 이전에는 자명하게 받아들여질 수 있었던 전제들이 여러 이론 가운데의 하나로 되며 이미 주어

최근의 기술로 이루어진 산물이다. 그것을 지배하는 嗜好의 조류와 경제적 요인들은 국제 관계, 세계 시장, 혹은 그 기호와 경제에 의해 유지되고 또 그들을 유지해 주는 광고 등 무수한 요인들 사이의 가장 복잡한 상호연관의 산물이기도 하다. 이같이 복잡하게 결정되고 다양하게 구성된 상황 속에서 디스크 자키와 청취자들은 자신들이 자유롭게 즐기고 있다고 생각하며 정말이지 그렇게 생각하도록 만들어진다. 이 체제가 휴머니스트의 정신적 자유를 육성해 준다고 제안하거나, 혹은 휴머니스트에 의해 휴머니스트적인 가치가 깨우쳐지고, 또는 '순수과학'이라는 마술적 영역에서 이루어진 최근의 공간-시간적 발견으로부터 일반화된 철학적 유추를 도입함으로써, 기술이라는 이 정체불명의 악마가 변형되어야만 할 그 무엇이라 제안하거나 하여, 이를 통하여 이러한 자유의 환상은 기술의 야만적 아이러니를 보호하게 하는 것이다(Spivak, 1985: 28)."

진 것으로 받아들이기보다는 논쟁해야 할 관념이 되는 것이다.

그러므로 이론에의 저항은 예전에 문학적 지적 문화가 호소하였던 합의가 회복 불가능할 만큼 상실되어 온 것을 인정하길 거부하는 태도이다. 문학을 읽고 가르치는 일이 여전히 주된 문학 활동이어야 한다고 주장하는 사람들과, 문학이라는 범주 그 자체가 이미 정치적인 것이고 문학과 이데올로기의 구분 자체가 특정 사회적 그룹의 이해에 기능하는 이데올로기적인 것이라고 주장하는 사람들 사이에는 갈등이 없을 수가 없는 것이다.

체험과 위대한 정신, 자율적 존재로서의 시의 고고성에 뿌리깊은 인식을 두고 있는 한, 자명성의 해체를 주장하는 이론의 출현은 여전히 거부되어야 한다. 작품의 해석과 평가가 개념의 보편성에 뿌리박는 한, 최소한의 이론이란 수반되지 않을 수 없건만, 적어도 신비평의 시대에 있어서는 문학 이론이라는 것이 그리 돌출돼지 않은 채, 감수성과 지적 우아함과 화합하여 중용을 지킬 수 있었다. 그러므로 여기에는 문학적 언어란 어떤 것인가에 대한 정의는 별반 없었으면서도 경험적으로 어떤 것이 문학적인가에 대한 전제는 암시적으로 존재해 있었던 것이다(강두식·이성원, 1984: 79).

여기서 바로 저항과 거부가 일어난다. 문학 연구가 그 고유의 영역을 정립시켜 온 과정, 곧 전문화의 과정이 전통적 인문학의 쇠퇴와 병행해 왔다는 역설적 결과를 오늘날 목도하게 되는 것도 사실이지만, 그러나 만약 문학적인 것이란 관습적으로 받아들여진 것 이외의 그 어느 것도 아니라면 어떻게 될 것인가, 또 해석의 방법론이 개진해 주는 문학작품에 대한 새로운 앎과 전통적으로 문학적이라고 치부되어 왔던 것 사이에 긴장이 형성될 때 어떻게 해야 할 것인가 하는 쉽지 않은 문제가 거기에는 도사리고 있기 때문이다.

과거에는 고전에 관한 한 사회적으로 통용되는 확연한 합의가 있었다. 고전을 강조하는 것은, 무엇을 읽혀야 할 것인가를 둘러싸고 전통적 확신이 유보되면서, 인간이 어떤 규범 속에 어떻게 형성되어야 하는가에 대한 논의를 새로이 불러일으킬 때였다. 즉, 도그마가 힘을 잃고, 인간에 대한 다양한 해석이 가능해졌을 때, 무엇이 과연 인간다운 것인가의 물음이 고전을 시금석으로 하여 제기되었던 것이다. 그래서 역사적으로 고전에 대한 강조는 늘 새로운 인문주의의 대두의 징표였던 것이다(이성원, 1993: 5).

오늘날의 사회에서 통일된 세계관과 통일된 가치 판단이 지배하는 공동체의 모습을 기대하기란 불가능하다. 하지만 그렇다고 해서 각 개인의 주체성이 강화되었다고 볼 수는 없다. 주체로서의 개인이란 근대가 준 하나의 환상에 가깝다. 개인의 주체 환상은 권력의 효과다. 대부분의 사람들은 여전히 전문가의 권위에 기꺼이 따르고자 한다.

일반적으로 보아, 문학교육에 있어 지배 담론을 형성하는 권위는 학문계에 주어져 있으며 현장 교육 실천상의 권위는 교사에게 주어져 있는 것으로 보인다. 그러나 학문계라는 공동체 역시 단일한 공동체가 아니다. 아울러 학문계와 교육계 간의 의사소통 구조뿐만이 아니라 학문계 내부의 의사소통 구조 또한 다양하다. 하지만 이 점에 관한 정밀한 연구는 별로 발견되지 않는 편이다. 다만 레이몽 부동에 의하면 자연과학의 경우 어느 한 이론의 정상적인 유포 과정은 다음과 같이 표현된다(Boudon, 1989: 127).

[그림 1]

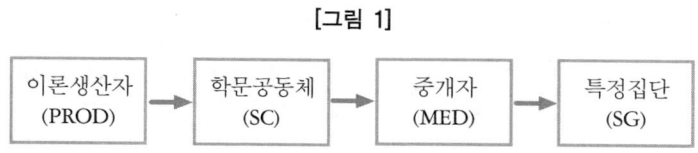

하지만 사회과학의 경우는 매우 다양하고 복잡해진다. 가령 어떤 이론은 학문공동체를 경유함이 없이 신문 등을 통해 바로 특정집단과 중개자를 통해 또 다른 특정집단에 전해지기도 한다(Boudon, 1989: 128).

[그림 2]

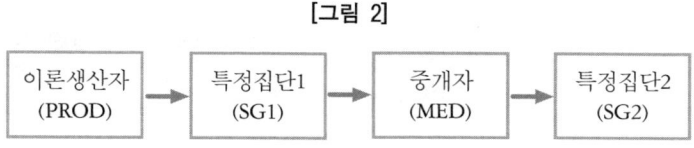

그런가 하면, 학문공동체에선 유보되는 이론이 그 같은 과정을 겪기도 한다(Boudon, 1989: 128).

[그림 3]

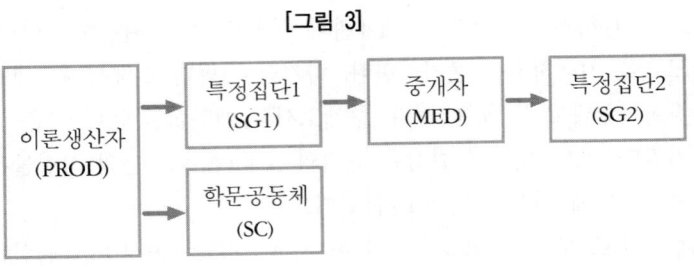

한편 학문공동체가 복합적인 결론에 도달하거나 복수의 학문공동체에서 애매한 결론에 도달할 때 이론은 다음과 같이 유포된다(Boudon, 1989: 133-9).

[그림 4]

[그림 5]

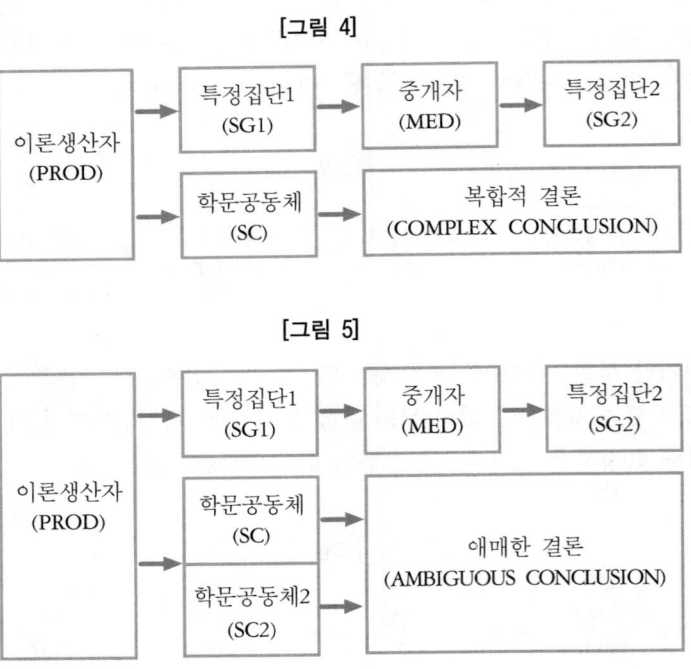

이 그림을 원용하고자 할 경우, 우리의 현실로는 학문공동체로부터 특정 집단 및 중개자로 이어지는 화살표가 설정되어야 할 것이다. 이때 특정집단 (1)이나 중개자는 언론 매체, 출판, 참고서, 학교 또는 학원의 교사나 강사 등

으로 상정해 볼 수가 있다. 그 경우 [그림 2]는 학생들이 대중매체나 컴퓨터 통신 등을 통해 직접 정보를 받아들이거나 일부 참고서나 교사들이 학문공동체의 최근 정보를 전달하는 상황으로 이해해 볼 수 있다. 그러나 전자는 공교육 통로가 아니란 점에서 별도로 연구되어야 할 사항이며, 후자는 예외적인 경우에 속하는 것으로 보아야 할 것이다. [그림 3] 또한 그와 마찬가지 경우이다.

물론 학문공동체의 검증을 통해 공인된 내용들이 제반 교육적인 요구들과 맞물리게 될 때 그 지식은 적합성을 확보하였다고 말할 수 있을 것이다. 하지만 이 적합성의 정체는 그 과정에서 일정하게 반영된 보수성을 대체한 것에 지나지 않기가 쉽다. 이는 단지 국학계(國學界)에 한정된 특수성이라든가 우리나라의 일반적 학문적 풍토가 갖는 특성을 가리키는 것이 아니다. 그것은 학문공동체란 것 자체가 갖는 비탄력적(非彈力的) 성격을 가리키는 말이며 또한 다양하고 때론 상충되기까지 하는 교육적 요구 가운데 일부 선별된 요구만이 그러한 성격과 정합하게 된다는 측면을 지시하는 것이다. 그 결과 학문공동체의 최종적 공인에 지나치게 집착하게 되면 현 당대의 현실 상황을 적극적으로 포섭하지 못한 채 교육과정이 고착될 가능성이 커지게 된다. 지식, 정보의 유통과 변화가 대량화되고 가속화되는 사회에서는 이러한 가능성이 더욱 증대될 위험마저 있는 것이다.

특히 문제는 [그림 4]와 [그림 5]의 상황에서 발생한다. 학문공동체에서는 복합적이거나 애매한 결론에 도달하더라도 교육 집단은 항상 무언가를 확정해야 하는 강박 관념을 보이기 때문이다. 만일 확정되지 못한다면 교수 내용에서 제외하기가 쉽다. <청산별곡>과 같은 텍스트의 경우, 문·이과가 공통적으로 이수해야 하는 국어 I 과목의 경우에는 항상 1연만이 교과서에 실리는 경향을 그 예로 들 수가 있다. 그것은 2연 이하에 등장하는 무수한 난해구들과 그에 따른 복합적이고 애매한 결론들을 교육계가 회피하고자 하는 하나의 방식으로 보이기 때문이다.[4]

---

4) 문과만이 선택하는 국어II 과목을 통해 다양한 학설들이 제공되기도 하는 것은 그나마 다행한 일이라 할 수 있다. 하지만 이때도 역시 그것이 단순 지식의 나열 방식으로 제공되느냐 탐구 방식으로 주어지느냐 하는 것이 관건이 된다. 정재찬(1994a) 참고 바람.

더욱 문제적인 것은 문학 그 자체가 늘상 복합적이고 애매한 결론에 이르게 마련이란 점이다. 단일하거나 자명한 결론은 오히려 극히 예외적인 것이 문학을 둘러싼 담론들의 특징이다. 그 담론들의 투쟁에도 불구하고, 그러나 교육은 항상 어떤 하나의 유의미한 선택을 하고자 한다. 우리의 정전이 그렇고 주해 방식이 그러하다. 따라서 복수 정답 가능성을 인정하지 않으면서 학생 수용자의 상황을 고려해야 한다는 다양성 추구 주장은 허구로 변질되기 쉽다.

학문계 내부의 투쟁은 감추어지고, 학문계와 교육계의 의사소통은 선별의 원칙에서 행해진다. 더구나 교사의 자율성이 허용되는 것은 극히 예외적인 상황일 뿐이다.[5] 그때 그 선별의 원칙은 필연적으로 통일성과 일관성을 강조할 수밖에 없다. 말하자면 통일성과 일관성의 원칙 하에서 다양성은 상실될 수도 있는 것이다.

전통적 교육과정이 주체에 부여하는 통일성과 일관성은 교과서나 실라버스, 독서 목록에 이미 반영되어 있다. 그 텍스트들은 항상 문학성이라는 통일적 개념을 중심으로 조직된다.[6] 문학이 그 내재적 자질로 인하여 다른 문화적 담론과 본래적으로 구분되는 담론이라는 개념은 모든 현상을 초시간적으로 또 본래적으로 의미 있는 것으로서 제시하고자 하는 중심화 이데올로기의 일부이다. 달리 말하자면 그것은 본질주의 전략인 것이다. 특정한 작가 또는

---

5) 문학교육의 수준과 질을 개선하는 데 있어 교사들의 역할은 결정적이다. 하지만 교사들로 하여금 상황 구속성에서 벗어나 자율성을 발휘하도록 요구하는 것은 문제의 핵심을 비켜 가는 것이 된다. 현재의 교육이 신비평으로 인한 폐해를 안고 있다고 비판할 때, 학교의 중견 교사들이 그 전문성을 함양 받았던 문학 수업기의 지배적 조류가 곧 신비평적이었다는 사실을 놓쳐서는 안 된다. 즉, 학문계의 의사 결정은 교육계의 외부를 통해서 전달되는 것만이 아니라 교사 양성 기제 내에 이미 전수되어 있는 것이다. 중등 교육의 문제는 대학 교육과 밀접한 연관을 갖는다. 이로부터 그 같은 기제에 대한 연구의 의의가 확보되며, 실천적인 문제로서 이는 곧 교사 양성 프로그램과 교사 재교육 문제에 대한 심도 있는 논의를 요구하는 것이 된다. 이에 대해서는 박인기 (1992)를 참고할 것.

6) 마셰리(마슈레, 배영달 역, 1994)는 문학이란 무엇인가 하는 문제 제기 자체가 잘못된 질문이라고 주장한다. 왜냐하면 이 질문은 대답을 이미 내재시키고 있는 질문이기 때문이다. 즉, 문학이란 본질 혹은 실체를 갖고 있는 영원불멸의 객체로 존재하고 있음을 전제로 삼고 있는 것이다. 그에 의하면 문학이란 미학적 범주로 이해되어야 할 것이 아니라 역사적 상황적 범주로 이해되어야 한다.

특정의 텍스트가 중심부의 전통을 구성한다고 말하는 것은 본질주의의 주장에 가깝다.

하지만 이는 오늘날 적어도 이론상으로는 비트겐슈타인의 가족 유사성(家族類似性) 개념과 데리다의 해체주의에 의해 철저히 그 자리를 잃게 되었다고 평가된다. 현대 이론은 문학성이란 역사상 특정한 시기의 의미화 작용 체계의 효과라고 주장한다. 그런 의미에서 토니 베네트는 "글로 표현된 텍스트는 스스로를 문학적으로 혹은 비문학적으로 조직하지 않는다. 그들은 자신들에 가해진 비평의 작용에 의해서만 그렇게 조직될 뿐"(토니 베네트, 1983: 15)이라고 하였던 것이다.

본질주의에 대한 이러한 해체주의적 공격이 정전 개방 운동의 시점과 정확히 같은 시기에 일어났다는 사실(Dasenbrock, 1990: 66), 즉 모든 것은 이데올로기적이고 텍스트적이며 정치적이라는 것이 새로운 정통성을 차지하게 되면서 정전 파괴 운동이 벌어지고 있다는 사실(Foley, 1992: 71)은 문학교육의 측면에서 매우 유의미한 일면을 내포하고 있다 하겠다.

하지만 데리다의 해체주의가 주는 교훈은 이항대립의 전격적인 타도도, 그에 대한 굴복도 아니다. 그것은 이항대립 내부로부터 이항대립을 끊임없이 대치하고 전복하는 것이다. 따라서 정전적인 이항대립을 혁파한다 해서 그 같은 교육이 이항대립의 논리로부터 벗어나리라는 견해는 지나치게 단순하다. 기껏해야 그것은 이항대립을 뒤집어놓고 서로의 위치를 대체할 수 있을 뿐이다.

문제는 정전의 유동성, 문학적 취미의 역사적 변천, 위계 질서 속에 놓여 있는 텍스트들의 상대적 위치에 있는 것이 아니라 정전성(正典性, canonicity) 그 자체에 있는 것이다(Ewell, 1990: 47). 또한 현실적으로는 정전의 개방이 필연적으로 그리고 시급히 요구되지만, 이론적으로는 정전의 개방이란 그 자체가 불가능한 것으로 보인다는 점에 문제의 심각성이 놓여 있다.

기존의 정전을 말소한다든가 새로운 정전을 부가하는 것은 차라리 손쉬운 일일 지도 모른다. 하지만 가장 단순한 차원에서 볼 때 정전에 새로운 것을 추가하는 것은 단지 양의 증대를 의미할 뿐, 그만큼 다른 어떤 것은 읽지 못하게 되는 결과를 낳을 수도 있다.[7] 또한 현실적인 측면에서 과거의 본질주의가 해체된다 하더라도 교육은 결국 본질주의자가 되는 길을 피하기가 어렵기 때문에 또 다시 중핵으로 돌아가자는 요구가 설득적으로 되면서 그 중핵으로서의 정전을 단지 대체하는 데 지나지 않을 가능성도 크다(Dasenbrock, 1990: 65-68).[8] 그러나 이 경우 정전의 대체란 정전 형성의 기반이 되는 동기에는 조금의 변화도 없는 채로 권력/지식의 위계질서를 재연하는 것에 지나지 않는 것이다.

그러므로 정전의 개방이 정전의 목록을 늘리기만 하는 데 기여해서는 안된다. 교육과정은 항상 시간적으로 공간적으로 제한되어 있기 때문에 여전히 중심부를 차지하는 것은 기존의 정전이 될 가능성이 크기 때문이다. 특히 분석과 해석의 패러다임이 그대로인 한에서는 정전의 개방이란 거의 무의미할 수도 있다.

따라서 문제는 다시 '어떻게' 읽느냐 하는 데로 넘어 오게 된다. 다만 정전의 개방 문제와 마찬가지로 이론의 개방 문제 역시 그와 같은 길을 걷게 되기가 쉽다는 점만큼은 미리 지적해 두어야 하겠다. 사실, 우리 경우에는 이론의 정전화가 굳어진 형편이고, 비록 역사주의 비평의 도입 등이 이루어지긴 했으나, 그것이 영역-담당 원칙에서처럼 이론의 부가화에 불과한 것임은 앞서 지적한 바 있다. 따라서 이론의 위세 앞에서 또 다시 공허한 다원주의가 고개를 들 가능성이 크다.

오늘날 강력하게 전개되고 있는 다양한 '포스트-이론(posties)'들은 더 이상 인문주의적 비전을 공유하지 않는다(Morgan, 1990: 3). 미국의 경우, 해체주의와 포스트 마르크스주의 등이 대학에 들어 올 수 있었던 것 역시, 예의 그 영역-담당 원칙의 성격을 고려한다면 이해되기 어렵지 않지만,[9] 문제는 오늘날

---

7) Perloff는 다음과 같이 지적한다. "주어진 실라버스나 앤솔로지에 X가 추가될 때마다 결국 어느 Y는 포기되어야만 한다. 나는 이것이 반드시 나쁘다고 말하는 것은 아니지만, 우리는 '폐쇄'되고 폭 좁은 정전을 '개방'되고 유연한 정전으로 대체하였다는 환상 하에 놓여서는 안 된다." Dasenbrock(1990: 64)에서 재인용.

8) 본질주의의 입장을 고수하는 데이젠브락은 결국 탈중심화가 아니라 재중심화를 주장한다.

9) 이와 관련한 문제로 다음과 같은 지적은 눈여겨볼 필요가 있다. "이론은 미국 교육의 기초를 위협할 수 있는 급진적 변화의 비망록을 제공해 준다. 그러므로 이론이 교육의 장 속으로 주입될 때 항용 왜곡되거나 중립화되는 것은 놀랄 일이 아니다. 보수주의가

그것이 단지 부가된 정도에 그치는 것이 아니라 기존의 학문과 본격적인 대립과 갈등을 노정하게 되었다는 점이다. 이러한 환경의 변화와 더불어 이제 전통의 수문장으로서 인문주의자의 역할은 심각한 전환기를 겪고 있는 것처럼 보인다.[10]

탈구조주의 및 해체주의로의 이행과 더불어 발생한 이러한 현상은 교육에까지 그 파급 효과를 이루고 있다. 이제껏 교실은 차이와 타자성에 대해 의문을 품지 않도록 하고, 학문적 담론의 생산에 대한 실용적 고려 속으로 그 같은 의문을 해소시키기 위해 학문이 이용되는 주요 공간이었다. 그러나 오늘날 대학은 한편으로는 전통적 학문에 도전하는 장소가 되고 있으며, 다른 한편으로는 이론에 대해 당황해 하고 있는 것이다. 오늘날 주요한 갈등은, 문학 연구의 목표가 고급 문화의 전통적 기념물에 대한 문학적 이해의 증진이라고 간주하는 사람들과, 그 문화 및 그 문화의 억압적 영향이라 여겨지는 것을 진보적 비평에 맡기고자 하는 사람들 사이에서 벌어지고 있다.

그러나 우리의 전통적 교육과정이 이러한 변화를 수용할 수 있을지는 자못 의심스럽다. 문학교육의 경우, 그 지배적 담론에 내재하고 있는 성향과 교육 일반의 보수성이 완고한 결합을 이루고 있기 때문이다. 작가의 권위만큼이나 교사의 권위는 존중된다. 학생들에게 있어 작품의 숨겨진 의도와 의미를 간파하는 것은 교사가 갖고 있으리라 기대되는 정답을 예상하고 그에 반응하는 것과 마찬가지이다.

가령, 문학 텍스트의 '해석' 문제에 대해서 생각해 보자. 최근 이론의 한 가지 교훈은 텍스트들이 그 자신을 충분히 해명해 주지 않는다는 데 있다. 결과적으로 그것들을 어떻게 가르치는가는 이론적 선택에 달려 있게 되는데,

존경받고 다양성, 변혁, 분석은 '미국 정신의 종말'에 대한 심각한 증거로 간주되는 정체의 시대에 우리는 살고 있다(Donahue and Quandahl, 1989: 15)." 한편 Zavarzadeh (1992: 43) 또한 오늘날 인문주의와 해체주의의 연합이 문학과 문화 연구의 중심부를 형성하고 있는 데 대해 이는 초교파적 자유주의의 제휴의 결과라고 비난하고 있다.
10) Foley(1992: 71) 참조. 하지만 그녀는 부쉬 행정부로 대표되듯 정치계는 보수화되어 가는 판에 학계에서는 진보적 경향이 헤게모니를 차지해 가는 이러한 비정상적 결합에 대해 미국 부르주아 사회의 문화다원주의라는 신화로 설명하고 있다. 따라서 이질성의 진보적 정치학은 보수적 다원주의에 흡수되고 그 속에서 중심/주변의 이항대립은 변하지 않을 것이라고 그녀는 주장한다.

따라서 텍스트 해석을 위해서는 먼저 그 이론이 맞닿아 있는 제도가 무엇을 대표하고 있는지에 관한 이해가 필요해진다. 하지만 문학의 다양성으로 인해 문학이라는 제도는 그 제도로서의 가시도(可視度)가 단순하거나 분명하지 못한 경우에 속한다. 우리가 가르치는 텍스트의 가독성(可讀性)은 그 텍스트가 몸담고 있는 제도들의 가독성에 기초한다. 만일 제도적 텍스트가 불투명하다면, 그 제도가 매개하는 텍스트 또한 그러한 것이다. 요컨대 학생들은 텍스트를 앞에 두고 자신의 이해관계보다는 제도가 요구하는 코드에 스스로를 조정함으로써 이상적 주체에 다가가야 하는 것이 된다.

엄밀히 말하면 어릴 적 일차 언어(一次言語)를 획득하는 것부터가 정교한 문화적 상황에 들어가는 것을 의미한다. 이러한 사건은 그 자체로 정신적 외상(外傷)이 된다. 더구나 언어로 텍스트를 생산하는 것은 둘째 번 차원의 문화적 제약들, 즉 어떤 특정 유형의 담론에 개방되어 있는 문체론적 가능성을 지배하는 규약들을 받아들이는 것을 포함한다. 이것 또한 힘을 얻기 위한 자유의 희생을 포함하기 때문에 외상적 차원을 가질 수 있다. 이를 좋은 의미에서 훈련이라고 부르지만, 어떤 특정 종류의 담론을 생산하는 힘－문학적 해석의 담론과 같은－ 은 그 담론의 관례들을 수용하는 것을 필요로 하는 것이다(로버트 숄즈, 유재천 역, 1988: 20).

그런데 '이해'라는 것은 가다머의 입장에서 보자면 결국 전통의 권위에 복종하는 일과 일치하게 된다. 이에 반해 하버마스는 이해가 지니는 선입견적 구조를 꿰뚫어 볼 수 있게 해 주고 또 그럼으로써 선입견이 가지는 권세를 무너뜨릴 수도 있다는 반성의 힘을 제시한다.[11] 이 가운데 우리 문학교육에서 낯익은 태도는 아마도 전자의 모습이라 할 것이다. 여기에는 의사소통이라기보다는 일방적이고 수동적인 이해만이 자리잡고 있는 것이다. 독자 곧 학생의 과제는 정전으로 불리는 그 텍스트의 초월성 내지 보편 타당성을 발

---

11) 물론 가다머는 정신과학의 방법론으로서의 해석학을 제시하는 것이 아니고 '이해'라는 사건 자체를 기술하는 것을 목표로 했고, 따라서 그의 해석학은 우리에게 무엇을 이해할 때 사용해야 하는 올바른 규칙이나 올바른 이해의 방식 같은 것을 제시해 주지는 않는다. 그는 다만 이해의 과정을, 이해하는 자가 지닌 현재의 지평과 과거의 전승이 지닌 지평의 융합으로서 묘사하고 있을 따름이다. 이구슬(1994) 참고.

견하는 것, 즉 그러한 텍스트만으로 이루어지는 제도에 적응하는 것이다. 나아가 그것은 교사의 권위와 함께 주어지며 시험이라는 제도적 장치를 통하여 '감시'되고 '처벌'되는 '훈련'의 과정을 경과하게 된다. 결국 이렇게 본다면, 우리 문학교육이 생산하고 있는 주체는 제도적 권위에 종속되는 주체인 것이다.[12]

앞서 우리는 신비평의 이른바 꼼꼼히 읽기를 검토한 바 있는데, 이렇듯 보수적 독서 이데올로기가 자리잡게 되면 정작 주체로서의 독서는 발휘되지 않는다. 거의 대부분의 경우 자기만의 독서는 오독(誤讀)으로 처리되며 시험을 통해서 '처벌'될 가능성이 크기 때문이다. 거기서 생산되는 주체는 순응적 주체일 따름이다. 즉, 앞서 언급한 낭만주의의 양면성 가운데 해방의 측면보다는 오히려 권위에의 종속적 측면만이 발현되고 마는 것이다.

하지만 폴 드 만에 따르면 문학 언어의 특수성은 오히려 오독과 잘못된 해석의 가능성에 있다. 즉, 텍스트가 여하한 오독을 배제하고 거부한다면, 그것은 문학적인 것이 될 수 없다는 것이다. 결과적으로, '통제된' 혹은 '정확한' 해석을 성취하려 하는 어떠한 비평이나 책읽기 이론도 심각한 망상에 사로잡힌 것이다. 문학이 비유적이기 때문에 그것에 대한 책읽기는 필연적으로 오독이 될 수밖에 없는 것, 그렇다면 잘못은 언어에 있는 것이지 독자에게 있는 것이 아니다. 문학 텍스트는 스스로를 해체한다. 그것은 비평가나 작가가 깨닫고 있든 아니든 간에 언제나 이미 해체된다. 그 누구도 비유들의 유희와 의미 대상들의 이탈에 마음대로 경계를 지을 수 없다. 텍스트는 스스로를 오독하는 것이다.[13]

그럼에도 불구하고 전통적 문학교육에서는 텍스트를 읽고 마치 직관에

---

12) 푸코식으로 말하면 이는 '복종assujettissment의 양식'에 해당한다. 이는 개인이 어떤 규칙에 대해 자신의 관계를 설정하고 스스로가 그것의 효력을 발생시켜야 할 의무와 관계되어 있는 것으로 인식하는 방식을 가리킨다. 즉, as-sujet-tissment이란 한편으로 어떤 개인이 자신을 둘러싸고 있는 규범적 힘에 복종함을, 그리고 다른 한편으로 그러한 복종을 스스로의 주체화로 정향시킴으로써 자기화하는 방식을 동시에 가리키는 말이 되며 따라서 복종이란 규범에 대한 예속을 뜻하기도 하지만 동시에 주체의 정치적 미학적 선택을 가리키기도 하는 것이다. 미셸 푸코(이정우 역, 1993: 170) 참고.
13) 폴 드 만의 견해에 관해서는 Leitch(1993: 359-60) 참고.

의해 그 텍스트에 대한 공통된 해석적 담론을 생산하는 것이 가능하다고 생각해 왔다. 그러나 그 같은 직관이란 것 역시 이미 담론과 권력의 산물이다. 우리는 배워온 대로 읽으며, 어떤 것을 찾도록 배우게 되기 전까지 우리는 그것들을 보지 못한다. 창조적 능력은 초심자에게 주어지는 것이 아니라 관례들을 마스터함으로써 얻어진다. 그것은 이미 아마추어가 아니라 전문가의 경지에 해당한다. 학생들에게 그러한 경지가 기대될 수 없다면 당연히 수업은 전문가로서의 교사가 그 비전(秘傳)을 밝혀주는 것 이외에 도리가 없다.

그런 의미에서 허쉬(E. D. Hirsh)의 접근법은 실제로 텍스트의 의미에 도달하는 가장 보수적인 방법이다. 그것은 이미 스스로의 정의에 따라 작가는 독자보다 우수하며, 그의 산물은 그의 의도와 동등하다는 것을 가정한다. 따라서 부담은 그 의도를 찾아내려는 독자에게 있다. 그리고 실제로 이것은 일종의 안녕 질서(安寧秩序)의 접근법이다. 이러한 해석학적 연구의 전통은 성서 주석에 그 뿌리를 두고 있다. 그래서 그것은 작가를 신으로 간주하는 경향이 있다. 그러나 이러한 접근법의 힘이 그 질서에 있는 반면, 그 위험 역시 동일한 출처에서 나온다는 것은 분명하다. 그것은 학생들의 창조적 충동을 질식시킬 수도 있으며 독서를 경직된 권위주의로 이끌 수 있기 때문이다.

이에 무엇보다도 먼저 제기되어야 할 문제는 왜 학생들에게 아마추어의 즐거움을 제공해 줄 수는 없는가 하는 점이다. 바르트는 브레히트의 태도를 텍스트의 즐거움으로 번역하면서 '아마추어의 문명'을 요구하였는데, 이는 텍스트의 생산에 있어 독자와 세계 사이의 관계를 재정립하고 독자를 글쓰기 및 텍스트 직조의 즐거움으로 인도할 필요성을 의미하는 것이다. 바르트의 아마추어어화가 교육에 의미하는 바는, 우리가 학생들을 전문가로서가 아니라 아마추어ー 이 단어의 가장 훌륭한 의미에서ー로 접해야 한다는 것이다. 문학 작품이 의미하는 것이 무엇인지가 아니라 우선 왜 쓰는가 하는 것, 분석 작업이 아니라 우선 그 창조적 과정의 즐거움으로 그들을 이끌어야 하는 것이다. 운동을 가르치면서 그 운동 경기의 지식이나 역사 내지는 그 규칙만을 가르치고 실제 시합은 해 보도록 하지 않는 체육 수업 장면을 우리는 상상할 수 없다. 그 경우야말로 '손가락'만을 가르치고 '달'을 가르치지 않는 명백한 경우에 해당한다(김대행, 1995). 그런데도 우리 문학교육은 학생들로 하여금 아마추어로서의 즐거움을 누릴 수 있도록 가르치기는커녕, 전문가의 지위에 오를 수도 없으면서 전문가의 권위에 종속해야만 하는 수동적인 소비자로 만들고 있는 것이다.

독해의 과정이 이러하다면 일반적으로 더 많은 창조성이 요구되는 것으로 이해되는 창작교육의 국면에서 학생들이 어떠한 상황에 놓일 지는 자못 분명해진다. 읽기와 쓰기는 편의상 구분될 수 있을 뿐 실제적으로는 통합적인 과정으로 설명되기 때문에 독해 교육의 결과는 창작 교육을 통해 다시 나타날 수밖에 없을 것이기 때문이다. 학생들 가운데서 문학을 자기화(自己化)할 수 있는 주체는 지극히 한정되어 있다. 그 가장 명백한 예가 창작 교육에서 나타나는 것이다.

감정, 직관, 그리고 체험은 여전히 창작 교실의 핵심적인 주제가 되고 있다. 그리고 그것들을 개인의 주체 위치(subject position)에 따라 설명하기보다는 인류의 보편성 차원에서 가르치고 있다. 그러나 아무나 그런 보편성에 도달할 수는 없는 것이라는 인식 또한 학생들에게는 이미 주어져 있기 마련이며, 더구나 보편성과 같은 초월적 개념들은 사실 특정한 주체 위치에서 파생된 담론적 산물인 경우가 허다하다. 그러므로 표현 욕구를 만족시키는 교육의 성취는 단지 창작의 기술을 가르치는 데에서 이루어지는 것이 아니다. '문학 현실'에 대한 '지식'이 변화되지 않고서는 도저히 불가능한 일이기 때문이다.

우리나라의 경우 독해와 작문 교육은 서로 분리되어 있고, 그나마 작문 교육의 실효성은 상실된 지 오래일 뿐만 아니라, 최근까지도 창작은 아예 '정과 시간에는 다루지 않는다'라고 명시적으로 규정됨으로써 특별활동의 문예반에서나 그 명맥이 이어지고 있는 형편이다. 이것은 창작 활동을 하나의 수월성(excellence) 개념으로 이해하는 태도이며 일반적인 교양의 차원에서 다루지 않음을 뜻한다.14)

---

14) 수월성이란 생활의 모든 면에 있어서 최상의 표준에 도달하기 위한 노력으로 정의되지만, 실제 모든 개인은 포부 수준과 과업 수준에 대한 표준, 그리고 보다 좋은 세계에 대한 희망이 각기 다를 뿐만 아니라 정치·음악·문학·교육 등을 위한 각 특수 영역에 있어서 최고 수준의 성취를 위한 노력의 형태가 각각 다르게 나타난다(서울대학교 교육연구소 편, 1994: 404). 일반적으로 학력, 곧 지식 영역의 성취도만으로 학생들을 평가하는 데 대하여 이 같은 수월성 개념을 도입하는 것은 우리의 현실로 볼 때

문학 작품의 독해는 교양이고 창작은 일반인의 소양으로 인정되지 않는 다는 것이야말로 실상 우리 문학교육의 지배적 담론에서 낯익은 바의 낭만주의적 작가관에 철저한 소산이라 할 것이다. 이는 작가의 정신을 특권화하고 수사화(修辭化)의 읽기 방식에 문학교육이 전념해 온 데 따른 자연스런 반영물이다. 문학 언어와 일상 언어의 이항대립과 작가와 일상인의 이항대립이 해체되지 않는 한, 창작교육은커녕 작문교육조차도 쉽사리 이루어질 성싶지가 않은 것이다.

작문교육은 흔히 시보다는 산문을, 상상 세계보다는 실제 세계를 다루게 된다. 문학 특히 시는 함축성으로 인해 특권이 부여되어 있기 때문이다. 이와 같이 문학이 현실로부터 분리된 그 무엇이라 여기는 견해는 작문교육에서도 확인되는 바인 것이다. 하지만 수사적 글쓰기는 물론이려니와, 일반적으로 명확성(Clarity) - 간결성(Brevity) - 성실성(Sincerity)이라는, C - B - S 작문 이론조차도 학생들에게 잘 작동하지 않는다는 사실(Atkins & Johnson, 1985: 6)은 교사들이라면 누구나 아는 상식에 속한다. 따라서 문학과 작문을, 그 난이도를 이유로 분리하는 것 역시 문학의 신비화에 따른 결과일 따름인 것이다. 그런 점에서 문학 작품을 창작하지 못하는 것이 자신들의 기술 부족 탓이라고 많은 학생들이 믿고 있는 데에는 그럴만한 이유가 있는 셈이다.

더구나 그 기술이라는 것마저 미문주의(美文主義)의 확고한 전통 앞에선 용이한 습득이 불가능하다. 이태준의 상고 취미(尙古趣味)가 고전의 완결성에서 벗어나지 못했던 것처럼 학생들 또한 주어진 작품의 완결성에 손댈 수 없는 것은 당연하다. 학생들은 자신들에게도 권위와 능력이 있다는 사실을 대부분 자각할 수 없으며 다만 주어진 모델을 재현하는 데 애쓸 따름이다. 그런데 그러한 모델이란 것이 한결같이 미문주의에 이어져 있다 할진댄, 선시적인 정신이 중요하고 체험이 절로 자라 예술 작품을 낳게 된다는 것은 상상도 할 수 없는 신비에 가깝다. 이른바 학생들 사이의 베스트셀러로 알려진 시집이나 수필류들은 거의 감상(感傷)에 가까운 여리디 여린 감정들을 아름다운 문장으로

유익한 일면을 갖는다. 다만 여기서 필자의 의도는 오로지 창작을 예외적인 능력으로 받아들이는 일반적 심의 경향에 대해 지적하고자 하는 데 있을 따름이다. 수월성 개념에 입각해 창작 교육의 중요성을 부각한 경우는 김은전(1995)에서 찾아볼 수 있다.

표현한 것들이 대부분이고, 교과서에 흔히 등장하는 「—찬(讚)」, 「—송(頌)」류
의 수필들 또한 은유와 의인법 같은 데에 전적으로 의존하고 있으며, 혹은 의
고적(擬古的)인 문체로 유려하게 이어진 문장이 명문장(名文章)으로 가르쳐지는
것이 우리들의 현실이다. 이 점은 백일장(白日場)같은 데서 손쉽게 확인된다.
백일장에서 수사(修辭)가 없는 글쓰기란 학생들 스스로가 허용하질 않으며, 한
껏 멋부린 의고투의 문장 또한 속출하게 마련인 것이다.

하지만 언어의 수사학적 내지 자의식적 사용은 데리다의 글쓰기 개념처
럼 현실로부터 분리되어 있는 것이 아니라 현실을 구성하는 것이며, 문체 또
한 현실의 장식적 표면을 창조하는 것이 아니라 현실의 주요한 구성 요인인
것이다. 따라서 언어를 이 같은 견지에서 가르치는 것은 작문의 미덕 가운데
하나로 꼽히는 '명확성(clarity)의 숭배'를 초월하는 데에 기여한다. 과거에 은
유는 언어의 표현적 기능이라는 측면에서만 주로 연구되고 교육되어 왔다.
그러나 데리다 이후 이제 그것은 말의 본질적인 조건 중의 하나가 되었다. 언
어는 어떤 종류의 실재에서 다른 종류의 것으로 옮겨감으로써 작용한다. 따
라서 그것은 본질적으로 은유적이며 은유는 또한 문학만의 몫도 아니다. 예
를 들어 사회의 어떤 조직 구성을 표현할 때 습관적으로 '상하(上下)'라는 용
어를 사용하는 것 자체가 이미 조직을 공간화하고 있는 사유의 반영인 것이
다. 어떤 주어진 관념에 대해 한정된 수의 은유만이 있는 것도 아니며, 또한
은유는 어떤 사물을 지칭할 뿐만 아니라 상대방에게 다른 어떤 것을 이해하
기를 요구한다는 의미에서 수사학적으로 이중적인 구실을 한다. 은유는 관계
에 호소한다. 그리고 이러한 관계는 청자와 독자가 만드는 것이다. 따라서 은
유는 아무런 역할을 하지 않는 단순한 미사여구(美辭麗句)가 아니다. 즉, 그것
은 우리가 무엇을 하도록 규정지워 준다. 그것은 곧 권력에의 의지인 것이다.

그럼에도 불구하고 학생들에게 수사란 오로지 기교의 차원일 뿐 인식의
문제로는 알려져 있지 않으며, 그로 인해 권위에 저항할 만큼 권력에의 의지
를 드러낼 수도 없다. 자신의 주체 위치에 따른, 자신의 문화에 따른 인식의
권위를 주장할 수도 없고, 전범의 높이에 도달할 기교의 획득도 불가능해 보
이기 때문이다. 정지용은 "시인은 구극에서 언어문자가 대수롭지 않다. 시는
언어의 구성이기보다 더 정신적인 것의 열렬한 정황 혹은 旺溢한 상태 혹은

황홀한 사기임으로 시인은 항상 정신적인 것에서 정신적인 것을 존중한다. 언어와 宗匠은 정신적인 것까지의 일보 뒤에서 세심할 뿐이다."라고 하여, 정신이 더 중요하고, 기술은 "차라리 시인의 타고난 재간 혹은 평생 숙련한 腕法의 부지중의 소득"이라 하였지만, 정신과 체험의 문제는 별도로 하더라도, 학생들로서는 타고난 재간도 없을 뿐더러, 또한 그것이 평생을 숙련해서 얻어지는 소득이라면 학생들 자신의 삶과는 거의 무관한 자리에 서 있는 것이다. 그것은 일상언어와 대립되며 속인(俗人)의 생활과 구분된다는 점에서 귀족적인 문장관에 해당한다. 문법이라든가 문장 작법부터가 규범이고 벽으로 존재하는 학생들에게 문학적 문장, 곧 순문학(belle littérature)의 미문주의란 접근 불가능한 규범일 따름이다.

규범을 가르치는 것은 거칠게 말해 수동성과 종속의 위치를 강요하는 것이 된다. 학교는 감옥이나 정신병원처럼 규율을 통해서 종속적이고 훈련된 신체, 곧 유순한 신체를 만들어 내는 것이다(Foucault,1979: 135-8). 이런 상태에서 학생들이 자신의 문화를 존중하며 권력을 행사하기란 거의 불가능에 가깝다. 심지어 문법에 능숙한 학생도 창작적 글쓰기에는 여전히 난감해 한다. 학생들이 글쓰기에서 겪는 어려움은 문법 능력의 부족에서만이 아니라 전범과 동일시해야 할 사회 체험의 결여에 있다.[15]

권력의 구현은 그 담론의 규칙과 한계에 복종함으로써만이 가능하다. 사회가 요구하는, 새로운 주체성을 얻기 위해서는 기존의 주체성을 버려야 하는 대가를 지불해야만 한다. 이러한 담론의 작동 방식이 노출되지 않는 한, 학생들이 반담론(反談論)이나 역담론(逆談論)을 제출할 수는 없는 일이다(Scholes, 1990: 109). 학생들의 글쓰기가 좀체 개선되지 않는 것은 주체적이고 창조적인 혹은 저항적인 글쓰기는커녕, 종속되어야 할 전범 자체를 따를 수 없는 데 기인한다. 그러나 이로써 지배 문화는 더욱 신비화되기 때문에 그 유지 존속이 더욱 강화되는 사태가 벌어지고 마는 것이다.

한편, 글쓰기의 내용 측면에서도 학생들은 긍정적인 가치관의 표현에 애씀으로써 교육적 요구에 부합하고 적응하고자 한다. 백일장의 경우 주어진

---

15) John Rouse, "The Politics of Composition", *College English* 41, no. 1(Sept. 1979): 1-12. 여기서는 Lefkovitz(1990: 170) 참조.

제재에 대해 대부분의 학생들은 감상적(感傷的)인 내용으로 대처할 뿐만 아니라, 심지어 감상주의가 결점임을 아는 현명한 학생들은 일부러 긍정적인 태도를 보이려 애쓰기까지 하는 것을 볼 수 있다. 이러한 두 가지 반응 모두 억압의 산물이다. 건강성이 그 자체로 윤리적이라면, 감상주의 또한 문학의 지배적 담론상 윤리적인 것으로 허용될 수 있다. 「-송(頌)」류의 글 등에서 볼 수 있는 대상의 미화 내지 대상의 서정화는 글쓰기가 요구하는 윤리적 미덕과도 흡사한 것이다. 특히 교육은 언제나 옳은 가치들(the right values)을 표현한 글쓰기에 가치를 부여하기 때문에 학생들은 의당 전통에 대한 향수라든가 가족에 대한 감상적인 작문을 하게 되며, 이는 결국 우익적 가치들(the values of the right)을 갖게 되는 것이다(Lefkovitz, 1990: 171).

일반적으로 학생들은, 적어도 글을 쓸 때만큼은, 근대 문명을 예찬하지 않는다. 자신들의 실생활과는 분리될지언정, 그리고 실제로는 그같이 생각하지 않을지언정, 글을 쓸 때는 도도한 정신주의를 펼 때가 많은 것이다. 이것 역시 교육의 덕택이거나 아니면 교육의 억압 탓이다.

작문과 창작에 대한 학생들의 두려움, 자신이 그 같은 활동을 수행할 만한 기술을 갖고 있지 못하다는 이 같은 믿음의 기원은 앞서 1차 언어의 획득을 정신적 외상으로 묘사했듯이 학생들의 초기 글쓰기 체험으로 거슬러 올라갈 수도 있을 것이다(로버트 숄츠, 1988). 즉 초기 체험의 과도한 일반화가 이루어진 탓, 왜냐하면 초기 단계의 훈련에서는 읽기는 인지(認知)의 문제이고 글쓰기는 엄정한 구속 하에서의 단어 및 문장 생성의 문제이기 때문이다. 이러한 구도 하에서는 읽기와 쓰기는 각각의 지적인 목적을 갖게 되고 상호작용으로부터 분리된다.

결정적인 것은 독해 과정에서 텍스트를 대할 때 수동적으로만 반응하도록 길들여지는 데 있다. 즉, 독해 과정에서 쓰기 행위를 하지 못하는 것이다. 동시에 작문은 단지 지식을 드러내는 매개물로만 그 지위를 갖는다. 작문은 발견의 매개로서는 어떠한 자율적 기능도 발휘하지 않는다. 왜냐하면 발견될 필요가 있는 모든 것은 텍스트 속에 이미 존재해 있다고 여겨지기 때문이다 (Kaufer and Waller, 1985: 72).

읽기와 쓰기는 그 자신 속에 타자의 흔적을 각각 내포하면서 서로를 보환

(補換, supplement)16)하는 존재이다. 그럼에도 불구하고 읽기와 쓰기 활동 간에 이루어진 이 같은 인위적 구분은 어떤 사려 깊은 교육적 합리성을 반영하는 것이 아니다.

어쩌면 이에 대해서는 대학에서의 국문학과가 전개되어 온 과정에서 그 단서를 발견해야 할지도 모른다. 대학에서 학문적 전통이 수립되면서 창작보다는 이론이, 작문 기능보다는 문학이 학과의 주된 지위를 차지하게 되었고, 따라서 그 학과를 졸업한 이가 교사가 된다면, 응당 작문은 효과적으로 담당할 수가 없게 마련인 것이다. 현재 대학의 국문학과는 작문 교육과의 내재적 연계를 맺을 수 없는 제도상의 구성을 보이고 있거니와, 따라서 독해와 작문, 작문 교육과 창작 교육의 분리는 생산자의 공급 논리가 반영된 제도일 뿐, 본래적으로 그 두 가지 활동이 분리되는 성격인 것도 아니며 교육적인 배려라고는 더구나 할 수 없는 것이다.

요컨대 문학 작품을 읽고 쓰는 행위에 주체적이고 능동적인 참여를 학생들이 할 수 있기를 기대한다면 무엇보다도 긴요한 일은 문학 현실에 대한 현재 학생들의 지식 상태, 즉, 권위에 수동적 종속적으로 반응하는 것이 내면화된 상태를 극복하는 일이라 할 것이다. 문학교육 연구가 이를 위한 제도적 표현을 모색해야 함은 물론이다. 하지만 단지 문학교육 현장의 현상적 처방에만 관심을 쏟을 것이 아니라, 그에 앞서 보다 거시적이고 근본적이며 제도적인 원인을 구명하는 일이 요구된다 할 것이다.

2. 비판적 주체 형성을 위한 과제와 전망

개인의 해방에 기여하기보다는 사회의 지배적 담론과 지식, 그리고 권력이 갖는 권위에 종속하게끔 문학이 가르쳐지고 있다는 현실은 비판하긴 쉬워

---

16) '보충'과 '대체' 혹은 '교환'을 동시에 뜻하는 Atkins & Johnson(1985: 3)의 용어를 의역하여 만든 조어임.

도 극복하긴 어려운 일이다. 이것은 문학교육의 차원에만 걸려 있는 문제가 아니기 때문이다. 그러나 이것이 문제 회피의 빌미로 작용돼서는 안될 일이다. 오히려 지배적 담론에 대한 사회 각 심급에서의 국지전(局地戰)이 요구된다면 그때 가장 앞장서 나아가야 할 부문 가운데 하나가 교육, 특히 문학교육이 되리라는 전망을 우리는 가져야 할 것이다.

기존의 전통적 교육과정은 인문학적 유산의 전수에 그 기대를 걸었었다. 하지만 이제껏 본고는 그것이 기존 체제에 저항하기보다는 그 유지와 재생산에 기여하는 측면을 지적한 셈이다. 이제 문학이 갖는 해방적 기능이 온전히 발휘되기 위해서는 학생들로 하여금 비판적이고 창조적인 주체로 성장하게끔 도와 주는 새로운 교육적 과제가 요구되는 시점인 것이다.

다시 말하거니와, 이른바 대안의 모색, 그것도 실용적인 프로그램 수준의 처방을 제안하기란 쉬운 일이 아니다.17) 이에 대해 학생들로 하여금 문학에 대한 탈신비화에 이르도록 해체론(解體論) 자체를 가르치는 방안을 우선 생각해 볼 수도 있을 것이다. 즉, 탈구조의 방법론을 교수함으로써, 이항대립이란 것은 의도적으로 부과되는 것이고 이는 바로 어느 한 쪽에 특권을 주기 위한 행위라는 점을 가르칠 수도 있는 것이다. 그 전략에는 두 가지 단계가 있다. 첫째 단계는 전도(顚倒) 작업이다. 즉, 주어진 텍스트 속의 이항대립을 발견하고 거기에 설정되어 있는 위계 질서를 뒤바꿔 놓는 일을 시도한다. 이때 유의할 것은 주어진 이항대립 현상에 관해 심사숙고하는 일이다. 그럼으로써 이항대립을 성급하게 뛰어넘거나 쉽게 무시하는 일을 범하지 말아야 한다. 용어나 개념을 단순히 전도시키는 일은 별 의미가 없다. 그런 일은 계속해서 동일한, 즉 그가 이미 사용한 개념 틀 속에서 떠나지 못한 채 생각하고 논의하

---

17) 주로 이론 교육이란 측면에서 학생들을 이론화에 도달하도록 하기 위한 여러 실천적 전략과 대안적 모색들을 제시한 대표적인 예로 Sadoff(1994)를 들 수 있다. 이 책 (Sadoff and Cain, ed. 1994)은 미국의 상황을 다루고 있다는 점은 차치하고서라도, 그 논의의 대상이 대학의 학부 교육에 한정되어 있고 또 교수들 자신의 개인적 강의 체험과 수범 사례에 기초한 짤막한 제언 위주란 점에서 우리의 대안으로 삼기엔 부족하다. 다만 한편으로는 신비평에 대한 비판과, 다른 한편으로는 신비평과 해체주의의 연관성에 주목하면서 해체주의 이후 현대이론들의 문제의식, 즉 정전, 성, 계급, 인종 등의 문제를 실제 교육의 문제와 연관하여 다루고 있는바, 대안적 패러다임의 모색 현황을 보여 준다는 점에서는 참고에 값한다.

는 그런 일을 반복하는 것에 지나지 않기 때문이다.

이를 방지하기 위해 다른 전략이 필요해진다. 그것은 기존의 이항대립이 다시 재구축(再構築)되지 않도록 만드는 일이다. 관련 개념과 개념군을 완전히 다르게 바꾸는 일, 즉 근본적이며 급진적인 재조직과 재규정 작업이 요구된다. 이때 새로운 용어, 새로운 개념의 도입이나 창출이 불가피해진다. 구조 해체의 첫 단계인 전도 작업은 현존에 대한 철저한 개입을 요하며, 둘째 단계 작업인 개념의 근본적 재조직은 현존의 속성을 완전히 변형시키는 작업이다. 이런 방법을 통해 학생들은 텍스트 속에 내재된 과정과 전제의 구조를 밝혀 낼 수 있고, 동시에 담론 속에 내재된 권력의 작용을 규명해 내 보일 수도 있을 것이다.

하지만 이러한 전략은 고도로 꼼꼼한 읽기를 통해 형식화된 고차원적 비판론이란 점을 부정할 수가 없다. 물론 난해하다 해서 거부되어야 할 것은 아니다. 교육적 편의성을 기준으로 방법론을 선택하는 것이 아니라 교육적 가치를 기준으로 하여 선택하고 그것의 교육적 적용을 위해 부단히 방법을 개발하는 것이 교육의 임무이기 때문이다. 현실적 실천 가능성만이 질문될 때, 현실추수적이고 타협적인 경향 내지는 죽은 교육의 합리화와 그 연장이 벌어지게 됨을 우리는 종종 목도하여 왔던 것이다. 그럼에도 불구하고 본질적으로 상황맥락적이며, 열려 있고 또한 변화 가능한 것을 가르친다는 것은 단지 그 효율성의 실용적 문제에서가 아니라 이론의 인지 가능성의 조건, 즉 그 이론 또한 제도적 존재의 맥락에 처해 있다는 근본적 문제로 인해 궁지에 빠지고 마는 것이다.[18]

더욱이 해체주의의 딜레마, 즉 본질주의를 해체하고 그 자리에 무엇을 대체한다는 것은 자기모순에 빠져드는 형국이 된다. 물론 해체주의는 그 같은

[18) 특히 해체주의자들의 작업은 자신들의 비판적 실천을 정당화시킬 수 있는 어떤 규범을 갖고 있지 못하다는 점에서 비판된다. 규범 없이 비판은 불가능한데, 해체주의자들은 그렇게 하고 있다고 하버마스는 비판한다. 그에 따르면 해체주의는 연속적 비판만을 가함으로써 현실에 아무런 영향을 주지 못하고 공허하게 된다는 것이다. 하버마스 자신은 이와 같은 무규범적 비판을 거부하고 의사소통적 합리성이라는 새로운 합리성의 토대를 설정함으로써 현실적이고 안정된 비판을 하려 한다. 윤평중(1990: 212) 참조.

대체를 의도하지 않는다 할 것이다. 하지만 교육적 국면에서는 본질주의의 유혹을 떨쳐버리기가 대단히 어려운 것이 현실이다. 이 점을 감안하지 않고 이루어지는 이상적 모델의 제시는 현실 정합성만이 문제가 아니라 곧잘 급진적인 제도적 개혁만을 요구하는 수준으로 치달아감으로써 오히려 공소함과 허무함을 안겨주기 쉽다는 점에서 재고를 요하는 것이라 하겠다. 다만, 비록 해체주의가 종종 허무주의와 비관주의로 귀결된다는 측면에서 비난의 대상이 되기도 하지만, 그 적실성이 보장되는 한에서 해체주의의 비판은 여전히 유효하다 할 것이다.

그렇다면 해체주의 그 자체보다는 그 비판적 시각이 가져다 준 교훈을 제도화하는 방안 모색이 더 긴요한 과제라 할 수 있다. 이에 본질주의의 자명성을 해체함으로써 얻게 된 다양성과 그 같은 다양성 속에 존재하는 갈등(葛藤)과 모순(矛盾)들을 교육의 장에서 반드시 합의적 해결로 이끌 것이 아니라, 하나의 조직 구성의 원칙으로, 갈등 그 자체, 갈등의 잠재적 교육 가치를 개발하는 것이 유력한 대안의 하나로 제기된다.

갈등은 피할 수도 없고 은폐될 수도 없다. 갈등이 피할 수 없는 것이라면 그것은 오히려 폭로되어야 하는 것이다. 이론상으로는 그러한 갈등-모델은 민주적 다원주의가 애초부터 수립하기를 요구한 것이지만, 실제상 그러한 모델은 결코 그 제도적 표현을 발견할 수 없었다. 비록 많은 문학 이론이 오늘날 다원론적으로 다양하다 하더라도, 그 중 거의가 학생들에게 풍부한 선택의 배열을 제시하는 것 이상의 어떤 다양성도 이용하질 못하고 있는 것이다. 보다 기능적인 다원주의라면, 다를 수 있음에 단지 동의하는 것을 의미하는 것이 아니라, 공개적으로 그 갈등과 모순들을 무대에 올려놓고서 당대 이론들의 경쟁적 강조가 이루어짐으로써 각각의 한계를 조명할 수 있어야 할 것이다.[19]

전통적 교육과정을 지배해 온 자유주의적 패러다임은 개량적 진보와 기

---

19) Graff(1989)의 견해가 이에 해당한다. 이에 대해 Henriksen(1990: 28-34)은 그라프가 주장하는 '대화'는 대학의 내부만 고려하여 학생들의 담론 위치를 한정할 뿐 아니라, 바흐친적인 의미에서 볼 때 단성적 모델에 머물러 있으며, 여전히 교사와 학생 간의 일방 통행식 고리인 점을 들어 비판하고 있다.

회의 평준화를 강조하면서 '취사 선택의 전통'을 고수하여 왔다. 이 패러다임
의 근본 가정이란 갈등이란 용인될 수 있는 경계 내에서 해결되어야 한다든
가, 제도적으로 설정된 규칙이나 틀의 변화는 바람직하지 않다는 것으로서,
이로 인해 변화나 갈등은 체계적으로 무시되고, 따라서 학생들에게는 기존
사회 질서의 정당성을 고양시키는 관점만이 주입되게 마련인 것이다(마단 사
럽, 1992: 16).

　　이에 반해 갈등교육[20]은 우선 비평 범주, 이론적 이슈, 설명 방식, 독법들
사이에 개입하는 이해관계의 갈등을 학생들에게 드러내고 보여주는 것을 목
적으로 한다. 도정일 교수에 의하면 갈등교육의 미덕은 일차적으로 학생들로
하여금 읽기가 순진 무구한 행위가 아니라는 점, 즉 읽기의 이해관계를 보여
준다는 점에서 발휘된다고 한다. 이 갈등은 한편에서는 전통적 읽기의 방법
들에 대한 거부와 도전이라는 측면을, 다른 한편에서는 현대적 독법들 사이
의 경쟁이라는 양상을 띠고 있다. 이 같은 읽기의 개방은 우선은 학생들의 흥
미와 동기 부여에 연관되지만 궁극적으로는 다문화주의(多文化主義)에 이어지
는 것이며 이를 통해 비판적 능력과 문화적 능력을 신장케 할 수 있으리라
기대되는 것이다.

　　이 같은 갈등교육 모델은 어느 정도 교사의 주도권을 인정한 가운데 갈등
학습(conflictual learning) 모델을 취할 수도 있고, 학생들의 주체적인 토론에 의
해 이루어지는 협력 학습(collaborative learning) 모델을 택할 수도 있을 것이다.
전자의 경우는 현실적 실천 가능성과 가치 정향성의 측면에서 교육적 의의를
갖되 교사의 권위에 여전히 학생들이 수동적으로 반응하리라는 한계가 예상
되는 반면, 후자의 경우는 학생들을 지식의 생산자로서 정위하는 방향성에서
그 의의가 발견되나 학생들에 대한 낙관과 신뢰에 기초한다 하더라도 기존의
이론에 대한 어느 정도의 지식 제공이 없이는 해체적 시각의 의의를 거두기

---

20) 갈등교육은 도정일(1994: 334-342)에 의해서도 제안된 바 있다. 도정일 교수는 Graff의
　　갈등 교육 모델이 다원론에 비중을 두는 것이어서 자신의 제안과 각도가 맞지 않음을
　　이 글의 부기(附記)를 통하여 밝히고 있으나, 양자 모두 각 제안의 구체화된 표현은 보
　　이지 않고 있어 Graff의 다원주의와 도정일 교수의 다문화주의가 갖는 차이점을 분명
　　히 알기란 현재로선 어렵다.

가 곤란하다는 점이 난점이라 지적될 수 있을 것이다.

그 어느 경우든, 그러한 무대가 연출되는 교실 장면은 우리를 매우 낯설게 할 것임에 틀림없다. 이에 '문학 교실'을 하나의 '연극 텍스트'로 비유하는 것이 용인된다면, 브레히트의 극 이론(劇理論)을 상기해 보는 것이 아마도 유의미할 것이다. 주지하듯 그는 비극적 행위의 보편성과 통일성을 강조하고 감정의 카타르시스를 유발하는 감정 이입에 있어 관객과 주인공의 일체감을 강조한 아리스토텔레스식 전통을 거부하는, 이른바 소격 효과(疎隔效果)를 주장했다. 전통극에서는 무대와 관객 사이에 '벽'이 존재하지 않는다. 관객들은 피곤한 일상에서 벗어나 연극이 진행되는 잠시동안 다른 세계 속으로 빨려들어간다. 거기에서는 감정의 이끌림과 지적 수동성만이 존재할 따름이다. 이에 대해 브레히트는 관객을 수동적인 수용상태로 이끌어들이는 것을 피하기 위해 리얼리즘의 환상은 분쇄되어야만 한다고 주장한다. 배우들은 그들의 역할 속에서 자신을 상실해서도 안 되며 관객과의 일체감을 증진시키도록 해서도 안 된다. 그렇게 함으로써 비판적 평가 과정이 진행될 수 있다는 것이다.

마찬가지로, 전통적 교실이라는 연극 무대에서 학생이라는 관객들은 자신들이 곧 텍스트 체험의 주체라고 여긴다. 하지만, 그들은 스스로를 주체라고 생각하지만, 그의 주체적 사고 또한 특정한 담론의 재생산물일 수 있음은 은폐되어 있다. 실제 그들은 휴머니즘적 담론에 수동적인 수용자였던 것이다. 한편 그들에게는 텍스트 체험을 하는 과정에서 온갖 현실의 구속으로부터 벗어나는 '즐거움(pleasure)'이 존재한다. 그러나 정확히 말해 그것은 '상상(imagination)'이 아니라 코울리지가 말한 대로 '공상(fancy)'일 뿐이다. 교실 속의 문학은 전통적 연극과도 같다. 그것은 현실의 구속으로부터 놓여나는 자유감을 준다. 하지만 그것은 제반 현실 조건은 여전히 고정된 채 단지 잠시동안 그 구속으로부터의 '벗어남(liberation)'일 뿐, 현실을 변혁시키고 주체를 새로운 관계 속에 가져다 놓는 능동적 참여로서의 산물인 '해방(emancipation)'은 되지 못한다.

그런 의미에서 교양 교육의 원래 명칭이 '자유 교육(liberal education)'이었다는 것은 그 본질과 부합하는 일면이 있는 것 같다. 마비된 일상성으로부터의 벗어남, 강박과 편견으로부터의 벗어남, 아마도 이러한 벗어남을 통해 진실에로 가고자 하는 노력이 교양 교육의 미덕으로 인정되어 왔을 것이기 때문이다. 허구이되 범례로서의 문학작품에 대한 강한 체험이 인문주의에 있어 높은 교육적 효용성을 인정받음도 그 같은 소이(所以)에서다. 하지만 공상은 현실에 개입하지 않으며, '욕망(desire)'과 마찬가지로, '상실(loss)'의 표상이다. 그 결과 인문주의 교육의 경우, 그 상실은 사회적 관계에 기인하는 것이 아니라, 개인적인 결여에서 오는 것으로 되고 만다.[21]

중요한 것은 학생들로 하여금 이론화(theorizing)에 도달할 수 있도록 해 주는 것이다. 이론을 해석의 규칙이나 규정으로 가르칠 수는 없다. 이론이 가르쳐지면, 그것은 마치 이론이 아니라 진리처럼 가르쳐지게 되기 때문이다. 이론은 가능성의 공간으로 이해되고 그 같은 공간이 구축되는 일련의 방식으로 가르쳐져야 하는 것이다. 그 같은 교육적 실천이 요구하는 바는 헤게모니의 부정에 있는 것이 아니라 그에 대한 심문을 할 수 있도록 하는 것일 따름이다. 그것은 곧 단의적(單意的) 의미와 지시물의 제한성에 대한 심문을 의미한다. 즉, 신화를 합리화하는 것이 아니라, 사회 생활과 담론이 통합과 합의에 의해서라기보다는 차이와 이질성에 의해 구성된다는 점을 드러내 보임으로써, 즉 비판적 과정을 통해 그 신화를 파괴하는 것이 요구되는 것이다.

그 같은 탈신비화는 곧 권위에의 저항을 의미한다. 하지만 교수 내용의 탈신비화 작업 자체가 곧 권위에의 저항을 실천적으로 가능케 하리라 기대될 수는 없다. 부르디외는 교육적 권위와 국가의 권위가 상호 의존적임을 보여 주었다. 그는 권력 밖에는 아무 것도 있을 수 없으며 '교육적 권위' 없이 실현되는 '교육적 행위'란 "논리적 모순이자 사회학적 불가능성"임을 상기시키고 있다(Bourdieu,1977: 12). 그렇다면 교육은 정보(지식)의 전수 문제가 정녕코 아니며 교사의 권위는 정보의 질이나 진리 가치에서만 나오는 것이 아니다. 오히려 내용의 과잉이 벌어지고 있는 것이다. 즉, 교사의 교육 내용은 이미 학생들에 의해 수용될 수 있는 것들인바, 그것은 "교육적 의사소통의 관계에서 그가 차지하는 전통적으로 제도적으로 보장된 지위에 의해 이미 부여된"(Bourdieu, 1977: 21) 합법성이기 때문이다. 이는 어떤 개인적인 의미에서의

---

21) 이상의 논의에 관해서는 정재찬(1994c) 참고 바람.

지식 전달자의 기술적 혹은 카리스마적 권위의 정도와는 무관한 것이다. 그것이 피할 길 없는 것이라면, 이 같은 부르디외의 견해는 교육의 개혁 가능성에 대해 대단히 비관적인 것으로 들린다. 즉, 제도적으로 부여된 교사의 권위에 대해서도 탈신비화 작업이 동시에 진행되지 않는 한, 탈신비화된 교수 내용은 곧잘 학생들로서는 또 다시 수동적으로 받아들여야만 할 전범으로 바뀌고 말진댄, 탈권위적 교육 행위가 사회학적 불능에 해당된다면 비관주의에서 벗어나기란 어려울 수밖에 없을 것이기 때문이다.

더욱이 지식이 변한다고 해서 견해나 태도 또한 그만큼 쉽사리 변하는 것은 아니다. 가령 전위적인 계열의 작품들을 가르침으로써 문학적 현실에 대한 학생들의 지식을 넓힐 수는 있지만 그로부터 곧장 그동안 지녀왔던 문학에 대한 태도나 견해를 수정하는 사태를 기대하기는 어렵다. 학생들로서는 단지 지식의 형태로 그러한 문학도 '하나의 문학 경향'임을 받아들이는 수준에서 멈추기가 쉽다. 교사의 권위가 변하지 않는 한, 학생들은 또 다시 정답은 교사에게 있고 그것에 수동적으로 반응하는 태도를 보이게 될 것이기 때문이다. 교사가 권위 상실에 대한 두려움을 극복하더라도, 학생들의 능동적 참여를 조장하는 문제에는 교사의 숙련성이 매우 중요한 관건을 쥐고 있다. 나아가 여기에는 입시 제도와 같은 제도적 층위 뿐만 아니라, 참여 문화와 토론 문화의 성숙과 같은 사회의 전반적인 문화적 층위도 관련되어 있다 할 것이다.

그러나 이것이 곧 사회의 변화가 전제되어야 교육이 변화될 수 있다는 것을 의미하지는 않는다. 오히려 교육이 사회의 변화를 가져오리라는 것이야말로 교육에 대한 오래된 기대였으며, 교육의 가능성에 대한 신뢰와 사려 깊은 낙관주의야말로 인문학의 위기 시대에 처해 교육 관계자들이 가져야 할 자세인 것이다. 제도의 변혁이란 것 역시 언제나 그 제도에 어울리도록 사회화된 인간 스스로에 의해 이루어져 왔다는 점은 우리에게 낙관을 안겨 준다. 다만 이제는 그러한 자발성에만 의존할 때가 아닌 것이다. 교육이란 것이 항상 의도성을 내포하는 활동이라면 학생들로 하여금 현실에 대한 비판력과 창의력을 개발할 수 있도록 도와주는 능동적인 프로그램이 준비되어야만 하는 것이다.

그럼에도 불구하고 오늘날에도 여전히 우리 사회에서는 흔히 교육이라고

하면 일단의 지식 체계가 학자들에 의해서 형성된 후에 그 지식을 이차적으로 그리고 수동적으로 전수 받는 과정으로 인식되고 있다. 이 때문에 이른바 배움이라는 명분으로 위에서부터 강요될 때 학생들은 그 결과적인 산물을 깊이 생각할 필요가 없이 머리 속에서 암송하는 방식으로 그 사태에 대응한다. 그래서 학생의 머리 속에는 서로 관련지을 수 없거나 모순된, 혹은 자신의 경험상 받아들일 수 없는 여러 수준의 지식들이 무질서하게 단편적으로 누적된다. 그리고서는 대개 시험이라는 상황에서 그 지식을 재생하도록 요구받는다. 이 개념에 따르면 좋은 배움이란 제시된 지식을 그대로 접수하고 요구에 따라 그것을 원형 그대로 재생산해 내는 것이다. 이런 부류의 배움에 대한 인식은 특히 학교 교육의 전형을 이루고 있다.

전통적인 문학교육과정 모형 내에서 이론은 거의 무시되거나 현저하게 도구화되어 있다. 다시 말해, 이론은 그것이 엄격하게 정형화되고 경험적으로 검증될 수 있을 때에야 중요한 의미를 갖는 것으로 여겨지는 것이다. 전통적 교육과정 모형에서 지식은 기본적으로 객관적 사실의 영역으로써 다루어진다. 즉, 개인의 외부 세계에 존재하여 개인에게 부과되는 것이기 때문에 객관적이라는 것이다. 일단 앎의 주관적 측면이 상실되고 나면 지식의 목적은 축적과 범주화가 된다. 왜 이것을 알아야 하는가와 같은 질문은 이러한 지식 체계를 습득하는 가장 좋은 방법은 무엇인가와 같은 기술적 공학적 질문으로 대치된다. 이러한 지식관은 보통 상호 의사소통이 아닌 일방적 통고에 기여하는 수직적 교실 사회 관계를 동반한다. 결국 전통적 교육과정 모형에서는 학습이 아니라, 통제가 우선순위를 갖는 것처럼 보인다. 지식이란 단순히 외부 현실에 관한 것이 아니라 비판적 이해와 해방을 지향하는 보다 중요한 자기 지식이라는 관점이 여기서는 망각되고 있는 것이다.

이런 행동 양식 내에서 학생들이 그들 스스로의 의미를 생성하고, 자신만의 고유한 체험에 따라 행위하고, 비판적 사고에 대한 깊은 관심을 개발하기란 거의 불가능한 일이다. 그러한 상황 아래 전개되는 학습은 의미를 계발하기보다 의미를 강제하는 통제 형식으로 전락한다. 이는 단순히 의문시되지 않는 태도, 규범, 신념만을 전수하는 것으로 그치는 문제가 아니다. 즉, 현존하는 제도적 억압의 형태에 도전하기보다 오히려 그것을 강화시키는 인지적인성적 촉진 형태를 교사 자신도 모르는 사이에 인정하는 결과를 범할 수 있게 되는 것이다.

그러나 본래 교육의 출발은 그런 이유에서가 아니었다. 일상적인 지식과 학문적인 지식 간에는 단절이 있어 왔다. 학문과 교육의 세계는 생활세계에 직접적 토대를 둔 상식과 통속적인 지혜라는 속박에서 벗어나려는 동기에서 출범했던 것이다. 다시 말해 배움의 문제는 그 개별적인 배움의 주체가 그가 가진 현존의 지식 체계를 부정하고 그보다 한 단계 더 높은 지식 체계를 획득하기 위해서 분투하는 과정과 관련된다. 배움은 기지(旣知)의 지적인 체계를 교란시키는 당혹스럽고 혼란스러운 상황에서 시작하여 좀더 분명하고 통합되고 해소된 상황에서 끝난다. 따라서 무지(無知)의 사항을 현재의 앎으로 환원시키거나 혹은 '낯선 것'을 '친숙한 것'으로 설명해 버리는 이런 상황이야말로 해방이 아니라 구속인 것이다. 그런 점에서 폴 드 만의 다음과 같은 견해는 교훈이 된다.

> 우리는 이와 같은 어려움이 문학에 대한 논의 과정에서라면 피할 수 없는 논쟁의 초점을 이루어 왔다는 사실을 암시하는 징표들을 확인할 수 있다. 윤리적, 미학적 가치에 그들 자신이 순응하고 있다는 점을 재확인하려는 이론가들의 손실 만회를 위한 시도에서뿐만 아니라, 이때의 가치들을 수호한다는 미명하에 사람들이 보이는 적개심은 이런 불확실성들을 명백하게 드러낸다. 이러한 공격들 가운데 가장 효과적인 것은 이론이란 학문에 대한 방해물이고 따라서 교육에 대한 방해물이라는 투의 비판이다. 정말 그러한가. 그리고 왜 그러한가는 검토할 만한 가치가 있는 것인데, 그 이유는 다음과 같다. 만일 진실로 그러하다면, **진리가 아닌 것을 교육하는 데 성공하기보다는 교육하지 말아야 할 것을 교육하는 데 실패하는 것이 더 나을 것이기 때문이다.** (폴 드 만, 장경렬 역, 1993b: 179) (강조-인용자)

그렇다면 인문학의 위기에 처해 진정한 문학교육의 기능과 잠재력의 비전은 인문학을 주변화한 근본 동인이라 할 수 있는 사회적 현실에 정면으로 대응하고 그에 대해 비판적인 인식을 가능케 하는 데서 발견해야 하지 않을까.

우리 문학교육의 지배적 담론은 주로 현실에 대한 관심을 차단하는 쪽으로 기울어 있다. 학교에서의 문화 체험과 학교 밖에서의 그것 또한 분리된다.

이러한 현실과의 분리는 최선의 경우 낭만적인 꿈꾸기를 통해 현실의 고난
으로부터 잠시 벗어나는 쾌락을 제공하고자 하지만, 그나마 그마저도 우리의
교육 현실은 허락해 주질 않는다. 문학교육 자체의 담론이 권위에의 종속을
강요하고 교육 일반의 메커니즘 또한 그와 한가지로 작동하기 때문이다. 학
교에서는 학생들이 지식을 스스로 생산한다는 것은 엄두도 못 낼 일로 치부
된다. 설사 가능하다고 하더라도 그 미숙성을 허용할 수가 없는 것이다. 이
는 진리가 현존하고 교사는 그것을 가르쳐야 한다는 믿음에서 비롯된다. 그
러나 진리가 있다는 확신과 우리가 가진 현존의 어떤 신념 체계가 그 진리를
대표하고 있다는 확신은 엄격하게 구분되어야 한다. 오히려 진리에 대한 신
념은 현존의 지식에 대한 체계적인 회의에 의해서 공고화되는 것이다(장상호,
1993: 32-3).

진리의 현존 개념이 해체됨으로써 비로소 교사의 일방적 지식 전수가 문
제시되고, 다른 한편으로 현실과 교육이 정면 대응함으로써 학생들에게 실질
적인 문화적 주체로서의 능력을 부여하고자 할 때, 의사소통의 교육은 시작
될 수 있다. 이를 위해서는 적어도 다음과 같은 원칙이 실현되어야 한다.

첫째, 학습 과정에서 학생 참여의 능동적인 성격이 강조되어야 한다. 이
것은 학생들이 학습 과정의 형식과 본질에 의문을 제기하고 참여하며 도전할
수 있다는 의미의 교실 사회 관계를 요구하게 된다. 따라서 교실 관계는 교실
의 의미를 비판할 뿐만 아니라 생성해 내기도 하는, 이 두 가지 모두에 대한
기회를 학생들에게 부여하기 위해 구성되어야만 하는 것이다. 그와 같은 조
건 아래서, 앎은 기존의 지식 체계를 학습하는 문제 이상으로 파악되어야만
한다. 지식이란 가치 중립적이라기보다 가치 함축적인 것을 인정함으로써 지
식은 문제 제기적인 것이 되어야 하며 논쟁과 의사소통을 허용하는 교실 사
회 관계 속으로 포함되어야 한다는 것이다.

둘째, 학생들은 이를 위해 비판적으로 생각하도록 배워야 한다. 그들은
문자 해석이나 단편적인 추론 양식을 넘어서는 방법을 배워야만 한다. 자신
들의 준거틀을 이해하도록 배워야 할 뿐만 아니라 그 준거틀이 어떻게 발달
하여 왔으며 그것이 현실에 대한 어떤 이해를 제공하는지에 대해서도 배워야
한다. 이 때의 비판은 역사적이고 문화적인 상황성에 대한 인식으로부터 나

오게 된다. 사실, 비판적 감각은 역사 의식의 연장이라고 보아야 한다.

셋째, 이렇게 획득된 비판 의식은 학생들로 하여금 그들이 자신의 역사에 적용할 수 있도록, 즉 그들 자신의 생애와 의미 체계를 탐구할 수 있도록 사용되어야만 한다. 전통적 교육과정은 개인으로서의 학생에 대한 배려가 인색했던 것이 사실이다. 하지만 지식의 자기화가 이루어질 때 그것은 단지 개인적 층위에서의 교육의 완성만을 의미하지 않는다. 학생들이 그들 자신의 지식과 그들 자신의 역사가 갖는 존엄성을 자각하게 되면 이로써 다원주의적 시민 사회의 구성원으로서 성장하게 될 기초가 마련될 수 있는 것이다.

이와 연관하여 볼 때 문학교육학의 차원에서는 다음과 같은 최소한 두 가지의 과제가 요구된다 하겠다.

첫째, 진리의 현존 개념 해체에 따른 새로운 방향의 연구 성과물이 요구된다. 그 주된 방향은 문화 연구(Cultural Studies)의 틀에서 간취될 것인바, 이는 적어도 두 가지 기본 모델로 다시 압축될 수 있을 듯하다.[22]

그 하나는 담론 연구(Discourse Studies)로 표현된다. 이는 사회과학 내부로부터 주로 발전된 것으로서, 하부-상부구조의 관점에서 텍스트 개념을 바라보는 이론적 관점을 취한다. 즉, 상부구조로서의 문화적 텍스트는 상대적 자율성의 정도가 여하하든 궁극적으로 그 의의와 효과는 텍스트 너머의 지점으로부터 나온다는 가설에 입각해 있는 것이다. 여기서 얻어지는 비판의 힘은 교육과정을 설계할 때에 동원되어야 할 철학적 비전을 제공해 주는 데 기여할 것으로 판단된다.

다른 하나로는 텍스트성 연구(Textual Studies)를 들 수 있다. 이는 사회과학보다는 문학 연구 내부에서 주도되어 온 것으로, 텍스트성에 관한 질문으로부터 시작하여 비동일적(非同一的)이고 탈중심화된 이론적 모델을 함의하며, 문학언어 대 일상언어, 고급문학 대 대중문학 등의 이항대립을 해체하고자 한다. 텍스트라는 말이 작품이라는 말을 대체하는 것부터가 그 안에 변혁의

---

22) 여기서 제시될 두 가지 연구의 구분은 실상 그 각각의 내부에 있어서도 서로간의 지향점이 매우 다양하여 현재로서는 완전한 합의에 이른 것으로는 볼 수 없다. 여기에서 필자가 제기하고 있는 것은 Easthope(1991: 34)에서 이루어진 논의를 재구성하여 정리한 것이다.

요소를 내포하고 있다. 시를 작품으로 읽힌다는 것과 텍스트로 읽힌다는 것은 전혀 다른 접근법이며 다른 결과를 기대하는 일이 된다. 그것은 단지 용어의 문제에 그치는 것이 아니라 서로 다른 명제를 함축하는 것이다. 특히 전자는 의미의 기원으로서의 저자를 상정하는 개념이지만 후자는 의미 작용의 구조를 그 기원으로 두고 있는 개념인 것이다. 또 텍스트의 개념은 모든 담론, 글쓰기, 기호체계 등을 포함하는 확장력을 갖고 있다. 반면에 문학을 작품으로 가르치는 것은 필연적으로 고정된 정전 체제에서 벗어나기가 어렵다. 이러한 방향의 연구들은 사실 우리 주변에도 이미 존재하고 있다. 다만 그것을 용인할 만한 제도적 틀이 마련되어 있지 못할 따름이다.

중요한 것은 이 두 가지 연구는 동전의 양면과도 같다는 점에 있다. 그것은 서로의 전제가 되고 결과가 된다. 이 두 가지의 프로그램으로 교사가 가르치고자 하는 것은 학생들로 하여금 자신들이 일상의 사회적 삶 속에서 만나는 언어 매개적 상황들을 다룰 수 있도록 해 주는 것 이외에 다른 것이 아니다. 이러한 연구의 목적은 우리의 지식에 작용하는 모든 이데올로기로부터 독립을 획득하는 것이 아니라 오히려 그 역이다. 즉, 우리의 주체성과 그 이데올로기적 근거, 그리고 그 정합성에 대한 비판적 인식과 그를 통한 창조적 주체 형성을 지향하는 것이다. 본론에서 살펴 본 것처럼 오늘날 문학교육의 지배적 담론은 우리가 모두 유일무이하고 개성적인 정체성을 소유하고 있으며, 작가는 우리가 '올바른' 방법을 이용하기만 한다면 식별할 수 있는, 고유하고 개성적인 위대한 정신을 갖고 있다는 것, 아울러 문학은 모든 인간 체험에 대한 보편적인 진리를 제공해 준다는 신념 체계에 기초하여 있다.

위에 지적한 연구들은 이러한 전제 자체에 대립함을 의미한다. 그것은 광범위한 학제적 성격을 요구한다. 요컨대 이 연구들은 학생들을 텍스트 소비자보다는 생산자로 만들고자 하는 민주주의적 목적을 갖고 있다. 지식은 교사가 학생에게 전달하는 정보의 정태적 집합이 아니라 비판적 탐구와 상상적 창조의 끊임없는 행위인 것이다.

둘째, 그러나 교육에 있어 지식 내용이 변화했다 해서 해방의 가능성이 보장되는 것은 아니다. 비판적 지식은 비판적인 주체 위치가 부여되지 않으면 선취될 수 없는 것이기 때문이다. 지식 내용의 변화는 적어도 견해나 태도상으로는 학생들로 하여금 저항을 불러일으키게 될 것이다. 그런데 이러한 저항이야말로 내면화된 문화적 이데올로기를 폭로한다는 점에서 교육상 매우 유익하다. 이는 마치 정신병 환자가 의사의 호의를 믿으면서도 치료에 저항하는 것과 같다(Ulmer, 1990: 121). 이 부인(否認)이라는 방어 기제(防禦機制)는 곧 무의식의 폭로를 두려워하는 데서 발현되는 것으로 알려져 있듯이, 이러한 점에서 문학교육학에 있어 정신분석적 논의의 의의가 발견되는 것이다.

정신분석의 의의는 그것이 사실에 대한 앎을 제공해 주는 데에 있는 것이 아니라, 분석자의 분석 행위 자체가, 그리고 정신분석이 이루어지는 상황 자체가 이미 교육적 체험이라는 데에 있다. 왜냐하면 이 상황이란 엄밀히 말해서 분석자가 환자의 문제를 파악하고 여기에 개입하여 이를 치유해 주는 것이 아니라, 환자로 하여금 여지껏 자신이 알지 못했던 자신에 관한 새로운 앎의 상태로 나아가게 해 주는, 말하자면 인식의 훈련이요, 오인(誤認)에 대한 가르침이기 때문이다. 한 주체로 하여금 자신에 대한 무지로부터 앎으로 나아가게 되는 것, 하지만 엄밀하게 말하자면 이때의 무지는 가르쳐 주면 곧 고쳐지는 상태를 말함은 아니다. 무지란 앎의 단순한 반대 상태가 아니다. 진실로 하여금 그 참모습을 드러내지 못하도록 무의식적으로 억압하는 것이 곧 무지인 것이다. 이것은 적극적 망각 행위의 동의어로 파악될 수 있다. 망각은 잊고자 하는 욕망이요, 이러한 욕망을 프로이드는 이미 정신적 경제의 개념으로 파악한 바 있다. 이 말은 곧 허위의식에 빠지는 것처럼 세상을 살기에 간편한 것은 없다는 뜻도 된다. 무지는 정보의 결여에서 비롯된 소극적 차원의 것이 아니라 부정이라는 능동적 행위이며 앎의 상태로 나아가게 하는 갖가지 정보의 거부인 것이다.23) 그러므로 우리 교육이 해야 할 일은 지식의 보충이 아니라 앎에 대한, 이론에 대한 저항과 싸우는 일이 된다. 따라서 인문교육의 주안점은 이러한 저항이, 진실의 억압이 어디에서 이루어지고 있으며, 어떤 정신적 경제가 이러한 억압을 조장하는지를, 나아가 이러한 억압이 폭로될 경우 어떤 결과가 올 것인지를 찾는 데 놓여져야 할 것이다.

이상을 전제로 우리는 다시 교수 기제의 근본적 변화를 요구하게 된다.

---

23) 이상의 논의는 강두식·이성원(1984)에 의존한 것임.

즉, 학생들을 억압에서 해방하여 그들 자신을 지식의 생산자로 정위하는 방향성이 견지되는 교수 기제가 요구되는 것이다. 프로이트와 라깡은 치료 효과를 거둠에 있어 환자가 "사건을 말로 번역하는 것"의 중요성을 강조하였다. 말하자면 환자의 의식을 일깨우기 위해서는 무엇이 일어났어야만 했던가를 말해주는 것만으로는 결코 충분치 못하다. 환자 스스로 말로 나타내야만 한다. 문학교육은 이 두 가지 조건화, 즉 학생들에게 내면화되어 있는 무의식을 드러내 주고, 동시에 그것을 학생들 스스로 표현할 수 있도록 도와주는 조건화의 가시적이고 제도적인 표현을 모색해야 하는 것이다. 본고가 문학교육의 지배적 담론이 갖는 은폐의 기능을 드러내는 데 주력한 한편, 창작 교육의 문제를 점검해야 했던 것 역시 이와 연관이 깊다. 쓰기는 읽기와 대립되는 것도 아니며 지식의 표현에 그치는 것도 아니다. 그것은 지식의 자기화를 의미하기 때문이다. 그럴 때만이, 즉 이 두 가지 조건화가 이루어질 때만이, 인문교육은 인문학의 위기에 처한 방책을 마련할 수 있을 것이다.

물론 아놀드적 교양 이념을 비판하거나 인문주의의 이데올로기를 폭로하는 것은 여러 시대에 걸쳐 이루어져 왔다. 아놀드의 교양 이념은 발표 당시부터 개혁을 거부하는 호도책이라는 자유주의자들의 호된 비판을 받았거니와, 인문주의에 대한 비판의 초점은 주로 유산계급의 허위의식이라는 데 놓여 있었으며, 따라서 교육의 장에서도 근본적으로는 지배계급을 위한 교육과정이라 비판되곤 하였던 것이다. 하지만 비판은 쉬워도 대안 마련은 어려운 경우가 여기에도 해당한다. 유종호 교수의 다음과 같은 지적은 그러한 사정을 잘 드러내고 있다.

> 전문화와 분업화가 진행될수록 전면적 완성이라는 인문주의 교양 이상은 그 필요성이 증대한다. (…) 인문주의 이념과 이상의 강점은 보다 나은 대안이 없다는 것이다. 정신병원과 수용소는 대안이 될 수 없다. 종교의 세속적 대안으로 현존하고 있는 인문주의는 보다 나은 대안이 나오기까지는 지금의 자리를 지켜갈 것이고 또 지켜야 할 것이다. (…) 지금이야말로 인문주의 이념과 교양 이상의 가시화가 특별히 요구되는 시점이다. 비속성 지향의 대중 문화와 교양을 단념하고 스스로 아랫것이 되려는 민중 문화의 해독제로서 또 배금주의 천민 문화의 대체물로서 인문주의 이념은 우리 사회에서 대안 없는 이상일 것

이다(유종호, 1994: 32-34).

이 '대안 없는 이상'의 상태야말로 인문주의에 관한 논의를 어렵게 만드는 요인이 된다.[24] 하지만 '대안 없는 이상'이란 곧 '이상 아닌 대안'이 되기도 할 뿐더러, 현실의 방책이나 처방을 논하는 것과 이념을 논하는 것의 수준이 같을 수는 없다. 현실에 이상이 제공되지 못한다 해서 고전적 휴머니즘에 기댈 수밖에 없다는 것은 자칫 그 선의와는 달리 보수주의로 치달을 우려가 크다. 더욱이 도덕성과 인간성의 회복이 문학적 탁월성이라는 견지에서 가르침으로써만 얻어질 수 있는 것이라고 말할 수 있을지는 의문이다.[25] 르네상스로부터 우리가 받아들여야 할 참교훈은 그 결과물로서의 인문주의 자체가 아니라 종교의 세속적 대안으로서 인문주의의 이념을 끌어내기 위해 그들이 겪어야 했던 분투와 노력의 자세가 되어야 한다. 그것이 인문학의 위기와 그로 인한 문학교육의 위기에 처해, 인문학의 대안을 추구하는 현 단계 우리의 과제인 것이다.

---

24) 인문주의에 대한 여러 가지 대안 가능성에 대한 숙고로는 백낙청(1994: 301-15)을 볼 것.
25) 폴 드 만(장경렬 역, 1993a: 216)은 오늘날 이론의 위기에 처해 오히려 "해석학과 역사로 가르치기에 앞서 수사학과 시학으로 가르쳐야" 한다고 주장하면서, "분석의 최종 과정에 항상 모종의 종교적 신념을 바탕으로 하여 끼어드는 문화적 탁월성이라는 판단 기준을 포기해야 할 것"이라고 경고하고 있다.

제5장 결 론

　본 연구는 인문학의 위기로 비롯된 문학교육의 위기에 처해 문학교육과 문학교육 연구가 어떠한 자의식을 지녀야 할 것인지, 즉 기존의 전통적 교육과정과 연구에 비판적이고 반성적인 패러다임을 제공하고자 하는 문제의식에서 출발하였다. 특히 이는 문학교육학의 연구 대상이 문학교육 현상 자체이어야 한다는 발상과 연관된 것으로서, 작품 층위의 연구로부터 텍스트 및 텍스트 상위 구조로서의 담론 층위, 그리고 그와 연관된 문화적 제도적 층위에 관한 연구로의 전환을 의미하는 것이었다. 이를 위해 본고는 현재 문학교육을 지배하고 있는 특정 담론들의 역사적 발생 조건과 과정을 계보학적으로 궁구하고, 이를 통해 그 담론들의 효과를 분석해 내고 그 자명성을 해체하는 한편, 그럼에도 불구하고 그들이 지배적 담론으로서 작동될 수 있는 제도적 기제를 분석해 내고자 하였다.

　이에 본고가 우선 주목하였던 바는 우리 문학교육에서 자명한 질서 가운데 하나로 자리잡고 있는 작품의 섭렵과 주해 원칙에 관한 것이었다. 수차의 교육과정 개정에도 불구하고 근본적으로 변하지 않은 발상이 있다면, 그것은 곧 위대한 작품들을 두루 섭렵하는 한편, 그 각각을 꼼꼼히 읽음으로써 학생들의 문학적 체험과 문화적 능력이 고양되길 기대하는 것이라 볼 수 있기 때문이다. 이것이 인문학적 이상에 연결되어 있는 것임은 물론이다. 이에 대한 분석을 통해 얻어진 결론을 요약하면 다음과 같다.

먼저 작품의 섭렵 원칙은 섭렵의 대상으로서의 이른바 정전의 형성과 밀접한 연관을 갖는다. 정전의 설정은 국민 혹은 국가의 이념형과 분리될 수 없으며 아울러 그 이념은 이데올로기 국가 기구로서의 학교라는 제도를 통해 실현된다. 그러나 정작 정전의 설정과 그 교육에 대해서는 항상 미학적 이유만이 강조되고 정치적 이유는 은폐된다. 문제는 합의의 산물이며 역사적 산물일 수밖에 없는 정전이 그 자체로 자명한 질서처럼 제공될 때 발생한다.

오늘날의 정전 구성은 순수문학과 민족문학 중심으로 이루어져 있다. 순수와 민족이라는 이질적 담론의 결합은 일제 강점기 하에서 그 단초를 드러내어 특히 해방 공간에 이르러 사회의 지배적 담론과 연결되면서 이루어진 것이었다. 시문학파, 문장파, 문협정통파로 이어지는 이 계보는 현실주의 혹은 근대주의를 대립쌍으로 하여 존재하는 대타적 존재들이었거니와, 이들이 문단의 헤게모니를 장악하게 되면서, 순수/비순수, 민족/반민족 간의 이항대립적 구도가 설정되고, 그로부터 중심부와 주변부가 분리되며, 이로부터 타자의 배제를 통한 정전의 형성이 이루어짐으로써, 우리 교육을 지배하게 된 것이다. 그러나 그 과정에서 핵심적인 논리는 순수문학이 곧 민족문학이라는 언술에서도 알 수 있듯이, 바로 순수문학론에서 비롯된 것임이 드러난다.

이 같은 정전 체제는 자명한 것이 아니라 어디까지나 구성된 것일 따름이다. 순수문학의 논리를 중심으로 한, 이 순수문학과 민족문학의 이원적 구조는 수많은 문학사적 존재들 가운데 선별과 배제의 과정을 통해 형성된 구성물인 것이다. 여기서 먼저 문제가 되는 것은 그 둘이 기본적인 담론 성격상 상호 배타적인 존재라는 점이다. 순수의 입장에서 보면 민족은 비순수에 가깝다. 그런데도 일부의 민족시가 순수시와 공존할 수 있다는 것은 우리의 정전 체제가 비순수 또는 민족시라는 범주를 편협하게 혹은 자의적으로 설정하고 있음을 말해 준다. 말하자면 순수와 민족의 실상은 진정한 타자 관계가 아니다. 적어도 그 둘이 공통적으로 대항하는 타자가 상정될 때, 그들은 그것을 배제하기 위해 효과적으로 결합하는 동일자가 될 가능성이 농후하기 때문이다. 즉, 이들의 결합을 통해 우리의 정전 체제는 미학과 정치가 서로의 취약점을 보완해 주게 되는 효과를 획득하게 되는 것이다. 따라서 타자와의 공존이란 의미에서 볼 때 우리의 정전 구성이 진정한 다원론을 만족시킨다고는 볼 수가 없게 된다. 정전의 구성이 타자와의 관련 속에서 형성될 수 있었던 것이라 할 때, 그 타자의 존재나 타자의 배제 사실이 폭로되지 않는다면 다원주의와는 거리가 멀어지게 되기 때문이다.

이는 곧 정전의 형성에 있어 우리 문학교육이 문학적인 심급과 정치적인 심급이라는 중층적인 결정 심급을 내포하고 있음을 말해 주는 것이 된다. 더구나 이것은 배타적으로, 혹은 자의적으로 작용한다. 이 두 가지 심급 가운데, 배제의 차원에서는 정치적 심급이 더 우세하게 작용하지만, 선별이라는 가치부여 국면에 있어서는 문학적 심급이 더 우월한 지위를 갖는다는 점에서 어느 정도의 역할 구분이 가능할 것으로 보인다. 그런 의미에서도 탈정치주의 내지 탈이데올로기의 표방은 허구이기 쉽다. 그것이 성립되기 위해서는 정치라든가 이데올로기라든가 하는 것의 개념을 현실정치 내지는 특정한 이데올로기를 의미하는 것으로 지극히 협소화해야만 한다. 한마디로 이것은 체제의 문제일 따름이다.

그렇다면 이렇게 형성된 정전이란 우리 사회의 지배적 담론이 자신에게 유의미한 선택과 배제의 과정을 통해 구성한 '메커니즘'에 지나지 않게 된다. 그러나 이것은 이데올로기적 근거를 은폐하는 중립성의 이름으로 위장된다. 따라서 그 자명성이 해체되고 그 자의성이 폭로되며 그 결과 그 담론에 저항하는 사태가 벌어지지 않는 한, 그것은 계속적으로 '상징적 폭력'을 행사하게 되며 그를 통해 문화의 재생산이 이루어지게 마련이다. 상징적 폭력으로 인해 실제적으로는 주입인 것이 학생들의 의식상에서는 합의의 성격으로 존재하게 되며, 요컨대 정보의 차단과 왜곡에 의해 특정한 가치체계가 아무런 의문 없이 학생들에게 내면화됨으로써 일정한 문화적 재생산이 가능해지게 되는 것이다.

그러므로 정전의 섭렵을 통해 학생들로 하여금 다양한 문학적 체험을 얻게 해 주고자 하는 우리 문학교육과정의 기저 원칙은 그 실제와 어긋날 가능성이 커지게 된다. 즉, 정전의 섭렵을 통해 다양하고 상충된 담론들이 학생들의 내부에서 갈등과 통합의 과정을 거치고 그로 인해 학생들의 전망의 확대가 이루어지길 기대하기란 거의 어려운 것으로 보인다. 그러기엔 우리의 정전 구성이 제한적임을 면치 못한다. 그것은 오히려 제한된 특정한 견해와 담론들이 섭렵이라는 누적 과정을 통해 재생산되고 강화되는 데 기여할 따름이다. 이는 섭렵의 원칙이 텍스트 능력의 신장을 목적으로 삼는 하나의 수단으로 작용되기보다는 확정된 정전의 섭렵 그 자체를 목적으로 하는 경향이 농후하기 때문이다.

한편 작품의 주해 방식으로는 현재 분석주의와 역사주의가 중심부를 구성하는 형식을 보이고 있다. 하지만 우리의 교육과정과 교실 현장에서 이론의 도입은 부가의 원리로 이루어지는데, 이는 곧 외견상으로는 다원주의적 접근을 표방하는 듯해도 실제상으로는 중심부의 지배화를 유지한 채 그 주변부에 새로운 이론이 위치함을 의미하는 것이다. 이때 그 중심부를 이루고 있는 것은 분석주의로 판단된다.

우리 교육에 이론의 미덕이 처음 발휘된 것은 바로 신비평으로 대표되는 분석주의의 도입으로부터 비롯된 것이었다. 신비평은 우선 그 도입 과정에 있어 물신화된 미국 문화의 권위와 냉전 체제의 속성이 작용된 것으로 보이는 한편, 대학이라는 제도에서의 현대문학 연구가 느껴야 했던 일종의 과학 컴플렉스와 연관되어 있다. 이는 신비평이 탈이념적인 객관성의 시학으로 받아들여지는 데 주요한 요소로 작용한다.

그러나 우리 문학교육에 지대한 영향을 끼친 것으로 알려진 신비평은 실상 원산지 미국에서의 신비평 본래의 모습과는 상당한 거리를 두고 있다. 신비평의 본질에 대한 이해가 미달한 가운데서도 신비평이 우리 교육에서 득의의 영역을 고수할 수 있었던 것은 학문 중심 교육과정 및 입시 제도의 특수성과 맞물리면서 신비평이 발휘하게 된 교육적 기능성의 측면에 기인하는 것이었지만, 그것은 오히려 교사 등을 비롯한 교육의 공급자 논리 측에서 의의가 발견되는 경우이었던 바, 이로 인해 미국의 신비평이 의도하였던, 즉 학생들로 하여금 일반교양으로서의 문학적 소양을 갖추게 하고 인문학적 유산을 주체적으로 전취케 하고자 하는 의도로부터는 멀어질 수밖에 없었던 것이다. 그러나 신비평이 영향력을 발휘하였던 더욱 근본적인 이유는 탈이념 표방의 신비평적 이념이 추구하였던 보수주의적 시 읽기가 우리 교육의 이념성 및 보수성과 이해를 같이하고 있었다는 점에서 찾아야 할 것이다.

결국 신비평의 특정한 관점은 객관성의 신화로 인하여 본질화의 과정을 거치게 되며, 그 결과 유기체론을 중심으로 한 분석주의적 관점은 한갓된 이론이 아닌 자명한 존재로서의 절대화를 이루게 된다. 이는 곧 읽기 방식의 제한을 불가피하게 불러일으키며, 결과적으로 학생들의 문화적 체험을 제한하게 된다. 이른바 '꼼꼼히 읽기'는 단순한 읽기 방식이 아니라 가치평가의 국면에서 특정한 관점에서의 문학적 위계화를 불러일으키고, 작품을 왜곡하기도 하며, 전망의 확대보다는 폐쇄적인 성향으로 이끌게 되고, 교실과 현실의 문학 체험을 분리하게끔 작동되었던 것이다. 즉, 그것은 문학으로 하여금 역사, 문화, 정치 등 현실과 맺는 특수하고도 구체적인 연관을 분리하게끔 작용하게 될 때, 소위 능력 있는 독자라는 개념에 의해 함축되는 바의 단일한 정체성에 모든 독자들이 순응하도록 요구하는 보수적인 독서 이데올로기와 밀접히 연관될 때 폐해를 낳게 된다고 할 수 있다. 그것은 특정한 기호와 연관된 신비평이 객관성과 보편성을 지향하면서 벌어진 일이며, 동시에 그와 같은 표방을 우리가 고스란히 받아들이게 되었을 때 발생한 일이다. 그 경우, 신비평적 주해 방식을 통해 그 가치가 입증된 작품은 곧 가치의 객관성을 획득한 것으로 인정될 수 있으며, 심지어는 그 객관성이란 이름으로 초기의 신비평이 지녔던 세계관과 방법 사이의 긴장과는 무관하게 신비평적 기준을 자의적으로 활용할 수도 있게 되었던 것이다. 요컨대 신비평적 주해 방식이 객관화와 본질화의 과정을 경과하면서, 우리 문학교육은 학생들로 하여금 비판적이거나 창의적인 독법보다는 폐쇄적이고 보수적인 독법으로 시를 대하게 하고 말았으며, 문학적 능력의 고양으로 나아가기보다는 작가와 교사의 권위에 종속적인 주체로 형성하게 되었던 것이다.

문학교육의 지배적 담론은 정전 섭렵과 주해 원칙을 지배해 온 순수문학론과 분석주의라는, 이 두 가지 담론이 결합되면서 공고화된다. 중요한 것은 정전 섭렵의 기제와 주해 중심의 기제가 상호 결합함으로써 발생하게 되는 담론 효과에 관한 것이 된다. 왜냐하면 정전'을' 신비평'으로' 가르칠 수도 있고 신비평'을' 정전'으로' 가르칠 수도 있기 때문이다. 이들 역시 이종적인 결합이라 볼 수 있을 테지만, 순수/민족의 결합에서와 마찬가지로, 실상은 보수주의적 성향 등이 맞물리면서 포괄과 배제의 원리로 작동하게 된다. 즉, 이들의 결합은 각각의 담론들이 선별해 낸 것들을 포괄해 줌으로써 정전의 폭을 넓히는 데 기여하는 한편, 이 자장에서 벗어나는 것들을 배제하는 데에 더 기능적으로 발현되는 것이다.

더욱 중요한 것은 섭렵과 주해 각각의 이원적 구조, 즉 순수와 민족, 분석주의와 역사주의가 결합하게 됨으로써 우리의 문학교육이 다원주의의 의장을 갖추게 된다는 점이다. 즉, '순수/민족'과 신비평의 관계에서 '순수'와 신비평의 관계가 '민족'과의 관계보다는 더 친화적이라 할 것인 바, 여기에 역사주의가 들어온다면 각각의 짝이 마련되면서 더욱 기능적으로 보완되는 길이 열릴 수 있게 되는 것이다. 역사주의 비평은 기존의 헤게모니에 대한 저항의 의미를 띨 수 있는 것이었음에도 불구하고, 실제상으로는 마치 영역-담당 모델에서처럼 중심부에 부가될 따름이어서, 오히려 기존 체제를 강화하는 데 기능을 발휘하게 된다. 결국 이 같은 다원주의는 실상 통제의 원리로 작동하고 있는 것이다.

이 같은 지배적 담론이 갖는 효과는 주체의 형성이라는 측면에서 검토될 수 있다. 우리의 문학교육을 지배하는 이 인문주의적 성향은 정전을 구성하고 있는 우리 문학의 주류와 주해 방식으로서의 신비평적 세계관과 긴밀히 연관된 것으로, 여기서 개인은 항상 의미화의 기원이자 원천으로 간주된다. 하지만 주체의 자유란 일종의 담론 효과라 할 수 있는 하나의 환상에 불과하다. 주체는 종속의 결과로 가능해진다. 문학교육은 도구적 합리성이 지배하는 사회에 저항하는 가치를 형성해 주는 듯하지만, 문학과 삶을 분리하고, 기존의 지배적 권위에 순응하는 주체를 재생산함으로써, 인문학의 위기에 적극적인 대안으로서의 구실을 하지 못하게 되는 것이다.

그러므로 비판적이고 창의적인 주체를 형성하기 위해서는 무엇보다도 문학의 탈신비화와 교수기제의 변화가 동시에 요구된다. 그러나 해체주의 자체를 교수하는 것보다는 해체주의적 교훈을 극화할 수 있는 방식이 더 적절할 것으로 판단된다. 그런 의미에서 갈등의 잠재적 교육 가치를 개발하는 교육원리가 주목된다. 그것이 갈등학습 모델을 취하건 혹은 협력학습 모델을 취하건 간에, 중요한 것은 학생들을 지식의 생산자로 정위하는 원칙이라 할 것이다. 그것이 전제될 때 개인의 해방 측면에 문학교육이 기여하고 학생들을 아마추어로서의 즐거움으로 인도할 수 있을 것이기 때문이다.

이와 연관하여 볼 때 문학교육학의 차원에서는 최소한 두 가지의 전망과 과제가 요구된다. 첫째, 진리의 현존 개념 해체에 따른 새로운 방향의 연구 성과물이 요구되는바, 그 주된 방향은 담론 연구나 텍스트성 연구 등의 문화 연구 틀에서 간취될 것으로 보인다. 여기에는 광범한 학제적 연구가 필요할 것이다. 둘째는, 개인의 해방 문제와 관련된 것으로, 비판적인 주체 위치에 학생들이 도달할 수 있도록 하기 위해, 무엇보다도 학생들 스스로 내면화된 문화적 이데올로기를 폭로할 수 있도록 하기 위한 교수 기제가 요구된다. 여기에는 정신분석학적 의의를 적극적으로 수용하는 연구 시각이 필요할 것으로 보인다. 중요한 것은 학생들로 하여금 내면화된 무의식을 자각하게 함과 동시에 스스로 그것을 표현할 수 있도록 도와주는, 이 두 가지의 조건화를 가능케 하는 제도적 표현을 모색하는 일이다. 그럴 때만이 지식의 자기화가 이루어질 수 있고 이를 통해 인문학의 이상도 실현될 가능성이 크다.

물론 자기화란 것이 자신이 지닌 이해 관계에 따라 자의적으로 모든 것을 해나가도 좋다는 것을 의미하지는 않는다. 그것은 (문학)세계에 대한 수동적인 존재가 아니라 능동적이며 주체적인 존재로 되어야 함을 강조하기 위함일 뿐, 실천적 국면에서 세계에 대한 이해는 인간의 욕구나 동기, 신념과 목적 등에 의해 일방적으로 결정되는 것이 아니라 세계와의 변증법적인 관계 속에서 이루어지는 것이기 때문이다. 진리나 합리성의 기준은 다양한 욕구와 이해, 관심과 신념을 지닌 개인들 간의 논의와 비판적 검토를 통하여 형성되는, 인간의 주체적이자 협동적 노력의 산물인 것이다. 또한 사회의 지식 체계가 갖는 문제점을 비판적으로 생각할 수 있도록 가르친다는 것이 사회의 모든 기존 지식 체계나 신념 체계를 부정하도록 가르친다는 것을 의미하지는 않으며 또 그렇게 할 수도 없는 일이다. 다만 교육은 전통의 일방적인 전달과 수용, 즉 순응만을 위해서가 아니라, 새로운 전통의 형성과 창조를 위해 사회적 협동 과정에 민주적이고 능동적이며 비판적이고 주체적으로 참여할 수 있는 개인을 형성하도록 해야 한다는 것이다. 따라서 상대주의와 다원론과 갈등론은 오히려 서로 다른 기준과 견해에서 빚어지는 대립을 해소하고 공통적인 세계 인식 위에서 삶의 평화와 조화를 추구하는 관용(tolérance)의 정신과 상통한다.

정전의 해체와 개방을 둘러싼 모든 문제들은 결국 이 지점, 곧 '정전의 자기화'와 '자기의 정전화' 사이의 변증법이 기대되는 바로 그 곳을 향해 있는 것이라 해도 지나침이 없을 것이다.

본 연구의 의의는 본 연구에서 이루어진 담론 분석과 비판이 얼마나 엄밀성을 유지하고 자의성을 피할 수 있었는지에 일차적으로 달려 있으려니와, 현재로서는 인접학문의 성과를 수렴하기에 충분한 역량이 마련되어 있지 못한고로, 그 한계성에 대한 지적을 면하기 어려울 것이다. 지배적 담론을 달리 설정하는 방식도 있을 것이며, 그 계보를 파악하는 다른 길도 얼마든지 있을 것이다. 더욱이 사회, 정치, 경제, 문화적 담론들과의 연관성에 이르는, 해명되어야 할 광대한 경지가 남아 있다. 이에 대해서는 보다 정치한 후속 작업이 이루어지길 기대할 따름이다. 아울러 단지 비판적이고 반성적인 패러다임의 제공에 그칠 것이 아니라 새로운 교육 형태와 실천적 대안을 개발해야 하는 임무도 여전히 남아 있다. 앞으로의 작업은 본 연구의 성과를 토대로 문학교육 현상의 다양한 제반 국면들에 관해 연구하는 한편, 문화 연구적 시각의 교육적 연관성을 개발하는 방향으로 이어져야 할 것이다. 그렇다면 본 연구의 한계 또한, 시작해야 할 바로 그 지점에 멈춰 서 있다는 점에서 가장 표나게 지적될 수 있을 것이다.

■ 참고 문헌

강두식 외(1984), 『인문과학의 새로운 방향』, 서울대출판부.

강두식 · 이성원(1984), "문학연구의 새로운 방향", 『인문과학의 새로운 방향』, 서울대출판부.

광복40년의교과서편집위원회(1987), 『광복40년의 교과서―시』, 나랏말쓰미.

구모룡(1992), "한국 근대 문학유기론의 담론분석적 연구―조지훈, 김동리, 조윤제를 중심하여", 부산
　　　　　대 대학원 박사학위논문.

구인환 외(1988), 『문학교육론』, 삼지원.

구인환 외(1995), 『한국전후문학연구』, 삼지원.

권영민(1986), 『해방직후의 민족문학 운동연구』, 서울대출판부.

권영민(1988), 『한국민족문학론연구』, 민음사.

김기석 편(1987), 『교육사회학탐구』, 교육과학사.

김대행(1991), 『시가시학연구』, 이대출판부.

김대행(1992a), 『문학이란 무엇인가』, 문학사상사.

김대행(1992b), "고전표현론을 위하여", 『선청어문』 20집, 서울대학교 사범대학 국어교육과.

김대행(1994a), "李穀의 借馬說과 思考의 틀", 이상익 외, 『고전문학 어떻게 가르칠 것인가』, 집문당.

김대행(1994b), "터무니없음 : 유사성 창조의 문화적 의미", 『국어교육연구』 1권 1호, 서울대학교 국
　　　　　어교육연구소.

김대행(1995), "손가락과 달; 時調 形式을 통해서 본 文學敎育의 指標論", 『선청어문』 23집, 서울대
　　　　　학교 사범대학 국어교육과.

김동환(1991), "소설의 다성성과 그 문학교육적 의미", 『논문집』 제43집, 한국국어교육연구회.

김동환(1993), "1950년대 문학의 방법적 대상으로서의 외국문학이론", 『한국전후문학의 형성과 전
　　　　　개』, 문학과 논리 제3호, 태학사.

김문환(1993), 『사회미학』, 문예출판사.

김상욱(1992), "현실주의론의 소설교육적 적용 연구", 서울대 대학원 석사학위논문.

김상욱(1993), "신비평과 소설교육 방법의 재검토", 『국어교육』 81 · 82, 한국국어교육연구회.

김상욱(1995), "소설 담론의 이데올로기 분석 방법 연구", 서울대 대학원 박사학위논문.

김수복(1987), "시와 정서의 교육적 기능―교과서 수록 시에 대하여", 광복40년의교과서편찬위원회,
　　　　　『광복40년의 교과서1―시』, 나랏말쓰미.

김용직 외(1992), 『한국현대시론사』, 모음사.

김용직(1974), 『한국현대시연구』, 일지사.

김용직(1991), "한국 현대시연구의 회고와 반성", 김은전 외, 『현대시사의 쟁점』, 시와 시학사.

김윤식 편(1976), 『문학비평용어사전』, 일지사.

김윤식 편(1989), 『해방공간의 민족문학연구』, 열음사.

김윤식(1973), 『한국근대문학연구』, 일지사.

김윤식(1978), 『한국근대문학사상비판』, 일지사.

김윤식(1984), 『한국근대문학사상연구1』, 일지사.

김윤식(1989), 『해방공간의 문학사론』, 서울대출판부.

김윤식(1992), "문학교육과 이데올로기(국어교과서의 역사성 비판)", 『난대이응백박사고희기념논문
　　　　집』, 한샘.

김윤식(1993), 『한국문학의 근대성 비판』, 문예출판사.

김윤식(1994), 『근대문학사상연구2』, 아세아문화사.

김은전 외(1991), 『현대시사의 쟁점』, 시와시학사.

김은전(1993), "시와 평가", 국어교육연구소 정기학술 발표회 발표문, 서울대학교 국어교육연구소, 1.

김은전(1995), "현대시교육의 반성과 전망", 『나랏말씀』 제9호.

김재홍(1992), "백철, 마르크스에서 리차즈까지", 『향천김용직박사화갑기념논문집 한국현대시론사』,
　　　　모음사.

김정자(1995), "뉴크리티시즘과 한국적 수용현상", 구인환 외, 『한국전후문학연구』, 삼지원.

김중신(1994), "서사텍스트의 심미적 체험의 구조와 유형에 관한 연구", 서울대 대학원 박사학위논문.

김창원(1991), "문학교육 목표의 변천 연구(1), 『국어교육』 73·74, 한국국어교육연구회.

김창원(1994), "시텍스트 해석 모형의 구조와 작용에 관한 연구", 서울대 대학원 박사학위논문.

김흥규(1992), "고전문학교육과 역사적 이해의 원근법", 『현대비평과 이론』3호.

남기혁(1992), "임화 시의 담론구조와 장르적 성격 연구", 서울대 대학원 석사학위 논문.

노태돈 외(1991), 『현대한국사학과 사관』, 일조각.

노태돈(1991), "해방 후 민족주의 사학론의 전개", 노태돈 외, 『현대 한국사학과 사관』, 일조각.

도정일(1993), "고슴도치와 여우, 그리고 두더쥐-비평적 교육의 필요성에 대하여", 『현대비평과 이

론』 6호, 한신문화사.

도정일(1994), 『시인은 숲으로 가지 못한다』, 민음사.

문교40년사편찬위원회(1988), 『문교40년사』, 대한교과서주식회사.

민족문학교육연구회(1991), 『문학교육의 방법』, 한길사.

박붕배(1987), 『한국국어교육전사』(상), 대한교과서주식회사.

박상섭(1994), "근대 사회의 전개 과정과 사회 과학의 형성 및 변천", 소광희 외, 『현대의 학문체계』,
        민음사.

박인기(1991), "문학 영역 학력고사의 개선 방안", 『문학교육의 방법』, 한길사.

박인기(1992), "적합성과 다양성의 선순환 구조를 위하여", 『현대비평과 이론』 3호, 한신문화사.

박인기(1994), "문학교육과정의 구조에 관한 연구", 서울대 대학원 박사학위논문.

박현채 외(1987), 『해방전후사의 인식』 3, 한길사.

배경열(1994), "해방공간의 민족문학론과 그 이념적 실체", 『국어국문학』 112, 국어국문학회.

백 철(1968), 『백철문학전집3』, 신구문화사.

백 철(1975a), 『진리와 현실』, 박영사.

백 철(1975b), 『속 진리와 현실』, 박영사.

백낙청(1994), "세계시장의 논리와 인문교육의 이념", 소광희 외, 『현대의 학문체계』, 민음사.

서울대학교30년사편찬위원회(1976), 『서울대30년사』, 서울대출판부.

서울대학교교육연구소 편(1994), 『교육학 용어 사전』, 하우출판.

서울대학교인문과학연구소 편(1993), 『고전읽기의 활성화 방안 연구』, 서울대학교 인문과학 연구소.

석경징(1993), "문학 비평, 이론과 교육", 『현대비평과 이론』 6호, 한신문화사.

소광희 외(1994), 『현대의 학문체계』, 민음사.

송 무(1994), "영문학교육의 정당성과 정전의 문제", 고려대 대학원 박사학위논문.

송호근(1990), 『지식사회학』, 나남.

신형기(1988), 『해방직후의 문학운동론』, 제3문학사.

안재홍(1981), 『민세안재홍선집2』, 지식산업사.

안호상(1953), 『민주주의의 역사와 종류』, 일민출판사.

역사문제연구소 편(1994), 『한국정치의 지배이데올로기와 대항이데올로기』, 역사비평사.

염은열(1993), "고려속요에 관한 연구", 서울대 대학원 석사학위논문.

오세영(1989), 『20세기한국시연구』, 새문사.

우한용(1992), "문학교육의 현실대응력에 대한 고찰－포스트모더니즘의 문학교육적 수용 문제를 중심으로", 『국어교육』 77·78, 한국국어교육연구회.

우한용(1995), "신비평이 한국 문학 연구에 미친 영향", 『현대비평과 이론』 10호, 한신문화사.

유병석(1975), "교단에서 시를 어떻게 가르칠까", 『문학사상』, 문학사상사 1975. 5-6.

유영희(1994), "시텍스트의 담화적 해석 연구-화자를 중심으로", 서울대 대학원 석사학위논문.

유종호(1974), "국어교육과 문학", 『한국문학』 11, 한국문학사.

유종호(1994), "인문주의의 허실", 『세계의 문학』, 민음사 1994 여름.

윤여탁(1990), "1920-30년대 리얼리즘시의 현실 인식과 형상화 방법에 관한 연구", 서울대 대학원 박사학위논문.

윤여탁(1990), "시문학의 이데올로기와 교육", 『국어교육』 71·72, 한국국어교육연구회.

이경숙(1995), "문화창조에 관여하는 요인들과 그 문학교육적 의미", 『선청어문』 23집, 서울대학교 사범대학 국어교육과.

이구슬(1994), "전통과 비판 : 가다머와 하버마스의 해석학 논쟁", 서울대 대학원 박사학위논문.

이대규(1988), "교과로서의 문학의 구조", 서울대 대학원 박사학위논문.

이명찬(1992), "박용철 시론의 의미", 『향천김용직박사화갑기념논문집:한국현대시론사』, 모음사.

이병기(1966), 『가람문선』, 신구문화사.

이상섭(1987), 『복합성의 시학: 뉴크리티시즘 연구』, 민음사.

이상익 외(1994), 『고전문학 어떻게 가르칠 것인가』, 집문당.

이선영 편(1993), 『한국문학논저유형별 총목록Ⅳ』, 한국문화사.

이선영(1993), 『한국문학의 사회학』, 태학사.

이성규(1994), "동양의 학문체계와 그 이념", 소광희 외, 『현대의 학문체계』, 민음사.

이성원(1993), "무엇이 고전인가? 왜 고전인가?", 『고전읽기의 활성화 방안 연구』, 서울대학교 인문과학연구소.

이숭녕(1984), "진단학회와 나", 『진단학보(57)』, 진단학회.

이숭원(1992), "정지용의 시론", 『향천김용직박사화갑기념논문집:한국현대시론사』, 모음사.

이양숙(1989), "해방직후 문학이념과 정책논쟁", 김윤식 편, 『해방공간의 민족문학 연구』, 열음사.

이용주·구인환·김은전·박갑수·이상익·김대행·윤희원(1993), "국어교육학 연구와 교육의 구조", 『사대논총』 46집, 서울대학교 사범대학.

이우용 편(1990), 『해방공간의 문학연구 I 』, 태학사.

이응백(1988), 『속 국어교육사 연구』, 신구문화사.

이지호(1994), "고전 소설의 대화 유형 연구", 서울대 대학원 석사학위논문.

이지호(1995), "진리탐구로서의 문학교육』, 『선청어문』 23집, 서울대학교 사범대학 국어교육과.

이진경·신현준 외(1995), 『철학의 탈주』, 새길.

임문혁(1987), "고등학교 국어 교과서 시단원의 변천에 관한 연구", 한국교원대 대학원 석사학위논문.

장경렬(1994), "신비평, 무엇이 여전히 문제인가", 『현대비평과 이론』 7호, 한신문화사.

장경렬(1995), "미국비평의 현주소-'이론'에의 관심과 저항, 또는 반이론의 논리", 『현대시사상』, 고려원 1995 봄.

장상호(1993), "학문공동체의 지적 풍토에 관한 소고", 『사대논총』 47집, 서울대학교 사범대학.

전재수(1975), "개편 고등학교 교과서의 현대시 해설", 『시문학』 46-55.

정영수 외(1985), 『한국교육정책의 이념』, 한국교육개발원.

정재찬(1987), "1920-30년대 한국 경향시의 서사지향성 연구", 서울대 대학원 석사학위논문.

정재찬(1992), "신비평과 시교육의 관련에 대한 비판적 검토", 『선청어문』 20집, 서울대학교 사범대학 국어교육과.

정재찬(1994a), "청산별곡에 대한 시교육적 접근", 『고전문학 어떻게 가르칠 것인가』, 운정이상익박사회갑기념논문집, 집문당.

정재찬(1994b), "문학교육의 담론 분석 시고", 『국어국문학』 111, 국어국문학회.

정재찬(1994c), "<죽은 시인의 사회>와 문학교육", 『국어교육연구』 제1권 1호, 서울대 국어교육연구소

정준섭(1995), 『국어과 교육과정의 변천』, 대한교과서주식회사.

정해구(1994), "미군정기 이데올로기 갈등과 반공주의", 역사문제연구소 편, 『한국정치의 지배이데올로기와 대항이데올로기』, 역사비평사.

정현선(1995), "모더니즘시의 문화교육적 연구-이상과 김수영을 중심으로", 서울대 대학원 석사학위논문.

조화태(1994), "포스트모던 철학과 교육의 새로운 비전", 강영혜 외, 『현대사회와 교육의 이해』, 교육
　　　　과학사.

진단학회(1984), 『진단학회50년사』, 진단학회.

진단학회(1994), 『진단학회육십년지』, 진단학회.

최미숙(1993), "시텍스트 해석 원리에 관한 연구", 서울대 대학원 석사학위논문.

최미숙(1995), "키치와 문학교육", 『선청어문』 23집, 서울대학교 사범대학 국어교육과.

최원식(1982), "한국문학연구사", 『한국문학연구입문』, 지식산업사.

최원형(1987), "미군정기의 교육과정 개혁", 『교육사회학탐구』, 교육과학사.

최인자(1995), "문학교육과 대중영상매체", 『선청어문』 23집, 서울대학교 사범대학 국어교육과.

최장집 외(1989), 『해방전후사의 인식 4』, 한길사.

최지현(1994a), "한국현대시 교육의 담론 분석 ― 1940년대 '저항시'를 중심으로", 서울대 대학원 석사
　　　　학위논문.

최지현(1994b), "우스갯소리에서 제삼자의 위치", 『국어교육연구』 1호, 서울대 국어교육연구소.

최지현(1995), "공간메타포에 의한 상상의 문화적 체험", 『선청어문』 23집, 서울대학교 사범대학 국
　　　　어교육과.

하정일(1992), "해방기 민족문학론 연구", 연세대 대학원 박사학위논문.

한계전(1983), 『한국현대시론연구』, 일지사.

한국산업사회연구회 편(1991), 『한국사회와 지배이데올로기 : 지식사회학적 이해』, 녹두.

한국산업사회연구회 편(1995), 『탈현대사회사상의 궤적』, 새길.

한준상(1987), "미국의 문화침투와 한국교육", 『해방전후사의 인식3』, 한길사.

한준상·정미숙(1989), "1948-53년 문교정책의 이념과 특성", 『해방전후사의 인식4』, 한길사.

홍웅선(1982), 『교육과정신강』, 문음사.

황종연(1991), "한국문학의 근대와 반근대 ― 1930년대 후반기 문학의 전통주의 연구", 동국대 대학원
　　　　박사학위논문.

황패강 외(1982), 『한국문학연구입문』, 지식산업사.

Altieri, Charles(1983), "An Idea and Ideal of Literary Canon", in Robert von Hallberg, ed. *Canons*, Chicago: The University of Chicago Press.

Atkins, G. Douglas & Johnson, Michael L. ed.(1985), *Writing and Reading Differently: Deconstruction and the Teaching of Composition and Literature*, University Press of Kansas.

Barthes, Roland(1974), *S/Z*, trans. Miller, Richard, NewYork: Hill and Wang.

Barthes, Roland(1977), "The Death of the Author", *Image-Music-Text*, Glasgow: Fontana/ Collins.

Benett, Tony(1990), *Outside Literature*, Routledge.

Berger, Peter L. & Lukman, Thomas(1967), *The Social Construction of Reality : A Tratise in the Sociology of Knowledge*, Anchor Books.

Berman, Art(1988), *From the New Criticisim to Deconstruction —The Reception of Structuralism and Post-Structuralism*, Illinois University Press.

Boudon, Raymond(1989), *The Analysis of Ideology*, trans. Malcom Slater, University of Chicago Press.

Bourdieu, P. & Passeron(1977), J. C., *Reproduction in Education, Society and Culture*, trans. Richard Nice, London: Sage.

Bourdieu, P.(1977), "Cultural Reproduction and Social Reproduction", in Karabel, J. & Halsey, A. H., ed., *Power and Ideology in Education*, Oxford University Press.

Bové, Paul A.(1986), *Intellectuuals in Power —A Genealogy of Crictical Humanism*, Columbia University Press.

Brooks, C.(1947), *Well Wrought Urn: Studies in the Structure of Poetry*, New York: Harcourt.

Brooks, Cleanth(1974), "New Criticism", in Preminger, Alex et al. ed. *Princeton Encyclopedia of Poetry and Poetics*, Princeton University Press.

Burns, Gerald L.(1983), "Canons and Power", in Robert von Hallberg, ed. *Canons*, Chicago: The University of Chicago Press.

Cain, William E.(1984), *The Crisis in Criticism: Theory, Literature, and Reform in English Studies*, Johns Hopkins University Press.

Cohen, Ralph ed.(1989). *The Future of Literary Theory*, Routledge.

Comley, Nancy R.(1985), "A Release from Weak Specification: Liberating the Student Reader", in Atkins, G. Douglas & Johnson, Michael L., ed. *Writing and Reading Differently: Deconstruction and the Teaching of Composition and Literature*, University Press. of Kansas.

Crowley, Sharon(1990), "writing and Writing", in Henrickson, Bruce & Morgan, Thaïs E., ed. *Reorientations: Critical Theory & Pedagogies*, University of Illinois Press.

Culler, J.(1981), *The Pursuit of Signs: Semiotics, Literature, Deconstruction*, Ithaca: Cornell University Press.

Daiches, David(1956), *Critical Approaches to Literature*, Englewood Cliffs: Prentice-Hall.

Dasenbrock, Reed Way(1990), "What to Teach When the Canon Closes Down: Toward a New Essentialism", in Henrickson, Bruce & Morgan, Thaïs E., ed. *Reorientations: Critical Theory & Pedagogies*, University of Illinois Press.

Davis, L. J. and Mirabella, M. B. ed.(1990), *Left Politics and the Literary Profession*, Columbia University Press.

Davis, Robert Con(1990), "A Manifesto for Oppositional Pedagogy: Freire, Bourdieu, Merod, and Graff", in Henrickson, Bruce & Morgan, Thaïs E., ed. *Reorientations: Critical Theory & Pedagogies*, University of Illinois Press.

Debicki, Andrew P.(1985), "New Criticism and Deconstruction: Two Attitudes in Teaching Poetry", in Atkins, G. Douglas & Johnson, Michael L., ed. *Writing and Reading Differently: Deconstruction and the Teaching of Composition and Literature*, University Press. of Kansas.

Donahue, Patricia and Quandahl, Ellen ed.(1989), *Reclaiming Pedagogy: The Rhetoric of the Classroom*, Southern Illinois University Press.

Easthope, Anthony(1991), "The Subject of Literary and the Subject of Cultural Studies", in Morton, Donald and Zavarzadeh, Mas'ud, ed. *Theory/Pedagogy/Politics: Texts for Change*, University of Illinois Press.

Ewell, Barbara C.(1990), "Empowering Otherness : Feminist Criticism and the Academy", in Henrickson, Bruce & Morgan, Thaïs E., ed. *Reorientations: Critical Theory & Pedagogies*, University of Illinois Press.

Fairclough, Norman(1989), *Language and Power*, Longman.

Falck, Colin(1989), *Myth, Truth and Literature: Toward a True Post-Modernism*, Cambridge University Press.

Fish, Stanley(1980), *Is There a Text in This Class?: The Authorrity of Interpretive Communities*, Cambridge: Harvard University Press.

Flynn, Elizabeth A.(1990), "The Classroom as Interpretive Community: Teaching Reader-Respnse Theory and Composition Theory to Preprofessional Undergraduates", in Henrickson, Bruce & Morgan, Thaïs E., ed. *Reorientations: Critical Theory & Pedagogies*, University of Illinois Press.

Foley, Babara(1992), "Subversion and Oppositionality in the Academy", in Kecht, Maria-Regina, ed. *Pedagogy Is Politics: Literary Theory and Critical Teaching*, Urbana and Chicago: University of Illinois Press.

Foucault, Michel(1972), *The Archaeology of Knowledge*, trans. A. M. Sheridan Smith, London: Tavistock Publications.

Foucault, Michel(1979), *Discipline and Punish: The Birth of the Prison*, trans. Allan Sheridan, Random House.

Foucault, Michel(1980), *Power/Knowledge: Selected Interviews & Other Writings: 1972-1977*, ed. Collin Gordon, New York, Pantheon Books.

Fowler, Alastair(1979), "Genre and the Literary Canon", *New Literary History*, Spring.

Freire, Paulo(1989), *Pedagogy of the Oppressed*, New York: Continuum.

Gossman, Lionel(1990), *Between History and Literature*, Harvard University Press.

Graff, Gerald & Gibbons, Reginald ed.(1985), *Criticism in the University*, Evanton: Northwestern University Press.

Graff, Gerald(1987), *Professing Literature —An Institutional History*, Chicago University Press.

Graff, Gerald(1989), "The Future of Theory in the Teaching of Literature", in Cohen,

Ralph, ed. *The Future of Literary Theory*, Routledge.

Graff, Gerald(1990), "Why Theory?", in Davis, L. J. and Mirabella, M. B., ed. *Left Politics and the Literary Profession*, Columbia University Press.

Guillory, John(1993), *Cultural Capital: The Problem of Literary Canon Formation*, Chicago: The University of Chicago Press.

Hallberg, Robert von ed.(1983) *Canons*, Chicago: The University of Chicago Press.

Henrickson, Bruce & Morgan, Thaïs E. ed.(1990), *Reorientations: Critical Theory & Pedagogies*, University of Illinois Press.

Henriksen, Bruce(1990), "Teaching against the Grain", in Henrickson, Bruce & Morgan, Thaïs E., ed. *Reorientations: Critical Theory & Pedagogies*, University of Illinois Press.

Horkheimer(1974), *Critique of Instrumental Reason*, Seabury Press.

Jameson, Fredric(1981), *The Political Unconscious: Narrative as a Socially Symbolic Act*, Cornell University Press.

Karabel, J. & Halsey, A. H. ed.(1977), *Power and Ideology in Education*, Oxford University Press.

Kaufer, David and Waller, Gary(1985), "To Write Is to Read Is to Write, Right?", in Atkins, G. Douglas & Johnson, Michael L., ed. *Writing and Reading Differently: Deconstruction and the Teaching of Composition and Literature*, University Press. of Kansas.

Kecht, Maria-Regina ed.(1992), *Pedagogy Is Politics: Literary Theory and Critical Teaching*, University of Illinois Press: Urbana and Chicago.

Lefkovitz, Lori H.(1990), "The Subject of Writing within the Margins", in Henrickson, Bruce & Morgan, Thaïs E., ed. *Reorientations: Critical Theory & Pedagogies*, University of Illinois Press.

Lyotard, Jean-François(1984), *The Postmodern Condition: A Report on Knowledge*, University of Minnesota Press.

Makaryk, Irena R. ed.(1993), *Encyclopedia of Contemporary Literary Theory*, University of

Toronto.

Mannheim, K.(1960), *Ideology and Utopia*, Routledge & Kegan Paul.

McCormick, Kathleen(1992), "Always Already Theorists : Literary Theory and Theorizing in the Undergraduate Curriculum" in Kecht, Maria-Regina, ed. *Pedagogy Is Politics: Literary Theory and Critical Teaching*, Urbana and Chicago: University of Illinois Press.

Miller, J. H.(1979), "The Function of Rhetorical Study at the Present Time", *The State of the Discipline: 1970's-1980's, ADE Bulletin* 62, September/November.

Mohanty, S. P.(1986), "Radical Teaching, Radical Theory : The Ambiguous Politics of Meaning", in Nelson, Cary, ed. *Theory in the Classroom*, University of Illinois Press.

Morgan, Thaïs E.(1990), "Reorientations", in Henrickson, Bruce & Morgan, Thaïs E., ed. *Reorientations: Critical Theory & Pedagogies*, University of Illinois Press.

Morton, Donald & Zavarzadeh, Mas'ud ed.(1991), *Theory/Pedagogy/Politics: Texts for Change*, University of Illinois Press.

Nelson, Cary ed.(1986), *Theory in the Classroom*, University of Illinois Press.

Preminger, Alex et al. ed.(1974), *Princeton Encyclopedia of Poetry and Poetics*, Princeton University Press.

Rabinowitz, Peter J.(1992), "Against Close Reading", in Kecht, Maria-Regina, ed. *Pedagogy Is Politics: Literary Theory and Critical Teaching*, Urbana and Chicago: University of Illinois Press.

Radhakrishnan, R.(1991), "Canonicity and Theory: Toward a Post-structural Pedagogy", in Morton, *Donald and Zavarzadeh, Mas'ud, ed. Theory/Pedagogy/Politics: Texts for Change*, University of Illinois Press.

Ransom, J. C.(1941), *The New Criticism*, Westport.

Sadoff, Diane F. & Cain, William E. ed.(1994), *Teaching Contemporary Theory to Undergraduates*, MLA.

Schilb, John(1992), "Poststructralism, Politics, and the Subject of Pedagogy", in Kecht,

Maria-Regina, ed. *Pedagogy Is Politics: Literary Theory and Critical Teaching*, Urbana and Chicago: University of Illinois Press.

Scholes, Robert(1985), *Textual Power: Literary Theory and the Teaching of English*, Yale University Press.

Scholes, Robert(1990), "Toward a Curriculum in Textual Studies", in Henrickson, Bruce & Morgan, Thaïs E., ed. *Reorientations: Critical Theory & Pedagogies*, University of Illinois Press.

Shumway, David R.(1992), "Integrating Theory in the Curriculum as Theorizing--A Postdisciplinary Practice", in Kecht, Maria-Regina, ed. *Pedagogy Is Politics: Literary Theory and Critical Teaching*, Urbana and Chicago: University of Illinois Press.

Siemerling, Winfried(1993), "margin", in Irena R. Makaryk, ed. *Encyclopedia of Contemporary Literary Theory*, University of Toronto Press.

Slethaug, Gordon E(1993), "Center / Decenter", in Irena R. Makaryk, ed. *Encyclopedia of Contemporary Literary Theory*, University of Toronto Press.

Smith, Babara Herrnstein(1988), *Contingencies of Value: Alternative Perspectives for Critical Theory*, Cambridge: Harvard University Press.

Spivak, Gayatary Chakravorty(1985), "Reading the World : Literary Studies in the 1980s", in Atkins, G. Douglas & Johnson, Michael L., ed. *Writing and Reading Differently: Deconstruction and the Teaching of Composition and Literature*, University Press. of Kansas.

Thomas, Brook(1990), "Bringing about Critical Awareness through History in General Education Literature Courses", in Henrickson, Bruce & Morgan, Thaïs E., ed. *Reorientations: Critical Theory & Pedagogies*, University of Illinois Press.

Ulmer, Gregory L.(1985), "Textshop for Post(e)pedagogy", in Atkins, G. Douglas & Johnson, Michael L., ed. *Writing and Reading Differently: Deconstruction and the Teaching of Composition and Literature*, University Press. of Kansas.

Ulmer, Gregory L.(1990), "Textshop for an Experimental Humanities", in Henrickson,

Bruce & Morgan, Thaïs E., ed. *Reorientations: Critical Theory & Pedagogies*, University of Illinois Press.

Waller, Gary(1985), "Working within the Paradigm Shift: Poststructuralism and the College Curriculum", *ADE Bulletin* 81.

Waller, Gary(1994), "Polylogue", in Diane F. Sadoff & William E. Cain ed, *Teaching Contemporary Theory to Undergraduates*, MLA.

Wimsatt, W. K. Jr. & Beardsley, M.(1954), *The Verbal Icon*, University of Kentucky Press.

Wolff, Janet(1983), *Aesthetics and the Sociology of Art*, London: George Allen & Unwin.

Zavarzadeh, Mas'ud and Morton, Donald(1991), "Theory Pedagogy Politics: The Crisis of The Subject in the Humanities", in Morton, Donald and Zavarzadeh, Mas'ud, ed. *Theory/Pedagogy/Politics: Texts for Change*, University of Illinois Press.

Zavarzadeh, Mas'ud(1992), "Theory as Resistance", in Kecht, Maria-Regina, ed. *Pedagogy Is Politics: Literary Theory and Critical Teaching*, Urbana and Chicago: University of Illinois Press.

Leitch, V. B(1993), 김성곤 외 역, 『현대미국문학비평』, 한신문화사.

다이안 맥도넬(1992), 임상훈 역, 『담론이란 무엇인가』, 한울.

레이먼 셀던(1987), 현대문학이론연구회 역, 『현대문학이론』, 문학과지성사.

레이먼드 윌리엄스(1988), 나영균 역, 『문화와 사회』, 이대출판부.

렉스 깁슨(1989), 이지헌 역, 『비판이론과 교육』, 성원사.

로버트 숄즈(1988), 유재천 역, 『기호학과 해석학』, 현대문학.

루이 알튀세(1990), 고길환·이화숙 역, 『마르크스를 위하여』, 백의.

루이 알튀세(1991), 김동수 역, 『아미엥에서의 주장』, 솔.

르네 웰렉·오스틴 워어렌(1959), 백철·김병철 역, 『문학의 이론』, 신구문화사.

마단 사럽(1992), 한준상 역, 『신교육사회학론』, 문음사.

미셸 푸코(1992), 이정우 역, 『지식의 고고학』, 민음사.

미셸 푸코(1993), 이정우 역, 『담론의 질서』, 새길.

벵쌍 데꽁브(1993), 박성창 역, 『동일자와 타자』, 인간사랑.

앙리 지루(1988), 한준상 외 역, 『교육과정논쟁』, 집문당.

앙리 지루(1990), 최명선 역, 『교육이론과 저항』, 성원사.

올리비에 르불(1994), 홍재성·권오룡 역, 『언어와 이데올로기』, 역사비평사.

쟈네트 월프(1982), 송호근 역, 『철학과 예술사회학』, 문학과 지성사.

쟈네트 월프(1986), 이성훈·이현석 역, 『예술의 사회적 생산』, 한마당.

존 길로리(1994), 박찬부 역, 「정전」, 프랭크 렌트리키아·토마스 맥로린 공편, 정정호 외 역, 『문학
연구를 위한 비평 용어』, 한신문화사.

테리 이글튼(1986), 김명환 외 역, 『문학이론입문』, 창작사.

토니 베네트(1983), 임철규 역, 『형식주의와 마르크스주의』, 현상과 인식.

페터 뷔르거(1986), 최성만 역, 『전위예술의 새로운 이해』, 심설당.

폴 드 만(1993a), 장경렬 역, 「문헌학으로의 복귀」, 『현대비평과 이론』 6호, 한신문화사.

폴 드 만(1993b), 장경렬 역, 「이론에의 저항」, 『현대비평과 이론』 6호, 한신문화사.

프랭크 렌트리키아(1994), 이태동·신경원 역, 『신비평 이후의 비평이론』, 문예출판사.

프랭크 렌트리키아·토마스 맥로린 공편(1994), 정정호 외 역, 『문학연구를 위한 비평 용어』, 한신문
화사.

프레드릭 제임슨(1985), 윤지관 역, 『언어의 감옥』, 까치.

피에르 마슈레(1994), 배영달 역, 『문학생산이론을 위하여』, 백의.

제 2 부 문학교육학의 지평과 지향

사회학적 상상력을 갖게 되면 거창한 역사적인 장면을 이해하는 데 있어서
그것이 많은 개인들의 내면 생활과 외적인 생애에
어떤 유관한 뜻이 있는지를 알게 해 주는 힘이 생긴다. ······
그래서 사회학자의 정치적인 과제는 - 어떤 자유주의 교육자도 마찬가지지만
개인의 사적인 문제를 사회의 공적인 쟁점으로 풀이해 주고,
사회적 쟁점은 다시 무수한 개인들의 인생에 대하여
어떤 의미가 있는지를 끊임없이 깨우쳐 주는 힘이다.
사회과학자는 그의 일을 통해서 - 또 교육자로서는 그의 삶을 통하여 -
이와 같은 사회학적 상상력을 과시하여야 한다.

C. W. Mills(1959), *The Sociological Imagination*에서

제1장 문학교육사회학 서설

1. 문학교육사회학의 필요성

제목이 이미 말해 주듯, 이 글은 제안과 시론의 성격을 갖고 있으며, 그에 따른 나름대로의 의의와 한계를 안고 시작된다. 미리 말해 두자면, 문학교육 사회학이라는 연구 분야가 필요하며 또 가능하다는 것이 이 글의 주된 논지가 되겠다. 하지만 여기에 이르기까지도 사연이 그리 간단치만은 않다.

문학교육학의 연구 범주가 학교 교육, 특히 교과교육의 범주에 머물지는 않을 것이다. 문학교육의 지평과 지향에 대한 필자의 관점 역시 그러한 범주를 훨씬 넘어서는 데 있다. 다만, 문학교육이 구체적으로 실천되고 있는 현장 교육을 중시할 경우, 문학교육에 관한 어떤 논의도 교과교육에 대한 관심으로부터 자유로울 수는 없을 것이다. 그런데, 문학교육을 교과교육의 견지에서 논하고자 할 경우, 현재 문학교육이 교과적으로 실천되고 있는 것은 국어 교과라는 범주 내에 있기 때문에, 문학교육, 특히 문학교육사회학이라는 연구 분야를 제안하고자 하는 이 글의 입장에서는 교과적 표현상 문학교육의 상위

* 이 논문은 '문학교육사회학을 위하여'란 제목으로 한국초등국어교육 제14집(1998.12.30)에 발표한 것을 수정한 것이다.

범주로서 국어 교과 자체에 대한 논의를 피할 길이 없다.

국어 교과에 대한 논의 가운데 최근 눈길을 끌고 있는 것이 이른바 '교과학'으로서의 국어교과학의 성립을 둘러싼 논의들이라 할 수 있을 것이다.[1] 필자는 교과학의 필요성과 성립 가능성에 동의하는 입장임을 먼저 밝혀 둔다. 개별 교과란 것이 종종 통합되거나 분리되기도 하고, 새로 만들어지거나 폐지되기도 한다는 점에서, 즉, 대상이 불안정하다는 점에서 볼 때 학문화가 불가능하지 않겠느냐는 지적이라든가, 교과학이라는 용어 자체가 낯설지 않느냐 하는 우려 등은 응용 학문을 포함한 여러 학문의 역사에 비추어 볼 때, 별반 문제될 것이 아니다.

오히려 학교 교육의 핵심이 교과 교육임을 감안해 볼 때, 교과교육에 대한 학문적 접근이 교과학이란 이름으로 이제서야 본격화된다는 것은 만시지탄의 느낌을 줄 따름이다. 특히 이 문제는 교사 양성 기관의 교육과정을 구성하는 배경이자 교사의 전문성을 규정하는 방식과 유사하여, 교과교육학이 학문으로 성립 가능한 것인가 하는 의문부터가 교과 교육학 종사자는 물론, 교사 양성 기관의 존립 자체를 위협하는 것으로 받아들여지기 때문이다.[2]

국어교과학이 정립되면 어떤 산물을 얻게 될 것인가? 이를 논하기 앞서, 왜 굳이 국어교육학이라는 용어 대신 국어교과학이라는 용어가 대두되기에 이르렀는지 알아 볼 필요가 있다.

일찍이 국어교육학의 필요성이 제기되면서 국어교육학은 두 개의 부정(否定)을 준비해야 했다. 즉, 지난날의 국어교육이 일선 현장에서는 교과의 내용을 구성하는 기초 또는 배경 학문, 가령 국어학이나 국문학의 지식을 전수하는 데 치우쳤고, 학계에서는 국어교육의 방법적 또는 처방적 측면에 치우쳐

---

1) 국어교과학이란 명칭은 김대행(1995)에서 처음 제기된 이래, 이인제(1997) 등의 작업이 이어져 나오고 있다. 이 중 후자의 연구는 일반 교육학 전공과 각과 교육학 전공의 공동연구에 해당하는 것으로서 그 기초 연구로는 박순경(1997)을 참고하기 바란다. 아울러 교과교육학에 대한 일반 교육학과 각과 교육학의 관심과 시각의 변화를 확인하고자 한다면, 위 보고서와 함께 이돈희 외(1994)를 대비하여 읽어 볼 필요가 있다.

2) 단, 방어 논리로부터 학문의 필요성이 제기되는 듯한 인상을 주는 것은 바람직한 일이 아니란 점을 지적해 두어야 할 것이다. 그 같은 의미에서 교과학의 정립에 따른 산물과 부산물은 엄격히 구분할 필요가 있다.

교육학의 하위 학문으로 전락하게 된 데 대한 반성에서 독자적 학문의 필요
성이 제기되었던 것이다. 그래서 줄곧 논의되고 강조되어 온 것이, 국어교육
이란 '국어+교육'의 단순 합성물이 아니라는 것이었다. 그러나 그 같은 인
식이 그에 걸맞는 실체적 연구 성과를 확보하기란 용이한 일이 아니었다. 실
체성이 없을 경우, 그것은 곧 단순한 선언 차원으로 떨어질 수밖에 없다.

그런데 국어교과학은 이 두 가지 부정 가운데 후자, 곧 방법학적 경사 현
상에 대한 반성과 비판을 표나게 내세우는 데에서 출발하고 있다. 국어교과
학이라는 신조어를 만든 김대행 교수는 이 용어로 '국어교육(학)'이란 용어를
대체하고자 하는 사유를 다음과 같이 밝힌 바 있다.

> 무엇보다도 '국어교육'이라는 말은 그것이 친숙한 만큼 그 이상으로 굳어
> 진 오해가 없지 않은 것으로 보인다. 국어를 교육하는 현상이 있는 것은 인정
> 하지만, 그것을 대상으로 하는 학문, 즉 '국어교육학'이라는 용어의 성립을 두
> 고서는 다소의 거부감을 표명하기도 한다. 이 방면을 연구해 온 지표와 방법
> 이 분명하게 정립되지 못했던 점과 **연구 대상 자체가 교수법이나 교재 분석
> 의 수준에 머무는 기술론적 관심에 국한됐던 역사**가 그런 생각을 갖게 한
> 주원인이었을 것으로 짐작한다. 이 방면의 전공자들조차도 바로 그런 차원을
> 연구하는 것만이 국어교육을 바로 개척하는 것이라는 성향을 보이는 것도 종
> 종 목격된다.
> **가르치는 방법에만 관심이 집중되다 보니 국어라는 교과를 둘러싼 연구
> 는 교육학의 하위 영역쯤이나 되는 것처럼 오해되는 경향도 생겨나게 되었
> 다**(김대행, 1995: 머릿말. 이하 같음). (강조-인용자)

여기서 우리는 먼저, 김대행 교수가 부정하고 있는 것은 교수법과 같은 기
술론적 차원으로서의 교육학적 경사 현상이라는 것, 다시 말해 매우 좁은 의
미에서의 교육학적 적용을 문제삼고 있다는 점에 주목해야 한다. 역사적으로
볼 때, 1990년대 전반기까지의 연구물 가운데는 '방법' 쪽에 가까운 경향, 혹
은 실험 연구와 같은 경향이 지배적이었던 것이 사실이다. 그렇다면 국어교과
학이란 과연 무엇을 하는 학문 분야인가? 그의 논의를 계속 들어 보기로 한다.

복잡한 논의를 전개하지 않더라도 '무엇을 가르칠 것인가'가 먼저 결정되어

야 '어떻게 가르칠 것인가'가 궁리될 수 있다는 것은 자명하다. 문제의 성격 자체가 방법을 결정하는 것이지 수단으로 목적을 정당화할 수 없는 노릇이기 때문이다. 따라서 국어교육이 바로 서기 위해서는 '가르칠 무엇'에 대한 연구가 선행해야 한다는 것이 나의 생각이다.

'국어교과학'이라는 용어는 바로 그 '가르칠 무엇'을 대상으로 연구하는 학문으로 규정한다. 따라서 '국어'라는 교과에 포함될 지식을 연구·개발하는 것이 이 학문의 목표가 된다. 그것을 가르치는 방법은 가르칠 내용의 성격에 따라 모색되는 것이 절차이며 순리라고 본다.

내용이 먼저이고 방법이 그 다음이라는 것은 일견 자명하게 들린다.[3] 아울러 이 주장이 내용만을 연구하고 방법은 도외시하겠다는 것으로 읽히지도 않는다. 따라서 굳이 표현하자면, 이것은 내용학으로서의 교과학이 아니라, 내용 '중심'의 교과교육학에 해당한다고 할 것이다. 그리고 이는 기존의 방법 '중심'의 교과교육학에 대한 비판과 반성의 의미를 강하게 내포하고 있는 고로, '교육학' 일반의 하위 이미지를 가져오는 기존의 교과교육학과 철저히 차별화 하려는 의도에서 '국어교육학'이라는 용어를 '국어교과학'이라는 용어로 대체하고자 하는 것으로 이해됨 직하다. 아닌 게 아니라 국어교육(학), 또는 문학교육(학)이라 할 때, 종종 국어와 문학이라는 앞의

---

3) 노명완 교수는 연구에도 순서가 있다는 것은 잘못된 생각이라 지적한 바 있다(최현섭 외, 1996: 433). 원론적으로 그 지적은 옳다. 다만 김대행 교수의 이 같은 진술은 단순한 일의 시간적 순서를 의미한다기보다 그동안의 경험칙에 근거하여 볼 때 국어교육 연구에서 내용 연구가 얼마나 중요하고 화급한 일인지를 강조하기 위해 일종의 레토릭 차원에서 구사된 것으로도 이해할 수 있을 것이다. 노명완 교수의 글은 김대행(1995)을 다분히 의식하고 비판하는 입장에서 쓰여진 글이다. '국어교육 연구 방법의 과학화'란 주제 아래 '국어교육 연구에 대한 몇 가지 잘못된 생각들'이란 항목을 설정하고 그 속에서 김대행 교수의 소론을 비판하고 있는 것이다. 개인 자격의 논문이 아니라 교재 성격의 단행본, 그것도 공저의 형태 속에서 극히 간략하게 다루어진 것이기에 비록 그 비판의 타겟에 대한 직접적이거나 명시적인 언급은 없지만, 아울러 그 이후 지면을 통한 논쟁으로 이어지지도, 심지어 논쟁으로 인식되거나 부각되지도 않았지만, 실질적으로 이것은 국어교육학 논의에서 대단히 중요한 논쟁으로 기록되어야 옳다. 이는 매우 경쟁적인 패러다임간의 충돌로 이해될 수 있다. 김대행(1995) 역시 명시적으로 밝히지는 않았지만, 그 이전의 패러다임, 곧 노명완 교수가 속한 패러다임을 비판하고 있었던 것이기 때문이다. 따라서 어느 정도 잠재된 상태에 있는 이 논쟁은 앞으로의 역사적 진행 과정을 통해 재발되고 재인식될 가능성이 크다.

명사가 교육(학)이라는 뒤의 명사를 꾸며주는 관형어 이미지를 풍기게 되는 것도 사실이다. 그에 비해 본다면 국어교과학은 국어교과라는 단어 자체가 하나의 자립명사로 들린다. 이것이 곧 학문의 독자성 확보 문제와도 밀접히 연관됨은 분명하다.[4)]

그러나 이러한 국어교과학적 설계가 반드시 타당한 것일까? 따지고 보면, '내용'이 먼저이고 '방법'이 그 다음이란 것 역시 그다지 '자명한' 이치는 아니다. 내용과 형식의 통일이라는 원칙론을 말하려는 것이 아니다. 우리가 지금 문제삼고 있는 것은 현실에서 벌어지고 있는 국어교육 현상을 바로잡고 바로 세우는 문제이다. 그 문제 앞에 서게 될 때, 교육 내용 연구와 교육 방법 연구 사이에 차별이 있을 수 없다. 뿐만 아니라, 교육 내용에 해당하는 지식이 확정되길 바라는 것 역시 난망(難望)이다. 지식은 늘 유예되고 연기된다. 내용이 '먼저'인 이상, 그러나 내용은 결코 확정되지 않는 이상, 방법에게 그 '다음'의 지위와 기회는 주어지지 않는다.

물론 지난날의 경험적 사실에 대한, 그리고 그것을 통한 반성은 매우 중요하다. 하지만 경험적 실증적 인식의 위험 또한 우리는 알고 있다. 잘못된 것은 경험적으로 확인된 지난날의 교육학적 연구일 뿐이지 교육학적 연구 방향 자체가 그릇된 것이라 단언할 수는 없다. 잘못된 것은 바로잡아야 할 일이지, 원래 잘못될 수밖에 없는 운명이라 버려야 한다고 말하기는 어렵다는 뜻이다.[5)] 잘된 기술론적 연구나 실험 연구는 여전히 유효하다. 더구나, 반복해

---

4) 『국어교과학』을 쓸 당시 김대행 교수의 주장을 이해할 때는 그 당시의 시대성을 감안하여 받아들이는 것이 바람직하리라 본다. 즉, 당시의 사정은 국어교육에서 이른바 '문학교육 배제론'을 정면 돌파함과 아울러, 국어교육 연구의 독자적 학문화라는 목표가 시급한 과제로 받아들여질 수밖에 없는 상황이었으며, 이로 인해 당시의 주장들에는 다소간의 급진성이 내포될 수밖에 없었으리라는 것이다. 따라서 그의 주장은 이러한 사정에 기반한 현실적·전략적 사고가 상당히 작용한 소산으로 이해됨 직하다. 급진성은 전략적 사고를 요하게 마련이고, 전략적 사고는 다시 효율성을 요구하게 되기 때문이다. 연구의 우선 순위를 논한다는 사실부터가 어쩌면 그처럼 시급한 심정의 반증일지 모른다. 그의 주장이 곧잘 배타적으로 읽히는 이유도 거기에 있다. 이러한 저간의 사정을 충분히 이해하고 있다고 여기는 필자가 오히려 지금의 시점에서 김대행 교수의 국어교과학적 설계에 대해 비판하고자 하는 것은, 의외로 이러한 시대적 의의와 한계가 잘 알려져 있지 않다는 판단에 기초한다.
5) 이러한 필자의 독법이 옳다면, 국어교과학, 곧 내용 중심의 교과교육학 또한 내용을 중

말하거니와, 교육학적 또는 사회과학적 연구가 단지 교수법과 같은 기술론적 차원이나 실험 연구 등과 같은 차원으로 동일시될 수는 없다.

학문의 정체성 확보 문제와 관련해서도 이 점은 달라지지 않는다. 이렇게 가면 이런 학문의 하위 영역이 되지 않을까 하는 우려는, 차별성 획득이란 점에선 설득력이 있으나 학문의 정립 문제에 있어 본질적인 문제틀은 아니다. 우리가 부정한다는 것이 그 대상의 존재 자체를 부정하는 것은 아니며, 부정한다는 것이 곧 배제한다는 것을 의미하는 것도 아니다. 학문의 독자성, 혹은 학문적 정체성을 확립하고자 하는 것이 학문적 혈통의 결벽성으로 나타나는 것은 곤란한 일일뿐만 아니라, 응용과학의 경우는 특히 학문의 성립 자체를 어렵게 만들 우려가 있음에 우리는 유념해야 한다.

일반적으로 학문이 체계화되기 위해서는 탐구 대상, 탐구 도구로서의 독자적 언어, 탐구 대상에 관하여 서술하거나 설명하는 명제들을 조직하는 논리적 형식, 탐구 방법적 원리와 규칙 등의 조건이 거론된다(이돈희 외, 1994: 16-9). 물론 순수 학문이 아닌 응용 학문으로서, 자족적이거나 독자적인 학문이 아닌 종합 학문으로서, 동시에 순수 이론이 아닌 실천 학문으로서 교과학이 그 출발점에서부터 이 모든 조건을 순정한 수준에서 반드시 다 만족시켜야 할 필요는 없을 것이다. 그러나 현 시점에서도 최소한 탐구 대상에 관한 논의만큼은 더욱 심도 깊게 전개될 필요가 있다. 이는 대상을 바라보는 관점과 더불어 학문의 성립에서 가장 긴요한 요소이기 때문이다.

국어교육, 또는 문학교육이 교과의 형태로 실재하고 있으니 교과학의 입장에서 탐구 대상의 문제는 별로 어려움이 없을 것처럼 보이기도 한다. 하지만, 예를 들어, 문학교육 연구의 대상이 문학이냐 문학교육 현상이냐 하는 것은 논란의 여지가 있다. 다만 문학이라 하면 내용학에 가까운 것으로 보이고, 문학교육 현상이라 하면 교육학에 가까운 것으로 보는 것은,6) 그것이 설령

심으로 부정의 대상들 간에 벌어지는 변증법을 지향하는 것이어야 옳고, 또 그런 방향으로 나아가리라 믿어도 좋을 것이다. 김대행 교수가 내용학을 먼저 하는 것이 순리라 하여 마치 이것이 선후의 문제인 것처럼 앞서 제시하긴 하였으되, 필자가 보기에는 방법 및 실제를 함께 고려하는 내용학 연구, 혹은 방법 및 실제를 고려한 상태에서 행해지는 내용학 연구를 국어교과학의 모습으로 상정하는 듯하기 때문이다.

6) 실제로 김대행 교수는 문학교육학의 대상이 문학교육 현상이어야 한다는 주장에 관해,

사실로 드러난다 하더라도, 실제상으로는 별 문제가 되지 않는다고 생각한다. 중요한 것은 문학교육 현실의 개선에 당해 연구가 어떻게 기여하느냐에 달려 있을 따름이기 때문이다.[7]

요컨대 국어교육 현상 자체를 연구하는 분야도 반드시 필요하다고 하겠다. 한 마디로 메타적 시각이 필요하다는 것이다.[8] 그것은 내용 중심의 교과학과 대립하는 것이 아니라 상호 보완하는 것이며, 교육학의 하위 영역으로 전락하는 것은 더더구나 아니다.[9] 메타 학문으로 요구되는 분야는 국어교육철학, 국어교육사회학, 국어교육심리학, 국어교육인류학 등이 될 것인데, 이 가운데 가령 국어교육사회학을 전공한다 하여 그것이 교육학이나 사회학, 또는 교육사회학의 하위 학문적 태도라 말할 수는 없는 것이기 때문이다. 그것은 말 그대로 학제적(學際的)인 것일 따름이요, 오히려 국어교육 연구의 심화와 확대에 기여할 것으로 보아야 할 것이다.

메타학은 교과의 방향, 교과 내용의 선정, 교과 현실의 개선 등에 충실히 기여할 수 있다. 그러기에 그것은 일차적으로 반성적이고 비판적인 패러다임을 요구할 것이며, 문제 제기적인 성격을 갖게 될 것이다. 교과의 내용으로서의 지식이 가치 중립적이라거나 가치 내재적이라고만 볼 수는 없기 때문

그것이 교육학적 경사를 빚으리라는 우려에서 반대하는 견해를 보인 바 있다. 김대행(1998)을 참고할 것.

7) 필자는 문학교육 연구의 대상이 문학교육 현상이어야 한다고 못박은 바 있다(정재찬, 1996). 지금은 그보다 유연한 사고를 갖게 되었으나, 문학교육 현상이 문학교육 연구의 주요 대상 가운데 하나가 될 수 있고, 또 그렇게 되어야 한다는 점에는 달라진 점이 없다.

8) 이러한 주장이 전혀 새로운 것이라 할 수는 없을 것이다. 국어교육의 학적 체계화를 지향하는 연구들 사이에는 서로 비슷하고 또한 서로 다른 견해들이, 이미 상당한 정도로 제출되어 있다. 이 가운데는 메타적 영역의 필요성을 학문의 한 분야로 제기한 경우도 있고, 연구의 수준 층위로 구분한 층위도 있다. 그리고 그 내포적 의미도 약간씩 다르다. 본고는 김대행 교수의 소론에 치중한 관계로 다양한 대비점을 보이지 못하였는데, 이에 관해서는 김창원(1997)이 큰 도움이 된다. 그 논문에서는 본고가 다루고 있는 김대행(1995)를 비롯, 박영목 외(1996), 최현섭 외(1995)에 실린 노명완, 박인기, 최현섭의 논의 등을 다루고 있다.

9) 과학교육에 관한 논의에서도, 김대행 교수가 제안한 교과학을 통칭적 교과교육학의 대안으로 인정하는 경향이 발견된다. 그러나 그 논의에서도 과학교과학은 "과학이라는 교과에 포함될 지식의 연구 개발은 물론, 철학적, 역사적, 사회적, 심리적 조망, 즉, 메타적 추구가 반드시 포함되어야 한다"고 주장하고 있다. 이문남(2000:38) 참조.

이다. 또한 앞서의 주장처럼 아무리 교육 '내용'이 중요하다 하더라도, 그 사실과, 그러므로 '내용 연구'가 우선되어야 한다는 주장 사이에 인과론은 엄밀히 말해 성립하지 않는다. 설령, 연구에 우선 순위가 있다 하더라도, 그것은 중요도(重要度)와 더불어 긴급도(緊急度)가 함께 고려되어야 하는데, 그 의사 결정은 결국 현상을 진단하는 이에 따라 달라지는바, 그러기 위해서도 역시 교과 교육의 현실과 현상에 대한 충실한 기술(記述)이 선행되지 않으면 안된다.

　이러한 지적들은 국어교과학의 향후 과제로 인식되길 기대하거니와, 무엇보다도 이는 국어교과학이 하나의 학문으로 성립하기 위해서는 단일한 체제의 형태가 아니라 상호보완적이고 유기적인 여러 분야들로 구성되는 일종의 학적 체계가 요구됨을 말해 주는 것이라 하겠다. 교과의 내용학만이 아니라, 교과의 교육학적 이해도 여전히 존재의 이유와 가치가 있을 수 있는 것이다. 국어교과학은 교육하고 교육받는 대상, 교육할 내용, 그리고 그 대상과 내용의 관계로 성립되는 교육적 상황, 그 전체의 구조와 과정을 연구하는 것과 무관할 수 없기 때문이다.[10] 그것이 바로 '교육의 필요성과 성취의 방향성'에 연결되며, 그로부터 교과의 내용이 되는 지식이나 교수 학습 방법을 연구하고 개발하는 것이 국어교과학의 참된 모습일 것이다. 즉, 국어교육 현상 자체를 탐구하는 연구 방향과, 내용이든 방법이든 국어교육 현상을 구성하는 제반 요소들의 개선 방안을 연구하는 방향 모두 국어교육학, 또는 국어교과학의 주된 연구 방향으로 설정하는 것이 타당하리라 본다.

　이상의 관계는 다음 그림처럼 입체적으로 표현될 수 있다.

---

10) 교과 내용에 대한 이해는 훌륭한 교사가 되기 위한 필수조건일 수는 있어도 충분조건이 되지는 못한다. 뿐만 아니라 교과의 내용 지식들에 대한 이해만으로는 교과의 본질과 가치라든가 특성을 포괄적으로 이해하는 데 부족하며, 교과의 정당화를 위한 가치 모색에서도 거시적인 안목을 갖기가 어렵다. 가령 교과 내용의 형성과 발전에 관련된 역사적 사회적 철학적 측면 등은 그것이 교과 내용 그 자체에 관한 연구는 아니라 하더라도 교과를 교육하는 문제에 있어서 꼭 다루어야 할 부분인 것이다. 이인제(1997: 28) 참고할 것.

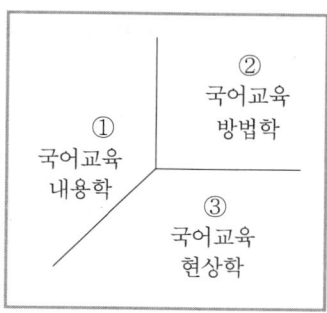

　　먼저 ①은 국어교육의 내용이 되는 지식의 개발을 연구 방향으로 삼는 면을 가리킨다. ②는 교육과정, 교재, 교수-학습 방법, 평가 등을 아우르는 면이다. ③은 철학, 심리학, 사회학, 인류학 등등에 의한 메타적 관점을 가리킨다. 각 영역은 일차적으로 자기 나름대로의 고유한 연구 영역을 지닐 수 있다. 이때도 역시 다양한 배경 학문이 동원될 수 있음은 물론이다. 하지만 그보다 더욱 중요한 것은 이같이 재개념화된 영역들 간의 상호 교섭 차원, 곧 체계를 위한 체계화가 아니라 체계의 힘이 갖는 이른바 시너지 효과를 기대한다는 점에 있다. 즉, 각 영역의 발전은 다른 영역의 발전에 기여할 수 있어야 함은 물론, 영역간 사고를 통합한 연구 성과까지 기대할 수가 있어야 한다는 것이다. 가령 ①의 '소설 교육 내용'과 ②의 '교재론'이 만나면 소설 교육 교재론이 된다. 나아가 세 차원이 모두 결합될 수도 있다. 예를 들어 '소설의 원리'가 어떤 '교재'를 통하여 가르쳐지고 있다면, 그 '사회학적' 의미가 무엇인지 밝히는 연구도 가능한 것이다.11)

---

11) 필자는 문학교육 평가의 문제에서 출발하여 교육과정의 문제점을 점검한 바 있다. 그 과정에서 얻은 결과는 교과의 필요로부터 교육과정이 마련되어야 한다는 지극히 상식적인 것이었다. 하지만 그 같은 상식을 상식답게 마련하기 위해서는 먼저 교과 내용에 대한 이해가 필요했다. 그래서 문학 소통이론에 입각한 문학교육에 대한 이해와 변화된 사회의 요구를 동시에 고려하여 나름대로의 교육과정 상세화를 시도하게 되었다 (김종철·김중신·정재찬, 1998). 필자는 이러한 노력이 바로 통합적 연구의 효과라 믿고 있다. 그리고 이러한 노력들이 이어질 때, 일반 교육학 또는 지난날의 교과교육학에 대한 불만 요소들을 극복할 수 있을 것이라 믿는다. 그래서 가령, 교육과정 개편이 있을 때마다, 교과교육 측에서도 일반 교육학이 마련해 놓은 총론적 요구에 늘 불만의 소리만 내기보다는 온전하게 수용한 교과 내적 요구들의 구체적 표현들을 교과

이제 다시 본론으로 돌아가자. 국어교육 현상에 관한 메타적 연구가 필요하고 또 가능하다는 데 동의한다면, 우리는 곧 국어교육에 관한 사회과학적 연구 방법론을 인정하지 않을 수 없게 된다. 최근 정현선(1998)도 "국어교육학의 '내용'으로서의 국어국문학과 그 교육의 방법에 대한 체계적이고 실천적인 '연구'가 각기 '인문학'의 영역과 '사회과학'의 영역에 달리 위치지워질수 있다는 것, 즉, 국어교육이 과연 현장에서 어떻게 실천되고 있는가에 대한보다 체계적인 연구를 위해서는 보다 엄밀한 사회과학 방법론, 특히 질적 연구 방법론의 도입이 절실하다."12)라고 제안한 바 있다.

사실 문학교육을 비롯한 국어교육계에서 인접 학문과의 학제적 연구에관한 필요성을 운위한 것이 어제오늘의 일이 아니다. 그러나 그 성과 여부는차치하고서라도, 그 대부분은 오직 배경 학문적 차원에서 다루어진 것일 뿐,교과교육 철학과 같은 형태로 본격화된 시도를 행한 경우는 발견하지 못하였다. 그것은 현재 열리고 있는 국어교과학의 지평에서도 마찬가지의 운명에처하기가 십상일 듯싶다. 문학교육학과 사회학의 연결 가능성을 모색하는 것이 본고에 주어진 임무인데도 오직 그 필요성을 보이는 데에만 이토록 장황해질 수밖에 없었던 사정 역시 그와 연관이 깊다.

내부에서 미리 갖추어 두는 것이 필요할 것이다. 말하자면 다양한 문학교육과정의 설계가 교과 내에서 먼저 마련되고, 그 다양한 모델들 가운데 당해 교육과정 총론의 요구에 가장 부합할 수 있는 것이 선정될 수 있어야 한다는 것이다. 이러한 실질적 연구없이 선언적으로 혹은 정책 명제식으로 행해지는 연구는 실천 국면으로의 전이에서무력하기만 할 따름이다.

12) 물론 정현선 역시 국어교육학의 '내용'이 국어국문학이라고 보는 것은 아닐 것이다. 아마도 편의상, 통상의 용어를 택한 것이라 추측해 본다. 하지만 정말로 '국어교육학'의 '내용'을 규정해 줄 수 있는 용어는 무엇인가? 그것은 '국어교육'의 '내용'과 어떤관계에 있는가? 국어교육 내용의 지식 개발을 주된 연구 방향으로 삼는 국어교과학이 제창된 이후 많은 논문이 나왔지만 정작 어떤 것이 국어교과학에 값하는 것인지선뜻 답하기 힘든 이유는 어디에 있을까? 국어국문학적 지식과 차별된다는 점은 국어교육과 관련한 장(場)들, 예컨대 교과서 제작이나 평가 문항 출제 과정 등을 통해실천적으로 입증되고 있는 듯한데, 그것이 학술 담론으로 표현되기 힘든 이유는 무엇일까? 국어교과학의 내실을 기하기 위해서는 먼저 이러한 문제들이 좀더 선명해져야할 것 같다.

2. 문학교육사회학의 가능성

문학교육을 사회학적으로 연구하는 일, 그 길이 쉽지는 않을 것이다. 문학교육을 제도의 층위에 한정해서 논할 경우도 마찬가지이다.[13] 교육 제도란 낯선 말이 아니며, 문학교육 또한 제도 교육의 일환으로 엄연히 행해지고 있으므로, 문학교육을 제도와 연관지어 설명하고자 하는 데에 별 어려움은 없을 것처럼 여겨질지도 모른다. 마치 교육 제도라는 말을 할 때, 누구나 먼저 학교라는 조직체부터 떠올리듯, 문학교육에 관한 제도적 접근이라 할 때에도, 그것은 학교 교육이라는 제도 속에서의 문학교육이 차지하는 위상이라든가 기능 등을 따지는 일 따위를 쉽게 연상시키게 될 것이기 때문이다. 제도를 뜻하는 영어의 institution이라는 말이 본디 기관을 뜻하는 단어이기도 하다는 점에서 그 같은 연상이 무리는 아니다.

하지만 입학 시험 제도도 교육 제도의 일부이고, 초·중·고로 구분하는 학제도 제도이며, 물리적이거나 가시적이지 않은 수많은 규범과 절차 등도 모두 제도에 해당한다. 사회학자들에 의하면, 사회 제도란 기관, 조직, 집단 같은 외형적인 것, 또한 절차, 활동, 규범, 가치관, 그리고 지위, 구실, 관계 같은 무형의 요소들도 포함하는 셈이 되며, 그로 인해 제도란 개념은 결국 사회의 모든 것들과 중첩하는 수준의 것으로 되고 만다고 본다(김경동, 1997: 195). 그렇다면, 문학교육의 제도적 접근 역시 가시적 형태의 제도들만 다루어서는 안될 일이다. 그리고 이는 실로 방대한 영역에 걸치는 작업을 요구하게 될 것임이 물론이다. 설령 문학교육과 관련한 외형적인 제도, 가령 교육과정을 다루는 데에만 한정한다 하더라도, 교육과정의 설계에서 운용에 이르기까지의 전 과정에 대한 제도론적 접근이 필요할 것이며, 특히 그 과정에서 국어과 교육과정, 또 그 속에서의 문학교육과정이 차지하는 위상과 기능 등에 대해 논의해야만 할 것이다. 그리고 이를 위해서는 아마도 교과서 제도, 교사 양성

---

13) 문학교육 제도에 관한 이하 논의는 정재찬(1998)을 참고할 것.

제도 등등, 문학교육과 관련한 각 제도들을 목록화하여 그 각각의 행태들을 기술하는 일부터 선행되어야 할 것이다.[14]

그러나 문제는 단지 작업량의 방대함에만 있는 것이 아니다. 실은 문학교육의 대상이 되는 문학부터가 하나의 제도이다. 그런데 이 제도는 제도화를 꾸준히 거부하는 성질의 것이란 점에서 대단히 비정형적인 제도라 할 수 있다. 문학이 그 내재적 자질로 인하여 다른 문화적 담론과 본래적으로 구분되는 담론이라는 개념은 모든 현상을 초시간적으로 또 본래적으로 의미 있는 것으로서 제시하고자 하는 중심화 이데올로기의 일부일 따름이다. 하지만 이는 오늘날 적어도 이론상으로는 비트겐슈타인의 가족유사성 개념과 데리다의 해체주의에 의해 그 자리를 잃게 되었다고 평가된다. 현대 이론은 문학성이란 역사상 특정한 시기의 의미화 작용 체계의 효과일 뿐이라고 주장한다. 그런 의미에서 토니 베네트는 "글로 표현된 텍스트는 스스로를 문학적으로 혹은 비문학적으로 조직하지 않는다. 그들은 자신들에 가해진 비평의 작용에 의해서만 그렇게 조직될 뿐"(토니 베네트, 1983: 15)이라고 하였던 것이고, 부르디외는 문학현상을 일종의 의식적(儀式的) 행위의 제도화 과정이라고 보면서 문학에 관한 규정들 또한 실제로는 사회적 마술 행위의 제도화라는 특성을 지닌다고 하였던 것이다.[15] 그런데 바로 그 같은 비평의 작용, 또는 사회적 마술 행위 가운데 가장 유력하게 작동하고 있는 것이 곧 교육이다. 즉, 문학교육은 확고한 단일체로서의 문학이라는 제도를 교육의 장에 옮겨놓는 것이

---

14) 오늘날 흔히 비판되고 있는 것은 이른바 규범적 기능주의일 뿐이다. 마르크스주의 이론에서도 기능주의적 해석을 찾기란 어렵지 않다. 이 두 가지는 구분되어야 한다. 안소니 기든스(1996: 156). 그런 점에서 기능주의를 대표하는 말리노프스키가 제도적 분석의 요소로 제시한 다음의 항목들도 문학교육 제도를 분석하는 데에 긴요하게 적용될 수 있으리라는 점에서 주목할 만하다. 이 요소들은 비판적 또는 갈등론적 접근을 시도하고자 할 때에도 참고될 수 있을 것이기 때문이다. "① 인원: 누가 그리고 얼마나 많은 사람들이 그 제도에 참여하는가. ② 헌장: 무엇이 그 제도의 목적인가, 즉 무엇이 그것의 승인된 목표들인가. ③ 규범: 무엇이 행동을 규제하고 조직화하는 핵심적 규범들인가. ④ 물적 기구: 목표를 추구하는 행동을 조직화하고 규제하는 데 사용되는 도구와 시설들의 본질은 무엇인가. ⑤ 활동: 업무와 활동들은 어떻게 나뉘는가. 누가 무엇을 하는가. ⑥ 기능: 제도적 활동의 유형은 어떤 욕구를 충족시키는가." 터너(1997: 51).

15) 우한용(1997: 300)에서 재인용.

아니라, 어느 면에서는 오히려 문학교육이라는 제도가 부동(浮動)하는 문학 제도를 확고하게 규정하고 있는 것이다. 그런 점에서, 롤랑 바르트가 "스스로 문학이라고 가르치는 것이 문학일 따름"16)이라고 못박았을 때, 일반적으로 문학 체험의 폭이 협애하기만 한 우리 학생들의 현실을 감안한다면, 이 말의 뜻을 곧 "문학이란 우리가 문학이라고 배운 것일 따름"이라고 풀이해도 크게 틀리지 않을 것이다.

이에 문학교육이 하나의 제도이고, 집단적 사업이란 점부터 다시금 부각되어야 할 필요가 있다. 문학을 가르치는 것이 하나의 집단적 사업이라는 점은 너무도 명백해서 진술할 필요가 없는 것처럼 보이기도 하겠지만, 그러나 그것은 그만큼 쉽게 지나쳐버린다. 실제로 문학을 가르치는 것은 거의 목가적(牧歌的)일 정도의 개인주의적인 행동으로 항상 간주되어 왔다. 대학의 국문과를 소개하는 카탈로그에서 곧잘 발견되는 것처럼, 문학 수업의 전형은 이 공계 실험실의 긴장된 모습과는 대조적으로, 캠퍼스 잔디 위에서, 혹은 세미나실이나 교수 연구실에서 교수와 학생들이 편안하게 마주하고 있는 장면으로 그려지게 마련이다. 모든 목가적 각색이 그러하듯, 문학의 목가적 이미지는 뭔가 모호한, 그래서 뭔가 심오한 무엇이 들어 있는 듯한 생각을 불러일으키면서, 실제상으로는 언제나 집단적 정체성에 대한 위기에 빠져 왔던 문학, 문학연구, 문학교육이라는 제도에 기묘한 정체성을 부여해 준다. 그럼에도 불구하고, 다른 학과나 과목과는 달리, 문학과 관련해서는 그 집단적 사업의 정체성에 대해, 목가적 이미지를 제외하고는, 도대체 왜 문외한의 세계에서도 적확하게 이해할 수 있는 이미지를 만들 수 없는지, 그 이유를 밝혀 주는 그 무엇도 우리는 가져 본 적이 없다.17)

무엇보다도, 실은 논쟁적이고 모호한 개념인 문학에 관한 이미지가 이토록 일치된 이미지로 널리 유포되어 있다는 사실 자체야말로 흥밋거리가 아닐 수

16) Roland Barthes(1971), "Réflexions sur un manuel", in S. Doubrovsky & T. Todorov eds., L'Enseignrment de la Littérature, p. 170. 여기서는 윤희원 역(1996: 74)에서 재인용함. 한편, Gossman(1990: 31)은 롤랑 바르트의 이 말을 "Literature is what gets taught. Period."라 영역하고 있음.
17) Gerald Graff(1989). 정재찬 역(1998) 참고 바람.

없다. 심지어 문학 시간에 목가적인 형태의 수업을 받아 보지도 못한 우리 학생들도 '백일장'에 데려가기만 하면, 봄철에 가서도 난데없이 '낙엽'을 떠올리는 감상적 낭만주의자가 되고, 이어폰으로 랩송을 들으면서도 '천고(千古)'를 읊어대는 의고주의자가 되며, 수다를 떨면서도 '아어체(雅語體)'를 구사하는 미문주의자가 되기 일쑤이다. 물론 여기에는 백일장이라 하면 응당 고궁을 찾아가게 되는 고정적 이미지도 한몫을 단단히 하고 있는 셈일 것이다.[18]

그런데 어떤 의미에서는 이 같은 이미지야말로 사회 내에 정위된 그 제도의 본질을 말해 주는 것이라고 할 수 있다. 카스토리아디스에 따르면, 제도는 사회적으로 인가된 상징적인 관계망으로 그 안에서 기능적인 구성 요소들과 상상적인 구성 요소가 가변적인 비율과 관계로 결합되어 있는 것이다. 말하자면, 상상적인 것이 궁극적인 요소는 아니지만, 제도의 상상적인 것의 기능이 존재하며, 상상적인 것이 없이는 상징적인 것과 기능적인 것에 관한 결정, 상징적인 것의 특수성과 통일, 기능적인 것의 지향과 목적성은 불완전하고 결국에는 이해할 수 없는 것으로 남게 된다는 것이다(카스토리아디스, 1994: 236).

따라서 문학교육 제도에 관한 우리의 질문 방식은, 문학(교육) 제도는 사회의 어떠한 기능적 필요성에 의해 만들어졌기에, 우리는, 그리고 사회는 문학을 둘러싼 제도에 대해서 왜 그 같은 이미지를 부여하며 왜 그렇게 받아들이고 있는지, 문학(교육) 제도 또한 사람들이 모여 구성된, 하나의 법인체적

---

18) '백일장' 현상 역시 계보학적 연구의 주요 대상 가운데 하나이다. 이 제도가 반드시 부정적이라는 뜻은 아니지만, 여하튼 백일장은 학생들의 모작이나 위작을 감시하고 제어할 수 있는 효과적인 장치로 고안된 것일 뿐만 아니라, '과거(科擧)' 제도와의 유사성─가령, 최우수작을 장원(壯元)이라 부르는 것─으로 인해, 일종의 문화적 선민 의식을 조장하는 데 기여한다는 점도 간과되어서는 안 된다. 그런가 하면 학생들이 낭만주의적 의장을 갖고 이 제도에 적응하는 것 역시 결코 이상한 일이 아니다. 해방감을 주고 문학적 환경을 제공한다는 취지에서 설정되는 고궁과 같은 환경 설정 자체가 실상은 낭만주의적 담론에 순응토록 하는 일종의 통제 장치로 작동하기 때문이다. 실제로 '백일장'에는 낭만주의적 천재의 표현 개념이 강하게 내포되어 있다. 원칙적으로 말하자면, 충분한 퇴고의 기회가 허용되지 않기 때문에 백일장에 당선되기 위해서는 영감과도 같은 순발력, 타고난 글재주가 있어야 하는 것으로 학생들에게 각인된다. 더욱이 그것이 포상 제도를 수반한다는 점에서, 학생들은 퇴고를 거듭해 교지에 실린 작품들보다도 백일장 당선작에 대해 무의식적으로 더 경의를 표하게 마련이다. 이것이 결국 모방을 낳고, 그로 인해 백일장 특유의 풍이 매년 재생산되는 것이다.

제도(institution as a corporate body)라 할진대, 그 법인체적 가시도(visibility)가 이토록 낮은 이유는 어디에 있으며, 그것이 갖는 의미와 결과는 어떠한 것인지 등등에 관한 것으로 이동해 가야 한다. 불투명한 것을 교육하게끔 사회가 어떻게 제도적으로 허용했으며, 불투명한 것을 투명하게 교육하도록 하는 동인은 무엇이며, 그 기제는 어떠한 것인지 따져 보아야 하는 것이다.

  그런 의미에서 사회학은 물론, 교육사회학에서도 일찍부터 비판의 대상이 되어 온 기능주의적 접근조차 우리에겐 무시되어야 할 것이 아니다. 그와 반대로 우리에겐 그러한 연구조차, 해석은커녕 실증적 자료조차 부재한 형편임을 강조해 둘 필요가 있다.

  사회학의 비조(鼻祖)로 불리는 뒤르껨이 처음 교수로 부임할 당시에는 교육학은 이미 교직 활동의 필요성으로 인해 강좌로 자리잡고 있었지만 사회학은 하나의 학문으로 인정받지 못하던 시기였다. 교육학과의 교수였던 그는 사회학을 발전시켜야겠다는 지적 사명감을 가지고 사회학의 기초를 확립하였으며 교육학 역시 사회학적으로 탐구해야 할 것을 역설하였다. 그는 교육에 관한 활동을 교육에 관한 과학적 연구, 교육의 구체적 방법을 마련하는 교수학, 교육의 실천 활동으로 구분하고, 이 중 첫째 영역에 교육학의 중점을 두어야 한다고 보았다. 즉, 교육을 사회적 실재로 평가하고 사회구조의 한 부분으로서의 교육의 사회적 기능을 밝히는 것이 교육 연구의 핵심이라고 본 것이다. 그에 따르면 매우 자연스러워 보이는 교육 사상, 교육 내용, 교육 형식도 실상은 언제나 사회적 성격을 내장하고 있는 역사적 결과물이다. 그래서 뒤르껨은 교육사회학의 연구 영역에 다음과 같은 내용이 포함되어야 한다고 보았다. 첫째, 교육에 대한 사회적 사실들과 그것들의 사회적 기능을 밝히는 일, 둘째, 교육과 사회 및 문화 변화 간의 관계를 밝히는 일, 셋째, 교육 체제의 여러 유형을 비교 문화적으로 연구하는 일, 넷째, 살아있는 사회 체제로서의 학급과 학교를 탐구하는 일 등이 그것이다(김신일, 1998: 618-9).

  오늘날의 시점에서 볼 때 이러한 제안은 실로 놀랍기까지 하다. 앞서도 말했지만, 교과교육, 특히 문학교육과 관련하여 우리는 이 범주들 가운데 어느 하나에도 만족할 만한 답을 갖고 있지 못하기 때문이다. 사회화를 위해 문학교육이 기능하고 있는 바는 무엇인가? 지금 우리 사회는 어떠한 인간상을 원하고 있으며, 거기에 문학교육은 어떻게 기능적으로 작용할 수 있는가? 정말 문학교육은 학생들의 창의성을 높여 주는가? 사회는 왜 우리에게 문학을 가르치도록 허여하는가? 혹은 왜 축소하려 하는가? 이러한 질문들에 대한 해답을 문학교육사회학이 마련해 줄 수 있어야 할 것이다.

여기에 만일 감추어진 질서가 있다고 가정한다면 이는 결국 사회학적으로 주목할 현상이 된다. 본래, 사회학이 학문으로 성립할 수 있는 근거가 바로 질서의 가정에 있다. 사회 질서란 인간 집합체 성원들의 행동이 유형지워진 습관적인 모습을 일컫는다. 그러나 이 사회 질서가 과연 어디서 오는 것인가 하는 것이야말로 사회학의 핵심적인 관심사에 해당하는 것이다. 달리 말해서 사회학이란 우리가 일상적으로 으레 당연시해 버리는 사회 생활의 구석구석에 숨은 참뜻이 무엇인지를 착실히 그리고 과감하게 파헤치는 일을 할 수 있어야 하는 것이며, 이는 곧 거짓된 삶이 우리에게 주는 비극을 주저 없이 들여다 볼 줄 아는 자아 성찰적인 과제를 뜻하는 것이라 할 수 있다(김경동, 1997: 8). 그러므로 문학교육의 제도에 대한 관심은 문학교육제도의 목록을 열거하고 기술하는 것을 넘어 우리 사회의 질서를 해명하는 일련의 교육적 사회적 관심이 되어야 하며, 그러기에 이는 필연적으로 인간학적이고 윤리적인 주제에 맞닿는 것이 되지 않으면 안 되는 것이다.

3. 문학교육사회학의 전망

그렇다면, 문학교육현상을 사회학적으로 연구하는 문학교육사회학이란 어떤 전망을 가질 수 있을 것인가? 우선 제도 교육에 한정시키는 논의를 상정해 볼 수 있다. 거시적으로는 학교 교육과 사회 구조라는 주제 하에서 학교 교육의 기능에 대한 업적주의적 설명, 학교 교육 무용론을 주장하는 낭만적 설명, 낭만적 설명에 대한 구조주의적 비판인 재생산론, 재생산론에 대한 비판으로서의 상대적 자율성론 등의 논의를 문학교육의 측면에서 수용, 발전시키는 것이 가능할 것이다.

좀더 구체적으로는 문학교육과정사회학도 존재 가능하다. 그것은 곧 교육과정에 대한 탐구가 규범적 교육 내용과 효과적 교수 방법에 집중되어 왔으나, 학교에서 실제로 가르쳐지는 교육 내용과 방법이 그러한 두 가지 관심에 의해서만 결정된 것은 아니라고 보는 관점을 의미한다. 그것은 특정한 사회적 조건 속에서 선정되고 조직된 것이라 볼 수 있는 것이다. 따라서 그 관점은 현 사회의 지배적 가치 체계를 전제하는 규범적 패러다임이 아니라, 명시적으로 혹은 묵시적으로 다루어지는 지식을 주어진 것으로 받아들이지 않고 그 가치 체계 자체를 분석 및 탐구의 대상으로 보고 과연 어떤 종류의 지식이 어떤 이유에서 선정되어 어떤 방식으로 제시되고 있는가를 검토하려는 문제 의식, 즉 해석적 패러다임에 해당된다.

우리 교육의 이념이 교육 기회의 평등에 있는 한, 그리고 문학교육이 다양성과 개방성을 신조로 삼는 한, 이러한 교육과정에 대한 사회학적 질문은 학문에 값할 것이라고 필자는 판단한다. 무엇보다도 이러한 학문적 접근은 우리 문학교육에 '원리적이고 본질적인 지식의 틀'에 대하여 유의미한 심문을 제공하게 될 것이다. 나아가 오늘날 무엇이 문학이라 불리고 무엇이 훌륭한 문학이라 가르쳐지는지에 관한 이러한 연구는 문학학에 기여할 것이며, 무엇이 어떻게 가르쳐지고 있는지에 관한 관심은 교육학에 이바지할 것이며, 어떠한 가치 체계가 우리 사회를 지배하고 있는지에 관한 우리의 탐구는 사회학에 공헌하기도 할 것이다.

이제 논의의 관심을 다시 한 번 교과학의 측면으로 되돌려 보도록 하자. 교과는 명백히 제도적 차원에 속한다. 그런데 메타학으로서의 문학교육사회학은 마치 교과를 넘어서는 것처럼 비쳐진다. 그래서 마치 국어교과학과 메타학은 전혀 별개의 범주를 다루는 전혀 별개의 것으로 오해되기 쉽다. 그러나 어떠한 제도도 그 자체의 내재적 이유로만 존립하는 법은 없다. 교과가 성립되기 위해서는 단순히 학문성만이 아닌 여러 요인들이 복합적으로 관련되어 작용하여야 하는 것이다. 그 요인을 밝히는 것, 가령 교과의 성립과 발달 과정을 역사사회학적으로 연구하는 것은, 그런 의미에서 궁극적으로 교과학적 관심에 해당하며, 그 성과는 교과학의 정상적 발달에 기여하게 될 것이다. 나아가 메타적 시각으로서의 문학교육사회학은 제도라는 닫힌 테두리 내에서 전개되는 교과교육학의 지평을 확장하는 데에도 기여할 수 있다. 그 결과 또한 교과교육으로 송환될 성질의 것임은 물론이다.

최근의 교육사회학자들은, 그동안 학교의 사회 재생산적 측면에만 집중해 온 교육사회학─물론 여전히 중요한 연구 영역이지만─의 새로운 길을 모색하면서, 학교 연구에 있어 학생들의 경험에 대한 연구 없이는 그 같은 연구가 무의미하다는 주장까지 펼치고 있다. 즉, 학생들이 이미 자신이 속해 있는 계층에서 경험한 내용들은 무엇인지, 그들이 즐겨 향유하고 창조해 나가는 대중문화는 어떤 것인지, 텔레비전이나 영화 등 대중 매체들이 전달하는 메시지는 무엇인지 등을 밝혀내는 것이 우선시되어야 한다는 것이다. 다시 말해 학습자는 백지 상태가 아니며, 따라서 그들에 대한 이해 위에서 교육을 해나가려면, 이러한 학습자 문화에 대한, 그 형성 및 효과에 대한 교육사회학적 분석이 이루어져야 한다는 것, 그래야만 그러한 연구 위에서 학습자 개인의 지식과 이해를 유의미하게 향상시킬 수 있고, 학습자 간의 이질성도 교통시켜 줄 수 있는 능력을 가지게 될 수 있다는 것이다. 그런데 이러한 주장은 우리에게도 더 이상 낯선 것이 아니다. 문화교육으로서의 국어교육론 혹은 문학교육론이 그것인데, 이러한 입장을 놓고 그것이 교과 내적이냐 외적이냐 하는 것은 사실상 소모적이기까지 하다.

이제껏 길게 논해 왔지만 사실상 문학교육사회학의 필요성과 성립 가능성은, 교육 행위 자체가 사회학의 관심과 연구 영역에 해당한다는 점에서 이미 쉽게 인정될 수 있을 것이다. 교육은 가르치는 사람과 배우는 사람의 상호작용 속에서 이루어지는 행위이므로 그들 각각의 사회적 문화적 정치적 경험을 전제로 하는 것이다. 또한 교육의 내용 역시 사회적으로 형성되고 축적된 문화적 산물이다. 이와 같이 교육은 진공 상태에서 이루어지는 작업이 아니라 특정한 사회적 배경에서 성립하여 이루어지는 활동인 것이다. 물론 이 때에도 문학이 갖는 인문학적, 예술적 속성을 중시해야 함은 말할 나위 없다. 따라서 문학교육사회학이 교육사회학의 하위 영역에 머물고 말 것이라는 우려는 말 그대로 기우에 해당한다. 그것은 교육사회학이 사회학의 한 영역이면서 독자적인 전문 영역으로서 인정되는 이치와 같다. 문학에 대한 깊이 있는 이해 없이 문학교육사회학이란 불가능한 것이다.[19)]

다시 한 번 말하거니와, 학문의 독자성 확보에 대한 필요성과 학제적 연구의 필요성은 모순 관계가 아니다. 교과학으로서의 문학교육학과 인접학문을 논하는 경우, 이제까지 우리는 주로 문학과 철학, 문학과 사회학, 문학과 심리학 등의 관계에, 게다가 오직 배경 학문적 차원에서만 주목해 왔다. 이에 비해 문학교육철학이나 문학교육사회학, 문학교육심리학 등은 그보다 실질적인 효과를 기대할 수 있다. 단순하게 말해, 문학교육사회학의 경우, 문학학과 교육학과 사회학의 커다란 덩어리끼리만 만나는 것이 아니라 문학사회학과 교육사회학도 만날 수 있기 때문이다. 그리고 그 성과는, 앞서 말한 것처럼, 언젠가 문학학과 철학과 사회학과 심리학, 그리고 교육학 등등에 역으로 영향을 끼칠 만한 결과도 가져다 주게 될 것이다. 그것이 전망이 되어야 한다. 학제적 연구란 말 그대로 어느 한 쪽의 일방적인 수수 관계만을 의미하는 것이 아니기 때문이다. 그것은 서로에게 존재의 이유와 근거를 제공해 주는 관계에 놓여 있는 것이다.

요컨대 문학교육사회학과 같은 연구들은 학제적 성과를 원용하여 교과학으로서의 국어(문학)교과학에 자기 성찰적 시각을 제공해 줌과 아울러 그 성과를 다시 인접 학문에 제공함으로써 교과학의 학문적 위상을 확보하는 데 기여할 수 있을 것이다. 그러나 단지 학문의 독자성과 정체성을 확보해 주는 데에서 그 성과와 소임이 다하지는 않을 것이다. 무엇보다도 문학교육과 관련하여, 교과의 내용은 물론, 교육의 여러 제도와 기제들, 그리고 문학적 문화적 환경에 대해 사회학적 시각에서 재조명하고 재해석하여 얻어지게 되는 수확들은 학계뿐만이 아니라 교사와 학생들 모두에게 사회화와 인간 해방이

---

19) 노명완 교수는 다음과 같이 말한 바 있다. "많은 사람들이 교육학은 사회과학에 속하는 분야로 생각하면서, 국어교육학은 인문과학으로 그리고 과학교육학은 자연과학으로 잘못 생각하고 있다(최현섭 외, 1996: 432)." 문학교육 연구 방법론 문제와 연관하여 김창원(1997: 36-8)도 이에 동의하면서, 기존의 문학교육 연구에서 장르론적, 교육론적, 정책론적 전제들을 비판한 바 있다. 아마 이러한 지적들 역시 국어교육학 전체를 사회과학으로 규정짓는 것은 아닐 터이다. 다만, 국어교육 연구가 인문학 또는 문학 연구에 종속되는 경향을 경계하는 비판이란 점에서는 이러한 견해에 동의한다.

라는 교육의 양대 과제 해결에 보다 가깝게 다가설 수 있도록 해 줄 것이며, 나아가 이 땅의 사회, 문화, 교육의 발전에 이바지하게 될 것이다.

■ 참고 문헌

김경동(1997), 『현대의 사회학』, 박영사.

김대행(1995), 『국어교과학의 지평』, 서울대출판부.

김대행(1998), "매체 언어 교육론 서설", 『국어교육』 97, 한국국어교육연구회.

김상욱(1998), "문학 교수·학습에서 문학 이론의 역할", 구인환 외, 『문학 교수·학습 방법론』, 삼지원.

김신일(1998), "교육사회학", 서울대학교교육연구소 편, 『교육학 대백과사전』 1권, 하우동설.

김종철·김중신·정재찬(1998), "국어교육과 평가 : 문학 영역 평가의 이론과 실제", 서울대학교 국어교육연구소 연구보고서 98-3.

김창원(1997), "Text, Texting, Meta-texting", 한국문학교육학회 제2차 연구발표회 발표요지. 한국문학교육학회.

박영목 외(1996), 『국어교육학 원론』, 교학사.

우한용(1997), 『문학교육과 문화론』, 서울대출판부.

이돈희 외(1994), 『교과교육학 탐구』, 교육과학사.

이인제(1997), 『국어교과학 연구』, 한국교육개발원 연구보고 RR97-16-2, 한국교육개발원.

정재찬(1996), "현대시 교육의 지배적 담론에 관한 연구", 서울대박사학위논문.

정재찬(1998), "문학 교수·학습과 문학교육제도", 구인환 외, 『문학 교수·학습 방법론』, 삼지원.

최현섭 외(1996), 『국어교육학개론』, 삼지원.

한국교육개발원(1997), 『교과학 기초 연구』, 한국교육개발원 연구보고 RR97-16.

Lionel Gossman(1990), "Literature and Education", *Between History and Literature*, Harvard University Press.

Tony Benett(1990), *Outside Literature*, Routledge.

C. 카스토리아디스(1994), 양운덕 역, 『사회의 상상적 제도①』, 문예출판사.

Gerald Graff(1998), 정재찬 역, "문학교육 이론의 미래", 『문학과 교육』 4호, 문학과교육연구회.

J. H. 터너(1997), 김진균 외 역, 『사회학 이론의 구조(개정판)』, 한길사.

두브로프스키·토도로프(1996), 윤희원 역, 『문학의 교육』, 서울대학교국어교육연구소 국어교육학 번역총서 1, 도서출판하우.

안소니 기든스(1996), 윤병철·박병래 역, 『사회이론의 주요 쟁점』, 문예출판사.

토니 베네트(1983), 임철규 역, 『형식주의와 마르크스주의』, 현상과 인식.

1. 방법론 논의에 앞서

(1) 그 섬에 가고 싶다

학회에 한 번도 참가해 본 적이 없는 우리 주변의 일상인이라도 좋고, 서구에서 온 벽안(碧眼)의 학자라 해도 좋다. 그 누군가가 우리들의 이 학술 발표 대회를 난생 처음 구경하고 있다고 생각해 보자. 발표할 논문을 책자의 형태로 미리 배포해 놓고, 발표자는 단상에서 그것을 그대로 읽는다. 그들은 이를 어떻게 이해하고 해석할까? 발표문은 평어체로 써 놓고서 그것을 구두(口頭)로 옮겨 발표할 때는 문장이 끝나갈 때마다 절묘하게 경어체로 바꾸어 읽는다. 그들은 이 질서를 어떻게 받아들일까? 아직 벌어지지 않은 일이라 단정할 수는 없지만, 토론자 역시, 설령 발표 과정에서 발표자가 어쩌다 부연 설명을 함으로써 토론자 자신이 제기한 문제가 해결되는 경우가 있다 하더라도, 토론문의 내용을 거의 수정하지 않고 낭독할 뿐, 발표자의 얼굴 한 번 바라보

---

* 이 논문은 '질적 연구의 국어교육적 의의'란 제목으로 국어교육학회 제15회 학술발표대회(2001년 2월 17일)에서 발표한 것을 수정한 것이다.

지 않은 채, 면대면 대화의 대표적 형식에 해당하는 토론을 무사히 마칠지 모른다. 사회자는 발표자와 토론자에게 시간을 엄수해 달라고 끈덕지게 요구할 것이며, 그 요구를 발표자와 토론자는 간단히 무시하거나, 지키려고 애쓰지만 결국 지키지 못하거나, 지키기 위해 자신에게 주어진 소중한 시간을 포기하게 되면서도 이러한 상황을 빚어낸 앞사람들과 사회자에게 항의 한 번 아니할 것이다. 그리고 어쩌면 종합 토론 시간은 논쟁의 피곤함을 적절히 피해가며 서로간의 예의를 중시한 채, 정말 중요한 이야기는 이른바 뒷풀이 시간에 하는 것이 제격이라며 서둘러 종결될지 모른다. 그 과정에서 방청객은 좀더 권위 있는 다른 사람이 자신의 질문을 대신해 주리라는 기대 속에서 의문이 있어도 꾹 참은 채, 뒷풀이 자리에 자신이 참석해도 좋을지의 여부에 대해 잠시 고민하고 망설이다가 그냥 집으로 돌아가게 되기도 할 것이다.

이 익숙한 풍경, 그래서 일견 자명해 보이고, 그러나 뭔가 개선되어야 할 것이 있다는 느낌에 대하여 공감한다면, 우리는 그 국외자(局外者)들의 관찰과 기술, 그리고 그 해석 결과에 귀기울이지 않으면 안 될 것이다. 또한 그 국외자들의 입장에서도, 그들이 우리를 진정으로 이해하고자 한다면, 그들은 우리의 실체적 본질을 있는 그대로 관찰하고 기술하고 해석하지 않으면 안 될 것이다. 그들은 우리를 이해하고자 우리와 함께 참여하고, 우리와 함께 대화하는 가운데, 우리 관행의 합리적 비합리적 측면, 또는 그렇게밖에 될 수 없는 불가피성도 발견할 것이며, 우리 학회의 구조와 관행 속에 감추어진 질서와 힘의 원리, 그밖에 우리가 의식하고 또는 의식하지 못했던 것들을 발견할 수 있을 것이기 때문이다. 그리하여 우리들의 문화를 성공적으로 기술하고 해석할 경우, 그들은 비로소 우리의 본질을 질적으로 이해하게 되며, 우리도 우리 자신에 대해 더욱 명확한 인식을 갖게 될 것이다. 따라서 이는 사회학적이고 인류학적인 과제에 해당한다.

그 때 우리는 섬의 원주민들이 되고, 그들은 이 섬을 찾아온 외지(外地)의 인류학자(人類學者)가 되는 셈이다. 이제 이 비유의 본의를 밝히고자 하거니와, 양적 연구 방법론이란 마치 저 유럽에서 그저 통계 수치와 같은 풍문으로만 이 섬의 이야기를 듣고 우리를 재단(裁斷)하여 이런 저런 이론을 만들거나 자신들의 이론에 따라 이러저러한 처방을 내리는 것과 같다. 아니, 양적 연구 방법론만이 아니라, 교실 현장에 대해 제국주의적 권력을 행사해 온 모든 연구 태도도 그러하다 할 수 있다.

사람들 사이에 섬이 있다. 그 섬에 가고 싶다.

(2) 그들도 우리처럼

이번 학회는 '국어교육 연구 방법론'이라는 주제 아래, 질적 연구와 양적 연구 방법론을 대비하여 논하게 되어 있다. 그러나 질적 연구든, 양적 연구든, 그것은 모두 사회과학적 관심과 주제에 따른 방법론에 해당한다는 점에 우선 주목해야 한다. 따라서 우리가 국어교육 및 문학교육 연구에서 이러한 방법론이 갖는 의의에 대해 논하려면, 먼저 국어교육학 또는 문학교육학이 사회학, 인류학 등과 같은 사회과학적 연구의 하나가 될 수 있음을 인정하고 출발해야 순서가 옳다.

국어교육 연구가 사회과학적 성격을 갖는다고 보는 관점은 결코 새로운 것이 아니다. 일찍이 노명완 교수는 거의 당위적인 어조로 이를 강조한 바 있다(최현섭 외, 1996: 432-433). 한 마디로 말해, 교육학은 사회과학에 속하는 분야로 생각하면서 국어교육학은 인문과학으로 여기는 것은 인식상의 잘못이라는 것이다.

사실, 시각을 넓혀 교과학 일반과 관련하여 볼 때 사회과학적, 특히 질적 연구의 필요성을 주장하는 것은 결코 새삼스런 일이 아니다. 물론 그러한 관심은 교과교육학자들보다 일반교육학자들에 의해 선도되었던 것이 사실이나, 교과교육에 대한 이해가 결여된 채 교실을 질적으로 기술한다는 것은 쉽지 않은 일이었던 것이다. 일반교육학자들, 예를 들어 왕성한 질적 연구 활동을 보이는 이용숙(1990)의 연구는 초등학교 교실에 대해 주목할 만한 문화기술적 연구를 남겼지만, 교실 수업과의 연계 측면에서는 매우 정형화된 개념화에 머무는 한계를 보인다. 실제로 대부분의 일반교육학자들의 질적 연구는 교직 문화라든가 잠재적 교육과정 등을 중심으로 삼는 경향을 보인다. 물론 김영천(1997)은 초등학교 교실 수업에 대한 미시문화기술적 분석을 통해 교실 수업의 시퀀스와 참여 구조의 특성을 밝히는 데 커다란 기여를 하였고, 김정원 (1997)은 초등학교의 주된 수업 형태를 교과 해설식 수업과 과제 부과식 수업으로 나누고 각 수업의 형태가 갖는 특성을 아동에 대한 통제와 분류 및 그들 사이의 상호 작용을 중심으로 논의하면서 이러한 수업 전략이 모두 교육 자원, 각종 업무량, 교장과의 관계 등을 종합적으로 고려해 선택된 결과임을 밝혔다. 그런데 이러한 연구물 또한, 주로 교실 수업의 기제와 구조를 중심으로 이루어지는, 그 결과 범교과적인 성격을 띠게 된다는 데 우리는 주목해야 한다.

여기서 우리는 교과나 학습 주제에 따라 서로 다른 사회적 참여 구조가 형성될 수 있다고 가정할 수 있다. 즉, 교과의 내용 구조는 그것이 지니는 인식론적인 특성상 그 나름의 참여 구조가 형성될 수 있다고 보는 것이다. 그럼에도 불구하고 일반교육학자들의 질적 연구는 교과 내용이 결부된 깊이 있는 분석에는 도달하지 못한 채 연구가 진행됨으로써 피상적이라는 인상을 준다.[1] 여러 가지 사정이 복합적으로 작용하기는 하지만, 그들이 주로 초등학교를 대상으로 질적 연구를 행하는 것 역시 이 점과 무관하지는 않다고 본다.[2]

이 문제와 관련해 주목해야 할 것이 최근 각 교과교육학의 연구 패러다임 이다. 사회과의 경우, 조영달(1992)의 "한국 고등학교 경제 수업의 상호작용 유

---

[1] 조영달(2000)은 교실 수업의 현상 형태와 연관하여, 교수법적 내용지식(pedagogical content knowledge)과 교육과정 수행지식(curriculum enactment knowledge)에 대한 관심을 강조하고 있다. 그에 따르면, 전자는 학습의 주제와 이슈를 학습자의 특성과 교수 학습을 위한 전략에 맞게 구성 재조직된 것을 의미하는 것으로, 교과교육학자와 일반 교육학자를 구분시켜 주는 가장 좋은 범주의 하나이다.

[2] 그래서 이종각(1997: 118)은 다음과 같이 요구한다. "타전공자들에 의한 인류학적 연구 물들에 대해서 더 많은 관심을 가져야 한다. 한편으로는 그것들을 교육인류학으로 통합하는 노력을 해야 하고, 다른 한편으로는 교육인류학의 지식을 타분야의 지식에 확산적으로 연계시키려는 노력을 해야 한다. 참여관찰 방법에 의한 연구물뿐만이 아니라 문화적 시각에서 이루어진 모든 연구물들을 교육인류학에서 포괄할 수 있도록 해야 할 것이다. 이와 같은 노력은 교육인류학의 학제적 연구에도 보탬이 될 뿐만이 아니라 교육인류학의 연구를 타분야에 보급하고 논의하게 할 수 있는 징검다리 역할을 할 것이다." 타학문에의 종속을 우려해 이러한 요구를 외면하는 것은 기우에 불과하다. 오히려 질적 연구를 교과교육 연구에 도입하는 것은 그 자체를 위해서는 물론, 타교과와 일반교육학의 발전에 학제적으로 기여할 수 있다는 의의를 지니며, 이는 결국 우리 학교 교육 현실의 개선에 긍정적으로 기여하게 되리라 믿는 것이 바람직하리라 본다.

형에 관한 연구"3)가 일찍이 발표되었고, 이혁규(1996)는 미시문화기술적인 교실 수업 연구를 통해 중학교 사회과 수업에서 일반사회 전공 교사와 지리 전공 교사가 각기 서로 다른 전략을 구사하고 있음을 발견하고, 교육 내용 지식과 관련하여 교사가 수업의 주제 내용 구조를 어떻게 변화시키는가 하는 주제 변환의 문제를 흥미 있게 다루고 있다. 사회과뿐만 아니라, 현재 교육인류학계에는 상당히 다양한 교과교육 전공자들이 포진하여 연구의 활기를 띄고 있다.

그들도 우리처럼 나름대로의 소중한 교과 내용을 가지고 있다. 다른 교과학도 우리와 마찬가지로 교과교육 연구의 정체성 확보를 위해 많은 숙고와 노력을 해왔다고 봄이 타당할 터, 이제 우리도 그들처럼 사회과학적, 질적 연구 방법론을 본격적으로 도입할 시기라 판단된다.4)

특히, 후술하겠지만, 질적 연구의 방법론 및 기술 방식과 깊은 연관을 맺는 분야 가운데 하나가 바로 사회 언어학과 문학 비평이란 점을 감안한다면, 우리야말로 질적 연구에 대한 적임자인 동시에 커다란 책무를 지니고 있다 해도 과언이 아닐 것이다. 그리하여 어느 시점에 가서는 도리어 그들도 우리처럼 되길 바라는 사태가 오기를 기대해 보는 바이다.

2. 질적 연구 방법론에 대한 이해

(1) 질적 연구의 패러다임과 그 의의

질적 연구는 인간 행동의 주관적인 관점과 맥락성을 강조하는 현상학에

---

3) 질적 연구는 곧 문화기술지라는 상대적으로 편협한 인식이 지배하던 시기에 조영달의 이 연구를 통해 우리나라에 미시문화기술지(micro-ethnogrphy)가 소개되었다고 김영천 (1997: 315)은 고평한다.

4) 국어과의 경우, 과문의 소치이긴 하겠으나, 질적 연구에 해당하거나 그에 가까운 것으로는 김상희(1995), 박종훈(1996), 김남희(1997), 이재기(1997), 유동엽(1998), 인혜련 (1998) 등을 들 수 있을 뿐이다. 앞으로 이 연구들은 보다 다양하고 풍부한 해석적 텍스트의 생산과 연구 결과의 부가가치를 증대하는 데 힘을 쏟아야 할 것으로 판단된다.

주된 이론적 토대를 갖고 있으나, 그 이외에도 해석학, 상호작용론, 지식사회학, 사회 조직과 문화 등의 다양한 철학적 사회학적 관점에 이론적 토대를 두고 있다(김윤옥 외, 1996: 7). 이 가운데 상호작용론만 해도 교환 이론, 상징적 상호작용론, 역할 이론, 민속방법론 등이 있으며, 또 그 가운데 상징적 상호작용론은 다시 질적 연구를 지지하는 시카고 학파와 신뢰성 있는 조사 연구를 강조하는 아이오와 학파 등으로 나뉜다.5)

우리나라의 경우에는 문화인류학적 전통에 따라 문화기술지(ethnography)적 접근을 중시하는 교육인류학적 연구가 우세한 형국이고, 그래서 흔히들 질적 연구라 하면 문화기술지적 전통만 연상하지만, 사실상 질적 연구는 현장연구, 자연주의적 연구, 문화기술적 연구, 사례연구, 참여관찰, 민속방법론 등의 여러 가지 연구 방법들을 포함하는 일반적 용어인 것이며, 양적 연구가 아니라는 점에서 질적 연구, 곧 양적 연구의 대타적 패러다임을 총체적으로 일컫는 말이지, 어떤 특정한 연구 방법론을 의미하는 것이라 볼 수 없는 것이다. 사실, 어느 면에서는 양적 연구도 '질'을 연구하기 위해 '양적'인 방법론을 취하는 것이라 볼 수 있다. 이러한 사정으로 인해 레이더는 다음과 같이 말하기도 한다.

> '질적'이라는 용어는 사회과학의 다양한 학문 분야에서 일어나고 있는 전례 없는 '연구의 아이디어들'을 명명하기에는 부적절하다. '양적'에 대한 상대적 개념으로서 '질적'은 방법론이나 패러다임의 수준이 아닌 방법의 수준과 관련되는 논설에 불과하기 때문이다. 따라서 대안적 연구 방법론을 지칭하기 위해 내가 선택하고 싶은 용어는 '후기 실증주의'이다.6)

이처럼 질적 연구는 그 폭이 대단히 넓어서 일률적으로 설명하는 것이 불가능할 정도이지만, 사회적 실체와 현상이 어떻게 이해·해석되고, 어떻게 경험되고 생성되는가에 관심을 둔다는 점에서 넓은 의미의 '해석주의적(interpretivist)'인 철학적 입장에 뿌리를 둔다고 말할 수는 있을 것이다. 질적

---

5) 이에 대해서는 터너(1989)에 가장 상세히 설명되어 있음.
6) Patti Lather(1992), Critical Frames in Educational Research, *Theory Into Practice*, 31(2). 김영천(1997: 308)에서 재인용함.

연구의 형태에 따라 이러한 요소들을 이해하고 접근하는 방법은 다르겠지만
-사회적 의미, 해석, 시행, 담론, 과정, 또는 형성에 초점을 맞추는 등-, 모
두가 최소한 이들의 일부를 복합적, 다층적으로 구성된 사회의 유의미한 구
성 요소로 간주한다는 점에서는 공통점을 지니는 것이다(제니퍼 메이슨, 1999:
20). 해석적 접근이 채택하는 연구 방법은 민속방법론에서 전형적으로 볼 수
있는 바와 같이, 기존의 개념과 이론에 의해서 현상을 밖으로부터 설명하는
것이 아니라, 있는 그대로의 기술을 통하여 그 본질에 접근하려고 하는 현상
학적 환원의 적용이며, 그것은 인류학의 문화기술적 방법과 공통의 기반을
가진다고 할 수 있기 때문이다(시바노 쇼오잔 편, 1998: 33). 따라서 문화를 심층
적으로 기술하는 연구라고 정의하는 데 동의한다면, 질적 연구란 손상되지
않은 문화적 장면이나 집단에 대한 재구성화 작업으로서 참여자(연구 대상자,
제보자)의 신념, 관습, 지식, 행동 등을 재구성하는 것으로 볼 수 있을 것이다
(김윤옥 외, 1996: 7).

　　그렇다면 왜 이 같은 연구 패러다임이 대두되었는가?

　　1970년대 신교육사회학이 등장하기 이전, 교육사회학을 지배하던 급진
적·갈등론적 접근 방법은 파슨스 식의 균형론적 기능주의를 줄기차게 비판
했지만, 실상 학교를 계급적 이익에 봉사하는 합리적 체제라고 생각하는 점
에 있어서는 기능주의 이론과 다를 바 없는 목적론적 합리주의의 전통에 그
뿌리를 두고 있었다. 방법적 측면에 있어서도 그들은 교육 제도와 사회 구조
의 관계를 설명함에 있어 종래의 통계적 계량적 자료와 같은 실증적 자료를,
단지 관점을 달리하여 이용하는 실증주의 방식을 채택하였던 것이다(시바노
쇼오잔 편, 1998: 31).

　　그러던 가운데 신교육사회학이 대두되면서 학교 사회 구성원들의 상호작
용과 문화에 관한 탐구가 교육사회학의 핵심 관심사로 다시 부상하기에 이른
다. 신교육사회학은 행위자의 시각에 의해서 구성되는 간주관적 일상적 생활
세계를 '현실'로 파악하는 관점에 입각하여 기존의 구조 기능적 분석의 사회
관과 아울러 그것이 의존하고 있는 방법적 경험주의의 허구성을 비판하였다.
분석이 현상의 구조를 확인하는 작업임에 비해, 해석은 현상의 의미를 확인
하는 작업이라는 점에서 차이가 난다. 분석은 설명 지향적인 데 비해서 해석

은 이해 지향적이다. 양적 연구가 치중하는 설명이 닫힌 설득인 데 비해서, 질적 연구가 추구하는 이해는 열린 대화인 것이다(조용환, 1999: 62). 달리 표현하면, 질적 연구가 '발견'을 중시할 때 양적 연구는 '설득'에 치중한다(이용숙·김영천 편, 1998: 9).

사실 그 이전까지 교육사회학은 어떤 의미에서 교육의 외피와 결과를 중심으로 교육의 사회적 의미와 기능을 탐구해 왔다고 볼 수 있다. 하지만 학교는 교육과정에 따라 정해진 지식을 기계적으로 가르치고 배우는 장소가 아니다. 그곳은 교사와 학생을 중심으로 한 여러 구성원들 사이에 복잡다단한 관계가 끊임없이 형성되고 재구성되는 사회적 상호작용의 장이다. 학교에는 희망과 좌절이 있고, 기쁨과 슬픔이 교차된다. 여기에는 강압과 회유, 공감과 갈등도 있으며, 다양한 전략과 협상이 구사되기도 한다(Peter Woods, 1998: 8).

이에 신교육사회학은 사회과학에서 해석적 패러다임의 상승 무드와 함께 학교 사회에 대한 미시적 탐구를 활성화하고자 하였다. 이는 참여자의 의식 세계를 기술함으로써 교육의 본질 세계를 들여다보자는 의도에 다름 아니다. 교육 문제의 차원을 단지 개인의 수준으로 단순화시킨다든지, 또는 개인의 통제 밖에 있는 구조적 수준으로 몰고가는 것을 비판하면서 신교육사회학은 문제의 요인을 상호작용적 차원으로 분석하기 시작했던 것이다(김병성, 1992: 341-8). 이 점은 결과적으로 교육의 내적 과정을 주목하게 한다.

실제로 양적 연구 패러다임의 탐구 특성으로 인하여, 현장 교사가 느끼고 소유하는 일상적이고 실질적인 교실 경험에 대한 논의는 교육학 연구의 세계에서 심각하게 다루어지지 못하였던 것이 사실이다. 이에 반해 학교에서의 상호 작용에 기초하여 접근하게 된다면, 우리는 비로소 교사와 학생이 제도적인 역할 관계를 바탕으로 하면서도 서로 상황을 다르게 정의하여 구성해내는 학급 세계의 현실을 그 심층부까지 밝혀내어 해석하고 학급 사회의 전체를 질적으로 파악할 수 있게 될 것이다(시바노 쇼오잔 편, 1998: 174). 즉, 질적 연구 패러다임은 그 이전까지 자명한 것으로 간주하여 놓쳤던 영역이나 국면에 연구자들이 눈을 돌림으로써 교육사회학의 더욱 충실한 발전 가능성을 제시하였던 것으로 평가된다.

교육사회학은 이로써 '교육의 사회학'이라는 입장에서 '학교의 사회학'으로 그 성격을 명확히 하게 되었다. 이는 교육 내용에 대한 접근도가 높아 교육 현장에서의 높은 유용성이 기대되며, 나아가 지식사회학의 입장에서 교사와 학생의 범주를 재정의 재구성하는 절차는 교사와 학생의 의식 변혁과 밀접하게 관련되어 있으므로 학교 교육의 재활성화에 미치는 의의가 클 것으로 평가되기도 한다(시바노 쇼오잔 편, 1998: 54).

이러한 해석적 접근은 미시적 상호 작용의 분석에 더 적합한 것이 사실이다. 그러나 해석적 접근이 구조적이고 거시적인 차원의 사회 현상에 대해 무관심하다고 할 수는 없다. 교실 수업의 상호작용이나 이를 구성하는 제도 역시, 학교 공동체나 학교 밖 교육 공동체 내의 역학 관계에 의해 결정될 가능성이 크기 때문이다. 즉, 학급에 있어서 교사와 학생의 관계는 주변 집단과 직접 간접으로 관련되어 있으며 이를 통해 학급 내의 사회적 교환 관계가 성립되고 있을 가능성이 큰 것이다. 이 점에서 학급은 권력의 자원 기반을 매개로 하여 외부 사회와 연결되어 있는, 더 거시적인 사회구조의 한 하위 체계를 구성하고 있다고 할 수 있다.

다만 구조적 변수 또는 맥락적 요인으로부터 사회 현상을 연역적으로 설명하려고 하는 전통적 지향과는 그 접근 방법이 원칙적으로 다르다고 볼 수 있다. 왜냐하면 거시적인 사회적 사실은 당연한 것으로 이미 주어져 있는 것이 아니라, 생활 세계의 일상화된 관행적 구성 과정을 통해 생성되는 것이며 구조적 차원의 사회적 현상은 시간과 공간이 교차하는 미시적 상황의 집적이라고 생각하기 때문이다. 따라서 해석적 패러다임이 상호작용 상황에 주목한다고 할 때 그 의미는 단순히 거시적 차원이 아닌 미시적 차원의 현상에 눈을 돌려 종래의 투입-산출 모델에서 다루어지지 않은 구조적 변수들을 들추어내는 작업 등을 가리키는 것이다.

이제 이 같은 질적 연구 패러다임의 의의를 아이즈너(Eisner)의 말을 빌어 정리하도록 하자.

학교의 실제에 대하여 거리를 두고 연구하고자 한다면 학교 개선을 기대하기 어려울 것이다. 복잡한 사회 조직이나 교수와 같은 미묘한 형식의 인간 활동을 개선하는 것을 목적으로 하는 교육연구자에게 현상에 대한 초연한 태도,

무관심, 그리고 무관여는 절대 미덕일 수 없다. 현상에 관하여 아는 것은 중요
하다. 학교와 같은 조직에서 나타나는 현상은 다양한 문제들이 개입되어 형성
되는 상호작용의 결정체이기 때문에 학교를 개선한다는 생각 안에는 학교라는
조직에 스며들어 있는 주요한 특징들과 구성 요소들이 어떻게 상호작용하는가
를 알아야 한다는 전제가 근본적으로 깔려 있다.[7]

(2) 질적 연구 방법론의 문제들

질적·해석적·후기실증주의적 연구 패러다임은 그 연구 대상을 주로 학
교의 내부 과정에서 구하며 지식의 배분과 교육과정 구성, 교사-학생간 상호
작용, 교사에 의한 학생의 범주화 등에 초점을 둠으로써 분석 관점의 신선함
을 확보하기는 하였으나 실제적인 연구 성과가 불충분하다는 비판과 함께,
연구 그 자체가 객관적 타당성을 확보하지 못한 채 주관적 기술 일변도로 이
루어지고 있다는 오해를 사고 있기도 하다. 오해에 대한 본격적 해명은 뒤로
미루고 여기서는 일단 질적 연구 방법론의 문제점으로 지적되고 있는 것들을
정리해 보기로 한다.

첫째, 문제의 제기와 연구 가능성을 명료하게 시사하는 데 비해 그것을
실현하는 데 필요한 이론 또는 가설을 실제로 제시하지 못하였기 때문에 연
구의 신뢰도(재현 가능성과 반증 가능성)를 약화시켰으며 사변적 영역에 머무르
는 결과를 초래하였다. 둘째, 역사적 시각을 택하지 않고 경험적 증거에 근거
한 예증이 불충분하기 때문에 설명이 단조롭고 소박하게 되어 자칫 지적 낭
만주의에 빠지기 쉽다. 셋째, 학교의 외부 구조가 교육과정을 통제하는 권력
의 문제와 학교의 조직 구조가 상호작용 과정에 미치는 구속에 대한 주의가
소홀해지기 쉽다.

모든 패러다임과 마찬가지로, 질적 연구의 패러다임 역시 장단점이 뚜렷
이 대비된다. 이러한 사정은 질적 연구 방법(론)도 다를 바 없다. 가장 대표적
인 방법 중의 하나로 알려진 문화기술적 방법의 경우를 살펴보자. 먼저 장점

---

7) Eisner(1992), *The Enlightened Eye*. NY: Macillan Publishing Company. p. 2. 김영천(1997:
3)에서 재인용함.

은 다음과 같다(이종각, 1997: 149).

첫째, 문화기술적 방법은 연구되고 있는 환경에 대한 하나의 완전한(전체적) 모습을 제공한다. 그리고 이 연구법은 장기간에 걸쳐 이루어지기 때문에 대부분의 교육 연구가 현재 시점에서 이루어지는 것에 비해 종단적 시각을 제공해 준다. 둘째, 다른 방법에 비해 새로운 통찰과 새로운 가설들을 도출하기에 적합하다. 셋째, 이 방법에 의해 개발된 가설과 이론들은 자연적 장면에서 수집된 관찰적 데이터에 확고하게 근거하고 있다. 넷째, 관찰자가 어떤 특별한 가설들을 미리 가지고 연구를 시작하는 것이 아니기 때문에, 실증적 양적 방법을 따르는 연구자들처럼 자신의 기대에 적합하지 않은 현상을 간과하는 오류를 범할 가능성이 매우 적다.

이에 반해 단점은 다음과 같이 지적된다(이종각, 1997: 150).

첫째, 명확하고 빠른 속도로 기술할 수 있는, 상당히 주의 깊고 세심한 관찰자가 필요하다. 둘째, 현재 연구되고 있는 환경을 제대로 이해하기 위해서는 장기간의 관찰이 요구된다. 따라서 이런 연구는 비용을 많이 들게 하며 다른 연구자들의 반복 연구를 힘들게 한다. 셋째, 관찰 기록들은 매우 길어지며, 따라서 그것을 양화하고 해석하기 어렵게 만든다. 넷째, 관찰들이 주관적 성격을 띠고 관찰자간 신뢰도를 검증하는 것이 불가능하기 때문에, 관찰자의 편견이 연구 결과를 심각하게 왜곡시킬 가능성도 있다. 다섯째, 교실과 같은 자연적 장면에서 발생하는 모든 행동들을 기술 관찰하는 것은 불가능하기 때문에 관찰자의 선택과 판단이 문제로 제기될 수 있다. 여섯째, 관찰자는 종종 연구되고 있는 환경 속에서 하나의 능동적인 참여자가 된다. 이러한 행위는 종종 역할 갈등을 일으키고 정서적으로 휩싸일 우려가 있으며, 이러한 결과들은 수집되고 있는 데이터의 타당성을 줄일 수 있다. 이는 불확정성의 원리와 유사하다.

그러나 이러한 문제점들 가운데 가장 대표적으로 지적되는 것은 바로 해석의 주관성 문제와 타당도 또는 신뢰도의 문제라 할 수 있다. 이것이 상호 연결된 문제임은 말할 나위 없다.

먼저 해석의 문제와 관련하여 제기되는 사항들은 대략 다음과 같다: 사회 현상에 대한 참여자(연구대상자)의 해석을 탐구하는 것이 질적 연구의 기본 목표라는 것에는 의심할 여지가 없으나, 어떻게 타인이 인지하는 것처럼 인지

할 수 있는가? 질적 연구자가 실제 참여자의 관점에서 설명을 하고 있는가?8)
질적 연구자가 이론적 사고를 유보할 수 있는가의 의문은 차치하더라도, 이
론적으로 중립적인 방식에서 연구를 수행하는 것이 가능한가?9)

　이러한 질문들은 해석적 패러다임의 근본적이고 인식론적인 전제를 문제
삼는 것들이다. 질적 접근 방법에 있어서 관찰 위치는 주관의 세계 밖이 아니
라 그 안에 들어가 있다. 베버는 사회과학이 과학다우려면 인과적 설명을 추
구해야 함을 인정하면서 동시에 그 대상의 특성이 문화 현상, 역사 현상임을
감안할 때 의미의 해석을 통한 '이해'를 필요로 한다는 점을 강조하였다. 자
연 현상과 달리 역사성을 갖는 사회 현상의 경우, 드러난 현상만으로 인과성
을 밝혀낼 수는 없기 때문이다. 이는 사회 현상을 관찰자가 아닌 행위자의 관
점에서 파악하려는 것과 관련된다. 사회 현상은 그 사회적 실재 속에 사는 사
람들에게 특정한 의미와 적합성을 갖는 것이고, 사회는 결국 행위자들에 의
해 이른바 '구성된' 현상이기 때문이다(최협, 1990: 77).

　해석자가 자신의 견해나 관념을 텍스트에 투사하는 것이 단순히 텍스트
의 저자의 원래 의도를 있는 그대로 재생하기 위한 것은 아니다. 텍스트는 항
상 저자가 의도하는 것 이상의 뭔가를 나타내고 있을 뿐만 아니라 상이한 상

---

8) 실제로 인류학에서는, 예컨대 사모아인을 연구한 미드와 프리맨의 연구 결과가 서로 불
　일치한 사례에서 보듯 동일한 현상을 관찰하고서도 해석이 일치하지 않는 경우가 발생
　하기도 한다. 그래서 이러한 문제에 대한 대안으로 연구자가 그의 연구 결과를 연구 대
　상자에게 제시하는 응답자 타당화 방식이 사용되기도 한다(김윤옥, 1996: 19). 이는 연
　구 참여자에 의한 연구 결과의 검토와 평가(member checks)를 의미하는데, 참여자의 일
　부에게 연구자가 연구 자료로부터 도출한 임의적 분석과 결론을 평가하도록 하는 과정
　이 그것이다. 연구 결과는 연구자와 참여자간의 협동적 작업을 통해 이루어진 실재
　(constructed reality)이기 때문에 연구 작업은 연구자를 보다 특권적인 해석적 입장에 놓
　이게 만드는 연구자만의 입장과 해석에 의해서가 아니라 연구자와 참여자 간의 대화에
　의하여 근거해야 한다는 것이다(김영천, 1997: 46).
9) 분석적 귀납법은 현상의 범주들간의 관련성을 알아보기 위해 자료를 세밀히 검토하고
　최초의 사례를 조사하여 연구 가설을 개발한 후 다음 사례를 토대로 가설을 수정하는
　방법이다. 그러나 질적 연구가 위의 지적처럼 흐를 가능성도 크다(김윤옥, 1996: 19).
　그래서 반성적 주관성(progressive subjectivity)이란 개념이 중요해진다. 이는 연구가 시
　작되기 이전에 연구자가 가지고 있었던 선험적 이론이나 가설 또는 시각이 실제 현장
　작업을 통하여 어떻게 또는 얼마나 변화되었는가를 의미하는 것으로, 연구 가설의 변
　화, 연구 문제의 심화, 연구 시각의 다양화 등은 모두 연구자의 반성적 주관성이 관여
　되었음을 나타내는 구체적 증거라 할 수 있다(김영천, 1997: 47).

황에서는 서로 다르게 해석될 수 있으므로 이해는 단순한 복제가 아니라 생산적인 노력인 것이다. 이 과정에서 우리의 선입견들이 사상(事象)에 적합한 것인지 아니면 변형을 필요로 하는지의 문제가 해결될 것이다. 그리고 이와 같은 시행착오적인 접근 방법을 통해 텍스트의 진리 요구는 전면에 나설 수 있는 것이다(조셉 블레이처, 1989: 130). 여기서 해석자의 과제는 전통의 지평 속으로 들어가는 일이 아니라 자신의 지평을 확대시켜 전통의 지평과 융합시키는 일이 된다.

이 같은 해석의 주관성 혹은 상호주관성의 문제는 결국 질적 연구 방법론의 신뢰도와 타당도의 문제로 이어지게 마련이다. 전통적 교육학 연구 패러다임에서는 연구의 과학적 객관성을 측정하는 준거로서 타당도와 신뢰도가 이용되어 왔다. 예를 들어, 어떤 온도계가 끓는 물에 넣을 때마다 똑같이 82℃를 나타낸다면, 이는 신뢰로운 측정이 된다. 반면 두 번째 온도계는 일련의 측정에서 100℃를 중심으로 측정치가 변할 수도 있다. 이 때 첫째 번 온도계는 타당하지는 않으나 완전히 신뢰로운 반면, 둘째 번 온도계는 신뢰롭지 못하나 비교적 타당하다고 할 수 있다. 이렇듯 신뢰도란 연구 결과가 연구의 우연적 상황과 독립된 정도를 말하고, 타당도란 연구 결과가 정확하게 해석되는 정도를 말하는바, 객관도는 곧 신뢰도와 타당도를 가능한 한 동시에 실현하는 것을 의미한다.10)

전통적 연구자들은 객관도를 확보하기 위해, 특히 타당도 준거를 신뢰롭게 해결하는 것을 모든 연구 설계의 가장 근본적인 필수 요건으로 간주하여 왔다. 이에 반하여 질적 / 후기 실증주의 연구 패러다임의 연구자들은 사회과학 연구에서의 타당도의 적용에 대한 그 정당성 자체를 문제로 제기하고 있다.11) 이는 타당도를 어떻게 이해하고 그 준거를 어떻게 정의내릴 것인가에

---

10) 신뢰도와 타당도는 결코 대칭적이지 않다. 전혀 타당도 없이도 완벽한 신뢰도를 얻는 것은 쉬운 일이다. 다른 한편 완벽한 타당도는 완벽한 신뢰도를 보장한다. 왜냐하면 매 관찰 시마다 완전하고 정확한 사실을 내놓기 때문이다. 진리에 대한 수단으로서 사회과학은 신뢰도를 보장하는 기법에 전적으로 의존해 왔다. 그렇게 된 부분적 이유는 완벽한 타당도란 이론적으로도 획득 불가능하다는 데 있다. 하지만 대부분의 비질적 연구 방법론 역시 신뢰도에 대한 검증법은 완벽하리 만큼 다양하지만, 타당도에 대한 것은 거의 없다는 점은 주목해야 한다(Kirk & Miller, 1992: 24-6).

대해 다양한 관점과 입장들을 낳았다. 이러한 논의 안에는 타당도의 유용성에 대한 근본적인 질문이 내재되어 있으며 그러한 질문에 대답하기 위한 노력으로 두 가지의 극단적인 입장, 곧 경험주의 접근에서처럼 질적 연구도 타당도 준거를 개발해야 하는지, 아니면 더 이상 필요하지 않을 것인지가 상존하고 있다.

오늘날 연구자가 연구 대상으로부터 무관하게 중립적인 태도를 취할 수 있다는, 그리고 객관적인 연구 방법이 존재할 수 있다는 사고들은 근본적으로 거부된다. 오히려 사회 현상의 복잡성과 의미 구조를 충분하게 이해하고 해석하기 위해서는 연구자의 참여자(피연구자, 연구 대상자)에 대한 보다 깊은 관여와 상호 대화적인 의사소통이 강조된다. 즉, 연구자가 참여자로부터 얼마나 객관적인 거리를 유지했느냐보다는, 얼마나 현상에 가깝게 다가갔는가 하는 근접성의 정도가 타당도로 간주되기도 한다.12) 따라서 방법의 성취로서의 타당도를 거부하는 질적 연구자들에 있어서 방법과 타당도는 서로 상반된 입장에 놓여 있다. 즉, 방법의 준수는 연구 세계를 볼 수 있는 연구자의 시각을 특정 방법으로 미리 결정해 버림으로써 통제되고 규격화된 지식을 양산하게 된다. 아울러 해석은 연구 세계로의 완전한 몰입과 관여를 통하여 나타나는 것이기 때문에 절차와 방법적 장치에 대한 요구는 해석적 질적 탐구의 목적에 위배된다.

하지만 이러한 질적 연구에서 타당도의 사용에 대한 찬성과 반대의 극단적인 입장 사이에서 주류적인 흐름은 질적 연구에서의 타당도의 준거를 새로이 만들고 재규정하는 작업이었으며 많은 질적 연구자들이 그 나름대로의 준거들을 개발해 왔다. 그 가운데 하나가 바로 트라이앵귤래이션(triangulation)이다. 이는 동일한 현상을 연구하는 데 두 가지 이상의 방법을 사용하는 연구 과정으로서 크게 네 가지의 기법(자료, 연구자, 이론, 연구 방법)이 있다. 이 방법이 강조되는 배경에는 첫째, 각각의 방법들은 각자의 장점과 단점을 가지고

---

11) 이하 타당도 문제에 대해서는 주로 김영천(1997)에 의존함.
12) 가령, 월코트는 질적 연구에서 타당도를 대신할 기준으로 이해도를 들고 있다. 이해는 진리의 입증이 아닌 의미의 구성을 중시하며, 앎보다는 느낌을, 과학적 엄밀성이나 실용적 가치보다 발견과 공감을 더 중시한다(조용환, 1999: 63).

있기 때문에 트라이앵귤레이션을 사용함으로써 연구자는 한 가지 방법을 사용함으로써 야기될 수 있는 결점과 연구자의 판단 오류를 보완할 수 있다는 가정이 존재한다. 둘째, 상이한 두 가지 이상의 방법들이 동일한 현상에 대하여 동일한 결과를 도출하였을 때, 연구자의 연구 결론에 대한 확신의 정도가 실질적으로 증가될 것이라는 점이다. 최근의 많은 교육 연구에서 질적 연구 방법과 양적 연구 방법이 함께 이용되는 것 역시 트라이앵귤레이션의 아이디어라고 할 수 있다. 따라서 질적 연구에서 조사 연구 방법이, 양적 연구에서 면담이 함께 사용되고 있는 것이다(김영천, 1997: 42-7).

한편, 질적 연구 방법론의 과제 가운데 최근에 가장 크게 부각하고 있는 것은 기술, 곧 글쓰기(writing) 방식의 문제이다. 글쓰기에 대한 질적 연구자의 관심은 대단히 높다. 현장 작업과 그 현장 작업을 독자에게 보고하는 작업은 별개의 과제이다. 질적인 방식으로 자신이 관찰한 구체적 사실들을 생기 있게 전달하기란 여간 어려운 일이 아니다.13) 더욱이 그것은 곧바로 연구 작업의 타당화 작업과 직결된다고 할 수 있다.

월코트(1994)는 "기술이 질적 연구의 핵심"이라고 생각하는 동시에, 기술이 분석과 해석을 위한 기초 작업으로서만 의미를 갖지 않고, 그 자체가 현상에 대한 이해를 공유하는 한 가지 중요한 방식이라고 생각한다(조용환, 1999: 44). 그는 해석의 짐을 송두리째 독자에게 지우는 것을 책임 회피로 규정한다. 이해는 생생하고 직접적이고 즉각적인 체험의 공유를 추구하며, 질적 연구의 해석 작업은 바로 그러한 이해의 과정이라고 말할 수 있기 때문이다. 그렇다면 독자와 현상을 공유하기 위해 어떠한 기술 방식을 택할 것인가?

월코트는 기술(記述)이 예술과 과학의 양면성을 가지고 있다고 본다. 그는 전자를 직관적 행위로, 후자를 객관적 행위로 파악하여, 인류학적 기술이 너무 후자에 치우치는 것을 경계한다. 그가 기술의 엄격성보다 적합성을 강조

---

13) 실제로 국내 연구의 경우, 김영천(1997)을 제외하고는 흥미와 공감을 갖고 읽을 수 있는 질적 연구물을 만나기가 쉽지 않다. 대부분의 질적 연구물은 양이 많은 것이 특징이다. 그럼에도, 가령 참여자에 관한 정보를 아무리 세세하게 전한다 하더라도, 연구자가 갖고 있는 상(像)과 일치할 것 같지는 않다. 글쓰기의 장르, 형식, 문체 등이 문제가 되는 이유가 바로 여기에 있다.

하는 것도 같은 이유에서이다.

조영달(2000)도 관찰의 대상인 교사와 학생 및 이들의 행위를 과학적 분석의 대상으로 삼아야 할 것인지 예술 평론의 시각으로 보아야 할 것인지 역시 중요한 문제라고 지적한다. 교실 수업 행위는 분명 퍼포먼스(performance)의 성격을 지니고 있다. 훌륭한 교육자에게서 어김없이 종교적 신념이나 행동 양식을 발견하고 피교육자에게서 심미적 감동을 전해 듣게 되는 것은 이를 잘 나타내 준다. 이는 일면 수업의 과학적 분석이 심리적 심미적 사고에 터할 수 있음을 암시하는 것이기도 하다.

질적 연구의 질은 궁극적으로 현장이 아닌 연구실에서 결정된다. 덴진에 따르면, 해석은 텍스트를 변환하는 과정이다(조용환, 1999: 64). 질적 연구에서 텍스트는 현장 텍스트, 연구자 텍스트, 해석적 텍스트, 대중적 텍스트로 그 관점, 맥락, 초점을 바꾸어 가며 변신한다. 이 변신, 변환의 과정에서 의미가 생산되고 재구성된다. 그래서 덴진은 "해석은 예술이지, 형식적이거나 기계적인 일이 아니다."라고 하면서, 마치 예술가가 제각기 특유한 창작기법을 가지듯이, 해석하는 사람은 각자의 언어와 스타일로 해석에 임해야 한다고 주장한다.

이러한 글쓰기의 독특한 위치와 그 중요성은 포스트모더니즘의 영향으로 인하여 더욱 중요한 이론화의 이슈로 떠오르게 되었다(김영천, 1997). 포스트모던 질적 연구자들의 연구 작업은 기존의 사회과학 연구에서 연구자의 글쓰기 보고서 형식이 단지 기존의 사회과학의 영역을 지배하고 있는 실증주의의 한 표현이라는 사실을 해체적 방법을 통하여 밝혀주었다. 기존의 연구 보고서 양식 역시 진실에 접근할 수 있는 양식으로서 가장 적법해서가 아니라 지배적 연구 양식의 권력 재생산을 위한 실제로서 파악한 것이다.

이러한 해체적 작업은 그 같은 실증주의 연구 이데올로기에서 벗어나 인간의 경험을 좀더 잘 표현할 수 있는 대안적 글쓰기 양식들에 대한 정당화와 개발을 시작하게 하였다.[14] 그러한 예는 문화기술지에서 문학과 과학 간의

---

14) 반 마넨에 따르면 질적 연구자가 고려해 볼 수 있는 표현 양식은 크게 세 가지이다. 첫째, 실재적 이야기 스타일. 이는 현재 사회과학의 글쓰기 실제에서 가장 일반적으로 쓰이고 있는 형식이다. 여행자의 수기, 소설, 신문 기사, 현존하는 많은 질적 연구 보고서가 이 형식에 의해 쓰여지고 있다. 연구자는 객관적인 입장에서 제 3인칭의 나레

구별이 무너지고 있다는 사실에서 구체적으로 찾을 수 있다. 은유는 물론, 수사학적 표현의 완성도, 연구자의 문학적 표현 능력과 재능이 요구되고 있는 것이다. 그리고 '낯선 것을 익숙하게 만들기'보다 '익숙한 것을 낯설게 만들기'가 질적 연구자들에게 더 절실히 요구되기 때문에, 때로는 지적 자극과 신선한 충격을 담기 위해 고심하기도 한다. 그래서 시나 소설(특히 추리소설)은 물론, 드라마 형식까지 동원되기도 한다.15)

이 같은 글쓰기 문제는 최근 인문학계의 글쓰기 담론과 함께 논의된다면 더욱 커다란 성과를 얻을 공산이 크다고 판단된다. 아울러 사회 언어학과 문학 비평적 전통이 강한 우리 국어교육 및 문학교육 학계가 새로운 질적 연구 차원을 여는 데에 기여할 바도 크다고 생각된다. 물론 그러기 위해서는 좀더 다양하고 효율적인 글쓰기 방식의 과감한 도입이 이루어져야 할 것이다.

3. 질적 연구 방법론의 문학교육적 전망과 과제

(1) 칠수와 만수

참여자 : (독백하듯이) 나는 아직까지 학회의 관행과 논문 형식의 글쓰기 제

이터로 참여자의 세계를 기술한다. 둘째, 참회적 이야기 스타일. 이는 '나'라는 존재가 등장하여 참여자의 세계에 대한 기술자로서의 역할을 한다. 따라서 참여자의 세계에 대한 연구자의 관점이 강하게 반영되며 현장 작업이 구체적으로 어떻게 실천되었으며, 현장작업과 관련된 연구자의 인간적인 경험들이 무엇이었는지에 대한 이야기들이 현장 연구의 또 다른 중요한 자료로써 이용된다. 셋째, 인상적 이야기 스타일. 이는 인상주의 화가에서 보듯, '강인한 이미지를 함축하고 있는 연구 경험이나 특정 문화적 사실들'을 독자들에게 제공함으로써 참여자의 세계에 대한 독자의 관심과 이해를 증진시키고자 하는 형식이다. 기술 대상, 연구 이야기를 보다 극적으로 기술하기 위하여 투명성과 구체성이 기술의 중요한 요소로 간주되고 은유, 상상, 추억들이 재치 있게 사용된다(김영천, 1997: 67).

15) 리차드슨은 인문학에서 주로 쓰이고 있는 표현의 형식들을 사회과학 텍스트 구성의 작업에 적용시켰다. 자신에 대한 나레이션, 소설기법의 문화기술지, 시적 이미지를 통한 표현, 연극적 요소가 가미된 문화기술지 개발 등이 그것이다(김영천, 1997: 69).

약으로부터 절반 이하쯤만 자유로울 뿐이다. 논문의 체제상, 지금은 질적 연구 방법론의 문학교육적 의미를 논하는 내용이 이어져야 하겠기에, 결론에 해당하는 제목을 거창하게 잡았지만, 사실, 이 부분은 별로 할 말도, 말을 할 필요도 없다. 이제까지의 논의 과정에서 질적 연구 방법론이 문학교육 연구에 본격적으로 도입될 경우, 그리고 사회과학의 관점에서 문학교육을 바라보면, 어떠한 이득과 어떠한 과업들이 있을지는 이미 충분히 밝혀지지 않았을까? 문학교육의 현장 개선, 문학교육 연구의 학문적 심화 발전, 문학교육 연구의 학제적 기여 등으로 요약될 수 있을 테니까 말이다.

연구자 : (슬며시 끼어들며) 그럼 뒤에 할 말을 앞에서 한 꼴이 아닌가?

참여자 : 그렇다고 이 글의 개요를 애당초 잘못 잡았다고 생각하지는 않네. 1장의 논의는 불가피했기 때문이지. 문학교육 연구에서 질적 연구 방법론 승인 문제를 다루지 않고 넘어가면 도대체 무슨 논의가 이어질 수 있겠는가?

연구자 : 자네는 왜 그걸 '승인'의 문제라고 생각하는가? 연구는 연구자의 실천적 의지에 달려 있는 것뿐이지 않는가?

참여자 : (허공을 바라보며 암송하듯이) 학문은 합리적이고 객관적인 활동이기 이전에 한 연구 집단의 이데올로기로, 다시 말해, 학문하는 행위는 한 연구 집단의 합의된 담론을 충실하게 따르는, 일종의 학습된 행위로 이해할 수 있다!

연구자 : 그렇다면 '승인'보다는 '합의'가 어울리지 않는가? 자네는 지금 학문의 정치학을 말하고 싶은 건가?

참여자 : (……)

연구자 : 자네 안의 정치적 무의식(Political Unconsciousness)을 드러내기가 싫은 모양이군.

참여자 : 한참 잘 입고 다니던 조끼가 어느 날 갑자기 불편하게 느껴지기 시작하는 날이 있지. 그렇다고 새 조끼는, 적어도 당분간은 더 불편하게 보이고…. 낯선 것에 대한 동경과 불안. 나는 사람들에

게 그걸 지적하고 싶었는지도 모르겠네.

연구자 : 자네 얘기는 결국 질적 연구 방법론이 문학교육 연구에 필요하
고, 또 가능하다는 거겠지. 자네는 필요하고 가능한 일이라면 다
하는가?

참여자 : 이제 와서 생각해 보니, 2장에서 질적 연구 방법론에 관한 책들
만 잔뜩 정리한 것도 어쩌면 불필요한 일이었던 것 같네. 사실,
질적 연구 방법론을 정리하는 수준 이상의 것은 나로선 불가능
했기 때문이기도 하지만 말일세. 여하튼 독창적이지도, 독창적일
수도 없는 연구물, 단지 자신의 독서를 정리해 내보이는 일. 그
것이 학회의 요구 사항이었는지, 내가 해석을 잘못한 것인지 지
금으로서는 알 수 없지만, 연구 방법론을, 그것도 별로 우리 학
계에서 실천되지 않은 것에 대해, 그렇다고 별로 계몽적인 위치
에 있지도 않고, 지사적 실천을 하지도 못하는 입장에서 논한다
는 것은 참 난감한 일임에 틀림없다네. 연구사를 검토하며 비판
할 것도 별로 없고, 논쟁적 쟁점을 만들어 낼 것도 별로 없다는
것이 시종일관 글쓰기를 억압했기 때문이지.

연구자 : (비웃는 듯이) 결국 자네는 불필요하고 불가능한 일을 해내신 거
구만.

참여자 : (정색을 하며) 해야 할 일이었기에 가능하게 하려고 애를 썼다는
말일세! 물론 필요하고 가능하다 해서 다 해야 한다는 것은 아
닐세. 그건 선택의 문제지. '승인'이든 '합의'든 가치가 있다고
동의하는 것, 그리고 그것을 장려하는 분위기가 중요한 것 아니
겠나!

연구자 : 자, 자, 자네 말대로 지사도 아니라면서 흥분하지 말게나. 아무튼
남의 문헌도 쉴 새 없이 인용하는 걸로 봐서 논문식 글쓰기로부
터 완전히 자유롭지 않다는 자네 말만큼은 사실인 것 같네. 그래,
이 다음은 어떻게 써 갈 생각인가?

참여자 : 글쎄⋯. 지금까지 남 얘기만 써 왔으니, 이젠 내 얘기를 하긴 해
야 할 텐데⋯. 내가 경험한 질적 연구 이야기, 그리고 몇 가지 생

각해 놓은 아이디어들, 그 정도면 되지 않을까? 아마 그 과정에서
질적 연구의 문학교육적 전망과 과제가 드러나리라 믿고 싶네.

연구자 : 그렇게 하게나. 그런데 자네랑 얘기를 나누다 보니, 누가 연구자
고 누가 참여자인지 헷갈리는군. 연구자인 자네를 연구하는 내가
연구자인 것 같았는데, 결국 자네의 연구를 돕는 참여자가 된 것
같기도 하고 말일세.

참여자 : 나도 마찬가지일세. 내가 누구인지 말할 수 있는 사람이 과연 누
구이겠는가? 그거야말로 질적 연구의 비전이자 극복해야 할 과
제가 아닐까 싶네. 아무튼 학회에서 만나세. 거기선 아마 자네나
나나, 고층 빌딩에 줄 하나로 매달린 채, 투신을 시도하는 노동
운동가로 졸지에 몰려버리는 칠수와 만수 신세가 될지도 모르네.

(2) 세상 밖으로

지난 해 나는 교육부에서 한국교육개발원에 위탁한 2000년도 학교종합평
가에 평가위원으로 위촉받았다. 학기 중에 대학을 빠져나온다는 것은 일단은
신나는 일이었다. 얼마나 힘이 들지, 수당이나 제대로 줄지, 나와서 보강을
하려면 또 얼마나 바쁠지는 나중에 생각하기로 하고, 2000년 5월과 6월 두
차례에 걸쳐, 그 화사한 날, 나는 세상 밖으로 나갔다. 그 세상은 교과교육 연
구자로서 반드시 나갔어야 했던 곳이기도 하였다. 고등학교 교사 생활을 그
만둔 지 8년만의 일이었다. 세상이 얼마나 변하고, 또 얼마나 변하지 않았을
지 궁금했기에, 생각해 보면 나야말로 재소자와 다를 바가 없었던 셈이다. 대
상 학교 하나를 관찰하기 위해 일주일을 거의 연금 상태에 가깝도록 합숙 생
활을 해야 했지만, 학교 현장이야말로 우리들의 세상이기에 그 속으로 들어
가는 것이 오히려 세상 밖으로 나가는 길이었다는 뜻에서이다.

이번 학교 종합 평가 사업은 질적 자료를 중심으로 자료를 수집하고, 또
그 평가의 결과를 질적으로 기술하여, 학교의 질적 개선을 도모하는 것을 주
된 목적으로 삼는 것이었다. 마치 평가가 아니라 감사(監査) 받는 느낌을 주

던 종래의 장학 평가와는 다른 취지의 것이었기에 기대도 컸다. 그러나 나의 기대는 학교 평가를 위한 워크샵 첫날부터 깨지기 시작했다. 평가의 원칙만 있을 뿐, 기술 방식에 대해서조차도 신뢰할 만한 연구물이 제공되지 않았던 것이다. 질적 기술과 질적 평가란 말은 잘 어울리지 않는 듯했다. 평가는 가치의 개입을 피할 길이 없고, 따라서 기술이라는 말과는 충돌되는 것 같았기 때문이다. 평가라는 어휘로부터 측정이라는 선입견을 제거하기란 힘든 일이다. 그래서 나는 질적 평가란 말을 질적 기술과 해석이라는 뜻으로 재정의하였다. 다만 업무의 성격상, 국어교육 현상에 관한 사회학적 해석은 유보하기로 하였다.

실제 학교 평가는 지방의 A 고교와 서울의 B 여고를 대상으로 각각 일주일씩 행해졌다. 실로 강행군의 나날이었다. 임의로 지정한 교사 3명의 수업을 각기 2시간씩 관찰하고, 수업을 전후로 해당 교사와 사전 1시간, 사후 2시간씩 면담을 실시하였으며, 학업 성취도를 기준으로 상·중·하에 해당하는 학생 3명과 1시간씩 집단 면담을 한 다음, 이를 모두 일일 기록지 형식으로 정리하고, 매일매일 평가단 전체 회의를 통해 서로 자료를 공유하고 토론하여 평가의 방향을 잡아 나가면서, 일주일 간의 평가 일정이 종료되기 전, 그러니까 인상과 기억과 긴장이 사라지기 전에 최종 보고서를 작성·제출해야만 했던 것이다.

평가단은 현직 교장 선생님을 단장으로 일반교육학자, 교과교육 전공학자, 장학사, 현직 교사, 교육개발원 연구원들로 이루어져 있었는데, 처음에는 물론 쉽지만은 않았지만, 결국 사람들의 보는 눈은 비슷하게 마련이라는 점을 확인하게 됐다. 힘든 일정 속에서도 평가단의 팀웍은 탄탄해져갔다. 교육이란 점에서 동질적이고 전공의 측면에서 이질적인 여러 사람들을 만나 하나의 현상에 대해 이야기를 나누다 보니 많은 것을 얻고 배울 수가 있었다.

물론 늘 진지하기만 했던 것은 아니다. 대상 학교에는 물 한잔 대접도 꺼려했으나, 과중한 업무를 마치고 나면 평가단끼리만 모여 술자리를 마련하기도 했다. 그 와중에 평가 인증 기구 같은 사설 기관을 만든다면 돈도 많이 벌수 있지 않을까 하는 공상을, 희한하게도 평가위원 저마다 하고 있었음을 확인하며 크게 웃기도 했다. 하지만, 그러기 위해서는 고교의 자율화가 이루어져야 하고, 고교 평준화가 개선되어야 하리라는 생각에 역시 농담으로 그치고 말았다. 다만, 학교의 개선은 결코 그 학교 자체의 의지만으로 이루어지지 않는다는 점을 확인하는 셈이 되어 다소 씁쓸하기도 했다. 우리의 질적 평가 과정이야말로 질적으로 기술되어야 할 필요가 있다는 데 모두가 동의하는, 힘들고 유쾌함이 씨줄과 날줄로 짜여지는 나날의 연속이었다.

피연구자로서의 교사들도 처음에는 경계하는 표정이 역력했으나 평가의 취지와 방향을 실체적으로 확인하게 되면서 점차 참여자(제보자)로서의 역할을 수행해 주는 경우가 많아졌다. 그런데 수업을 관찰하면서, 우리는 수업과 관련한 개선 방향을 추구함에 있어 주로 시스템적 접근을 하기로 했으나, 교사 개인의 자질에 따라 수업의 질이 차이가 나는 것은 어쩔 수 없는 듯 여겨졌다. 교실과 국어교육에 대한 교사 개인의 상황 정의에 따라 수업의 전개도 달라지리라는 가설이 충분히 가능해 보였다.

여기에는 많은 변인이 존재하는 것으로 보였다. 이는 양적 연구가 병행되어야 할 사항인데, 예를 들어 교사의 연령, 성, 학력, 경력 등 교사를 둘러싼 변인들과 그에 따른 수업의 차이도 검증되어야 할 사항으로 생각되었다. 심지어 그가 전교조, 혹은 전국국어교사모임 등과 관련이 있느냐 없느냐 하는 문제도 다루어 볼 만한 사항이다. 교사 양성과정을 개선하고자 한다면, 사대 출신 교사와 인문대 출신 교사, 혹은 국어학 전공 출신 교사와 국문학 전공 출신 교사를 대비해 살펴보는 것도 유의미한 관찰이 될 듯하다.

흥미로운 비교 관찰 사항도 있었다. A 학교의 경우, 수업을 관찰한 교사 중, 두 교사 모두 교직 경력 5년 내외의 젊은 교사들이었는데, 이 중 '갑' 교사는 지방대 출신으로 교육과정의 변화라든가 교과교육의 변화 동향, 교사 연수 등에 관심이 많았고, 수업에 PPT 등 비교적 다양한 매체와 자료를 동원하는가 하면, 인터넷 홈페이지를 제작하여 학생들과 방과 후 활동도 주고받는 열성파였다. 하지만 수업의 교과 내용 지식을 살펴보면 오류로 지적될 사항이 발견되곤 했다. 반면에 '을' 교사는 서울의 명문 사립대 국문과 박사과정을 수료하고 이 학교에 와서 성실히 교직 생활을 해나가고 있었는데 그의 수업은 거의 완벽할 정도의 용어 구사와 전문적 지식으로 전개되어 나갔으나 학생들을 매료시키지는 못하고 있었다.

그런가 하면 B 학교에서는 정말 감동적으로 시를 가르치는 교사를 만나는 행운도 있었다. 그의 수업을 잘 분석하고 기술하면, 아울러 심층 면담을 통해 그의 생애사를 살펴볼 수 있다면 좋으리라는 생각마저 들었다. 그러나 시간이 너무 부족했다. 반면에 다른 교사들은 가장 구태의연한 수업, 거의 교실 붕괴에 가까울 정도로 교사 따로 학생 따로 수업 시간이 흘러가는 모습도 보여 주었다.

하지만 어떻게 이런 교사와 수업이 한 학교에 공존할 수 있느냐 하는 것은 그리 놀랄 일이 아니다. 여러 가지 원인을 찾아볼 수 있겠으나, 실제로 학교에는 교사 자신의 교수 학습 활동을 서로 주고받으며 자신을 교정할 수 있는 시간과 공간이 없었다. 교과협의회는 행사 위주로 열리거나 담당 과목을 나누는 등, 매우 관례적이고 형식적인 일을 처리하는 유명무실한 모습이었다. 자체 장학 수업이나 시범 수업 역시 통과 의례적인, 그래서 피곤한 또 하나의 업무에 불과했다. 공간도 마찬가지이다. 대부분의 학교는 업무 분장별로 교사들의 교무실 내 자리를 배치하지, 교과별로 배치하지 않는다.

수많은 생각이 머리 속을 교차하는데 어느덧 보고서를 써야 할 시간이 다가와 있었다. 국어과 수업을 구조화하거나 국어 교실의 독특한 언어와 담화 방식을 찾아내고 해석하는 일 등은 이 평가의 성격과 다소 거리가 있었다. 아니, 가능하지도 않았다. 국어과 수업에 대한 질적 연구물이 거의 전무한 형편, 그러니 따라야 할 전범도 없었을 뿐더러 일주일이라는 짧은 시간으로는 해석적 텍스트는커녕 현장 텍스트 하나 제대로 쓴다는 것이 불가능에 가까웠다. 앞서도 말했지만 질적 연구의 질은 연구실에서 결정된다 하지 않았던가. 그런데 우리에겐 학교에서 돌아와 묵는 자그마한 호텔 방 하나가 있을 뿐이었다.

그런 점에서 교사 연구자의 양성이 필요하다. 그보다 먼저, 질적 연구를 전문적으로 배울 수 있는 훈련 과정이 개설되어야 하고, 그래서 학자, 학자-교사, 교사 등에 의한 질적 연구가 수행되어야 한다. 그 각각은 나름대로의 의의만큼이나 한계도 지닐 것이다. 학자는 내부자적 관점을 취하기가 어렵고, 교사는 참여자의 시각이 연구자의 그것을 압도할 위험이 있으며, 학자와 교사의 협업은 시각의 통일성을 구하기가 힘들다. 실제로 이번 학교 종합 평가 과정에서 가장 문제가 된 것은 연구자의 확보가 아니었나 싶다. 거의 모두가 처음 세상 밖으로 나온 사람들, 처음 질적 기술을 시도하는 사람들, 그나마 이런 경험을 쌓은 이들의 대부분이 다음에도 이 작업에 동참할지의 여부에 대해 회의적이었다. 그만큼 강행군이었다. 질적 연구는 시간과 노력과의 싸움인 것이다.

질적 연구 전문가들이 양성되면, 간접적이고 소극적인 형태의 학제적 연구를 넘어서는 단계도 상정해 볼 수 있다. 실제로 나는 같은 대학에 있는 덕분에 사회과의 질적 연구 전문가 교수와 이야기를 나눌 기회가 많았는데, 질적 연구, 특히 글쓰기 방식과 관련하여 여러 아이디어를 주고받을 수가 있었다. 그 중의 하나는 이렇다.

> 우선 두 사람이 같이 현장 작업을 한다. 두 사람은 국어과와 사회과 수업을 같이 관찰한다. 두 사람은 그 작업을 통해 두 교과가 같은 언어로 해석될 수 있는지 없는지 연구한다. 상식적으로 당연히도 우리의 가설은 그럴 수 있는 것과 그럴 수 없는 것이 있다는 것. 현장 텍스트와 연구자의 텍스트가 완성되면 그에 기초해 해석적 텍스트와 대중적 텍스트를 만드는데, 형식은 시나리오나 릴레이 소설 형식을 띤다. 그런데 이른바 다중적(多重的) 실재를 드러내기 위해, 곧 단선적이거나 획일적인 하나의 관점만을 제공하기보다는 다중의 실재가 존재하고 있다는 사실을 보여주기 위해, 시나리오라면 <라쇼몬(羅生門)>처럼 동일한 사건을 그 사건을 경험하고 관찰한 서로 다른 인물의 시점에서 기술하는 형식, 소설이라면 이중 시점을 구사하는 형식을 취한다. 두 사람의 문체상 차이도 있을 것이고, 또 두 사람의 특기가 따로 있으므로, 사회학적 해석 텍스트로서의 원작은 그가, 인문적 대중 텍스트로서의 각색은 내가 맡는다.

또한 질적 연구의 단점으로 곧잘 지적 당하는 미시적 접근의 한계에 대해서는 다음과 같은 대안을 생각해 볼 수 있을 것이다.

> 역사 연구와 교육인류학적 연구가 결합될 필요가 있다. 최근 교육사회학 연구 동향 역시 역사사회학적 관점을 취하는 경향을 보인다. 예를 들어 '백일장'을 연구하기로 하자. 비교적 오랜 역사와 전통을 갖고 있는 학교를 방문한다. 상당히 거시적이고 통시적인 연구에 초점을 둔다면 과거 명문 공·사립학교를 택할 수도 있고, 그 정도가 아니라면 연구의 초점에 따라 선택의 폭을 넓혀도 좋다. 명문 학교의 경우, 시대적 변화상은 잘 드러나겠지만 일반화에 난점이

있으리라 예상된다면, 그렇지 않은 학교의 경우는 그 반대일 것이다. 복수의 학교를 택해도 유의미한 결과를 산출할 것이다. 남녀별, 혹은 명문 대 비명문 학교의 비교도 흥미 있는 주제다. 백일장의 기획 단계에서부터 현장에 들어가 백일장 당일은 물론, 작품 선정 과정, 당선작에 대한 반응 확인 단계에 이르기 까지 교사와 학생들을 관찰하고 면담한다. 이를 통해 백일장 행사와 문학 및 문학 창작에 대한 그들의 상황 정의와 의식 세계를 기술해야 한다. 한편으로는 교지나 학교 역사 기록물을 조사하고 은퇴 교사나 고령 교사를 찾아가 면담하 는 등, 백일장의 변천 과정을 연구한다. 백일장의 기원은 언제인가, 어떤 이유 로 시행되었으며 어떤 효과를 가져왔는가, 백일장 행사의 위상과 형식 등은 어 떻게 변화하였는가, 백일장이 열린 시기와 장소는 언제 어느 곳이 가장 많이 선정되었으며 그 이유는 무엇인가, 시제는 주로 어떤 것들이 선정되었나, 당선 작의 경향은 주로 어떠하며 어떻게 변화하였는가, 등등 무수한 연구 주제가 상 정될 수 있을 것이다. 물론 여기에는 백일장 당선과 성적, 특히 국어 성적과의 상관도는 어느 정도인가, 백일장 당선 학생들의 졸업 후 진로는 어떠한가 등 등, 양적인 접근 방식을 병행할 수도 있을 것이다. 그러나 이렇게 수집된 각종 자료와 해석들은 궁극적으로 학교를 둘러싼 역사적 사회적 맥락 및 정치적 경 제적 문화적 심급들과 결부되어 재해석되어야 한다.

질적 연구는 어떤 확정된 방식이 없다. 연구의 설계에서 글쓰기에 이르기 까지 실체적 진실을 좀더 실감 있게 이해하고 전달하기 위해 다양한 시도가 행해지고 있는 것이다. 그러나 글을 통해 연구자가 관찰하고 해석한 세계를 그대로 전달한다는 것은 한계가 있을 수밖에 없다. 매체 제작과 발표 및 보급 의 편의성 문제만 해결된다면 캠코더를 이용, 해설과 해석이 함께 하는 나레 이션을 가미하여 일종의 다큐멘터리를 제작하는 것도 한 방법일 것이다. 하 지만 그것은 현재로선 비현실적인 발상에 가깝다.

그렇다면, 어떻게 해야 연구자와 독자 사이에 서사물, 곧 인물과 사건과 배경, 그리고 그 해석을 공유할 것인가? 인물로만 한정해 생각해 보더라도, 참여자의 신상 정보를 소개하고 그에 대한 느낌을 세세히 묘사하고 그의 언 어를 그대로 전사해 전달한다 해도, 연구자와 독자간에 그에 대한 이미지는 통일되지 못한다. 이 문제에 대한, 제한적이긴 하지만 대안적인 아이디어는 다음과 같다.

교육 현실을 대체할 수 있는 상징물을 구한다. 아마도 교육 현실을 담은 영화가 좋을 것이다. 이 때 우리는 상상적인 것이 현실보다 더 실재적일 수 있음을 승인해야 한다. 상상적인 장르 가운데서도 영화는 소설과 같은 문자 텍스트 못지 않은, 아니 그 이상의 훌륭한 텍스트를 제공해 준다. 접근의 용이함과 더불어 그것은 현실 체험을 대리할 만큼의 생동감을 부여해 주기 때문이다. 그 영화는 물론 많은 사람이 공감하는 것일수록 좋다. 그 영화를 학생들에게 상영해 주고 나는 그 영화와 그 영화에 반응하는 학생들을 관찰하고 해석한다. 그리고 그 결과를, 마찬가지로 그 영화를 보았으리라 전제되는 독자들에게 전달한다. 이로써 나와 참여자, 나와 독자, 참여자와 독자는 동일한 서사물을 공유할 수 있게 된다.

일단 나는 영화 텍스트를 현상학적으로 해석한다. 나의 관심은 일차적으로 영화 속에 나타난 교육 주체들이 교육의 일상 생활, 교육의 제 과정에 대해 어떤 의미를 구성하는지를 파악하는 것이다. 물론 현실의 영화적 각색 가운데 영화 제작과 관련해 변형을 겪을 수밖에 없었던 요소들은 배제한다. 그리고 나서 나는 참여자들이 영화에 대해 어떻게 반응하는지 관찰하고 면담한다. 그리고 참여자들로 하여금 그 영화와 자신들의 생애사(生涯史)를 견주어 말이나 글로 표현해 보도록 한다.

요컨대, 영화 텍스트와 참여자간에 지평의 융합을 관찰하고, 영화 텍스트와 참여자와 나 사이에 지평의 융합을 시도하는 것이다. 주로 나는 그 융합의 사회학적 의미를 해석하는 데 심혈을 기울일 것이다. 즉, 공감과 감동이 있다면 어떠한 원천에서 그것이 비롯하는지, 그렇지 않다면 왜 그러한지를 영화 텍스트와 현실 콘텍스트 차원에서 공히 찾아 들어가는 것이다. 그 다음 그 해석 결과를 참여자에게 제시하여 타당도를 확인하도록 한 다음, 독자에게 최종 결과를 전달한다. 독자 역시 그 영화를 보았을 것이기 때문에 질적 글쓰기를 행하는 데 어려움은 다소 줄어들 것이라 기대한다. 가령 독자의 기억을 돕기 위해 영화의 스틸 사진을 적절히 배치하는 것도 도움이 될 것이다.

이제 다시 학교 종합 평가 이야기로 돌아가자. 매우 촉박한 시한이었지만 보고서를 완성했다. 실제 1, 2차 방문 기간 동안 보고서의 기술 방식도 변화하였다. 1차 방문 학교 때는 교사별 수업별 기술 방식을 취했는데, 그것이 가져올 부정적인 파급 효과를 고려하여, 2차 때는 주제별 기술 방식으로 전환했고, 이 기준에 맞추어 1차 보고서도 다시 수정을 해야 했다. 이 정도 시행착오(?)는 대수로운 일도 아니었다. 개인차는 피할 수 없긴 하지만, 팀별 보고서이기에 양식상 통일을 강조할 수밖에 없었고, 따라서 개성적 글쓰기는 발휘되기가 힘들었다. 현재 이 보고서는 대상 학교 구성원의 개인적 정보가 드러나지 않도록 요약한 『요약본』만 일반에게 공개되어 있고, 평가 결과의 원본 보고서는 대상 학교를 위해서만 작성, 제공되는 것을 원칙으로 삼고 있다. 원래는 이 글의 뒤에 부록으로 싣고자 하였으나 분량도 분량이려니와 무엇보다도 질적 연구자와 참여자간의 윤리성을 존중해 삼가기로 한다.

　이제 끝을 맺자. 세상 밖을 나가기 위해서는 상당한 사명감과 용기, 그리고 무엇보다도 시간을 포함한 많은 물질적 여건이 필요하지만, 그것은 분명 행복하고 의미 있는 일이다.

■ 참고 문헌

김남희(1997), "현대시 수용에 관한 문화기술적 연구", 서울대학교대학원 석사학위논문.

김동일(1990), 『사회과학방법론비판』, 청람문화사.

김대행(1995), 『국어교과학의 지평』, 서울대출판부.

김병성(1992), 『교육사회학 관련이론』, 양서원.

김상희(1995), "국어과 수업 담화 분석을 통한 교수 전략 연구", 서울대학교대학원 석사학위논문.

김영천(1997), 『네 학교 이야기 : 한국 초등학교의 교실 생활과 수업』, 문음사.

김윤옥 외(1996), 『교육연구를 위한 질적 연구 방법과 설계』, 문음사.

김정원(1997), "초등학교 수업에 관한 참여관찰 연구", 서울대학교대학원 박사학위논문.

김천기(1999), 『교육의 사회학적 이해』, 학지사.

유동엽(1998), "한 국어교사의 말하기 · 듣기 수업에 대한 교육기술지", 국어교육학연구 8집, 국어교육학회.

이돈희 외(1994), 『교과교육학 탐구』, 교육과학사.

이문남(2000), "과학교과교육학에서 과학교육학으로", 교과교육학연구 제4권 제2호, 한국교과교육학회.

이용숙(1990), "국민학교 수업 방법의 개선을 위한 문화기술적 연구", 한국교육개발원.

이용숙 · 김영천 편(1998), 『교육에서의 질적 연구』, 교육과학사.

이인제(1997), "국어교과학 연구", 연구보고 RR97-16-2, 한국교육개발원.

이재기(1997), "작문 학습에서의 동료 평가 활동 과정 분석", 한국교원대학교대학원 석사학위논문.

이종각(1995), 『교육인류학의 탐색』, 도서출판 하우.

이혁규(1996), "중학교 사회과 교실 수업에 대한 일상생활기술적 사례 연구", 서울대학교대학원 박사학위논문.

인혜련(1998), "쓰기 학습 과정에 대한 질적 연구", 서울대학교대학원 석사학위논문.

정재찬(1996), "현대시 교육의 지배적 담론에 관한 연구", 서울대학교대학원 박사학위논문.

정재찬(1999), "문학교육사회학을 위하여", 한국초등국어교육 14집, 한국초등국어교육학회.

정창수(1996), 『사회과학방법론』, 대영문화사.

정현선(1998), "인문학으로서의 국어국문학/사회과학으로서의 국어교육 연구", 국어교육연구 제5집, 서울대학교국어교육연구소.

조영달(1992), "한국 고등학교 경제 수업의 상호작용 유형에 관한 연구", 사회과교육 16집, 한국사회과교육학회.

조영달(2000), "한국 교과 교실 수업 연구(질적)의 반성과 지향—미시기술적 수업 연구를 중심으로",
　　　　교과교육학연구 제4권 제1호, 한국교과교육학회.

조용환(1999), 『질적 연구: 방법과 사례』, 교육과학사.

최현섭 외(1996), 『국어교육학개론』, 삼지원.

최 　협(1990), "계량적 접근과 질적 접근", 김동일 외, 『사회과학 방법론 비판』, 청람문화사.

황원영(1998), 『교육과 사회비판이론』, 양서원.

허숙 · 유혜령 편(1997), 『교육현상의 재개념화』, 교육과학사.

시바노 쇼오잔 편(조용환 · 황순희 역, 1998), 『교육사회학: 해석적 접근』, 형설출판사.

제니퍼 메이슨(김두섭 역, 1999), 『질적 연구 방법론』, 나남출판사.

조셉 블레이처(이한우 역, 1989), 『해석학적 상상력』, 문예출판사.

J, H, 터너(김진균 외 옮김, 1989), 『사회학 이론의 구조』, 한길사.

Kirk & Miller(이용남 역, 1992), 『질적 연구의 신뢰도와 타당도』, 교육과학사.

Peter Woods(손직수 역, 1998), 『학교사회학: 상호작용론적 견해』, 원미사.

제3장 죽은 시인의 사회와 그 적들
— 영화를 통한 문학교육 현상 읽기

1. 프롤로그

　　교육 현실에 대한 질적 기술과 해석의 중요성을 강조하고 있는 추세이지만, 정작 연구자가 체험한 현실을 질적으로 묘사한다는 일은 여간 어려운 일이 아니다. 현실에서 벌어지는 삶의 총체성을, 그 곳에 가 보지도 못한 이들에게 마치 자신이 느끼듯이 전달하기란 실로 불가능에 가깝다. 질적 연구자들이 다양한 글쓰기 방식을 시도하는 것 역시 이러한 사정에 기초한다. 아울러, 질적 연구가 아무리 일반화를 목표로 삼지 않는다 하더라도, 내가 간 현장에서 알아낸 사실이 그 곳에만 해당하는 일인지, 다른 현장에도 두루 해당하는 일인지, 이른바 보편성의 문제가 여전히 마음에 걸리지 않을 수가 없다.

　　그렇다면 어떻게 해야 현실 여건을 극복하면서 연구자와 독자 사이에 보편적 서사물, 곧 인물과 사건과 배경으로 이루어진 하나의 이야기를 생생하게 공유할 것인가? 인물로만 한정해 생각해 보더라도, 참여자의 신상 정보를 풍부하게 소개하고 그에 대한 느낌을 세세히 묘사하고 그의 언어를 그대로

* 이 논문은 한국교육인류학회 2003년도 춘계학술발표대회(2003. 5. 2)에서 '죽은 시인의 사회학을 위하여'란 제목으로 발표한 것을 토론과 심사 과정에서 제기된 문제점을 보완하고 이 책의 체제에 맞게 재수정한 것이다.

전사해 전달한다 해도, 많은 경우, 목소리(voice)는 증발되어 종종 또 하나의 메마른 실증주의로 변형 또는 전락되는 과정을 겪기가 십상이다. 그 결과 연구자와 독자간에 그 세계에 대한 이미지는 쉽게 통일되지 못한다.

이 연구는 이러한 문제에 대한 하나의 대안적 아이디어에서 출발한다.[1] 즉, 문학교육 현상을 잘 반영해 주고 있는, 그러면서도 연구자와 독자가 쉽게 공유할 수 있는 영화 텍스트를 분석 대상으로, 동시에 현실을 들여다 볼 수 있는 창(窓)이나 프리즘으로 삼아, 그것이 드러내는 다양하고 다채로운 스펙트럼 현상을 교육학적, 문학교육학적으로 해석하고자 하는 것이다.

이에 본 연구는 영화 <죽은 시인의 사회(1989)>를 연구 대상 텍스트로 삼기로 한다.[2] 물론 그 첫째 이유는 이 영화가 교육 현실을 잘 반영하고 있다는 데에서 찾아야 할 것이다. 이 영화에는 교사, 학생, 교장, 학부모 등등 다양한 교육 주체들의 현실 인식이 잘 담겨져 있다. 그러나 현실 반영의 정도만 고려한다면, 차라리 다큐멘터리를 취하는 편이 나을 것이다. 그런데 이 영화는 단순한 사실 차원을 넘어서, 관객의 동감과 감동을 이끄는 데 성공하고 있다. 사실에 대한 기술 그 자체를 넘어, 사실에 대한 교육 공동체의 의식과 무의식에 관심을 두는 이 연구에서 그 같은 정서적 반응은 매우 중요한 의미를 지닌다. 특히 이 영화는 교육 현실을 소재로 삼은 영화로서는 드물게, 1990년도 아카데미 4개 부문(최우수작품상, 감독상, 남우주연상, 각본상)에 후보로 지명되어 각본상 부문에서 오스카를 거머쥔 경력을 자랑하고 있으며, 흥행과 비평에 걸쳐 모두 성공을 거둔 작품으로 평가받고 있다.[3]

---

1) 이 책 2부 2장의 마지막 부분을 볼 것.

2) 필자는 이미 '죽은 시인의 사회'를 정재찬(1994)에서 다룬 바 있다. 하지만 그 당시 필자는 질적 연구나 문화기술지적 전통에 대해 전혀 아는 바가 없었고, 그로 인해 영화 텍스트에 대한 구체적인 기술과 분석은 주된 관심사가 되질 못했다. 이번 연구를 진행하던 중, 필자는 Cohen(1999) 가운데 한 장(章)이 '죽은 시인의 사회'에 대한 해석에 바쳐지고 있음을 발견했다. 코헨은 영화 텍스트를 통한 이 같은 자신의 작업을 포스트 모더니즘에 기반을 둔 새로운 교육문화사(敎育文化史) 연구로 간주하고 있다. 코헨은 '죽은 시인의 사회'가 보여주는 저항적 이미지(resisting image)에 대해 집중적으로 분석하면서 이를 영화의 배경이 되는 당대의 시대상과 결부하여 설명하고 있다.

3) 아카데미 상 이외에도 이 영화는 1991년 세자르와 1990년 플란더스 국제 영화제 외국영화상, 1990년 영국 아카데미 시상식 작품상과 작곡상, 1990년 프랑스 영화 아카데미 외국영화상 등을 수상한 바 있다.

하지만 과연 40여 년 전 외국의, 그것도 특수한 학교를 배경으로 한 이 영화가 보편성을 담보할 수 있을까? 이러한 우려는 말 그대로 기우에 불과했다. 필자가 관찰한 바에 따르면, 이 영화를 본 우리 학생들의 반응은 기대 이상으로 적극적이었다. 영화를 보는 내내, 대부분의 학생들은 영화에 빠져들면서 때로는 웃고 때로는 한숨을 토하며, 어떤 학생들은 울고, 심지어 또 어떤 학생들은 영화가 끝난 뒤 기립 박수까지 하는 것이었다.4) 이 영화의 배경이나 환경, 여건 등 여러 디테일한 장면에서 우리와는 다른 점이 상당수 존재함에도 불구하고, 그들은 감정이입을 하는 데 어색함을 느끼거나 거부감을 표하지 않았다. 화면 속에서 우리보다 훨씬 좋은 교육 환경이 펼쳐질 때면, 물론 가끔씩 탄성을 지르곤 했으나, 그 차이에 대한 부러움이 동질성에 대한 공감적 이해를 방해하지는 않아 보였다.5) 확실히 그들은 차이보다는 공감에 더 주목하고 있었다.

영화를 보는 동안 우리 학생들은 고교 시절로 돌아가 자신과 같은 또래의 준거 집단으로서 영화 속의 학생들이 보여주는 삶과 자신들의 삶을 꾸준히 대비해 가면서 일련의 공감과 동일시를 표한다. 그와 동시에 그 공감과 동일시는, 영화 텍스트 속의 현실과 전혀 다를 바 없어 보이는, 우리 학생들을 둘러싼 학교, 학부모, 사회 등 교육 현실에 대한 반감과 분노라는, 또 다른 형태의 공감과 동일시로 인해 더욱 전경화(前景化)된다. 모든 영화, 아니 모든 텍스트가 자신을 둘러싼 콘텍스트의 작동을 필연적으로 요구하고 그에 기댄다는 점에서 본다면 별로 기이한 일은 아니겠지만, <죽은 시인의 사회>에 대한

---

4) 사후 면담과 토론, 레포트 등을 통해 보면, 초등학교 시절에 이 영화를 보았을 때보다 지금 더 각별하게 이 영화의 의미가 다가오게 되었다고들 하는데, 이는 그들이 고등학교를 졸업한 지 얼마 되지 않으며 동시에 예비교사의 입장에 있었기에 그 반응의 정도가 좀더 증폭되었던 덕택이라 이해됨 직하다.

5) 물론 차이성에 대한 인식은 매우 중요하다. 예컨대 한 가지 흥미로운 사항은 일반적으로 이 영화에 대한 공감적 반응이 남학생 집단보다 여학생 집단에서 더 적극적으로 나타났다는 사실이다. 이는 단지 문화 체험 과정에서 으레 나타나는 남녀간의 정서 반응 차이를 새삼스럽게 지적하고자 하는 것이 아니다. 가령, 교장이 찰리에게 체벌을 가하는 장면에서 여학생들의 입에서는 동정과 분노가 담긴 소리가 흘러 나왔지만, 남학생들의 표정에는 거의 변화가 없었다. 우리 남학생들의 현실 체험에서 보자면, 그 체벌은 애교(?)에 가까웠기 때문일 것이다.

우리 학생들의 감동이 이러한 콘텍스트 차원에 크게 의존하고 있다면, 이 사태는 각별히 교육학적, 사회학적, 인류학적 주제에 해당한다고 보아도 무방할 것이다. 나아가 이러한 현상은 우리나라만의 것은 아니란 점에서 교육 현실에 관한 일반적·보편적 상징으로 간주해도 될 것이다.[6)]

이러한 전제에서 필자는 주로 강의 시간을 활용하여 영화 <죽은 시인의 사회>를 교육대학생과 사범대학생, 그리고 교육대학원생과 함께 관람하고, 학생들의 토론 과정을 참여 관찰하는 한편, 레포트와 면담 등을 통해 그들의 내러티브를 수집·분석해 왔다. 모쪼록 필자는 이 연구가 보편성을 담보하는 특수성의 차원에서 이해되기를 원한다. 무릇 특수성과 개별성은 정당히 차별되는 개념인바, 질적 연구가 지향하는 것은 바로 특수성에 대한 해명이라고 믿기 때문이다. 보편성에 억압당하지 않되, 보편성을 관통하는 연구를 하는 것, 그것이 필자의 희망 사항이다. 다만, 현재로서는 '죽은 시인의 사회'가 어떠한 교육 현상과 교육 현실을 반영하고 또 함축하고 있는지에 대해, 필자 나름대로 분석한 해석적 텍스트를 제공하는 것으로 만족하고자 한다.

2. 키팅은 누구인가?

'죽은 시인의 사회'에 나오는 여러 교육 주체 가운데 여기서는 '키팅'으로

---

6) 인터넷 상에는 '죽은 시인의 사회'와 관련해 개설된 사이트가 상당히 많다. 이 곳에 들어가 보면, 이 영화에 대한 전 세계 여러 나라 학생들의 반응을 확인할 수 있다. 나라마다 정도의 차이는 있을 수 있겠지만, 각국의 학생들은 억압적 교육 현실에 대한 반감과 이 영화가 던져 준 메시지에 적극적인 공감을 표하고 있다. 몇 개의 주요 사이트를 소개하면 다음과 같다.

http://www.geocities.com/Paris/Cafe/4057/deadpoets.html
http://www.geocities.com/CollegePark/5552/dps.htm
http://www.geocities.com/ResearchTriangle/3606/dps.html
http://www.sas.upenn.edu/~bakerkm/dps.html
http://www.vordingbg-gym.dk/km/deadpoet/
http://www10.pair.com/~crazydv/weir/articles/articlec.html
http://www.blindwave.com/dead_poet_society/(국내사이트)

표상되는 교사상(教師像)에 대해 분석하고 해석하는 것에서 논의를 시작하고 자 한다.[7] 앞서 말한 대로, 우리 교육 현실을 반영하는 하나의 구체적 서사물 을 이 글을 읽는 독자와 공유하는 것이 필요한데, 이를 위해서는 키팅을 주축 으로 이 영화 텍스트의 서사적 진행을 기술하는 편이 손쉽기 때문이다.

하지만 그 때문만은 아니다. 학생들의 일반적 반응을 보면 영화 속 학생 들이나 그들의 교육 현실에 대해서는 우리의 현실에 그대로 대입하여 인식하 면서도, 키팅에 대해서는 이상적인 교사상, 다시 말해 공감은 하되 이 땅에는 거의 존재하지 않거나 존재하기 어려운 대상으로 바라보고 있음이 발견되기 때문이다.[8] 따라서 서사물을 펼쳐 보이면서 그와 동시에 무엇보다도 먼저 해 석되어야 할 사항은 이런 것이다: 키팅은 어떤 교사이길래 이상적인 교사로 인식되고 있는가? 키팅을 이상적인 교사로 인식하게 하는 원천은 무엇인가? 그리고 우리 학생들은 왜 키팅을 이 땅에 존재하기 힘든 교사라고 여기는가? 혹은 키팅은 과연 이상적인 교사인가?

이러한 질문을 앞에 두고 결론부터 말하는 것은 싱거운 일이 될지도 모른 다. 하지만 싱겁지 않은 결론은 오히려 추리 소설을 읽는 흥미를 유발하기도 한다. 그러니 결론 가운데 한 가지부터 미리 밝혀 두고 논의를 시작하도록 하

---

7) 이 영화는 톰 슐만(Tom Schulman)의 동명 소설을 각본으로 삼아 피터 와이어(Peter Weir)가 감독하여 제작된 것인데, 이 이야기의 상당 부분은 코네티컷 대학의 영문과 교 수로 있는 새뮤얼 피커링(Samuel Pickering)과 함께 한 사립학교 학생들의 경험에 바탕 을 두고 있는 것으로 알려졌다. 원래 시나리오에서 키팅 선생은 백혈병으로 죽는 것으 로 되어 있었는데, 감독이 학생들의 이야기로 초점을 맞추기로 결정하면서 변경되었다 고 한다. 본 연구에서는 영화 스크립트는 물론, 필요한 경우, 영화 각색 번역본(클라인 바움, 김라경 역, 1998)을 참고하기로 한다.

8) 강의 시간의 토론 과정에서, 물론 키팅에 대한 비판적 견해도 상당히 많이 제출되었다. 학생들의 현실을 고려하지 않고, 책을 찢게 하는 등 지나치게 과격한 교육 방법을 쓰 고 있다는 점에서 비현실적이라 지적하는 경우, 또는 미국의 명문 사립학교이기에 그 나마 가능했던 교육 형태이고 우리 실정과는 거리가 멀기 때문에 비현실적이라 지적하 는 경우 등이 그 대표적인 예다. 하지만 그들이 말하는 비현실적이란 범주는 곧잘 이 상주의적이란 말로 치환이 가능해지곤 한다. 흥미로운 사실은 미국도 마찬가지란 점이 다. <뉴욕타임즈>의 영화 평론가 스테픈 홀든(Stephen Holden)은 키팅에 대해 이렇게 표현하고 있다. "운이 좋다면 우리 교육의 어느 시점에서는 만나게 될 환상의 반항 교 사(the sort of visionary-rebel teacher that all of us, if we are fortunate, will have encountered at some point in our education)"라고.

자 : 키팅은 인류의 교사로서 추앙 받는 예수 그리스도의 이미지를 그대로 본
뜨고 있으며, 이 영화의 서사 구조 또한 예수의 공생애 전개 과정을 따르고
있다는 것을!

존 키팅은 모교로 부임해 온 국어 교사다. 그는 미국의 전통 명문 예비
학교인 웰튼 아카데미를 졸업하고 성적 우수자에게 주어지는 로즈 장학금
을 받아가며 옥스퍼드 대학을 다닌 수재로서 영국 런던에 있는 명문 체스터
고교에서 교편을 잡은 후 모교 교사로 돌아온다.9) 모교인 만큼 모교의 권위
적이고 억압적인 행태에 대해 누구보다도 잘 아는 그가 후배이자 제자인 학
생들의 해방을 위해, 진리를 가르치기 위해, 모교에 대한 변혁 의지를 갖고
부임해 온 것이다. 그리고 바로 그 모교에서 결국 그는 박해를 받는다. 이는
본향(本鄕)에서 환영받지 못하는 선지자와 다를 바가 없다. 예수가 바로 그러
했다.

키팅은 수업 첫 시간에 휘트먼이 링컨10)을 찬양한 시를 빌어 학생들로 하
여금 자신을 "오! 선장님, 나의 선장님(Oh! Captain, My Captain!)"이라고 부르도
록 한다. '대통령'과 '선장', '선생님'과 '선장님'의 차이는 무엇인가? '선장'
은 배의 방향을 인도하고 배와 선원들의 운명을 책임지는 자가 아니던가? 그
런고로 '선장'은 '선지자'요, '구세주'를 동시에 함축하는 것. 따라서 이 대목
에서 "주여, 오, 나의 주여(Lord! Oh, My Lord!)"를 연상하는 것이 어색하지만은
않을 것이다.

그에 이어 키팅은 '카르페 디엠(Carpe Diem)'이라는 라틴어(!)를 지상의 명
령처럼, 하나의 성스러운 주문처럼 학생들에게 던진다. 번역서 및 영화 속 한
글 자막은 한결같이 이 구절을 "현재를 즐겨라.", 또는 "오늘을 즐겨라."로

---

9) 복음서는 공생애 이전의 예수의 삶에 대해서는 거의 언급을 하고 있지 않다. 따라서
   예수의 공생애 이전의 숨겨진 삶은 미스터리로 남아있을 수밖에 없다. 마찬가지로, 키
   팅이 어떤 고교 시절을 보내고, 그 이후 대학이나 영국에서의 교사 시절 동안 어떻게
   살아왔는지 이 영화는 직접적인 정보를 제공해 주지 않는다.
10) 키팅은 휘트먼의 시를 가장 자주 인용하고, 휘트먼은 링컨을 존경했으며, 링컨은 미
   국 내에서 예수의 이미지와 오버랩되는 인물(극빈한 환경에서 신앙심 깊은 이로 자라
   나 노예를 해방하고 암살 당한다)로 자주 거론된다는 점에서 이러한 연쇄는 매우 흥
   미롭다.

처리하고 있다. "Seize the day."의 번역으로 무리는 없지만, 그러나 이러한 번역은 다소 오해의 소지가 있다. 원래 영화에서는 '카르페 디엠'에 대해 이야기하기 직전, 키팅이 한 학생에게 "장미꽃 봉오리를 따려면 바로 지금이니 언제나 시간은 쉼 없이 흐르고, 오늘 이렇게 활짝 핀 꽃송이도 내일이면 시들어지고 말지어라(Gather ye rosebuds while ye may, old time is still a flying, and this same flower that smiles today, tomorrow will be dying)."라는 시를 읽힌다. 그리고 나서 '장미꽃 봉오리를 따려면 바로 지금이니'의 정서를 가리키는 라틴어가 곧 '카르페 디엠'이라 하였던 것이다. 따라서 '카르페 디엠'은 "때를 놓치지 말라."는 의미로 이해함이 적절하다. 그렇다면 이것은 "천국이 멀지 않았다."와 통하는 종말론적 언설이 아닐 수 없다.11)

　그 다음 시간, 키팅은 학생들이 교재로 쓰고 있던 『시의 이해』 첫 장을 읽힌다. 그리고 나서 그는 그 페이지를 찢어버리라고 외친다. 시는 측정하는 것이 아니기 때문이다. 시를 읽는 것은 인류의 일원이기 때문이며, 시, 낭만, 사랑, 아름다움이 이 세상에 존재하는 것은 그것이 곧 삶의 목적이기 때문이라는 것이다. 이 대목에서 우리는 바리새인의 낡은 율법주의를 폐기하고 새로운 언약으로서의 사랑을 선포하는 예수의 모습을 본다.

　이러한 관점에서 본다면 절대 놓쳐선 안 될 삽화가 하나 있다. 소심한 토드 앤더슨의 입을 열게 해 그 입에서 시가 샘솟듯 쏟아져 나오게 하는 대목이 그것이다. 토드는 문학적 불구와도 같았다. 그러나 키팅은 그의 눈을 감게 하고 자신의 내면에 담긴 목소리를 꺼내게 하는 데 성공한다. 그것은 마치 병

---

11) 교실에서 '카르페 디엠'에 대해 이야기한 다음, 키팅은 학생들을 학교 역사관으로 데리고 가서, 선배들의 사진을 보게 하고 나선 이렇게 말한다. "지금의 여러분과 다른 점이 어디 있나? 여러분처럼 눈 속에 희망이 서려 있다. 여러분과 마찬가지로 멋진 장래가 보장될 거라고 확신하고 있었다. 그런데 저 미소들은 지금은 어디에 있다고 생각하나? 또 가슴에 품었던 희망은 어디로 사라졌고? 이 사람들 가운데 일평생 동안 소년 시절 품었던 꿈을 마음껏 펼쳐 본 사람이 과연 몇이나 될까? 대부분은 지난 시간들을 후회하고 아쉬워하면서 무덤 속으로 먼저 사라졌다. 능력이 부족해서 그랬다고 말할 수 있을까? 모두들 전지전능한 성공의 신을 뒤쫓는 데 급급해서 어린 시절의 꿈을 헛된 욕망에 써버린 거야. 지금은 결국 땅 속에서 한낱 수선화의 비료로 썩고 말 것을! 하지만 좀더 가까이 다가가 보면 이들이 속삭이는 소리가 들릴 것이다. 자, 들어봐! 어서, 이리와 봐. 들리지?" 그런 연후에 키팅이 낮은 목소리로 속삭이듯 말한 것이 바로 '카르페 디엠'이었던 것이다.

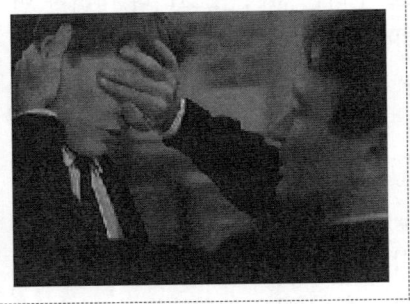

어리가 말을 하고, 앉은뱅이가 일어
서며, 장님이 눈뜨는 기적과도 상통
한다. 그러고 나서 키팅은 토드에게
부드러운 목소리로 명령한다. "이 수
업을 잊지 말라."고.12)

결국 제자들은 키팅을 신뢰하게
되고, 그를 따라 '죽은 시인의 사회'
를 결성(재건)한다. 명백히 그들은 키
팅의 사도(使徒)가 되는 셈이다. 그들은 초기 기독교도의 피난처 구실을 한 지
하 묘지, 즉 카타콤(the Catacombs)과 같은 동굴을 찾아간다. 한밤 중, 학교 당
국의 눈을 피해 그들이 동굴을 향해 갈 때, 그들은 명문 사립학교의 전통적
복장 가운데 하나인 더플 코트(dufflecoat)를 입고서 코트에 달린 후드를 뒤집어
쓰고 간다. 안개가 피어오르는 어둠 속에서 역광으로 이들을 잡은 영화 장면
은 이들을 마치 중세의 수도승이 검은 복장을 한 것 같은 연상을 불러일으키
거니와, 이 역시 결코 우연은 아닐 것이다. 그렇게 찾아간 동굴 속에서 그들
은 키팅이 고등학생 시절 '죽은 시인의 사회'를 결성했던 당시의 책을 빌려
경전처럼 낭송한다. 그들의 의식(儀式)은 이교도(異敎徒)－기독교도가 초기에는
이교도로 간주되었듯, '죽은 시인의 사회' 구성원들은 학교의 전통에서 보면
이교도임에 틀림없다－의 그것처럼 은밀하고 비장하며 동시에 강한 행복감
과 소속감을 안겨 준다.13)

---

12) 영화에서는 "Don't forget this."라고만 되어 있고, 이 부분을 영화 자막은 "이 수업을
　　잊지 말라."로 번역 처리하고 있는데, 각색본(김라경 역, 1998: 133)에서는 "기적이란
　　것은 있다. 앤더슨, 이 점을 잊지 마라."로 되어 있다.

13) 영화 첫 장면에 나오는 학교의 공식적 의식(儀式)으로 행해진 입학식과 대비해 보라.
　　놀란(Nolan) 교장이 '지식의 빛'이라 칭했던 촛불, 자랑스레 밝혔던 100년의 역사, 아
　　이비 리그에 75%가 진학했다는 자부심 등은 이 이교도의 입장에서 보면 우상, 거짓
　　권세, 또는 세속에 눈이 어두운 거짓 생명에 해당하는 것들이다. 요컨대 '죽은 시인의
　　사회' 일원은 전통적인 상징과 상황 정의를 거부하고 새로운 상징과 상황 정의를 구
　　함으로써 전통적 학교 문화에 저항하고 있는 것이다. 실제로 '죽은 시인의 사회'가 동
　　굴에서 처음 열린 날, 학생들은 친구의 시 낭송이 끝나자 '아멘'이라고 답하면서 키득
　　거리기도 했다. 그러자 닐은 정색하며 분위기를 보다 엄숙하게 이끌고자 했거니와,
　　이는 '죽은 시인의 사회' 모임을 통해 그들이 종교적인 느낌을 받았다는 대표적인 증

따라서 키팅과 학생들이 운동장에 나가 완전한 일체감 속에서 축구를 할 때, 신의 영광과 승리를 찬미한 베토벤의 '합창 교향곡'이 배경 음악으로 울려 퍼져 나오는 것 또한 전혀 이상한 일이 아니다. 영화의 포스터에 등장하기까지 했던 이 장면은 사실상 이 영화의 첫 번째 클라이맥스로 보아야 한다. 처음부터 키팅과 학생들의 신뢰감이 형성된 것은 아니었다. 학생들은 키팅을 이상하게 여겼다. 하지만 교사와 학생간의 거래가 진행되면서, 학생들은 교사와 수업에 대한 상황 정의를 조금씩 수정해 갔고, 이 단계에 이르면 키팅에 대한 완전한 신뢰감을 갖게 되는 것이다. 여기까지는 키팅의 전적인 승리로 기록된다. 관객들조차 이 대목에서 환희와 해방감을 느끼게 된다. 이 승리의 순간, 합창 교향곡이 울려 퍼지는 가운데, 학

생들은 키팅 선생을 어깨에 둘러메고서 행진을 하는 것이다. 이는 나귀를 타고 가는 예수를 향해 백성들이 종려나무 가지 흔들며 호산나를 연호한 '예루살렘 입성' 장면과 상통하는 바가 있다. 백성들은 알지 못했지만, 스스로 십자가를 매기 위해 본향 땅 예루살렘으로 초라하게 입성하는 그 모습 그대로, 학생들의 환호로 표상되는 키팅의 이 승리 장면을 경계로, 이 영화는 '박해'의 과정으로 들어서게 되는 것이다.

아닌 게 아니라, 박해의 조짐은 찰리의 만용에 가까운 행위에서 이미 나타나기 시작한다. 웰튼 아카데미에 여학생을 받아들이자는 기사가 학교 신문에 실리자, 이 문제로 학교 당국이 전교생을 강당에 소집하였을 때, 찰리는 엉뚱하게도 학교와 교장을 희화화하고 말았던 것이다. 그런데 이 사태에 대해 "닐과 일행은 머리를 감싸쥐고 앞으로의 일을 걱정"한 반면, "영문을 모르는 학생들은 그저 십 년 묵은 체증이 내려가듯 통쾌함을 느꼈다."라고 소설은 기록하고 있다(김라경 역, 1998: 177). 그 동안 키팅의 수업을 예의 주시하기만

거가 된다.

하던 놀란 교장이 찰리를 체벌하면서
까지 이 사태를 심각하게 다루게 된
이유가 바로 여기에 있다. 그는 찰리
에게 "너말고 누가 이 일에 관여했
지?", "'죽은 시인의 사회'란 게 뭐
지? 명단을 대라!"라고 하면서 다그
친다. '죽은 시인의 사회'는 더 이상
일부의 문제가 아니고, 그들의 의식
과 정신은 이 사태로 인해 집단 세력화할 파괴력을 갖고 있음이 드러났기 때
문이다. 마찬가지로 초기 기독교도 역시 처음부터 박해를 받았던 것은 아니
다. 그 무리의 수가 점차 늘게 되자 일종의 정치 세력화할 우려를 낳았던 것,
이 또한 박해의 한 원인이 되었음은 말할 나위가 없다.

　결정적으로, 닐 페리의 죽음과 더불어 박해는 시작된다. 키팅을 따르고,
그의 삶을 가장 적극적으로 모방하고자 했던 충실한 사도(使徒) 닐, 그는 거의
알몸인 채로 연극에서 요정 역을 맡느라 썼던 가시 면류관을 다시 머리에 쓴
채, 그야말로 예수처럼 죽음을 맞는다. 이것은 순교(殉敎)로 표상되는 최고의
저항이다.

　더욱이, 영화와 달리 각색본에서는 닐이 연극을 마치고 자살하는 시각,
그러니까 본격적인 박해가 시작되기 전날 밤, 키팅은 처음이자 마지막으로
닐을 제외한 '죽은 시인의 사회' 일원들과 함께 동굴 속에서 '죽은 시인의 사
회' 모임을 갖는다. 그것은 '최후의 만찬'과도 같은 것이었다. 학생들의 간청
에· 따라 사회를 맡은 키팅은 "내가 숲 속에 틀어박힌 것은, 오랜 숙고 끝에
자유로운 생활을 원했기 때문이다. 삶의 정수를 깊이, 그리고 끝까지 음미하
며 살고 싶다. 삶이 아닌 것은 털어 버리기 위해서. 목숨이 다하는 그 순간까
지 삶이 끝났다고 포기하지 말자."는 소로우의 글을 낭송한다. 그 다음, 그 때
까지 자작시를 발표하지 못했던 토드가 드디어 자신이 시은 시를 낭송하게
된다. 그리고 나서 토드와 키팅 두 사람은 서로 힘껏 부둥켜안는다. 잠시 후,
키팅은 "이번에는, 베이첼 린제이가 지은 '윌리엄 부스 장군의 승천'이다. 내
가 중간에 멈추면 모두들 '어린 양의 피로 몸을 씻었는가?'라고 묻길 바란

다.”고 주문하면서 낭송을 한다. 학생들은 키팅의 낭송에 맞춰 ‘어린 양의 피로 몸을 씻었는가’라는 대구(對句)를 외친다. 그 시는 바로 이런 것이었다.

> 하얀 옷과 왕관을 쓰신 그리스도가
> 병사 부스에게로 강림하시자,
> 군중들은 무릎을 꿇었다.
> 부스도 백성의 왕 예수를 발견하고
> 머리를 조아리고 엎드려
> 그 성스러운 땅 위에 눈물을 흩뿌렸다.
>
> 어린 양의 피로 몸을 씻었는가?

하지만, 이 최후의 만찬을 끝으로, 이내 조직은 와해되기 시작한다. 키팅을 배신하고 조직을 밀고한 카메론은 예수를 팔았던 ‘가롯 유다’와 정확히 일치한다. 그리고 비록 강압에 의한 것이긴 하지만, 조직의 구성원들도 ‘베드로’처럼 하나 둘씩 키팅을 부인하게 된다.[14] 학교가 필요로 했던 것은 카메론의 대사처럼 ‘희생양’이었다. 자신의 자백을 정당화하면서 카메론은 친구들에게 이렇게 말한다.

그를 살릴 수는 없어도 너희 자신은 살릴 수 있다고. 여기서도 키팅은 예수처럼 대속(代贖)하는 존재로 부각된다.[15]

---

14) 놀란 교장이 학생들을 줄줄이 호출하면서 서명을 강요하는 장면을 생각해 보라. Cohen은 그 장면에서 1950년대 전반에 퍼졌던 매카시즘의 블랙 리스트를 연상하고 있다(Cohen, 1999: 138). 그런 면에서 학교는 경찰과 같은 감시 감찰권을 행사하고 있는 셈이다.

15) 키팅 역의 로빈 윌리엄스가 워낙 유머러스한 인물을 창조함으로써 영화 전편에 걸쳐 예수와 같은 성스러운 이미지가 표면적으로 드러난 적은 거의 없어 보인다. 즉, 예수의 이미지는 영화의 심층 구조 속에 잠재해 있는 것이다. 그러나 옆의 사진은 기도하는 예수의 이미지를 그대로 닮았다. 실제 이 장면은 편집 과정에서 삭제되어 본 영화에는 나오지 않는다. 원래 이 장면은 닐의 장례식장에서 목사가 추도 기도를 할 때 그

결국 키팅은 쫓겨난다. 예수와 키팅의 대비도 여기서 끝이 난다. 현실적으로 닐이 죽음에서 부활할 수 없듯이, 키팅이 3일만에 다시 복교하거나 하는 일은 없었을 것이다. 하지만 이것이 패배가 아니었음을, 가장 소심했던 토드의 변화를 통해 영화는 보여주고자 한다.

교실을 떠나가는 키팅에게 토드는 "키팅 선생님! 모두들 강제로 서명한 거예요!"라고 외치면서 "믿어 주세요. 정말이예요.(You gotta believe me. It's true.)"라고 간구한다. 그러자 키팅은 답한다. "너를 진정 믿는단다, 토드(I do believe you, Todd.)"라고. 사제지간이 믿음(believe)의 관계로 올라간 것. 말하자면, "내가 주를 믿사옵니다. 내 믿음을 믿어 주세요."라고 했을 때, 주께서

"내가 너를 진정으로 믿노라." 하는 셈이니, 어찌 순교를 각오하지 않을 것인가. 그리하여, 이 믿음에 대한 믿음이야말로 가장 소심한 사도였던 토드로 하여금 "선장님, 나의 선장님!"이라고 외치며 책상 위로 올라서게 하고, 토드의 이 행동은 놀란(Nolan) 교장의 협박과 만류에도 불구하고 급우들 거의 전체가 토드의 행동을 따르게 만드는 결과를 가져왔던 것이다. 스테반이나 바울처럼, 토드는 '거듭난 자'의 전형으로 설정되어 있던 것, 또한 예수의 십자가 사건이 패배가 아니라 승리의 사건으로 해석되듯, 비록 키팅의 몸은 떠나가도 '성령(the Holy Spirit)'처럼 그의 정신이 살아남아 새로이 역사하리라는 것. 이 영화는 그것을 암시하고 싶었는지 모른다.16)

기도문 소리만 들리고 학생들은 키팅에게 다가가는 것으로 처리되는데 그 때 그들이 바라본 키팅의 모습이 바로 이 사진 속의 모습이다. 편집 과정에서 삭제된 장면은 다음 사이트를 통해 확인할 수 있다.

http://www10.pair.com/crazydv/weir/dps/extra.html

16) 그러나 마지막 장면에서 모든 학생이 책상 위로 올라서지 않았다는 사실은 주목해야 한다. 이는 감독의 절제력이 갖는 미덕일 뿐만 아니라 현실의 전형을 제대로 포착한

다소 길게 논증했지만, 이러한 해석이 원작자나 감독의 숨은 의도라 주장하고 싶지는 않다. 의도의 오류(the intentional fallacy)나 과잉 해석에 대한 염려가 없는 것도 아니다. 하지만 지금 문제삼고 있는 것은 바로 우리의 무의식의 구조를 해명하는 데 있다. 필자는 그것을 텍스트의 심층 구조에 대한 분석적 읽기를 통해 드러내고자 하였을 따름이다. 해석자가 자신의 견해나 관념을 텍스트에 투사하는 것이 단순히 그 텍스트를 쓴 저자의 원래 의도를 있는 그대로 재생하기 위한 것은 아니다. 이해는 단순한 복제가 아니라 생산적인 노력인 것이다(조셉 블레이처, 1989: 130-131). 문제는 해석학적 상상력이다. 자신의 지평을 확대시켜 전통적 해석의 지평과 융합시킴으로써 대상을 보다 일반적인 것으로 고양하는 지평의 융합이 요구되는 것이다.

그러니까 지금까지 필자가 한 일은 텍스트와의 대화를 통해 학생들이 받은 감동의 원천을 찾고 그것을 예수라는 이미지, 곧 보다 일반적인 것으로 고양시킨 것일 뿐이다. 그리고 학생들이 키팅과 같은 교사의 현존을 의심하는 일도 이로써 간명하게 설명될 수 있다. 예수가 이 땅에 어찌 있을 수 있다는 말인가?

이제 그보다 더 중요한 일은 예수 이미지의 사회적 의미를 살펴보는 일이다. 예수 이미지로 압축되는, 이 사회가 우리 교사들에게 부여하고 있는 진정한 교사상이 의미하는 바는 무엇이겠는가? 그것은 단지 소크라테스와 같은 현자(賢者)나 성인(聖人)들의 교수법에 대한 탐색에 그치지 아니한다. 오히려 인류의 교사라 불린 소크라테스도, 예수도 모두 그 사회로부터 축출되었음에 우리는 주목할 필요가 있다.

여기서 우리는 소설이나 영화와 같은 상상적 텍스트가 갖는 미덕과 새삼 만나게 된다. 무릇 현실을 반영하는 텍스트들은 우리 현실에 대한 비판과 고발의 정신을 함축한다. 우리 현실이 이상향이 아닌 한, 사실주의든 낭만주

결과로 보아야 할 것이다. 하지만, 키팅이 교실 문을 나선 다음에는 어떤 일이 벌어졌고, 그 이후 학생들은 어떻게 성장하고 변화했을지에 대해 질문하게 되면, 사태는 그리 단순하지만은 않다. 사실, 이 영화는 다소 열려진 텍스트이자, 롤랑 바르트의 표현대로 하자면 쓸 수 있는 텍스트(writerly text)에 해당한다. 결말부에 대한 해석은 사람마다 다를 수 있고, 그런 점에서 코헨은 unhappy happy ending의 본보기라 평가하기도 했던 것이다(Cohen, 1999: 139).

든 위대한 문학과 영화는, 너무 익숙해서 감추어진 우리 사회의 추문(醜聞)을 우리에게 들려준다. 그래서 우리는 분개한다. 우리는 로미오와 줄리엣을 사랑하며, 그들의 부모와 그 사회에 대해 분개한다. 그러나 잠시 후, 우리는 우리 자신이 바로 그 사회의 일원이었음을, 내가 바로 그 부모와 사회였음을 고통스럽게 깨닫게 된다.

키팅은 웰튼 학교의 신임 교사였다. 일반적으로 신임 교사들에게는 학교가 하나의 조직체로서 어떻게 움직여 나가는가를 빨리 파악하도록 명시적, 묵시적으로 요구받는다. 그래서 부임한 첫 해는 학생에 대한 스승으로서의 역할 및 교직원의 동료로서의 역할과 관련된 여러 가지 가치, 범주 및 행동 규범을 학습하면서 보내야 하는 것이다. 하지만 신임 교사는 교실의 사회 문화적 상황에 대하여 경험 있는 교사와는 매우 다른 관념을 갖는다(이종각, 1997: 75). 그들에게는 교실 상황을 경력 많은 교사와는 다르게 정의하는 경향이 있다.

그러나 새로 충원된 직공이 직무를 빨리 수행하고자 노력함으로써 묵시적으로 합의된 전체 공정의 생산 속도에 위협을 가하듯이, 초임교사는 매우 이상주의적이기 때문에 기존의 교사들에게 위협이 될 수 있다. 학생들을 늘 부정적인 시각으로 보는 고참 교사들의 잘못에 비해 활동력과 추진력을 갖춘 초임 교사들은 주어진 직무 이상으로 열심히 일을 하기 때문에 보통 이상의 좋은 결과를 성취할 수 있다. 그러나 노련한 교사들은 이것을 비현실적인 상황으로 여긴다(피터 우즈, 손직수 역, 1998:138). 놀란 교장은 물론, 키팅의 동료 교사 맥칼리스터의 모습은 이러한 상황을 적확하게 묘사하고 있다.

여기에 학부모가 가세하게 되면 상황은 더욱 교사에게 불리한 쪽으로 변하게 된다. 닐 페리의 아버지가 보여준 것처럼, 젊고 개혁적인 신임 교사의 선의는 왜곡되기 쉽다. 부모는 자신이 원하는 바와 다른 준거 집단이 자녀에게 존재하는 것을 원치 않는다. 그런 점에서는 키팅은 불량한(?) 친구와 다를 바가 없다. '죽은 시인의 사회' 일원의 모든 학부모들도 이 점에서는 마찬가지다. 그들이 자녀의 교육을 통해 기대하는 것은 그 교육이 자녀의 사회 진출에 유의미한 연관을 맺게 되는 것이다. 따라서 그들은 학교 교육에 투여된 자신들의 노동과 재화와 시간이 그 목표에 유용하게 되길 기대한다. 말하자면 교실을 둘러싼 세상은 도구적 합리성에 지배되어 있는 것이다.

이 점에서는 우리 학생들도 때로는 일치된 행동을 보인다. 그들은 고리타분한 늙은 교사를 비난하는 한편, 젊고 개혁적인 교사에 대해서는 불안을 느낀다. 그들이 원하는 것은 젊은 교사가 아니라 젊고 실력 있는 교사다. 이 때의 실력이란 교과 지식이든, 교수 능력이든, 자신이 상급 학교에 진학하는 데 효과적으로 기여할 수 있는 교사의 자질을 의미한다. 이러한 도구성을 만족시켜 주지 않으면, 젊은 교사도 개혁의 뜻을 펼치기가 힘들다.[17]

그래서 이제 우리는 다시 이렇게 물어야 한다. 혹시 내가, 우리 사회가 닐의 아버지였으며 놀란 교장이 아니었는지에 대해. 우리야말로 구세주를 강력히 희망하면서도 정작 예수를 핍박한 유대인들처럼, 위대한 스승을 간절히 원한다면서도 키팅 같은 교사를 이 땅에서 내모는 데 공모한 존재들은 아닌지에 대해. 다시 말해 왜 이 땅에는 키팅 같은 자가 없느냐면서 교사들을 향해 원성을 내뱉기 전에, 왜 이 땅에는 키팅이 설 수 없는지에 대해 그 구조적 문화적 요인을 찾아 해명하는 일이 필요한 것이다.

키팅은 왜 쫓겨났는가? '카르페 디엠'이 잘못된 것은 아니다. 문제는 이 말이 서로 다른 상황 정의를 갖는다는 데 있다. 연합적 경쟁 구도[18] 속의 학

---

17) 물론 학생들이 교사의 실력만을 기준으로 이분법적 판단을 하는 것은 아니다. 그들의 상황 정의 능력은 생각보다 뛰어나다. 필자의 교사 시절 경험을 예로 들어 보겠다. 그 당시 필자는 스스로를 '젊고 유능한 교사'라 생각하고 있었다. 그러나 그 젊음이 때로는 유능함보다는 과격함을 낳기도 했는데, 예를 들어 초임 교사로 부임한 첫 해, 필자는 교과서에 실린 어떤 시를 가르치면서 참고서나 교사용 지도서와는 달리 이 시는 사회성이 결여된, 현실 도피적이고 유아적 퇴행을 보이는 시라 열변을 토하며 가르쳤다. 학생들도 모두 필자의 이런 가르침을 적극적으로, 개중에는 감명 깊게 받아들이는 듯했다. 그 후 전국 모의고사를 치르게 되었다. 아니나 다를까, 그 시에 관해 출제된 모의고사의 문제와 정답은 역시 교사용 지도서와 일치하는 것이었다. 난감했다. 헌데 막상 결과를 보니 필자가 가르친 학생 가운데 그 문제를 틀린 학생들은 거의 없었다. 애석하지만 현명하게도, 시험에 대비하면서 학생들은 '참고서'로 공부를 했고, 오히려 필자의 가르침을 다만 '참고'로 삼았기 때문이다. 요컨대 학생들은 필자가 '학생들을 위해서' 가르치는 내용과 '시험을 위해서' 가르치는 내용을 정확하게 구분하고 있었던 것, 즉 그들은 수업 시간의 상황과 시험 시간의 상황을 서로 다르게 정의 내리고 있었던 것이다.

18) 한국의 학력 경쟁은 개별적이기보다는 연합적 경쟁의 양상을 보인다. 이 때 연합적 경쟁이란 교육에 직접 또는 간접적으로 관련하고 있는 제 집단들의 교육활동이 연합하여 경쟁 현상을 과열하게 만드는 형태의 경쟁을 말한다. 즉, 경쟁은 학생들 사이에서

생과 학부모, 교사와 교장 등은 이 말을 전혀 다르게 사용할 것이다. "모든 일에는 때가 있는 법. 공부할 때 공부하지 않으면 성공할 수가 없다."라든가, "고등학교 때는 공부만 해라. 대학가서 놀아라."라든가, "대학만 가면 네 마음대로 해라. 하지만 지금은 애비 말을 들어라. 다 너를 위해서 하는 말이다." 등등은 모두 '카르페 디엠'의 현실적 버전들이다. 실제로 닐의 아버지가 닐에게 그렇게 말했다. 적어도 우리는 키팅 식으로 가르쳐도 대학 입시에 성공할 수 있음을 증명해 보여야만 한다. 만일 그것이 더 성공적임이 밝혀진다면 더 이상 말할 것도 없이 다른 교사들이 퇴출되어야 할 것이다. 하지만 그러한 기대는 성공적인 인생에 대한 사회적 합의와 판단이 바뀌지 않는 한, 바라기 어려울 것이다.

사실이 그러하다면, 우리는 고등학교를 현실주의적으로 살아야 할 '때'로, 대학교를 낭만주의적으로 살아야 할 (혹은 살아도 될) '때'로 규정하고 있는 셈이다. 그러니 그 '때'에 걸맞게 '카르페 디엠'하려면, 우리 청소년들은 생물학적 사춘기와 사회문화적 사춘기를 인위적으로 분리시키고 지연시켜야만 하는 것이다. 이 아이러니야말로 '죽은 시인의 사회'의 문제틀을 구성하고 있는 우리 교육 문화의 현실이다.

3. 키팅은 어떻게 가르쳤는가?

그렇다면 키팅은 어떤 문학교사인가? 그는 학생들에게 우리가 시를 공부하는 이유는 시 그 자체가 삶의 목적이기 때문이라고 설파한 바 있다. 그런데

만이 아니라 부모, 교사, 교장, 그리고 교육감 등에 의해 복합적으로 연출되는 양상을 띠게 되는 것이다(이종각, 1997: 388-403). 그런데 <죽은 시인의 사회> 역시 여기서 크게 벗어나지 않는다. 교장과 교사, 학부모들은 강하게 연대되어 있다. 그들은 자신들의 선택에 의문을 품지 않는다. 놀란 교장과 닐의 아버지는 모두 가부장적 권위를 대표하고, 이 전통과 권위는 키팅과 그의 학생들에게 도전 받기 전까지는 심문되지 아니했던 것이다.

웰튼 아카데미의 시 수업 사태에서는 그 관계가 역전되어 있었다. 시는 아이비 리그 진출이라는, 내 삶의 현실적 성공에 기여하는 수단이 되어야 하며, 그렇지 못할 경우 시는 삶의 목적이 되긴커녕 장애물로 변질되고 마는 것이다. 키팅의 분노는, 따라서, 문학마저 도구화되는 사태를 향한 것이었고, 그같은 도구주의적 시 교육을 가장 표상적으로 나타낸 것이 바로 영화 속의 교재『시의 이해』에 나오는 수학적 설명 방식이었던 것이다.

그래서 키팅은 교과서의 서문을 찢게 한다. 그런데 과연, 도대체 그 서문의 내용은 어떤 것이었던가?

> '시의 이해', J. 에반스 프리차드 박사 지음. 시를 완전히 이해하려면 먼저 운율이나 음률, 그리고 비유와 같은 사항들을 충분히 이해할 필요가 있다. 그리고 나서 두 가지 질문을 생각한다. 두 가지 질문이란 첫째, '시의 대상이 얼마나 예술적으로 표현되고 있는가?'이고, 둘째는 '그 대상이 얼마나 중요한가'이다. 첫 번째 질문에서는 시의 완성도를 측정하며, 두 번째 질문을 통해서는 그 시의 중요도를 알 수 있다. 이러한 질문에 대한 답을 찾았다면 어떤 시가 위대한 시인가를 아는 작업은 비교적 간단해진다.
> 다시 말해, 어떤 시의 완성도 점수에 해당하는 점을 그래프의 X선상에 그리고, 중요도에 해당하는 점을 Y선상에 그린 후, 두 점을 이으면 그 때 생긴 영역이 곧 그 시의 위대함을 가리키는 척도가 되는 것이다. 예를 들어 바이런의 소네트는 Y축상에서 높은 점수를 받지만 X축상에서는 겨우 평균 점수만을 기록한다. 반면에 셰익스피어식 소네트라면 X축이나 Y축 모두 점수가 대단히 높아서 전체적으로 넓은 영역을 차지한다. 따라서 이 시는 위대한 작품이라는 결론을 내릴 수가 있는 것이다.

만일 이것이 자명한 사실이라면, 다시 말해 교육적 담론의 담론 효과와 전혀 무관한 보편적 진리라면, 프리차드 박사의 서문은 비난받아야 하긴커녕, 시적 가치론이라는 그 어려운 문제를 수학적으로 대단히 간결하게 정식화하였다는 점에서 오히려 공로로 인정받아야 할 것이다.

그런데 과연 이 설명은 올바른 것인가? 잘못되었다고 느껴진다면, 어떤 점이 잘못되었는가? 해답은 간단하다. 한 작품의 완성도와 중요도를, 누가 그리고 어떻게 측정할 수 있다는 말인가? 완성도와 중요도 이외에 다른 변수는 없는가? 나아가 프리차드 박사 말대로 G=P×I, 즉 작품의 위대성이 곧 완성도와 중요도의 곱으로 표현된 면적에 비례한다면, 가령 완성도만 아주 높고 중요도가 낮은 경우나 그 반대의 경우, 또는 두 가지 다 적당하게 높은 경우들은 모두 동일한 정도의 위대성을 갖는다고 말해야 옳지만, 프리차드 박사의 정의에는 그 두 가지가 모두 높아야 결국 위대한 작품이라는 전제가 은연중에 깔려 있는 것이다.

하지만 이러한 지적을 듣기 전에는 프리차드 박사의 설명은 매우 그럴 듯하게 들리는 것이 사실이다. 이는 수학적 포장이 주는 객관적 인상 덕택만은 아니다. 실은 이러한 설명에 우리가 매우 익숙해 있기 때문이다.

우리들 역시 시의 가치는 심미적 가치와 역사적 가치라는 두 가지 측면에서 해석될 수 있다고 배워 왔다. 위의 공식을 굳이 적용하지 않더라도, 아마도 예술적이면서 동시에 민족적인 작품이 있다면 그것은 그 둘간의 상승작용으로 인하여 최고의 정전으로서의 지위를 차지하게 될 것이다. 김소월이나 윤동주 같은 존재가 바로 그러하다. 그러므로 이들이 한국인의 애송시로서 첫째와 둘째를 다투는 것은 전혀 이상한 일이 아니다.

그러나 그러한 지식은 자명한 것이 아니라 교육적 담론의 효과에 지나지 않는 것이다. 그럼에도 불구하고 분석적 교육 담론은 그것에 객관성과 자명성을 부여한다. 자신에게 유리한 해부용 칼로 재단하면서 가치평가적 타동사를 자동사로 치환하여 설명하는 것이다.

이런 각도에서 본다면 키팅이 낭만주의적 편향을 보이는 것 역시 전혀 이상하지 않다. 낭만주의란 유기체론과 떼어 생각할 수 없는 반면, 분석과 해부는 종종 유기체의 생명을 말살하는 결과를 가져오기 때문이다. 더욱 심각한 것은 유기체론에 입각해 유기체의 유기체다움을 밝히고자 하는 이론조차 교육이라는 제도 속으로 들어가면 그 시의 생명력을 박탈하는 데 기여하기 일쑤라는 점이다.

분석주의를 대표하는, 영화 속의 『시의 이해』는 이른바 신비평가의 대표격인 브룩스와 워렌의 『시의 이해』를 연상케 하거니와, 사실 이들도 초기에는 근대주의의 도구적 합리성에 반기를 들고 그러한 정신 속에서 시의 유기성에 주목한 사람들이었다. 그들은 그들 스스로 과학과 산업주의에 압도된 것으로 진단 내렸던 이 문명에 있어 문학의 기능에 관한 파죽적인 일반 이론들로 무장한 사회비평가들이었던 것이다. 분석적 태도를 일컫는 의미에서 그들이 '꼼꼼히 읽기'(close reading)라 불렀던 방법이 애당초 그 방법에 더욱 커다란 목적을 갖게 했던 그 같은 이론적 문화적 계획으로부터 분리되어 갔던 것은 오로지 신비평이 제2차 세계대전 이후 대학의 교육에서 제도화되었기 때문인 것이다.

이것은 좀 자세한 설명을 요한다. 인문학적 기획 의도가 대학이라는 제도 안에서 자리잡기 위해서는 학문으로서의 과학화, 곧 방법론적 엄격성이 필요했다. 다시 말하거니와, 흔히 비난받는 것처럼 초기 신비평가들이 문학을 진공 상태로 설명한 것은 아니었다. 랜섬 같은 신비평가들은 자신들이 문학의 도덕적 사회적 기능에 대해 등지고 있다고는 생각하지 않았다. 오히려 문학 작품 자체의 내적 구조 안에서 사회적 도덕적 기능이 작용하는 것으로 규정하는 것이야말로 그들의 주장에 가깝다. 도덕적 사회적 의의를 문학으로부터 추방하는 것이 문제가 아니라, 어떻게 그 같은 의의가 외재적이기보다 작품 자체의 형식적 조직의 기능으로 되는가를 보여주는 것이 문제였던 것, 이 같은 방식으로 신비평은 일반 교양적 인문주의와 방법론적 엄격성을 결합할 수가 있었던 것이다. 즉, 신비평은 현대문학 연구에 과학성을 부여함으로써 학문적 요구에 부응하는 한편, 인문주의적 가치의 옹호를 통하여 당대 미국 대학 내의 주류를 형성하고 있던 역사적 문헌학적 학문 풍토를 쇄신하게 되었던 것이다.

하지만 대학에서 먼저 자리를 잡고 있었던 문학사가(文學史家)들은 신비평가들이 현대적 조건을 모든 시기의 문학에 편향적이고 시대착오적으로 적용하여 해석하고 판단한다며 비난하였다. 복잡한 사정을 단순화해서 말하자면, 결국 이들은 타협하고 화해하게 된다. 조나단 컬러는 "『시의 이해』를 교재로 쓰는 입문 과정에서는 역사적 고려가 회피되지만 심화 과정에서는 문학을 시기에 따라 나누고 비평가는 학자와 마찬가지로 한 시기의 전문가로 기대된다."고 당시를 술회하였다(Graff, 1987: 193). 즉, 문학 걸작들은 연대순으로 신비평적으로 연구되고, 혹은 신비평적으로 연구된 문학 걸작들이 연대순으로 교수되는 일종의 타협이 완성되었던 것이다.

이처럼 신비평은 제도화를 거치면서 변질되었다. 비평과 역사의 타협 혹은 화해는 인문정신의 옹호를 내세웠던 초기 정신으로부터 신비평을 멀어지게 했다. 영화 <죽은 시인의 사회>에서 나오는 『시의 이해』의 저자 프리차드 박사가 실존 인물인지, 그리고 실제로 그런 책이 있었는지는 확인할 수 없지만, 아마도 그 책은 비평과 역사가 타협한 시점에서 당대의 대중교육적 요구 수준을 만족시켜 주기 위해 일종의 수단적 성격으로 변질된 신비평을 기조로 삼은 책이었으리라 추정해 볼 수 있다. 위대성의 척도로 완성도(비평)와 중요도(역사)를 내세운 것만 해도 그렇고, 운율이나 비유 그 자체에 관심을 쏟고 있는 점(교육수단)에서도 그 같은 추정은 가능해진다.

특히 이 영화의 배경이 1959년임을 감안한다면, 키팅은 50년대 초반에 웰튼 아카데미를 나와 중반에 대학을 다녔을 것인데, 이 시기는 이미 신비평이 대학에서 그 정신과 지위를 상실해 가던 때가 된다. 하지만 웰튼 아카데미는 과거의 교육 방식을 그대로 지속하고 있었던 것. 초기 신비평가들이 고뇌했던 정신과 방법 사이의 긴장관계는 퇴색해지고, 오로지 방법만이 교육의 목적처럼 전치된 사태, 거기에 상급학교 진학이라는 현실적 목적에 지배되어 인문정신의 옹호라는 기본 정신과는 대조적으로 시 교육 자체가 도구적으로 전락한 사태. 신비평에 대한 키팅의 분노는 바로 이 지점에 있었던 것이다.

따라서 키팅이 학생들에게 말하길, 우리가 시를 읽는 것은 바로 인류의 일원이기 때문이라 하였을 때, 그리고 동료 교사 맥칼리스터가 키팅에게 학생들을 예술가로 만들 작정이냐고 묻자 키팅이 자신은 학생들을 자유로운 사색가로 만들고자 하는 것이라고 답했을 때, 거기에서 인문주의의 정신을 읽게 되는 것은 당연하기까지 하다. 근대의 도구주의에 맞서는 정신으로서의 인문주의를 표상함에 있어 학교 교육에서 문학이라는 제도의 이미지와 상징 이외에 달리 또 무엇이 있겠는가.

인문주의자의 모습 가운데서도, 키팅은 철저히 낭만주의적이었다. 그가 학생들에게 제시하고 있는 시 작품의 대부분이 다 낭만주의 계열에 속하는 것들이었으며, 영화 후반부에 놀란 교장이 키팅의 교실에 들어가 진도를 확인했을 때 드러나듯 리얼리즘 부분은 거의 건너 뛰어갔다는 사실 등만 봐도 그 점은 분명히 드러난다. 그리고 그의 이러한 급진성은 기존의 편향성에 대한 균형 감각으로서의 또 다른 편향을 제공해 주기 위한 것이란 점에서 정당화될 수도 있을 것이다.

그러나 분석주의에서 벗어나는 길, 시 수업이 다른 목적에 종속되지 않고 시 자체를 삶의 목적으로 삼는 길은 어떻게 가능한가? 우리는 흔히 인문주의적 전통을 옹호하면서 그와 동시에 변질된 신비평류의 메마른 분석주의를 비난한다. 그렇다면 시를 어떻게 읽으란 말인가?

이번에는 우리 사회에서 예를 찾아보자. 다음 글에 비쳐진 이상적 교사상을 키팅과 비교해 보라.

> 또 한 분은 고등학교 2학년 때의 국어 선생님이시다. 지금의 나를 있게 한 직접적인 동기가 되신 분이다. (중략)
> 나는 아직도 선생님의 첫 번째 수업을 기억한다. 시를 배우는 단원이었다. 교실로 들어선 선생님의 손에는 교과서 대신 빨간 사과 세 알이 들려 있었다. (중략)
> "반갑다. 나는 앞으로 일 년 간 국어에 대한 생각을 여러분과 함께 나눌 서태수다. (중략) 우리는 지금껏 학교에서 시를 배웠다. 그러나 어떻게 배워왔는가? 과연 시를 시답게 배워왔을까? 불행하게도 결코 그렇지 못한 게 우리 교육의 현실이다. 시의 형식을 나누고, 운율을 따지고, 수사법이나 찾으려고 혈안이 되어왔다. 어떻게 하면 시험에서 하나 더 맞출 수 있을까 전전긍긍하며 시인의 호와 알량한 발표잡지를 외기에 급급했던 것이 현실이다. 그러나 시는 그렇게 읽어서는 안 된다. 적어도 시를 읽고 감동을 느끼려면, 무언가 따스함을 전해 받으려면 결코 그렇게 읽어서는 안된다. 여기 사과가 있다. 우리는 사과를 먹을 때 이것은 껍질이고 이것은 과육이며 이것은 비타민 C라고 혓바닥으로 나누고 가르면서 사과를 먹지 않는다. 우리는 그저 '와싹' 깨물어 먹을 따름이다. 그때에야 비로소 사과의 제맛이, 그 달콤한 수액이 와락 우리들 입속을 가득 채울 것이다. 자, 한 입씩 베어먹어 봐라."(중략)
> "맛있지? 시 역시 마찬가지다. 나누고 쪼개고 가르는 것이 아니라 그저 사과를 먹듯 와싹 먹어치우는 것이다. 시는 읽는 것이 아니라 먹는 것이다. 먹고 씹어봐서 맛이 없으면 뱉어내 버리면 그만이고 맛있으면 꿀꺽 삼켜라. 그리고는 입을 닦고 그 맛을 천천히 음미해라." (김상욱, 1990: 44-45)

사과를 먹듯 시를 '와싹' 먹는 것이 과연 방법론에 해당하는가? 우리는

종종 지금까지의 문학교육이 '달'은 가르치지 않고 '손가락'만 가르쳐왔다고
자성하기도 하고 비판하기도 하지만, '손가락'마저 없다면 '달'을 어찌 볼 것
인가? 문제는 '손가락' 자체에 있는 것이 아니라 '어떤 손가락'이냐는 것, 어
떤 손가락이 정당히 '달'을 안내하느냐에 있는 것이 아니겠는가? 모든 손가락
을 배제하였을 때 남는 방법론은 결국 시를 '와싹' 먹어버리는 것과 같은, 주
체와 작품의 직접적 대면뿐이지 않겠는가? 그것은 결국 불립문자(不立文字),
이심전심(以心傳心)과 같은 종교적 경지가 아니고 무엇일까? 이렇게 되면 우리
는 또 다시 독서백편의자현(讀書百遍義自見)의 세계로 되돌아가야 하는 것이
아닐까?

그것은 여전히 비의적(秘義的)이고 종교적이며 권위적이다. 그래서 우리
는 새삼 여기서 다시 낭만주의의 정치학과 만나게 된다. 낭만주의란 프로메
테우스적인 의미에서의 정신적 반란이었다. 그들이 신으로부터 훔쳐온 불은
바로 의식(consciousness)이었다. 그것은 인간이 자신의 운명을 통어할 수 있다
고 설복하는 것이었으며, 그런 의미에서 마르크스주의나 정신분석학 등은
모두 낭만주의가 고대해 온 것이라 할 수 있다. 하지만 신은 죽지 않았다.
신은 인간의 가슴 속에 살아 있었던 것이다. 과학은 우리를 구제하지 못하
며 이성은 아무 것도 알 수 없다. 진리를 알고자 한다면 우리는 가슴 속에서
신들이 하는 말에 귀를 기울여야만 하는 것이다. 그리고 바로 여기에 종교
적 영감으로 되돌아가고자 하는 낭만주의의 두 번째 얼굴이 놓여 있는 것이
다(Falck, 1989: 1-2).

이러한 낭만주의의 두 얼굴은 개인의 해방이라는 신화와 함께 모종의 권
위적인 것에 대한 복종을 동시에 함축하는 것이었다. 이 같은 양면성은 인간
에게 자율성을 부여하여 인간이 마치 주체로 존재하는 듯한 신화를 형성하는
한편, 영원성이나 보편성 혹은 초월적인 존재에 대한 존경심을 끊임없이 강
요하게 된다. 키팅이 학생 개인에게 개성의 해방을 촉구함과 아울러 결국 '죽
은 시인'의 초월성에 가담하도록 함은 여기서 그다지 멀리 벗어나지 않는다.

인문주의란 주체의 가치를 강조함에 다름 아니다. 전통적 인문주의 교육
과정은 개인은 사회적 의미의 원인이지 결과가 아니라는, 즉 그가 곧 의미화
의 기원이자 원천이라는 관념에 기초하고 있다. 지배적 교육과정이 가정하고

있는 주체는 초시간적 반역사적인 주체, 곧 독립적이고 사적인 의식의 소유자로 특징지워진다. 그 의식을 통해 개인은 스스로를 이해할 뿐 아니라 세계에 의미를 부여하게 된다는 것이다.

하지만 인간 본질을 초시간적이고 비역사적이며 범문화적인 것으로 간주하게 될 때, 이러한 자유의 유일한 한계는 보다 높은 권위를 인지하게 될 때라 할 수 있으며, 따라서 이렇듯 개인을 자유로운 존재로 이론화하면서, 동시에 상위 권력의 권위에 종속되는 것으로 간주하는 것은 모순처럼 여겨진다. 그러나 인문주의적 교육과정에서 그것은 모순으로 간주되지 않는다. 그것은 자연스러운 과정이며 그같이 더 권위 있는 영혼에 복속함으로써 자아의 고양이 이루어질 수 있다고 간주되기 때문이다. 즉, 합리적 주체는 텍스트의 진실을 발견할 수 있다는 가정 하에, 설령 독해의 다양성을 인정한다 하더라도 핵심 진리는 따로 있으며 해석의 궁극적 목표는 거기에 접근하는 것으로 설정하는 한편, 그 진실이란 다른 의식(작가)이 만든 텍스트에 의해 주어지게 되므로, 그 의식과의 합일에 의해 자유와 권위에의 종속이라는 모순된 관념은 극복될 수 있다는 것이다. 요컨대 인문주의 교육은 주체를 자유롭지만, 위대한 작가 정신에 종속시키는 것으로 구상화한다(Zavarzadeh and Morton, 1991: 6).

이것이 바로 키팅의 교육 방식의 요체가 된다. 그가 학생들로 하여금 '특별하게(extraordinary)' 살라고 요구하는 것, 획일화를 거부하고 개성을 강조하는 것, 지식보다는 사색과 정서를, 재현(representation)보다는 표현(expression)을 강조하는 것 등은 모두 낭만주의의 연장선상에서 바라본 인문주의 교육에 다를 것이 없다. 개성의 표현, 그리고 그와 동시에 위대한 정신에의 복속, 키팅이 가르치고자 한 바는 이같이 요약될 수 있을 것이다.

키팅의 교수 방법은, 따라서 위대한 정신으로서의 문학 작품을 대면하고 그에 동화해 들어가도록 인도하는 것 이외에 달리 없어 보인다. 물론 그 또한 쉽지만은 않다. 키팅은 학생들에 대한 정확한 이해에 기초해 그들이 갈구하는, 그러나 일찍이 접해 본 적도 없고, 접해 보았더라도 그 참맛을 알지 못했던 시들을 제공해 주지만, 그 같은 선의 자체가 교육을 대신하는 일은 잘 벌어지지 않기 때문이다.

교수 방법을 따지기 앞서 무엇보다도 중요한 일은 시가 인생을 변화시킨

다는 사실에 교사와 학생이 동의하도록 만드는 신뢰감, 그리고 그 가능성이
모두에게 잠재되어 있다는 점에 대한 확신을 구축하는 일이다. 이 지점에서
키팅의 유머와 위트가 위력을 발휘한다는 것은 틀림없는 사실이다. 사실, 유
머와 신뢰감을 동시에 전달해 주는 캐릭터로 로빈 윌리엄스만한 배우도 드물
것이다. 하지만 그것이 교사 또는 문학 교사의 필수적인 자질이라 말하기는
힘들다. 그것은 학습 동기를 유발하는 여러 가지 기술 가운데 하나에 불과하
기 때문이다.

키팅에게 진실로 중요했던 것은 학생들로 하여금 교실이라는 상황에 대
해 학생들의 정의를 뒤바꾸는 일이었고, 거기에 유머가 필요했을 수는 있겠
으나, 유머의 효과는 순간적이기 쉽고, 그래서 장기적으로 더욱 중요한 일은
학생들의 '몸'을 바꾸는 일이었던 것이라 할 수 있다. 따라서 키팅이 학생들
과 함께 교실을 벗어나 운동장에서 축구를 하고, 혹은 걸음마 행진을 시키는
것을 두고 동경험 다목표 원칙이라든가, 동목표 다경험의 원칙 등으로 설명
하는 일은 사태의 절반 이하를 기술하는 것에 지나지 않는다. 신성한 교탁에
올라가고, 새삼 개성 있는 걸음걸이를 시도하며, 자기 고유의 개성을 외쳐대
면서 축구공을 차도록 하는 이유는 '몸'이 바뀌지 않고서는 '정신'이 변화될
수 없다는 인식에 기초하는 것이다.19)

훌륭한 설교로, 유머까지 곁들인 멋진 연설로, 곧바로 정신이 변화하고
행동이 변화하길 기대하는 일은 순진한 일이다. '카르페 디엠'을 처음 가르친

---

19) 학교는 '몸'을 통제하는 곳이다. 우리 학생들이 고교 시절까지 배우는 최대의 덕목은
'몸'의 인내가 아니던가. 목표를 위해 욕망을 억제하고 공부에 매진하도록 하는 갖가
지 제도와 장치 속에서 학생들은 스스로 자신의 '몸'을 규제하게끔 훈련되는 것이 아
니겠는가. (이것이 근대화에 끼친 영향은 결코 무시될 수 없다. 한국인의 근면과 인내
가 전통적 토대에 기인하는 것인지 근대적 학교 교육과 관계되는 것인지는 좀더 깊이
있게 구명할 필요가 있다. 여하튼, 특히 남성의 경우는 학생 체험만이 아니라 군대 체
험을 통해 '몸'의 인내가 더욱 강화된 것만큼은 분명한 사실이다. 문제는 인간 해방의
측면에서, 또한 '몸'이 아닌 '지식'과 '정보'를 도구로 삼는 사회로 변화해 가는 측면
에서 이제 우리 교육이 어떤 길을 가야할 것인가를 결정하는 일이다.) '몸'조차 자신
의 것이 아닐 때, 개성을 추구한다는 일은 그 제도를 벗어나지 않는 한 매우 힘든 일
이다. 작금의 이른바 '교실 붕괴' 사태는, 사실 이러한 '몸'의 억압이 갖는 부당성이
학생들에게 간파되고 폭로된 사태, 그에 대한 저항이 가능함을 보여주는 사태에 지나
지 않는다.

키팅의 첫 수업을 받고 나서 학생들이 보인 반응에 주목할 필요가 여기에 있다. 피츠는 "좀 끔직하다."라고, 닉스는 "난 등골이 오싹해지던데."라고 반응한다. 심지어 카메론은 "혹시 오늘 배운 것도 시험에 나올까?"라고 하여 빈축을 사기도 한다. 오로지 닐만이 "하지만 난 색다른 구석이 느껴져."라고 말했을 뿐이다. 그런가 하면, 토드 앤더슨은 기숙사 방으로 돌아와 자신도 모르게 공책 가득 커다란 글씨로 "현재를 즐겨라."라고 쓴다. 그러나 이내 곧 그는 그것을 찢어내 휴지통 속으로 던져 버리고 나서는 다시 두툼한 교과서를 펼치고 마는 것이다.

이러한 그들이 변화한다. 바로 그 다음 시간, 그들은 『시의 이해』라는, 무려(!) 교과서를 찢어내 버리도록 요구받고, 잠시 머뭇거리지만 결국 하나 둘씩 책을 찢어내는 행위를 실천하게 되는 것이다. 토드도 마찬가지였다. 오직 교과서에 자를 대고 찢었다는 점에서 카메론만이 차별될 따름이다. 다시 말해 키팅이 원했던 바는 단지 『시의 이해』에 담긴 정신을 거부하도록 하는 데에만 있었던 것이 아니라, 금기를 깰 수 있는 몸의 변화 그 자체였던 셈이다. 그런 점에서 키팅은 '몸'이 변하지 않고는 결코 정신이 변화될 수 없음을 누구보다도 확신한 교사로 봄이 옳다. 그 때 '몸'이란 제도에 순화된 정신, 바로 그것이다.

앞서 '기적'이라 묘사했던, 벙어리 같던 토드의 입에서 시가 흘러나오게 된 사태 역시 마찬가지로 설명될 수 있다. 토드는 재능이 없어서가 아니라, 누구보다도 시적인 심성을 소유하고 있으면서도 내성적이고 소심한 탓에 시를 짓지 못했던 것, 이 대목에서 키팅은 토드에게 일단 목청껏 소리를 지르도록, 그 다음 휘트먼의 사진을 보고 생각나는 대로, 길게 생각하지 말고 그저 떠오르는 대로 아무 말이나 해 보도록, 상상력을 발휘해 무슨 말이든 더 지껄여 보도록, 그리고 나서 눈을 감고 마음껏 시를 이끌어 가도록 요구한다. 토드의 한계는 눈과 목과 입술, 곧 '몸'에 있었다. 남들을 의식하는 한, 자신의 주체성과 개성은 발현될 수 없었던 것, 눈을 감고 나니 의식의 통제가 사라지고, 마음 깊은 곳에 담긴 시가 흘러 넘쳐 나왔던 것이다. 이 대목에서 "시는 강력한 감정의 자연스런 유로(流露)(Poetry is the spontaneous overflow of the powerful feelings)."라 했던, 낭만주의 시인 워즈워드의 시론이 떠오르는 것은 전혀 어색한 일이 아니다.

이것은 정신병리학적 치료 과정과도 연관된다. 키팅은 의도적으로 호통을 치듯 토드를 다그친다. 처음에 토드는 키팅의 지시에 저항한다. 학생들의 이러한 경향은 마치 정신병 환자가 의사의 호의를 믿으면서도 치료에 저항하는 것과 같다(Ulmer, 1990: 121). 이 부인(否認)이라는 방어 기제는 곧 무의식의 폭로를 두려워하는 데서 발현되는 것으로 알려져 있듯이, 이러한 점에서 교육에 있어 정신분석학적 논의의 의의가 발견되는 것이다.[20]

프로이트와 라깡은 치료 효과를 거둠에 있어 환자가 "사건을 말로 번역하

는 것"의 중요성을 강조하였다. 환자의 의식을 일깨우기 위해서는 무엇이 일어났어야만 했던가를 말해주는 것만으로는 결코 충분치 못하다. 환자 스스로 말로 나타내야만 한다. 토드의 입이 터지기 시작했을 때, 그것도 '담요'라는 억압의 상징을 스스로 드러내게 되었을 때, 그러기에 비로소 키팅은 숨을 죽이

며 토드 스스로 말을 뱉어내는 것을 곁에서 지켜보지 않았던가.

'몸'은 단순한 도구가 아니라 정신과 행동의 원인이자 결과이다. 키팅은 자신이 먼저 해야 할 일이 지식의 보충이나 대체가 아님을 간파한 자이다. 지식이 태도를 곧장 변화시키지는 못하기 때문이다. 그는 환자와 같은 학생들의 저항이, 진실의 억압이 어디에서 이루어지고 있으며, 어떤 정신적 경제가 이러한 억압을 조장하는지를 간파하였기에, 특히 그 자신이 학창 시절 그러한 정신적 경제에 억압당하였기에 누구보다도 정확한 진단과 처방을 내릴 수 있었던 것이다.

이런 의미에서 본다면 목자(牧者)로서의 키팅 선생은 이번엔 '몸'을 치유하고 '정신'을 치유하는 의사가 된다. 교사(敎師)와 의사(醫師)와 목사(牧師)에

---

20) 이 책의 제1부 4장 논의를 참고할 것.

모두 '스승 사(師)'가 들어 있음이 어찌 우연이랴.

결과적으로 이 같은 키팅의 가르침에 의해 변화된 몸과 정신이 있었기에 학생들은 드디어 '죽은 시인의 사회'를 결성할 수 있었고, 학교 밖을 벗어나 동굴을 향할 수 있었으며, 닐은 아버지의 명령을 어기며 연극을, 녹스 오버스트릿은 크리스와 사랑을, 찰리 달튼은 아예 이름을 느완다로 바꾸며 만용에 가까운 행동을 할 수가 있게 된다. 그리고 그들은 그 체험을 통해 '삶의 정수'를 맛보게 되거나, 맛보았다고 여기게 되는 것이다.

그러나 여전히, 최소한 두 가지의 문제가 남는다. 첫째는 이렇듯 체험이 무엇보다도 중요한 것으로 간주되게 되면, 이론은 저항되어야 할 그 무엇이 된다는 점이다. 시가 본질적으로 반이론적(反理論的, atheoretical)이라고 생각하는 것도 마찬가지다. '손가락' 없이 곧바로 '달'을 바라보듯, 학생들로 하여금 작품과 그 작품에 담긴 위대한 정신을 그대로 흡수할 수 있는 주체, 곧 그런 '몸'이 되게 만든다는 것은, 매우 힘들고 또한 위험한 일면이 있다는 것이다. 매우 힘들다는 것은 현실적인 측면에서 그러하다는 뜻이다. 그럴 수 있는 학생이 현실적으로 그리 많지 않다고 보는 것이 솔직한 진술이기 때문이다. 반면에 위험하다는 것은 이념적인 측면에서 그러하다는 뜻이다. 시가 본질적으로 반이론적이라고 말하는 것은 시가 어떠한 문화적 매개—문화란 사회가 의의를 부여한 실천의 결과물이다—를 초월하여서도 자동적으로 이해 가능한 초담론적 행위라고 말하는 것이 되기 때문이다. 물론 그것은 '이론'에 '저항'하는 인간 상상력의 옹호로서, 이해 관계를 벗어난 진술이라고 생각하기 쉽지만, 사실은 그 자체로 정치적 진술이 되고 만다.21) 즉, 그것은 개인들의 문화 자본상 차이를 무화시키고 모든 것을 개인의 능력 문제로 전치 시킬 우려가 있다. 나아가 위대한 작품, 위대한 정신 자체가 정치적으로 심문 받게 된다면, 그러한 우려는 더욱 심각한 국면에 도달하게 될 것이다.

이 문제와 연관하여 두 번째 문제가 발생한다. 개성의 발현과 위대한 정신에의 복속이 조화롭지 못하거나, 자유롭지 않을 때는 어떻게 될까? 개성의

---

21) 프레드릭 제임슨(Jameson, 1981: 58)은 "모든 실천의 형태는 문학비평류를 포함해서 하나의 이론 형태를 함축하고 또 전제하는 것이다. 실증주의라는, 즉 전적으로 비이론적인 실천이라는 환상은 그 말 자체가 모순이다."라고 말했다.

다양성만큼이나 위대한 정신들 사이에 놓여 있는 수많은 갈등과 충돌이 노출되지 않는다면, 그런 교육은 오히려 일정한 정신에의 복속만을 강요하는 데 기여하지 않을까? 그 경우 그것은 복속해야 할 정신의 대체에 지나지 않을 뿐, 개성의 발현과는 모순될 위험에 빠진다. 실제로 키팅의 수업에는 갈등도 없고 저항도 없다. 키팅이 학생들에게 제공해 준 시 텍스트의 정전성 (canonicity) 자체도 심문에 붙여진 적이 없다. 저항해야 할 권력의 대상이나 속성이 바뀌었을 뿐, 권위(authority)는 여전히 교사에게 있으며, 작가의 저자성 (author-ity)에 주어져 있을 따름이었던 것, 그 결과 권력 그 자체에 대한 저항, 권력 그 자체에 저항하는 개성의 목소리는 들리지가 않았던 것이다.

여기서 문학 교실을 하나의 극장으로, 곧 교사는 무대 위의 배우, 학생은 관객에 비유하는 것이 용인된다면, 브레히트의 극 이론(劇理論)을 상기해 보는 것이 아마도 유의미할 것이다. 주지하듯 그는 비극적 행위의 보편성과 통일성을 강조하고 감정의 카타르시스를 유발하는 감정 이입에 있어 관객과 주인공의 일체감을 강조한 아리스토텔레스식 전통을 거부하는, 이른바 소격 효과 (疏隔效果)를 주장했다. 전통극에서는 무대와 관객 사이에 벽이 존재하지 않는다. 관객들은 피곤한 일상에서 벗어나 연극이 진행되는 잠시동안 다른 세계 속으로 빨려 들어간다. 거기에서는 감정의 이끌림과 지적 수동성만이 존재할 따름이다. 이에 대해 브레히트는 관객을 수동적인 수용상태로 이끌어들이는 것을 피하기 위해 리얼리즘의 환상은 분쇄되어야만 한다고 주장한다. 배우들은 그들의 역할 속에서 자신을 상실해서도 안되며 관객과의 일체감을 증진시키도록 해서도 안 된다. 그렇게 함으로써 비판적 평가 과정이 진행될 수 있는 것이다.

'죽은 시인의 사회'는 바로 전통극과 같은 교실이라 할 수 있다. 처음에는 '낯설게 하기'를 시도하지만, 무대(교실)에 대한 관념이 바뀐 이후 학생들은 아무런 갈등 없이 키팅의 연극에 빨려든다. 그리고 전통극의 관객처럼, 교실 속에서 학생들은 텍스트 체험의 주체가 된다. 그러나, 그들은 스스로를 주체라고 생각하지만, 그의 주체적 사고 또한 특정한 담론의 재생산일 수 있음은 은폐되어 있다. 실제 그들은 키팅의 휴머니즘적 담론에 수동적인 수용자였던 것이다. 자율적 실체로서의 주체 개념, 곧 휴머니즘은 허위의식으로 작동하기 쉽다. 교육에서 주체 개념의 강조는, 동전의 앞뒤와 같아서, 운명을 스스로 결정해 나가는 의지의 강화로 작동하는 한편, 인생이 마치 전적으로 주체의 결단에 의해서 이루어질 수 있다는 오인을 낳기도 하기 때문이다.

그래서 이제는 키팅으로부터 키팅의 제자 쪽으로 관점을 돌려보고자 한다. 과연 체험을 중시하고 주체의 결단을 강조하는 키팅의 세례를 받은 학생들의 운명이 어떠했는가가 관심의 초점이 되기 때문이다. 거기서 우리는 인문주의와 낭만주의 교육의 또 다른 얼굴과 마주치게 될지도 모른다.

4. 키팅의 제자는 어떻게 되었는가?

키팅을 만나기 전까지 학생들은 이른바 모범생이었다. 그들의 일탈적 행위는 고작해야 담배를 피우거나, 라디오를 조립하거나, '웰튼(Welton)'을 '헬튼(Hell-ton)'으로, 네 가지 교훈, 곧 '전통·명예·규율·우수(Tradition·Honor·Discipline·Excellence)'를 '익살·공포·퇴폐·배설(Travesty·Horror·Decadence·Excrement)'로 패러디하는 수준을 넘지 않았다.

뉴 잉글랜드의 교외에 위치한 이 학교 캠퍼스의 저 목가적인 전원풍을 주목해 보라.[22] 그 곳은 수도원과도 같은, 저 사탄의 도시로부터 멀리 떨어진 일종의 보호 구역과도 같은 곳이었다. 따라서 그 곳에는 인종적 민족적 갈등도, 빈곤도, 범죄도, 그 어떠한 정치적 사건이나 대중적 관심사도 존재하지 않는다. 학교와 학부모의 관점에서 보면, 확실히 이 곳은 에덴 동산과도 같은 곳

---

22) 실제 이 영화의 촬영은 미국 델라웨어에 위치한 세인트 앤드류스(St. Andrews) 사립 학교에서 이뤄졌다.

이다.

하지만 그 곳은 수려하지만 폐쇄된 공간이다. 외부의 틈입은 차단된다. 라디오조차 반입이 허락되지 않는 외부와의 단절. 외출을 하기 위해서는 학교의 허락이 필요하며, 그래서 외출은 그 자체가 하나의 사건이 되며, 그 외출 또한 학교의 차량을 이용해야만 가능한 공간에 웰튼 아카데미는 자리잡고 있었던 것이다. 닐이 죽은 소식을 듣고 토드가 친구들과 함께 교정을 걷던 장면을 상기해 보라. 하얗게 눈이 덮인 풍경을 바라보며 그는 너무나 아름답다고 소리치고 나서는 갑자기 구토를 하며 오열한다. 이 아름다움과 죽음, 평화로운 정경 속에 숨어 있던 폭력들, 드넓게 펼쳐진 전원과 그 속에 갇힌 채 느껴야 했던 구속과 답답함. 파행(跛行)이란 말 그대로를 상징이라도 하듯, 토드는 뛰다 넘어지다를 반복하며 교정을 가로지른다. 웰튼은 에덴 동산이 아니라, 학생들 말 그대로 지옥이었던 것이다.[23)]

무릇 전통과 규율의 강조는 결국 변화를 거부하는 결과를 가져오며, 그렇듯 내재적 계기가 결여된 상태에서는 외부의 동인이 작동하지 않는 한, 정체(停滯)를 안정과 평화로 오인하게 된다. 실제로 학생들은 많은 불평과 불만을 안고 있었으면서도 견인주의자(堅忍主義者)가 되는 것 이외에 그것을 달리 해

---

23) 이 영화의 배경은 거의 학교 캠퍼스를 벗어나지 않는다. 녹스가 방문하고 또 나중에는 파티가 열린 댄버리 가문의 집, 녹스가 찾아간 크리스의 학교, 닐의 연극이 열린 공연장, 자살을 하게 되는 닐의 집, 그리고 바로 이 동굴만이 그 예외일 뿐이다. 여기서 주목해야 할 것은 '동굴'과 댄버리의 '집'(녹스가 크리스와 첫 만남을 하게 되는 장면이 아니라 파티가 열리던 장면의 집)의 상징적 대비이다. 특히, 이 동굴의 공간 상징적 의미는 매우 중요하다. 푸코식으로 말하자면 이 공간들은 모두 학교의 감시자로부터 해방된 공간이다. 그래서 두 곳 모두 학생들은 자유를 누린다. 그런데 자유를 추구한다는 점에서는 공통되지만, 전자가 주로 진정한 자아를 찾기 위한 의식과 연관되어 있다면, 후자는 술과 담배, 남녀관계 등 자아의 방기가 벌어지는, 일종의 타락 공간이란 점에서 극명히 대비된다. 따라서 전자가 자궁(子宮), 곧 재생과 부활의 상징적 의미를 담고 있다면 후자는 현실 원칙에서 벗어난 쾌락 원칙으로서의 세계, 가령 소돔과 고모라의 세계에 유추될 수 있을 것이다. 흥미로운 것은 학교는 댄버리 집의 '일탈'은 은근히 눈감아 주는 듯한 데 반해, 동굴의 '일탈'은 가차없이 처벌을 가하려 한다는 사실이다. '성적 금기'와 '정치적 금기' 가운데, 우리 사회와 학교에서 과연 어느 것을 실제적으로 더 중요시하고 있는가를 생각해 보라. 전자는 개인적인 차원에서 쾌락의 문제로, 후자는 집단적인 차원에서 저항의 문제로 접근하는 경향, '성'의 문제는 사회가 타락한 탓으로 돌리면서도, 이미 사회의 공론화가 이루어진 '정치적' 문제조차 학생에게 폭로되는 것은 금기시하는 경향 등이 우리의 현실 아닐까?

결할 방도를 그들은 알지 못했다. 적어도 키팅 선생이, 학교 입장에서는 '에 덴'의 '사탄'처럼, 학생 입장에서는 '지옥'의 '구세주'처럼 불쑥 나타나기 전 까지는 말이다.

키팅과 그가 가르친 죽은 시인의 시들이 그들을 변화시키기 시작했다. 그 이전까지 그들은 셰익스피어를 지겨워했으며, 시란 자신들의 삶과 전혀 상관 이 없다고 생각했다. 심지어 시는 남자들이 즐길 대상이 아니라고 여기기까 지 했다.24) 그러던 그들이 키팅의 가르침을 통해 시와 낭만을 추구하게 되고, 저마다 특별한 인생을 가꾸고자 꿈틀거리기에 이른다.

키팅의 가르침을 가장 온전히 받아들인 자는 누구일까? 녹스는 연애를 위 한 방편으로―그것이 나쁘다는 의미는 결코 아니지만―시를 써먹기도 한다. 찰리는 가장 과격하게 '죽은 시인의 사회' 활동을 하고 인디언과 같은 원시성 을 추구하기도 하지만, 저항의 방편으로 시를 이해하기도 한다. 토드는 시를 통해 자신의 숨겨진 목소리를 듣게 되지만 삶의 변화 자체를 도모하지는 못 한다. 그리고 카메론은 끝내 빛나는 악역을 담당할 뿐이다.

키팅의 수제자는 역시 닐이다. 그는 졸업 연감을 뒤져 키팅의 고등학교 시절을 추적한다. 거기서 그는 키팅에 관해 "축구부 주장, 졸업 연감 편집인, 캠브리지 진학 예정, 허벅지를 좋아하는 남자, 그리고 죽은 시인의 사회"라 쓰여진 것을 발견한다. 닐 역시 명문대를 가야 하고 또 갈 수 있는 학생이다. 아버지의 반대로 사퇴하긴 했지만 닐 역시 졸업 연감 편집인이었다. 닐은 키 팅을 닮고 싶었다. 그래서 그는 '죽은 시인의 사회'를 주도적으로 결성하기에 이른다. 이로써 그는 거의 키팅을 재현하게 되는 셈이 된다. 하지만 시 이외 에도 키팅의 축구처럼 그 역시 자신의 재능과 열정을 바칠 대상이 필요했다. 그것이 닐에게는 바로 연극이었던 것이다.

그런데 여기서 우리가 매우 주목해야 할 사실은, 다른 친구들과 달리, 유

---

24) 이 점은 우리의 현실과 정확히 일치한다. 문학에 대한 우리 학생들의 이미지가 바로 그러한 것이다. 문학, 특히 고전은 지겨운 것이고, 삶과 동떨어진 채 대학 입시를 위해 서만 필요한 것이며, 여성적이고 감상적인 것이라는 고정 관념이 팽배해 있는 것이다. 그래서 학생들은 백일장에 가면, 전혀 자신의 실제 삶과는 무관한 내용을, 센티멘탈한 분위기에 의고적(擬古的)인 문체로 담아서 제출하곤 한다.

독 닐만은 상류층의 자제가 아니었다는 점이다. 닐을 제외한 어느 누구도 신분 '상승'을 목적으로 이 학교를 다니는 친구는 없었다. 그들은 경제적 문화적 자본을 축적한 가문의 일원으로서 단지 신분의 '유지'가 필요할 따름이었던 것이다. 물론 그렇기 때문에 심리적 강박이 닐보다 덜했으리라 말할 수는 없다. 부모를 비롯한 가계의 일원이 모두 명문대를 나오고 사회적으로 성공한 계층에 속할 때, 그 가문의 자녀가 갖게 될 강박 관념은 상상하기 어렵지 않다.

그럼에도 불구하고, 닐의 처지는 역시 각별하게 여겨진다. 상대적으로 가난한 집의 수재가 웰튼 아카데미 같은 학교를 다니면서 겪었을 말못할 사연이 어디 한둘이었으랴. 하지만 문제는 경제적 환경에만 있는 것이 아니었다. 경제적 환경을 포함하여 닐의 가정 환경은 다른 어느 친구보다도 열악하기만 했다. 시와 낭만과 특별한 인생을 꿈꾸기에는 말이다. 그 한복판에 닐의 아버지가 있다.

닐의 아버지는 중산층 혹은 그 이하의 화이트 칼라로 짐작된다. 그는 아마도 성실한 가장이었을 것이다. 그는 침대 곁에 슬리퍼를 가지런히 정돈하고서야 잠자리에 드는, 결벽증에 가까운 성품의 소유자다. 그에겐 타협의 여지가 없어 보인다. 그의 가부장적 권위 행사는 오랫동안 일관된 것이었으리라. 물론 그가 자식을 사랑한 것만은 의심할 필요가 없어 보인다. 그는 자식을 사랑하기 때문에, 자식의 미래를 위해, 자식을 억압할 따름이다. 그의 교육관은 교육이 출세의 수단과 도구가 된다는 데 있으며, 따라서 교육을 통해 자식의 사회적 지위 이동이 성취되기를 강박적으로 기대한다. 그래서 그는 기숙사 첫날 닐에게 이렇게 말한다. 의대를 나온 다음에는 네 마음대로 하라고. 그리고 나서 이렇게 덧붙인다. 네가 의대를 가는 게 엄마한테 얼마나 중요한 일인지 아느냐고.25) 이것이 얼마나 우리 사회의 낯익은 대화 방식인지

---

25) 그의 가부장적 권위로 인해 피해를 겪은 것은 닐만이 아니라 그의 아내도 마찬가지였다. 연극 공연에서 돌아오는 부자를 초조하게 기다리며 그녀는 재떨이가 가득 채워지도록 담배를 피워댄다. 닐이 아버지로부터 꾸지람을 받으며 어머니에게 구원의 눈짓을 보내지만 그녀는 아무 말도 하지 못한다. 다만 잠자리에서 소리 죽여 울뿐이었다. 그녀의 표정은 늘 불안과 의기소침함으로 가득 차 있다. 그런 점에서 어머니는 닐에게 또 다른 부담이었을 것이다. 만일 닐이 아버지에게 저항한다면 그 부담은 고스란히 어

는 말할 필요가 없지만, 굳이 한 가지만 덧붙이자면 아마도 이런 말을 더할 수 있을 것이다. 애비는 공부 못한 게 한이다. 너만은 아비처럼 되지 말라고. 아니나 다를까, 닐의 연극이 끝난 후, 닐의 아버지는 격분하며 이렇게 소리친다. "Neil. You have opportunities that I never even dreamt of and I am not going to let you waste them."

　여기서 닐의 아버지를 비판하거나 그의 컴플렉스를 지적하는 데 더 이상 시간을 소비하고 싶지는 않다. 하지만, 이것이 유독 닐의 아버지에만 해당되는 것은 아니라는 점만큼은 강조하고 싶다. 지난날, 아니 지금도, 우리 사회에는 닐의 아버지와 같은 부모가 너무도 많다. 집안 환경으로 인해 학업의 꿈을 접어야 했던 이 땅의 부모들, 형제 중 맏형만이 진학을 하고 그로 인해 진학을 포기해야 했던 동생들, 그들에게 맺힌 한이 어찌 당대에 해소될 수 있겠는가. 그래서 그들은 자신의 꿈을 자식에게 투사하게 마련이었다. 자식의 성공은 자신의 존재를 증명해 주는 것과 같다. 자식이 성공하면, 그들은 이렇게 생각하기 때문이다. 만일 나도 내 자식처럼 공부할 기회가 주어졌다면, 틀림없이 저렇게 성공했을 것이라고. 그러니, 비록 그 정도가 심하긴 했지만, 닐의 아버지만 문제가 있고, 그런 집안의 교육에는 늘 문제가 있다고 말할 수는 없는 일이다.

　이번에도 문제는 키팅이 나타나면서부터 비롯된다. 키팅을 만나기 전까지, 닐의 아버지와 닐 사이의 관계는 적어도 표면상으로는 안정적이었다. 갈등은 잠재된 채 은폐되었다. 이것은 앞서 지적한 웰튼 아카데미와 정확히 상동성(相同性)을 갖는다. 다시 말해, 이것은 우리 교육에서 구조적으로 만연해 있는 문제인 것이다. 닐의 아버지와 학교는 모두 갈등의 은폐를 평화와 안정으로 오인하고, 동시에 확신했다. 그리하여, 닐이 죽자, 그들은 자신의 폭력성에 대해 반성하거나 성찰하긴커녕 평화와 안정의 파괴자로서 키팅을 고발하기에 이른 것이었다.

　키팅을 만나기 전, 교지 편집 위원 문제로 인해 아버지와의 갈등이 수면 위로 떠오르려 했을 때, 닐은 거짓으로 웃으며 자신의 과오를 인정하고 아버지의

───────────────

머니의 몫으로 전가되었을 것이기 때문이다. 이것은 심리학적 테마에 속한다.

명령을 받아들임으로써 그 문제를 해결한다. 아니 회피한다. 키팅의 지적대로 그는 '효자 역을 연기'하며 자신의 욕망을 포기하는 법을 익혀왔던 것, 사회학의 역할 이론에서 말하는 그대로 역할 연기를 충실히 수행하고 있었던 것이다.

그러나 '죽은 시인의 사회' 활동을 하면서 그는 자신의 내면에서 추동하는 욕망을 더 이상 제어할 수 없음을 깨닫게 된다. 게다가 그는 이미 자아와 개성의 소중함을 발견한 터이다. 이제 현실 원칙과 쾌락 원칙, 아버지의 욕망과 자신의 욕망, 자아와 역할이 서로 대립하고 갈등한다. 이 문제를 어떻게 해결할 것인가?

닐에겐 모범 답안이 있었다. 키팅이 바로 그것. 그는 '죽은 시인의 사회'는 물론, 축구부 주장을 하면서도 명문대에 진학하지 않았던가? 닐의 답안은 단순하고도 명쾌했다. 학업도 열심히 하면서 연극 활동을 병행하는 것. 키팅의 '축구'에 해당하는 자신의 그 무엇을 찾던 닐이 '연극'에서 그 가능성을 발견하며 오디션에 참가하려 했을 때, 아버지의 반대를 염려해 닐을 말리던 토드 앤더슨에게 그는 이렇게 말했다. "지금은 그게 중요한 게 아냐. 중요한 건, 내가 이 세상에 태어나서 처음으로 내가 뭘 원하는지를 알았다는 거야. 아버지가 아무리 반대하셔도 이번만큼은 상관없어. 난 이 일을 꼭 하고 말 거야. '오늘을 즐겨라'라는 말도 있잖아. 토드."

결과적으로 그는 높은 학업 성취도를 기록하고 연기도 커다란 호평을 받게 된다. 아마도 그는 이 사실만으로도 아버지에게 어느 정도 당당할 수 있으리라 여겼을 것이다. 연극을 함으로써 아버지의 명령은 어겼지만, 결과적으로 아버지의 기대는 충족시킨 셈이 되니까 말이다. 연극 상연 전에 아버지와 대화를 시도해 보라고 한 키팅의 충고를 따를 자신이 애당초 닐에게는 없었지만, 그래서 또 회피 전략을 구사하고 말지만, 그에게는 그처럼 믿는 구석이 있었던 셈이다.

닐 자신의 역할 기대가 반드시 아버지의 그것과 원래부터 대립하는 것이었다고 여겨지지는 않는다. 개인의 욕망 구조의 한 부분으로서 아버지의 기대가 내면화되어온 정도를 따져보면 아마도 닐의 경우는 상당히 안정된 수준에 해당하리라 짐작할 수 있다. 집안에 대한 부채 의식, 책임 의식은 부지불식중에 자신의 욕망 구조 속으로 편입되어 자리잡았으리라. 아버지의 기대는 물론, 자신을 명문 사립학교에 보내기 위해 가족들이 치러야 했을 희생, 특히 어머니에 대한 남다른 연민과 책임감 등을 고려할 때, 닐의 처지에서 타자의 욕망을 자신의 욕망으로 전이시키는 데 별 무리는 없었을 것이다. 그가 서로 대립하는 두 가지 역할 가운데 양자 택일의 방법을 취하지 않았음이 그 반증이 된다. 그는 일종의 역할 병합을 시도하고자 하였던 것이다.

그러나 결과적으로 그의 답안은 지나치게 단순했다. 자신에게는 병존 가능해 보였지만, 타협을 모르는 아버지 입장에서 그것은 에너지의 소모로밖에 비쳐지지가 않았던 것이다. 성적도 오르지 않았냐고 반문했더라면, 아마도 닐의 아버지는 그 에너지를 공부에만 쏟았던들 더 큰 성장이 있었을 것이라며 간단히 묵살했을 것이다. 자아 실현을 지위 획득과 연동해 생각하는 한, 도구적 이성의 입장에서 볼 때, 연극을 통한 자아 실현은 한갓 낭비에 지나지 않기 때문이다.

물론 우리는 자살을 택한 닐을 비판할 수 있고, 현실과는 다소 거리가 먼 극적 구성이라 하여 영화 자체를 비판할 수도 있다. 대개의 경우, 우리는 타협하기 때문이다. 연극은 일시적 열병과도 같은 것이어서 '잠시' 유보해 두어도 되지 않겠느냐는 것이 우리의 상식(?)이다. 어쩌면 닐 역시 평생 연극을 하겠다거나, 둘을 병행하겠다거나 생각하지는 않았을지 모른다. 그로서는 '때를 놓치지 않기' 위해 고교 시절 '잠시' 연극을 해야겠다고 판단했을 것이며, 결국에는 자신과 아버지의 소원대로 의과대학에 진학하려 했을지도 모른다. 하지만 그 '잠시'도 허용되지 않는 현실에 부닥친 순간, 그의 욕망 구조 속에 편입되었던 역할 기대는 이제 타인의 것으로 부정되고 만다. 그는 과거로 돌아갈 수가 없다. 타인의 인생을 살 수는 없기 때문이다. 미래도 기대할 수 없다. 아버지는 닐을 군사학교에 보내기로 했으니까 말이다.

이제 닐의 선택지(選擇枝)는 없어진 셈이다. 최선을 다했지만 갈등은 해결되긴커녕 더욱 증폭되기만 했다. 더 이상 그는 어떻게 할 수가 없다. 애당초한 '몸'으로 양자 택일이 불가능하다 싶어 두 가지 역할을 다 수행했는데 그것도 정답이 아니라면, 이 역시 회피의 방식이라 부를 수는 있겠지만, 결국 그 '몸'을 버리는 것 이외에 달리 방도가 없다. 그래서 그는 자신의 '몸'을 떠난다. 그것을 자살이라 부르든 순교라 부르든, 적어도 그 자신에게는 자신의

'몸'의 주인 노릇을 할 수 있는 지상에서 유일한 선택이라 판단했을 것이다. 천상의 이데아를 동경하는 것은 낭만주의의 오래된 관념이다.

결과적으로 닐은 죽음으로써 동료들 가운데 유일하게 '죽은 시인의 사회'의 정회원이 된다. 이 영화의 제명(題名)이 왜 '죽은 시인의 사회'이던가?26) 닐은 키팅에게 이렇게 물었다. "그럼 그 이름은 무얼 뜻하는 거죠? 죽은 시인들의 시만 읽었다는 말인가요?" 키팅이 답한다. "아니, 시의 종류는 가리지 않았다, 페리 군. 그 이름이 가리킨 건 단지 조직에 가입하려면 누구든 죽어야만 한다는 뜻이었지." 그러자 의아해 하는 학생들에게 키팅은 "살아 있는 사람은 정회원이 아니었어. 정회원이 되려면 일생 동안 준회원 노릇을 해야 했지."라고 답해 준다. 그래서 닐의 죽음에 대해 소설은 이렇게 덧붙이고 있다. "한 방의 총소리와 함께 닐은 진정한 '죽은 시인'이 되어 버린 것이다."라고. 그러나 역시 정회원이 되기에는 너무 일렀다. 소로우의 시처럼 "목숨이 끝나는 순간까지 삶이 끝났다고 포기하지"는 말았어야 했기 때문이다.

이처럼 '죽은 시인의 사회'를 선택한 닐은 결국 죽음을 택함으로써 정회원이 되고 현실의 '살아 있는 시인의 사회'로부터 떠나가게 된다. 그리고 그 사이의 경계선 역할을 한 것이 바로 연극의 선택이었다.

그렇다면 이제 남는 의문은 다음과 같은 것들이다. 닐은 왜 굳이 연극을 선택했을까? 연극이 상징하는 것은 무엇일까? 아울러 연극 공연의 황홀한 성공 이후에 찾아온 현실의 비정함, 그 극적인 반전은 어떻게 설명되어야 할까? 왕관과도 같던 요정의 면류관이 고난의 가시 면류관으로 급변하고, 최고의 순간에서 최악의 시간으로 변전하는 그 과정을 어떻게 설명해야 할까? 그것이 신화적이고 인류학적인 성격의 문제임을 우리는 다음 인용문을 통해 확인할 수가 있다.

세상을 떠받치는 구분과 구별의 질서들을 한순간 교란, 무화, 전복시키는 사육제의 기간 동안 사람들은 동물의 탈을 쓰고 축제에 온다. 인간이 동물 마

---

26) Dead Poets Society는 영화 문맥에만 충실하자면 '죽은 시인의 모임'이나 '죽은 시인의 클럽' 정도가 더 적합한 번역이었을 것이다. 하지만 이 영화의 현실적 울림을 고려한다면 오히려 현재의 번역이 더 어울리게 들리는 것도 사실이다.

스크를 씀으로써 인간/동물 사이의 구분은 사라지고 인간은 동물이 된다. 남자들은 여자 옷을, 여자들은 남자 옷을 입는다. 성의 교란이 일어난다. 남자는 여자가, 여자는 남자가 되고 남녀의 일상 구분은 교란된다. 축제 행렬을 이끄는 '카니발의 왕(carnival king)'은 정상 질서의 전복과 파괴로서의 사육제를 단연 대표한다. 카니발의 왕은 현실의 왕도, 공동체 대표도, 지도자도 아무것도 아니다. 오히려 그는 왕의 정반대이다. 그는 공동체의 가장 낮은 지위에 있었던 자 ─ 거지이거나 범법자, 동네 바보, 혹은 추물이다. 공동체의 가장 보잘것없었던 존재가 축제 기간 동안 가장 높은 곳으로 올라가 '왕'이 된다. 사육제의 왕에 대한 장-폴 베르낭의 다음 기술은 매우 시사적이다. "사육제의 왕은 왕의 짝패, 그러나 '뒤집어진' 짝패이다. 그는 모든 질서가 뒤집어지고 사회적 서열 질서들이 반전하는 축제 기간 동안만 왕이다. 성적 금기들은 해제되고 도둑질은 합법적인 것이 되며 종이 주인의 자리를 차지하고 여자들은 남자들과 복장을 바꾼다. 이 상황에서 왕좌에 앉는 자는 공동체의 가장 미천한 인간, 가장 추악한 자, 가장 우스꽝스런 자, 가장 고약한 범법자이다. 그러나 축제가 끝나면 사육제의 반왕(反王)은 추방되거나 죽는다. 그는 추방되고 죽음으로써, 그가 구현했던 모든 무질서들을 함께 짊어지고 간다. 그의 죽음으로 공동체는 정화된다." (도정일, 1999: 485-486)

아마도 다른 자아가 되어 보고자 간절히 원했던 닐의 처지에서 연극의 선택은 탁월한 것이었는지도 모른다. 다른 인생을 가장 안전하게 살아 보는 방법으로 연극만한 것도 드물 것이기 때문이다. 그러나 그것이 그에게는 치명적인 것이었다.

이 영화에서 연극은 카니발과 같은 것이었다. 축제가 진행되는 동안 인간은 사회를 지탱하는 상징 질서와 문법으로부터, 모든 금제 명령과 초자아로부터 해방된다. 닐은 요정의 탈을 뒤집어쓰고 그 속에서 환희를 느낀다. 닐뿐만이 아니다. 시로써 사랑을 고백하는 데 성공한 녹스는, 연극 공연 날, 크리스와 연인이 되기에 이른다. 하지만 닐은 단지 그 카니발 기간 동안만 왕권을 누릴 뿐, 축제가 끝나고 나면 추방되거나 죽어야 할 운명이었다. 카니발이 그에게는 존재를 확인해 주는 공간이었지만, 현실은 그것을 혼돈으로 간주하기 때문이다. 그리하여 그의 죽음으로 공동체는 정화된다.

물론 그것은 한 바탕의 꿈과도 같은 것이었다. 그러고 보면 닐이 공연한

연극이 바로 셰익스피어의 <한여름 밤의 꿈>이었음이 어찌 우연이랴? 그것
은 카니발의 그것처럼 원래 가면극의 형식이었다. 거기에는 결혼을 반대하는
아버지의 억압과, 그것을 피해 도망치는 연인들의 사랑과, 요정의 장난으로
인한 혼돈과, 초자연적인 마법의 힘으로 해결되는 환희의 해피엔딩이 들어있
다. 연인 허미아와 라이샌더가 도망쳐간 숲은 해방의 공간이었고, 그것은 닐
에게는 바로 연극과도 같은 것이었다. 여기서는 요정들이 왕이 된다.

   그러나 그것은 낭만주의의 몽환이었다. 그것은 깨어나야 할 꿈이었고, 요
정은 추방되어야 할 운명이었다. 연극의 숲에서 벗어나 현실로 돌아올 때, 그
현실에는 사랑의 묘약도, 기적도 없었다. 설령 닐이라는 요정이 현실 세계의
녹스와 크리스의 사랑을 맺어주는 데 성공하였다 하더라도, 요정은 원래 자
신의 운명은 해결하지 못하는 법이다. 즉, 연극의 세계는 현실의 고통으로부
터 잠시 벗어난 공간일 뿐이지 자신을 해방시켜 줄 곳은 아니었던 것이다.

   연극, 아니 키팅의 수업에는 확실히 학생들에게 온갖 현실의 구속으로부
터 벗어나게 하는 '즐거움(pleasure)'이 존재한다. 그러나 엄밀히 말해 그것은
'상상(imagination)'이 아니라 '공상(fancy)'일 뿐이다. 현실의 구속으로부터 놓여
나는 자유감을 주지만, 그것은 제반 현실 조건은 여전히 고정된 채 단지 잠시
동안 그 구속으로부터의 '벗어남(liberation)'에서 오는 것일 뿐, 현실을 변혁시
키고 주체를 새로운 관계 속에 가져다 놓는 능동적 참여로서의 산물인 '해방
(emancipation)'은 되지 못한다. 마비된 일상성으로부터의 벗어남, 강박과 편견
으로부터의 벗어남, 아마도 이러한 벗어남을 통해 진실에로 가고자 하는 노
력이야말로 교양 교육의 미덕이라 할 것이다. 허구이되 범례로서의 문학 작
품에 대한 강한 체험이 인문주의에 있어 높은 교육적 효용성을 인정받음도
그 같은 까닭에서다. 하지만 공상은 현실에 개입하지 않으며, '욕망(desire)'과
마찬가지로 '상실(loss)'의 표상이다(Zavarzadeh, 1992: 32).

   요컨대, 닐은 상실의 보상으로 공상을 택했던 것이기에 해방에 이를 수
는 없었던 것이다. 키팅의 마권(魔圈) 내에 있는 닐로서 그것을 알아차리기란
애당초 불가능한 일이었다. 키팅은 늘 평범치 않은(extraordinary) 인생을 강조
했다. 주체적 결단을 강조하는 이 같은 가르침의 공을 인정하는 데에 우리
가 인색할 필요는 없다. 하지만 동전의 양면처럼, 그 이면에는 어느 정도 주

체에 대한 환상을 심어줄 우려가 본래부터 자리잡고 있었음 역시 간과할 수는 없다.

그런 점에서 본다면, 키팅의 교실 또한 '이상'이나 '해방'일 수는 없다. 다만 키팅의 학생들은 이전에 내면화해 왔던 담론들에 대해서만큼은 저항하고 비판하는 체험을 할 수 있었다는 것, 그러기에 '공상'의 '즐거움'이라는 체험조차도 선사해 주지 못하는 우리의 교실에서 바라볼 때, 키팅의 교실은 이상형의 후광을 지닌 것으로 비쳐질 수밖에 없었던 것이다.

키팅은 예수의 이미지를 닮았을 뿐이지, 예수 그 자체는 아니었다. 그는 학생들을 억압으로부터 해방으로 이끌고자 했지, 해방 그 자체를 가져다 준 것은 아니었다. 그러나 역설적으로 그보다 더욱 강조하고 싶은 것은, 왜 우리는 그 같은 해방을 교사에게서 구하고 있는가 하는 것이다. 우리야말로 주체로서의 교사에 대한 소중한, 그러나 지독한 하나의 환상을 추구하고 있는 것은 아닐까? 미국의 귀족적인 명문 사립 고등학교를 모델로 한, 그것도 영화 속의 교실에서조차 이루어지지 않았던 환상을 말이다.

그래도 역시, 그렇기에 더욱, 사람만이 희망이라고 한다면, 더 이상 할 말은 없다. 불가능해 보이는, 그러나 소중한 환상을 추구했기에, 닐은 죽고 키팅은 떠나야 했던 것. 필자가 말할 수 있는 것은 여기까지다.[27]

---

27) 사족 하나. 우리 현실로 보자면, 그래도 키팅은 행복한 교사였다. 시를 읽어주면 그대로 감동할 수 있는 제자를 두었으니 말이다. 문학이, 교육이, 학생의 인생을 변화시킬 수 있다는 것이야말로 얼마나 부러운 일인가. 그런 점에서 우리 현실은 명문 사립학교의 세계인, <죽은 시인의 사회>와는 너무 거리가 멀다. 빈민가에서 희망 없이 살고 있는 아이들, 그로 인해 교실이 붕괴된 상태에서, 학생들로 하여금 고전이나 정전보다는 팝송 가사를 통해 시에 접근하게 한 영화 <위험한 아이들(Dangerous Minds)>이 돋보이는 이유가 거기에 있다. 그러나 그 또한 우리의 대안이 될 수는 없다. 누구나 할 것 없이 여전히 입시의 중압감에 시달리고 있는 우리 아이들은 '죽은 시인의 사회 속에 사는 위험한 아이들'이기 때문이다.
  사족 둘. 그런데 흥미로운 사실은 <죽은 시인의 사회(1989)>는 18세 이상 관람가로 되어 있는 반면, 정작 폭력적인 요소가 들어 있는 <위험한 아이들(1995)>은 15세 관람용으로 대여가 되고 있다는 사실이다. 이것이 단지 세월의 흐름에 따른 심의 기준의 변화 덕이라면 할 말이 없겠지만(그래도 지난 시절의 그 폭력적 심의 기준은 인정할 수 없지만), 혹여 전자가 소위 좋은 아이들이 나빠지는(?) 영화인 데 반해, 후자는 그 반대이기 때문에 그런 것은 아닐까 생각하게 되면 끔찍하다. 여하튼, 오늘날도 <죽은 시인의 사회>는 '원칙적으로는' 중고생이 관람할 수가 없다.

5. 키팅과의 대담

필자 : 키팅 선생님, 오랜만입니다. 그동안 어디서 무엇을 하셨는지요?

키팅 : 아, 예. 대학에서 영문학을 가르치고 있었습니다.

필자 : 명문 사립 고등학교에는 더 이상 발을 붙이고 싶지 않으셨겠고, 그렇다고 <위험한 아이들(Dangerous Minds)>의 루앤 존슨(LouAnne Johnson : Michelle Pfeiffer 분) 선생처럼 빈민층 학교에서 이상을 펼치긴 힘들다고 생각하셨나 보죠?

키팅 : 계급보다는 문화 자본의 차이를 의미하시는 거라면, 물론 그 둘은 대개 같이 가긴 합니다만, 제 수업 형태가 웰튼 아이들에게 더 적절하다는 지적은 받아들이겠습니다. 존슨 선생님과 저는 여러 가지 면에서 사정이 조금 다릅니다. 존슨 선생님은 여성의 몸으로 해병대를 나와 직장을 구하던 중, 원하거나 생각지도 않았던 학교로 가게 된 분이죠. 저는 일부러 모교인 웰튼을 찾아간 경우구요. 또 그분은 학생들로 하여금 문학 아닌 것을 통해 문학에 접근하도록 하셨고, 저는 문학을 통해 문학 이상의 것을 추구했다는 점도 다르다면 다르겠군요. 하지만 우리 모두 각각의 정황에 맞게 문학을 가르쳤다는 점에서 아마 한편일 겁니다.

필자 : 그래도 그 분은 성공한 케이스 아닙니까?

키팅 : 저는 실패했다고 보시나 보죠? 저는 웰튼에서의 가르침이 unhappy happy ending으로 끝났다고 생각합니다. 한국에서 지난 날 전교조 운동이 실패한 것도 마찬가지로 해석해야 하지 않을까요?

필자 : 아, 저도 그렇게 생각하고 있습니다. 여하튼 제가 보기에 선생님은 낭만주의를 추구하셨습니다. 그 결과 선생님의 아이들은 이상을 추구했지만, 그로 인해 현실을 지나치게 폐기해야 할 그 무엇으로만 여기게 된 건 아닐까요?

키팅 : 제 자신이 낭만주의적입니다. 그러나 이상을 추구한다는 것이 비현

실적이라는 말과 동의어로 쓰이는 데에는 반대합니다. 저는 아이들의 현실이 낭만주의를 필요로 한다고 판단했을 뿐입니다. 문제는 바로 그 현실의 규정에 있는 거죠. 다만 아쉬움은 남습니다. 리얼리즘을 가르치지 않은 거 말입니다. 만일 제게 시간이 많이 주어졌다면 그 이후에 가르칠 수 있었을 겁니다. 하지만 당시의 저로서는, 아이들의 왜곡된 인생관을 바로잡기 위해서, 말하자면 지나치게 현실주의적인 생각만 먹고사는 편식 상태, 그로 인한 영양상의 불균형을 바로잡기 위해 긴급 수혈하는 심정으로 그들에게 부족했던 영양식을 제공해 주고 싶었던 것이죠.

필자 : 지금 계신 대학에서는 어떠십니까? 대학생들은 사춘기도 벗어나고 지식도 풍부할 테니 웰튼 시절보다 더 낫지 않으신가요?

키팅 : 무슨 말씀을! 1959년과 지금 이 시대 문학의 위상을 비교해 보세요. 게다가 포스트 모더니즘이 들어오면서 고전의 위대함은 추락을 면치 못하고, 학생들 역시 인터넷과 대중문화에만 빠진 채, 더욱 커진 도구적 합리성에서 헤어나올 줄을 모르죠. 웰튼의 아이들만도 못합니다.

필자 : 정전(正典)의 억압적 측면은 간과하시나요? 백인 부르주아 남성들의 세계로 이루어진 정전으로부터의 해방 또한 인류의 해방과 연관된 것 아닙니까?

키팅 : 지금은 정전의 해방적 기능조차도 발휘되지 못하는 시대입니다. 정전 해체 운운하시지만, 정작 정전을 읽어 본 학생들도 별로 없습니다. 정전의 위기가 아니라 문학의 위기이고 인류의 위기인 것입니다. 그래도 저는 여전히 문학의 힘, 교육의 힘을 믿습니다.

필자 : 말씀을 듣다 보니 말세(末世)가 온 기분이네요. 그걸 누가 구원하나요?

키팅 : 세상은 언제나 말세와 같았습니다. 또 새로운 시작이 필요한 거죠. 그러나 너무 늦으면 안 될 겁니다.

필자 : 카르페 디엠…….

6. 에필로그

한 가지 더 추가로 해명해야 할 일이 남았다. 그것은 곧 학술발표대회의
토론에서 정민승 교수가 제기한 여러 문제 가운데 특별히 성(gender) 문제와
관련된 것이다. 그 지적은 필자로서는 미처 생각해 보지 못한 것이었다. 토론
의 요지는 이렇다.

> 많은 영화가 그러하지만, 이 영화에서도 영화 전반에 걸쳐 등장한 성(性)은
> 남성이다. 남자 기숙학교를 대상으로 하는 영화이니, 남자들이 나오는 것은 당
> 연하다. (…) 문제는 남성만 나올 뿐 아니라, 여성을 다루는 시각 역시 지극히
> 편향되어 있다는 점이다. 이 영화에서 여성이 표상되는 방식은 크게 두 가지이
> 다. 하나는 녹스의 여자 친구인 크리스의 모습에서 드러나는 순결한 여인상이
> 다. (…) 크리스는 시끄러운 파티에서도 놀라울 정도로 고요히 잠을 자는 '잠자
> 는 숲 속의 공주'이자, 새하얀 눈을 배경 삼아 데이트를 허락하는 순백의 화신
> 이다. (…) 여성이 묘사되는 또 하나의 방식은 상품화된 여성상이다. '성녀와
> 창녀'의 전형적 대비가 이 영화에서도 기저를 이루고 있는 셈이다. 죽은 시인
> 클럽의 아지트에 찾아드는 두 명의 여학생, 그리고 찰리의 시 뒤편을 장식하고
> 있는 포르노 여배우. 크리스에 비하면 형편없이 수준이 낮아 보이는 육감적인
> 두 여학생은 찰리가 대충 둘러대는 시에 감동하고, 섹스에 대해서만 관심을 갖
> 는 '천박한 여성'들이다. (…) 크리스와 두 여학생은 얼핏보면 너무나 다른 위
> 상을 가지고 있는 것처럼 보이지만, 인물의 내적 묘사가 전혀 이루어지지 않고
> 있으며 남성의 욕망의 대상일 뿐이라는 점에서 동일하다. (…) 남자들의 인정
> 의 원천이자 삶의 목적으로서의 여자, 남자들의 동기유발 요인으로서의 여자,
> 남자들의 욕망의 분출구로서의 여자. '교육'적인 영화 한가운데서도 여성은 지
> 속적으로 대상화되고 있는 것이다. (정민승, 2003: 86)

이러한 지적에 대해 이의를 제기하고픈 마음은 없다. 그 지적은 정확하고
또한 정당하다. 다만, 그런 지적에도 불구하고 이 영화가 전체적으로 남성
중심적이라 판단하기에는 상당히 머뭇거려진다. 오히려 이 영화는 여성적이
라는 인상이 더 직관적으로 다가오기 때문이다. 많은 설명과 분석이 뒤따라

야 하겠지만, 일반적으로 이 영화는 여학생들이 더 큰 호감을 나타낸다. 왜 그럴까?

우선 크리스를 둘러싸고 벌이는 녹스와 댄버리의 대립 구도를 생각해 보자. 댄버리는 든든한 가문과 재력을 배경으로 하는 풋볼 선수로서, 이른바 스타로서의 요건을 모두 갖춘, 게다가 근육질의 장대한 청년이다. 단지, 그는 다소 무식하게 나올 뿐이다. 반면에 녹스는 약골에다 소심하기까지 한, 하지만 모범생으로 등장한다. 처음에는 녹스가 절대적으로 약세를 면치 못한다. 선점권도 댄버리에게 있었을 뿐 아니라, 현실적 가치를 놓고 보더라도 댄버리가 더 우세한 지위에 있었기 때문이다.

그런 점에서 녹스와 댄버리의 대결 구도는 거의 다윗과 골리앗의 싸움에 비견될 만하다. 잘 알다시피 골리앗은 거인(근육질)에다, 직업 군인(풋볼 선수)에다, 놋갑옷(배경)을 걸친 블레셋 사람인데, 이를 두려워한 당시 이스라엘의 사울왕은 그를 죽이는 사람에게 많은 재물과 딸(크리스), 그리고 자유를 주리라 하였거니와, 이에 어리고 약한 다윗(녹스)이 갑옷과 방패와 창도 없이 여호와(키팅, 사랑, 혹은 문학의 힘)를 믿고 골리앗에 맞서 승리했다는 것이 성경의 이야기가 아니던가. 그렇다면, 이 때 다윗이 골리앗을 쓰러뜨린 물맷돌이야말로 바로 녹스의 유일한 무기, 곧 '시'에 비유될 수는 없는 것일까? 따라서 이것은 남성성에 대한 여성성의 승리로 해석할 수는 없는 것일까?

일찍이 김윤식 교수는 일제 강점기 하의 우리 시가 보여온 여성 편향성에 대해 설명하면서, 그것은 파시즘으로 대표되는 근대의 남성성에 대항하는 유력한 방법론이었을 것이라고 설파한 바 있다(김윤식, 1973: 472-473). 모든 문학이 그러한 것은 아니지만, 사실 어느 면에서 문학은 여성적이고 목가적인 이미지를 강하게 갖고 있다. 영화 속 '죽은 시인의 사회' 일원들 역시 그러한 의식의 일면을 드러낸 바 있음에 우리는 유념할 필요가 있다. 쉽게 말해, 그들에게 있어 문학 같은 여성적인 것은 근대의 도구적 합리성의 견지에서 볼 때 쓸데없는 것, 남성적 세계에 나아가 출세를 해야 할 남성으로서는 굳이 취할 필요가 없는 그런 것이었던 셈이다. 그러던 그들이 인류의 일원으로서 문학의 가치에 대해 다시 생각하게 되고 그 힘을 믿기에 이르는 것, 요컨대 문학이 개인을 해방하고 구원이 되며 인생을 변화시킬 수 있다는 확신에 이르는 과정이 이 영화의 요체 가운데 하나가 아니던가.

이렇게 본다면 오히려 <죽은 시인의 사회>는 남성 중심적이라기보다는
—그런 요소가 없는 것은 아니지만— 남성 중심적이었던 남성들이 자신들의
남성성을 반성하고 인류의 일원으로—물론 그 인류가 또 어떤 인류냐 하는
문제는 남겠지만— 자아를 확대해 나가는 과정을 담고 있는 것이 아니겠는가.
또한 그러한 이들이 결국 놀란 교장과 닐의 아버지와 같은, 사회의 거대한 남
성성에 맞서다 희생당하고 패배하는 것이 아니겠는가. 표면적으로는 남성만
이 등장하고 남성끼리 대결하지만, 그 이면에는 남성적인 것과 여성적인 것
의 갈등과 대립이 놓여 있었던 것. 이러한 관점에서 본다면 <죽은 시인의 사
회>는, 굳이 구분하자면, 남성성의 폭력성을 보여주고 남성성에 대한 남성의
반성을 담보하고 있다는 점에서 오히려 여성적이다. 아니, 인간적이다.

앞으로 이 문제는 더 숙고해 보아야 할 과제임에 틀림없다. 페미니즘 교
육의 견지에서 <죽은 시인의 사회>가 갖는 또 다른 스펙트럼을 열어 보여
준 토론자에게 지면을 빌어 다시 한 번 감사 드린다.

■ 참고 문헌

강두식 · 이성원(1984), 『문학연구의 새로운 방향. 인문과학의 새로운 방향』, 서울대출판부.

김상욱(1990), 『시의 길을 여는 새벽별 하나』, 친구.

김윤식(1973), "한국시의 여성적 편향", 『근대 한국문학 연구』, 일지사.

도정일(1999), "존재, 또는 혼돈의 아이들: 오이디푸스에 대한 마지막 관찰", 『문학동네』 통권 20호. 문학동네.

이건만 · 오희진(1999), 『닫힌 학교 열린 꿈 : 영화로 읽는 교육학』, 양서원.

이종각(1997), 『교육인류학의 탐색』, 도서출판 하우.

정민승(2003), " '죽은 시인의 사회'를 보는 몇 가지 목소리들", 2003년도춘계학술발표대회논문집. 한국교육인류학회.

정재찬(1994), "'죽은 시인의 사회'와 문학교육", 국어교육연구 제1권 1호. 서울대국어교육연구소.

정재찬(1996), "현대시교육의 지배적 담론에 관한 연구", 서울대학교 박사학위논문.

정재찬(2001), "국어교육 현상에 관한 교육사회학적 접근 : 질적 연구 방법론을 중심으로", 국어교육학연구 12집. 국어교육학회.

정재찬(2003), "죽은 시인의 사회학을 위하여", 2003년도춘계학술발표대회논문집. 한국교육인류학회.

Cohen, S.(1999), *Changing Orthodoxies: Toward a New Cultural History of Education*, NY: Peter Lang.

Falck, C.(1989), *Myth, Truth and Literature: Toward a True Post-Modernism*, Cambridge University Press.

Graff, G.(1987), *Professing Literature —An Institutional History*, Chicago University Press.

Jameson, F.(1981), *The Political Unconscious: Narrative as a Socially Symbolic Act*, Cornell University Press.

Ulmer, G.(1990), "Textshop for an Experimental Humanities", Henrickson, B. and Morgan, T. eds. *Reorientations: Critical Theory & Pedagogies*, University of Illinois Press.

Zavarzadeh, M. and Morton, D.(1991), "Theory Pedagogy Politics: The Crisis of 'The Subject' in the Humanities", eds. *Theory/Pedagogy/Politics: Texts for Change*, University of Illinois Press.

Zavarzadeh, M.(1992), "Theory as Resistance", Kecht, M. ed. *Pedagogy Is Politics: Literary*

Theory and Critical Teaching, University of Illinois Press: Urbana and Chicago.

터너, J.(1997), 김진균 외 역, 『사회학 이론의 구조』, 한길사.

클라인바움, N.(1998), 김라경 역, 『죽은 시인의 사회』, 시간과공간사.

Woods, P.(1998), 손직수 역, 『학교사회학 : 상호작용론적 견해』, 원미사.

블레이처, 조셉(1989), 이한우 역, 『해석학적 상상력』, 문예출판사.

제4장 21세기 문학교육학의 전망

1. 1999년도 비망록 중에서

1957년 10월 4일, 소련의 인공위성 스푸트닉호가 발사되자, 미국은 곧장 국가 교육 제도의 전면적인 개혁 작업에 착수하게 된다. 1998년 8월 31일, 북한은 인공위성을 쏘아 올렸다고 주장했다. 처음에는 미사일이다, 아니다, 뒤이어서는 위성 발사가 성공했다, 실패했다를 두고 말들이 많았지만, 지금은 어느 새 조용하기만 하다. 특히 이번 사건을 두고 우리 교육계가 떠들썩했다는 소리는 아예 들어본 적이 없다.

그러나, 따지고 보면, 이것은 그리 의외의 일이 못됨을 알 수 있다. 스푸트닉 시대에 미국의 교육 개혁은 결국 지식 중심의 교육과정으로 회귀하는 방향을 취하였거니와, 북한의 인공위성 사건과 무관하게 이미 우리의 교육은 충분히 지식 중심, 기능 중심의 노선을 굳건히 걸어 왔기 때문인 것이다.

오히려 우리는 이러한 교육 현실에 대해 일찍부터 비판의 목소리를 높여 왔고, 그리하여 다가올 2000년부터 적용될 7차 교육과정은 인성 및 창의성 함양을 기본 방향의 하나로 표방하기에 이르고 있는 것이다. 그러나 이러한

---

* 이 논문은 한국문학교육학회 제17회 학술발표대회(1999년 11월 20일)에서 '21세기 문학 교육의 전망'이란 제목으로 발표한 것을 수정한 것이다.

선언으로부터, 지금 우리가 주제로 다루고자 하는 문학교육이 7차 교육과정
에 이르게 되면 의당 강화되리라 기대하는 것은 지나치게 순진한 일이 될 것
이다. 더구나 최근 벌어지고 있는 교육 개혁의 논리는 국가 경쟁력 강화라는
명분 하에 자본주의의 경쟁 논리를 충분한 교육적 여과 없이 수용하는 추세
에 있는 것으로 보인다.

　　이러한 현실에서 문학교육을 위세 당당하게 주장하기란 실로 난감한 일
이다. 오늘날 문학의 위상은 사회 문화의 주변적 가치로 현저히 위축되었고,
더구나 문학 이론은 더 이상 그 본질론적 의의를 주장할 수 없는, 비평 이론
가운데 하나로 축소되었다. 이렇듯 이성과 지식의 보편성이 철저히 회의되고
심문 당하게 되면, 이 보편성의 상실은 마치 가르쳐야 할 규범의 상실처럼 받
아들여지게 되는바, 이로 인해 오늘날 문학을 포함한 인문학 안팎의 위기는
곧 문학교육의 위기를 뜻하는 것이 되고 마는 것이다.

　　마찬가지로, 인간성의 황폐화를 우려하는 현실적 목소리가 높아진다 해서
그것이 문학을 포함한 인문교육의 강화라는 주장으로 곧장 이어지는 것도 아
니다. 거기에는 인문교육 내부의 반성이 수반되어야만 한다. 정전 개방과 해
체를 둘러싼 논의 자체가 이미 그러한 사태를 반영한다. 즉, 진리와 지식 그
리고 합리성의 역사성과 상대성에 대한 인식이 과연 피할 수 없을 뿐만 아니
라 논박될 수 없는 하나의 사실이라면, 따라서 학교 지식 자체가 보편적인 진
리가 아니라 임의적인 것에 불과하다면, 마찬가지로 객관적 가치의 공인을
전제로 한 이른바 정전이라는 것이 문화적 자의물(cultural arbitrariness)에 불과
하다면, 그러한 것을 보편타당한 것인 양 가르치는 것이야말로 일종의 상징
적 폭력에 해당하며 비윤리적인 행위에 다름아니겠느냐는 반성이 일어나게
되는 것이다. 실제로 미국의 경우, 30대의 젊은 나이에 시카고 대학의 총장이
되었던 헛친스는 당시 미국의 진보주의 교육, 반지식 중심주의에 신랄한 공
격을 가하면서, 시카고 대학의 교양과목으로 The Great Books Program을 창
시한 바 있거니와, 그러나 이는 훗날 금욕적, 지적 귀족주의라는 비판에 직면
하게 되고 말았음을 우리는 상기할 필요가 있다. 최근 우리 교육 당국이 의도
하고 있는 고전 읽기 운동 또한 이러한 비판으로부터 완전히 자유로울 수는
없을 것이다.

대충 이러한 저간의 사정들이 우리를 딜레마로 이끈다. 우리는 교육이 현실의 실용적 부면에 기능적으로 봉사하는 것을 거부할 수 없으며, 그와 동시에 그것에 지배당하는 것을 바라지 아니한다. 우리는 문학을 위시한 교양 교육의 강화를 절실히 원하는 한편, 이 교양 교육이 억압이 아닌 해방으로 작동되길 기대한다. 이 모순돼 보이는 요구 앞에서, 이 시대의 문학교육은 딱딱한 교육과정을 부드럽게 윤색해 주는, 그리하여 인성 및 창의성 교육, 또는 전인교육이라는 거대한 포장지를 그럴싸하게 꾸며 주는 데에서밖에 정녕코 그 의의를 구하지 못할 것인가.[1] 하지만 조금만 돌이켜 보면, 이러한 딜레마야말로 교육이 시작된 이래 끊임없이 지속되어 온 난제가 아니던가. 그렇다면 그 무게 중심의 시대적 추이에 낭만적으로 연연해 하는 것보다야, 현실 속에서 현실을 개변해 가는 변혁의 전략들이 훨씬 더 교육적으로 유의미한 선택이 될지도 모른다.[2]

다만 현실에 대한 충실한 기술과 비판이 선행되지 아니하면 현실적 대안의 푯대가 상실될 우려가 있다는 점에서 대안 마련의 노력과 함께 메타적 비판의 노력이 꾸준히 병행되지 않으면 안 될 것이다. 어쩌면 문학교육의 딜레마를 둘러싼 고민 가운데에는 유서 깊은 문학주의가 가로놓여 있는 것은 아닐까. 그와 동시에 문학교육이라고 하면 그저 문학의 종속 변수로만 이해한 데에 인식의 미망(迷妄)이 있지는 아니할까. 문학교육의 문제를 단순한 교수

---

1) 비판적 교육사회학자인 앙리 지루(최명선 역, 1990: 112)는, 학교는 상대적 자율성이라는 이름 아래 자신이 실질적으로 수행하는 사회적 기능을 은폐하고 그렇게 함으로써 그 사회적 기능을 보다 효율적으로 수행할 수 있게 된다고 주장한다.
2) 현실적으로 문학은 듣기, 말하기, 읽기, 쓰기, 국어지식, 문학 등으로 이루어진 국어교과의 여섯 영역 가운데 하나를 차지하고 있을 따름이다. 이를 개탄하기란 쉽다. 국어 사용 기능 하나 제대로 못 길러낸 데에 관한 비판은 적실한 것이긴 하지만, 그렇다고 해서 기능 교육이 교과의 목표가 되고 주종이 될 수는 없기 때문이다. 그러나 현실에 대한 불만을 늘어놓는 것이 능사는 아니다. 그런 점에서 다음과 같은 현실적 대안은 매우 설득력이 높은 현실 개혁적 노력의 소산이다. "국어교육이 국어활동의 교육이라는 관점에 서면, 문학도 국어활동의 일종이다. 고로 국어교육의 영역을 말하기, 듣기, 읽기, 쓰기라는 활동 형태 기준으로 구분하는 것이 유지된다면 문학이라는 영역은 굳이 따로 설정할 필요가 없다고 본다. 다만 그 대상 언어 자료적 가치, 문화적 지속성, 지적 연관 등에서 볼 때 문학은 국어교육 자료의 대종을 이루어야 하고, 외국의 실상도 그러하다(김대행, 1998: 38)."

방법상의 차원으로만 이해하게 될 때, 이 같은 교수 방법상의 고민은 문학의 위기가 논의되는 마당에서 얼마나 무력하고 허망한 노릇인가.

그러나 문학의 소통 구조 가운데 제도적으로 가장 영향력 강한 것 중의 하나가 문학교육이란 점을 승인한다면, 문학이 문학교육을 규정하는 것이 아니라 문학교육이 문학을 규정하는 관계로 볼 수 있는 새로운 성찰을 획득할 수도 있을 것이다. 문학이 존재하기 때문에 문학교육이 존재하는 것이 아니라, 문학교육이 존재하기 때문에 문학도 존재한다는 의미에서 말이다. 제도교육의 영향으로 다 환원하여 설명될 수는 없는 일이겠으되, 적어도 지금 일반인의 머리 속에 자리잡고 있는 문학의 모습은 제도교육이 형성한 것일 가능성이 크다.

그렇다면, 단순하게 말해, 만일 문학에 대한 일반인의 부정적 인식이 오늘날 문학의 위기를 초래하는 데 커다란 일조를 하고 있는 것이라면, 문학의 위기를 벗어나는 길은 교육을 통해 그같은 인식을 바꾸는 데서 찾지 않으면 아니 될 것이다. 이는 결국 문학을 독립변수로 삼고 교육을 종속변수로 삼는 태도에서 벗어나, 문학교육 현상 자체를 독립적인 연구 대상으로 정위해야 할 필요성을 제기하는 셈이 된다.

사회학의 교환이론에 따르면, 제도는 일차적인 욕구들을 충족시키기 위해 출현한 것이며, 따라서 그 제도적인 장치와 규범과 공식적 규칙들이 아무리 복잡하게 되고 정교화된다 할지라도, 그 모든 것들이 궁극적으로 자신의 존재이유가 되었던 그 일차적인 욕구들을 충족시키기를 그칠 때, 그리고 만일 일차적 보상을 제공할 수 있는 다른 행위들이 스스로를 하나의 가능성으로 제시하게 된다면, 이 제도는 취약해지고 붕괴되기 쉽다고 한다. 요컨대 제도는 궁극적으로 개인들에게 무엇인가 주기 때문에 유지될 따름이다(터너, 1997: 243-74).

이 시점에서 우리는 누구나 제도의 변화를 기대한다. 21세기를 기대하는 것 역시 이 같은 변화에 대한 기대임은 자명하다. 그러나 혹시 우리가 기대하는 것은 용인 가능한 변화만이 아닐까. 어떤 경계선 내에서의 변화, 설령 그 경계선이 다소 유연해진 틀을 의미한다 하더라도, 그런 변화가 과연 21세기 교육이라는 명제가 내포하는 일련의 급진적 요구를 충족할 수 있을 것인가.

하지만 그와 동시에 교육적 계도성을 포기하는 변화란 교육 본연의 이름으로 거부될 수밖에 없지 않은가. 지금 우리가 그 사이, 그 틈에 처해 있는 것만큼은 분명하다.3)

2. 사이와 차이(差異), 혹은 차이(差移)4)의 교육

(1) 패러다임의 전환

교육에 관하여, 단순한 방법이나 기교의 차원이 아니라 방향과 지표를 문제삼는 것이라면, 새롭다는 것은 이른바 새로운 패러다임의 도입과 깊은 관련을 갖는다. 물론 근대 교육에 대한 반성이 근대 교육적 요소의 완전 폐기를 의미하지는 않는다. 가령, 문학 유산의 전수만을 일의적 지표로 삼아 온 데 대해서는 반성해야 함이 마땅하지만 그렇다고 해서 문학 유산의 전수 자체를 폐기해야 함을 의미하지는 않는 것이다. 하지만 불연속과 단절상을 보지 못

---

3) 이 부분의 글이 실제로 나의 '비망록'에 실려 있으리라 기대하는 순진한 독자는 없을 것이다. 그러기엔 여러 가지로 '비망록' 장르에 어울리지 않는다. 하지만 이 정도는 따지지 않고 용인할 것이다. 오히려 문제삼는다면, 이것이 '논문'이라는 장르, 혹은 '학회'라는 격식에 어울리느냐, 또는 용인할 수 있느냐 하는 것이 될 터이다. 이와 같이 '틀'은 여러 층위에 걸쳐 있고 그 틀의 권력의 강도는 층위에 따라 비교적 융통성 있게 행사되지만, 최종 심급에의 저항은 용인되기 힘들 것이다. 근대냐 탈근대냐 하는 논쟁의 기저에는 시대적 사회적 변화의 층위가 어느 심급에까지 이르렀는가 하는 문제가 깔려 있다.

4) 데리다의 'différance'를 '차연(差延)'이라 번역하는 것이 굳어져 가고 있기는 하지만, 이는 데리다의 의도는 번역을 못하는 셈이 된다. 데리다는 현전하는 중심적인 것과 관련된 기의가 먼저 있고 거기에 따라 기표가 결정되는 것이 아니요, 기호의 의미는 기표들 간의 차이의 유희 속에서 생성되는 것이라 주장하는바, 이를 단적으로 보여주기 위해 스스로 만든 신조어가 바로 'différance'인 것이다. 이 용어 자체가 음성중심주의를 해체하는 의미를 지니기 때문에, 우리말로 번역한다면 '차이(差異)'와 '이동(移動)'을 아우르면서 '차이(差異)'와 동음이의어가 되는, '차이(差移)'라고 번역하는 것이 타당하리라 본다. 앞으로 본고에서 특별히 한자를 병기하지 않는 한, '차이'는 일반적인 의미의 차이(差異)란 뜻으로 사용한다.

하거나 혹은 은폐하여 오로지 연속성만을 강조하는 것, 또는 그것을 인정한
다 하더라도 제반 현실적 사유를 들어 연속의 불가피함을 주장하는 것은 옳
지 못하다. 그것은 항상 기존 패러다임을 유지, 존속하거나, 패러다임의 변화
에 적극적으로 부응하기보다는 기존 패러다임에 새로운 패러다임을 단순 부
가하는 형태로 끝나기 십상이다.

주지하듯, 패러다임이란 토마스 쿤의 과학철학에서 비롯한다. 하지만 그
것은 불연속과 단절만을 강조한다. 물론 객관적 진리는 언제나 다시 교정된
다. 그러나 교정된다고 해서 그것이 완전히 무용하게 되는 것은 아니다. 그
것은 보다 큰 체계 속에 새롭게 흡수되는 것이다. 그 같은 의미에서, 비연속
적 과학사 인식의 비조(鼻祖)라 불리는 바슐라르는 이러한 과정을 감싸기
(enveloppement)라고 불렀던 것이다. 쿤의 이론에는 새로운 정신으로의 비약을
가능케 하는 원동력으로서의 힘이 상정되어 있지 않은 것이다(김현, 1978:
132-5).

바슐라르의 부정의 철학 내에서 전개되는 과학적 변증법이란, 헤겔 철학
의 변증법에서처럼 두 사고가 모순을 이루어 그 전개를 하고 나서 새로운 무
모순적 체계를 형성하는 정신의 완만성에 의해서가 아니라, 처음부터 갑작스
러운 정신의 단절로 이루어진 사고가 그 이전의 사고를 감싸안는 포용에 의
해서 새로운 정신을 형성하는 것을 말한다. 따라서 과학적 변증법이란 한 사
고와 그와 다른 사고와의 모순을 모순(contradictoire)으로 보지 않으며, 다만 사
고가 대조(opposé)되는 것으로 본다. 예를 들어 아인슈타인의 역학은 뉴튼의
역학과 모순을 이루는 것이 아니라 다만 대조를 이룬다. 그런데 이러한 대조
는 곧 하나의 사고(아인슈타인적 역학)가 그와 다른 사고(뉴튼적 역학)을 포섭함으
로써 범과학에 이르게 한다. 그러면서도 여기에 포섭된 사고는 포섭한 사고
의 일부분에서만(혹은 일부분에서는) 그 가치를 유지하게 된다.

이 같은 사고가 바로 문학교육의 패러다임 변환기에 처해 우리가 선택할
수 있는 길이라고 판단한다. 과거의 인문학적 유산과 현재의 포스트모던한
문화 사이에서, 근대적 문학교육의 기획도 미완의 상태에 머물고 있는 상황
과 당대적 문화 능력의 함양이 시급하게 요구되는 상황 사이에서 우리가 선
택할 수 있는 길이란, 모순과 갈등을 감싸안는 체계화라는 것이다.

요컨대 우리는 새로운 패러다임을 모색해 가면서 지나간 시대의 패러다임을 감싸안아 가야 한다. 하지만 그 해답을 찾는 노력 이상으로 교육이 궁극적으로 해야 할 일은 어느 특정한 패러다임에 적합한 ─그 결과 다른 패러다임에서는 교정되어야 할─ 학습자를 길러내는 일이 아니라, 패러다임의 변화와 비약을 가져다주는 그 원동력으로서의 힘을 학습자가 가질 수 있게 하는 일이다. 21세기를 눈앞에 두고, 상상력과 창의력을 강조하는 흐름 역시 이와 무관할 수 없다.

(2) 패러다임 사이의 대화

그렇다면 기존의, 즉 근대 문학교육의 패러다임은 어떠한가. 이스트호프(1994: 22)는 다음과 같이 정리하고 있다.

1. 전통적인 경험론적 인식론
2. 특정한 교육적 실천인 '모더니즘'적 독서 방식
3. 정전을 대중문화와 차별하는 학문의 장
4. 연구 대상으로서의 정전 텍스트
5. 정전 텍스트는 통일되어 있다는 가정

이 조건 혹은 특성 가운데 둘은 방법에 관한 것이고, 셋은 연구의 대상을 가정하고 있다. 하지만 토마스 쿤이 이미 지적한 대로 패러다임들은 상호패러다임적인바, 이스트호프 역시 이 문학연구 패러다임은 긴밀히 서로 연결되어 구조화된 것임을 강조한다. 가령, 경험론적 인식론이란 대단히 실체론적인 사고 방식에 속하는 것이어서, 이에 따르면 작품은 '거기에' '통일되어' 존재하는 것이지, 독자에 의해 구성되는 것이 아니다. 따라서 정전은 텍스트에 내재하는 조건에 의해 스스로 존재하는 셈이 되며, 독자는 그 통일성을 파악하기 위해 꼼꼼히 읽는 '모더니즘'적 방식을 취해야 하는 것이다.

이 가정에라도 진정 충실하게 우리의 문학교육이 전개되었더라면 우리는 지금보다는 나은 교육을 하고 있을 것이다. 이미 오래된 비판이지만, 브루너식으로 표현한다면, 우리의 문학교육은 문학 교과(또는 문학 교과의 언어)를 가르치지 않고 문학 교과의 중간 언어(middle language)를 가르쳐 왔기 때문이다.

문학 교과의 언어를 가르쳐야 한다는 것은 문학을 화제(topic)으로 보는 것이 아니라 하나의 사고 방식(mode of thought)으로 보는 것을 의미한다. 문학이란 것은 우리가 그것에 '관하여 알아야 할(know about)' 그 무엇이 아니라, '할 줄 알아야 할(know how to)' 그 무엇이다. 문학이란 '책에서 베껴낼 수 있는 사실의 더미'가 아니라 '지식을 처치할 수 있는 장치'이다. 문학을 배우는 학생은 문학의 '관찰자'가 아니라 '참여자'이어야 한다. 우리는 '문학에 관하여 가르칠(teach about literature)' 것이 아니라, '문학을 가르쳐(teach literature)' 하며, '문학을 하도록' 가르쳐야 한다. 만약 문학의 일반적 개념과 원리를 '중간언어'로써 가르친다고 하면, 그것은 사실상 단편적인 사실과 전혀 다름없이, '이해'되지도 않거니와 학습 사태 이외에 '적용'되기를 기대하기는 더욱 불가능할 것이다.[5]

문학교육은 오늘날 확실히 변질되어 있다. 도구적 이성에 해당하는 과목에 지쳐 있는 학생들은 일반적으로 문학에 대해 호감을 표시하는 한편, 정작 문학 단원을 공부하고 나면 문학 과목에 대한 혐오감을 나타내기 일쑤이다. 문학 과목조차 정서를 강조하거나 즐거움을 허락하는 방향으로 진행되지 않을 바에야, 문학의 모호함은 차라리 수학의 명쾌함에 비해 학생의 입장에서는 악덕에 해당하기 때문이다. 문학 과목을 통해 배우는 것은 기억되어야 할 것이지 향유되어야 할 것으로 간주되지는 않는다. 그 내용은 시험에서 소비되고 인출될 것이다.[6] 따라서 문학 교과가 문학의 중간 언어를 가르치는 한, 학생들의 이러한 선택은 오히려 현명하다고 해도 지나치지 않다.

학생들이 미학적 이유로 학교를 다니는 것은 아니다. 그들은 저마다 사회 진출과 관련된 목표를 가지고 있으며 학교 교육에 투여된 자신들의 노동과 재화와 시간이 그 목표에 유용하게 되길 기대한다. 즉, 문학 공부를 통해 도

---

5) 브루너는 '물리학'을 예로 들었다. 이 부분은 이홍우(1987: 69)에서 '물리학'을 '문학'으로 대체하여 본 글이다.

6) 파울로 프레이리는 이를 두고 은행 체제(Banking-system)에 비유를 하였다. Paulo Freire (1989: 58).

구적 이성에 맞서는 체험을 얻게 되길 문학교육은 기대하고 있는 듯하지만,
학생들은 끝내 도구적 이성으로 문학 체험을 대신하고 마는 것이다. 한때는
문학교육이 인문학에서 근대적인 교육의 핵심이 될 수 있으리라 상상하기도
했지만, 이제 문학교육은 다른 모든 학문과 같은 '과목'에 지나지 않는 존재
임을 인정해야 할 때이다.

사실 문화 자체가 이미 교양 및 인간 형성의 기능을 상실한 지 오래다.
그보다는 이제 시장 및 가치 증식의 법칙만 따르는 자본주의 산업화의 결과,
문화 부문 또한 상품화되는 지경에 처해지고 있는 것이다. 심지어 교육 역시
이 사회의 생산력 고양에만 봉사하고 있는 것이 아닌가 하는 비판의 대상이
된 지 오래다. 문화 산업의 한 부분이 되어 버린 교육은 전통적인 계몽주의
교육이념의 이상인 '인간의 현존재를 자연 상태로 보존하면서 동시에 인격
을 형성하는 교육'의 '순응과 저항'이라는 변증법적 긴장을 잃은 채 스스로
물상화되어 일방적인 순응의 기제로만 작동하는 반쪽 교육으로 전락해 버렸
던 것이다.7)

그러므로 이제 새로운 패러다임은 문학과 일상의 건강한 관계를 회복하
는 것이어야 한다. 삶과의 연관, 그 관계성을 회복해 주지 못하는 문학교육
은 21세기에 설 자리가 없다. 물론 지나간 패러다임에서도 이 과제는 동일한
것이었다. 그러나 새로운 패러다임에서 의미하는 '삶'이란 초월적인 그 무엇
이 아니다.

지난 날, 우리의 문학교육을 지배한 담론은 낭만주의의 그것이었다. 하지
만 낭만주의는 두 얼굴을 가진 것이어서, 개인의 해방이라는 신화와 함께 모
종의 권위적인 것에 대한 복종을 동시에 함축하는 것이었다(Falck, 1989: 1-2).
이 같은 양면성은 인간에게 자율성을 부여하여 인간이 마치 주체로 존재하는
듯한 신화를 형성하는 한편, 영원성이나 보편성 혹은 초월적인 존재에 대한
존경심을 끊임없이 강요하게 된다. 그 결과, 한편으로는 근대 자본주의 사회
에 대한 소극적 저항의 의미를 지니면서도, 날이 갈수록 현실의 삶과 문학의
분리를 본질화하고 실체화하는 역할을 담당하게 되고 말았던 것이다.

---

7) Th.W.Adorno(1970), *Erziehung zur Mündigkeit*, Frankfrut am Main, p. 68. 정유성(1994:
   61)에서 재인용.

그러나 이제 주체는 해체되었다. 삶이란 타자와의 관계 속에서 형성되는 것일 뿐이다. 달리 말하면, 주체는 차이(差移)에 의해서 형성되는 것이고, 이 미끄러짐으로 인해 주체의 위치는 늘 불안정한 것일 수밖에 없는 것이다. 같은 맥락에서 저자(author)는 사라지고, 권위(authority)도 사라지며, 작품의 통일성에 관한 가정도 무너지게 되었다. 그러기에 이것은 지나간 패러다임에서 바라보면 문학교육의 위기인 것처럼 비쳐지게 마련이다. 삶과의 연관은 더욱 멀어지는 것처럼 보이기까지 한다.

하지만 차이(差移)는, 알고 보면 삶과 학문, 그리고 교육의 법칙이다. 일상적인 삶의 지식과 학문적인 지식 사이에는 부단한 단절이 있어 왔다. 학문과 교육의 세계는 생활 세계에 직접적 토대를 둔 상식과 통속적인 지혜라는 속박에서 벗어나려는 동기에서 출범했던 것이다. 그것은 곧 지각의 습관화와 자동화에서 해방되어 우리가 안주하고 있는 일상 생활의 낯익음의 껍질을 벗기고 새로운 형식성을 성취할 수 있게 하기 위함이었던 것이다. 다시 말해 배움의 문제는 그 개별적인 배움의 주체가 그가 가진 현존의 지식 체계를 부정하고 그보다 한 단계 더 높은 지식 체계를 획득하기 위해서 분투하는 과정과 관련된다. 진정한 배움이란 학습자가 스스로 그가 가진 현존의 지식이 무지의 상태를 빠져나와 새로운 유형의 지식을 창출하는 제반 활동으로 보아야 하는 것이다.[8] 그리고 이 과정은 끊임없이 계속되어 나아간다.

차이(差移)의 교육학이란, 바로 이 같은 배움의 본질을 극대화하는 전략을 가리킨다. 이른바 포스트모너니즘은 차이가 인정되고 중요시되는 문화 논리이다. 열린 자아, 열린 지식이란 개념 또한 보편적 동일성이 아닌 이론적(異論的) 차이성에서 정당성을 구한다. 료타르는 이렇게 말한다.

> 창조는 언제나 이의(dissension)에서 일어난다. 포스트모던적 지식은 권위의 도구가 아니다. 그것은 차이에 대한 우리의 느낌을 긍정적인 것으로 만들고, 공약 불가능한(incommensurable) 것에 대한 우리의 포용력을 넓힌다. 그것은 전문가들의 일치가 아니라 창안가들의 이론(異論, paralogy)에 근거를 두고 있다 (Lyotard, 1984: xxiv).

---

8) 위 논의는 장상호(1993)에 크게 의존함.

만일 우리의 교육이 실패한 원인 가운데 하나가 학생들을 하나의 작은 전문가로 육성하고자 했던 데 있는 것이라면, 그래서 우리의 새로운 패러다임이 학생들로 하여금 창의력을 갖게 하는 데 초점을 두게 된다면, 이제 우리는 마땅히 그들이 제출하는 이론(異論)을 허용하고 존중해야 한다. 아니, 오히려 이론(異論)을 제출하도록 적극적으로 독려해야 한다.

물론 교사가 학생들의 이론에 대해 불안을 느끼는 것이 단지 권위의 문제 때문만은 아니다. 거기에도 나름대로의 교육적 배려가 담겨 있는 것으로 보인다. 즉 그 불안은 문학이라는 개념이 실제로는 논쟁적인 개념이라는 것을 학생들이 발견하도록 내버려 둔다면 학생들은 혼란을 느끼고 어쩌면 타락하게 될지도 모른다는 암묵적인 두려움에 의해 더욱 강화되는 것이다. 다시 말해 학생들에게 문학 교과가 제시하는 지식과 문화 유산의 실체가 사실은 항상 논쟁의 대상이 되어 왔고 지금도 그럴 수 있다는 가능성을 노출시킨다는 것은 어리석은 일처럼 느껴지기까지 하는 것이다.

이러한 생각의 밑바탕에는, 교육의 일관성(coherence)을 위해서라면 반드시 이론적 합의가 있어야 한다는 철학이 깔려 있다. 그래서 교육과정을 개편하거나 교과서를 제작할 때면, 늘 인문학의 위대한 유산들로부터 '가장 소유할 가치가 있는 지식'으로 꼽힐 수 있는 몇 가지 핵심 개념을 추출해 내도록 요구받게 되곤 한다. 하지만 문학에 관한 한, 핵심 가치들에 관한 합의란 것이 존재하지 않는다는 사실은 너무도 쉽게 발견된다. 설상가상으로 그 핵심 가치들에 관한 합의는 너무도 모호한 용어로 규정되어 있어서 합의란 말조차 아무런 의미가 없다. 최악의 경우, 어떤 합의는 애시당초 중요 그룹들을 토론에서 전적으로 배제시킴으로써 도달된 것이어서 분개를 불러일으킨다. 그 합의의 과정에는 일종의 검열(censorship)—자기 검열을 포함한— 기제가 항상 작동하기 때문이다.

필자는 지금 상호 연관된 두 가지 이야기를 한꺼번에 하고 있다. 즉, 교육 집단들의 불안감이 사실은 문학 교과의 성격과 맞물려 있다는 것이다. 이론(異論)에 대한 불안, 다시 말해 진리나 합리성의 절대적 기준을 부정하고 상대성을 받아들이게 되면 결국 비이성주의와 허무주의 속에 빠지게 될 것이라는 생각 자체가 사실은 절대주의적 사고를 반영하는 것이다. 그것은 절대적 기준의 결여란 곧 혼돈과 무질서를 의미한다는 이분법적 사고의 결과로서, 이러한 이분법적 사고는 어떤 타당한 인식론적 근거에 입각한 것이라기보다는 데카르트적 불안이라 불리는 일종의 심리적 초조감에 기인한 상태일 따름이다. 교육에 있어 이같은 불안은 특히 학생들이 성장 중에 있음을 몰각하는 조급성에서 비롯한다. 어느 성장 단계에서든, 이들이 이른바 정설에 동의하지 않고 이론(異論)에 빠져드는 것을 도저히 참을 수 없어 하는 조급성이 바로 그것이다. 이는 교사나 학생들 모두 벗어나지 못하고 있는 정답 컴플렉스에 다름 아닌 태도이다. 여기에 자기주도적 능력과 창의성은 설 자리가 없으며, 그런고로 배움의 본질에 입각한 진정한 성장 역시 바랄 수가 없다.

모든 학문이 그러하듯 문학학의 역사는 이론(異論)의 역사이다. 학자와 비평가들이야말로 이론(異論)의 생산에 진력하는 자들이다. 이는 문학이라는 텍스트의 성격에 기인한다. 문학의 역사가 오독의 역사라는 것은 전혀 과장된 주장이 아니다.

그런데, 앞에서 필자는 문학의 중간언어가 아니라 문학 교과의 언어를 가르쳐야 한다고 하였거니와, 우리가 실패하고 있는 것은 문학 교과의 언어, 곧 문학의 핵심적 아이디어에 관해 합의를 거두는 데 실패하였기 때문이 아니다. 그보다는 오히려 합의할 수 없는 것이 문학 교과 언어의 특성임에 합의하는 데 실패하였기 때문인 것으로 보인다. 문학 교과에 관한 통제의 척도를 얻고자 한다면, 문학을 가장 잘 설명하는 방법에 관한 어떤 합의가 나타나기를 기다리기보다는, 합의가 있건 없건 간에 그 문제가 공개적으로 야기될 수 있는 분야, 즉 교육이라는 주제 쪽으로 그 문제 자체에 관한 다양한 관점들을 설정하고자 노력하는 편이 더 나으리라 여겨진다.

지금보다 더 문학을 효과적으로 가르치기 위해, 우리가 새로운 정전 대과거의 정전이라는 문제, 또는 인문주의 대 이론(理論)의 문제에 관해 반드시 의견의 일치를 볼 필요는 없다. 교육적, 문화적으로 생산적인 것이 되기 위해서라 하여 제도적인 정체성 위기가 반드시 치유되어야 할 필요는 없는 것이다. 오히려 불일치의 드러냄이야말로 문학 교과의 언어적 특성에 충실한 교육이 될 것이기 때문이다. 따라서 이 새로운 프로그램은 문제를 감추거나 문제를 해결(problem-proof)해 주기 위해서가 아니라 오히려 문제를 개발하는 것을 지향하고 그에 걸맞게 고안되어야 한다.

학생들의 이론(異論)은 자신의 이해 관계를 적극적으로 반영함으로써 얻어질 수 있다. 이제껏 문학 학자들은 문학이 아무리 복잡하고 다층적인 의미를 지니고 있다 할지언정 한 텍스트의 해석은 모든 독자에게 동일한 것이라고 가정하곤 하였다. 하나의 독자로서 어떤 작품에 대해 타인이 갖고 있지 않은 사적인 연상을 할 수는 있지만, 그에 반해 그 작품의 공적(public)인 의미에 대한 자신의 인식은 자신의 삶과 연결된 독특한 모든 연관들을 제거함으로써 얻어지게 되는 것이다.

우리는 저마다 그 텍스트의 '이상적 독자'로서의 보편적 인간에 스스로를 동화시키고자 하였다. 그러나 그 보편적 인간의 성(性)은, 인종은, 그리고 연령, 국적, 종교는 과연 무엇인가. 어느 여성이 여성차별주의자의 시를 읽을 때, 그녀는 그것을 하나의 이상적 독자 가운데 한 사람으로서, 결국 한 남자로서 읽는 것인가?『허클베리 핀』을 읽는 흑인들은 마크 트웨인이 기대한 백인 독자의 자리로 들어 가야만 하는 것인가? 독자 구성원에게 텍스트를 읽을 때 자신의 관습적 정체성을 제쳐 두도록 어떻게 요구할 수 있을 것인가? 또한 다른 시대의 작가들이 우리 시대의 가치를 정확히 모사하기를 기대한다는 것은 비현실적이며 시대착오적일 것이다(Richter, 1994: 6).

그러니, 엄밀히 말하면 학생들의 이론(異論)은 이론(異論)이 아니다. 다만, 현실적으로 어떤 정론(定論)이 소위 이론(理論)으로서의 권력을 행사하고 있을 때 한해 이론(異論)으로 불릴 따름인 것이다.

따라서 새로운 패러다임에서 교사는 학생들이 자기 이해를 억압하기보다는 오히려 적극적으로 반영하도록 독려해야 한다. 자기의 취미, 호오 판단, 심미적 가치관으로부터, 자기의 성적, 정치적, 계급적 정체성으로부터, 자기가 속한 연령, 가정, 집단, 지역사회 등의 특수성으로부터 문학을 바라보는 행위를 적극화해야 하는 것이다. 문학은 다음 세기에 있어서도 이러한 미학적, 정치학적, 사회학적 의식을 고무함에 있어 매우 유력한 통로로 남을 것이기 때문이다.

이해 관계는 편견을 낳는 것이 아니라, 지식9)을 낳는 계기이다. 지식은 주어지는 것 또는 객관적으로 존재하는 것이 아니다. 지식은 담론적 실천에 의해 생산된다. 그리고 담론은 언술들의 집합으로 이루어진다. 학생들이 제출하는 이론은 언술의 상태라고 봄이 타당할 것이다. 언술은 상황 구속적일 수밖에 없다. 그런데 언술들 간의 관계 형성이 일정한 규칙성을 가질 때, 그 규칙성은 지식의 생성을 위한 특정한 담론적 실천을 이루게 하지만, 이와 반면 여타 담론적 실천의 생성 가능성을 배제시켜 버린다. 담론적 실천에는 선택과 배제의 논리가 적용되며, 그리고 이 논리의 틈 사이로 권력이 개입하는 것이다. 즉, 학생들의 언술 행위를 독려하는 것은 기존의 권력에 저항함과 아울러 새로운 권력을 지향할 수 있는 능력을 키워주는 것이 된다. 설령 이론(異論) 제출의 결과가 기존의 담론에 승복하는 것으로 끝이 난다 하더라도, 이것은 무저항적 순응이 갖는 소극성, 그럼으로써 힘을 갖지 못하는 동의와 달리 적극적인 의미를 내포하게 되는 것이다. 그리고 앞으로의 성장 단계가 남아 있는 한, 그의 게임은 거기서 아직 끝난 것이 아니다.

이론(理論)이 이론(異論)들을 억압했던 시대는 종(終)을 고하게 될 것이다. 오히려 이론(異論)들이 이론(理論)을 감쌀 것이다. 원래 이론(理論)에는 언제나 이론(異論)의 흔적이 남아 있다. 사실, 이론(理論)이란 무엇이었던가. 예전엔 당연하게 여겼던 원칙과 개념들이 논쟁거리가 되었을 때 필연적으로 일어나는 질문들의 이름이 곧 이론이며, 자의식적이고 반성적인 해석적·방법론적·수사적 실천을 지향하는 경향이 바로 이론이 아니었던가. 즉, 이론이란 단어를 이와 같이 우리들의 실천에 기저하여 있는 전제와 원칙에 대한 담론이라면 무엇이든지 지칭하는 것으로 사용할 경우, 이론적이냐 아니냐 하는 것은 그 진술 자체의 자질에 달려 있는 것이 아니라 그것이 컨텍스트 속에서 기능하는 방식에 달려 있다고 봄이 옳을 것이다.

그럼에도 이제껏 이론이라 함은 논쟁의 대상이 되는 것을 기술하기 위한 매개로서가 아니라 그것을 해결하기 위한 매개로 이해되어 왔다. 그것은 문제 제기의 방식이 아니라 일련의 해답인 것이다. 이것이 신비평, 형식주의,

---

9) 여기서 의미하는 지식은 인지적 지식만이 아니다. 료따르(Lyotard, 1984: 18)에 따르면, 지식은 진리의 기준을 결정하고 적용하는 문제 이상으로, 효율성의 기준(기술적 자격의 기준), 정의 및 행복의 기준(윤리적 지혜의 기준), 소리와 색의 아름다움의 기준(청각과 시각의 감수성)을 결정하고 적용하는 능력의 문제이다.

초기구조주의를 지배하는 근본주의자들의 이론관이다. 하지만 이론은 공동체의 실천에 대한 합리성이 더 이상 자명하게 받아들여지지 않는, 그래서 이전에는 말할 필요도 없었던 것들이 논쟁의 대상될 때 발생하는 것이다. 일단 합의가 무너지면 이전에는 자명하게 받아들여질 수 있었던 전제들이 여러 이론 가운데의 하나로 되며 이미 주어진 것으로 받아들이기보다는 논쟁해야 할 관념이 되는 것이다. 아울러 이는 문제 해결의 방식이 아니라 문제 개발 또는 문제 제기의 방식이 된다.

그렇다면 우리는 학생들에게 확정된 지식으로서의 이론적 담론을 전수하는 것을 포기해야 한다. 이는 기존의 이론을 가르치지 말라는 말과는 전혀 다른 말이다. 중요한 것은 학생들로 하여금 이론화(theorizing)에 도달하게 하는 것이다. 그러기 위해서는 강요된 화해가 아니라 갈등이 학생들에게 노출되어야 한다. 그같은 교육학은 필연적으로 이론(異論/理論)의 '사이'와 '차이(差異)'에 주목하게 마련이다. 이는 곧 저자와 저자, 텍스트와 텍스트, 저자와 독자, 텍스트와 독자, 교사와 학생, 학생과 학생, 해석과 해석, 이론과 이론 등등의 사이와 차이에 눈을 돌려야 함을 의미한다. 이 과정에서 학생들의 이론(理論)은 계속 '차이(差移)'된다. 그리고 그 차이(差移)의 과정이 바로 그의 성장으로 기록될 것이다.

이러한 교실은 아마도 소란스러울 것이다. 그러나 그 소란스러움은 바로 카니발의 소란함에 가깝다. 제의적(祭儀的)인 경건함과 엄숙함이 지배했던, 그리하여 산 자보다 죽은 자가 우위를 점했던 교실, 경전을 대하듯 주석을 가하고 그 정통적 주석을 받드는 데 진력했던 교실은 사라지게 될 것이다. 사이와 차이에 주목하는 차이(差移)의 교실은 대화주의를 기반으로 하게 되거니와, 대화주의와 카니발리즘의 관계를 생각해 보면, 이제 새로운 교실은 시끌벅적해질 수밖에 없다. 그리고 거기에 바로 삶의 활기가 있다. 반면에 거기에 갈등만 있을 리는 없다. 차이로 인한 '틈'은 벌어지는 것만이 아니라, 새로운 관계를 '트게' 해 줄 것이기 때문이다. 그 대화는 차이의 제거보다는, 본질적으로 차이에 대한 이해를 통해 관용(tolérance)에 이르는 것을 지향한다.

이러한 교육을 통해 학생들은 특정한 패러다임에 충실한 자가 아니라 패러다임의 변환과 비약을 가져 올 수 있는 원천으로서의 힘을 갖는 자가 되리라 기대한다. 아울러 이로써 새로운 패러다임은 지나간 패러다임을 감싸안을 수가 있게 될 것이다. 가령, 문학을 일상의 삶의 영역으로 끌어내리고자 할 때, 기존의 패러다임이 인식론적 방해물이 되어서는 안 되지만, 새로운 정신은 과거의 것을 하나의 인식론적 방해물로 생각함과 동시에 그것을 폭넓게 감싸야 할 것이다. 왜냐하면 과거의 것도 새로운 정신에 포섭된 사고의 일부분에서는 유려하게 작동될 수 있기 때문이다. 정확하게 들어맞는 비유는 아니지만, 이는 마치 TV와 비디오의 시대에도 영화관이 살아남는 것에 유추해 볼 수 있을 것이다. 영화관의 아우라는 여전히 살아 있다.

3. 문학을 쓰는 교육

(1) 문학을 쓰는[用] 교육

이제 좀더 가까운 미래, 구체적인 장래로 다가서 보도록 한다. 2000년도부터 시행되는 7차 교육 과정은 '21세기 세계화·정보화 시대를 주도할 자율적이고 창의적인 한국인 육성'이라는 이념 아래, 다음의 네 가지 사항을 교육 과정 개정의 기본 방향으로 삼고 있다. 즉, 목표 차원에서는 건전한 인성과 창의성을 함양하는 기초·기본 교육의 충실, 내용 차원에서는 세계화·정보화에 적응할 수 있는 자기주도적 능력의 신장, 운영 차원에서 학생의 능력·적성·진로에 적합한 학습자 중심의 교육 실천, 제도 차원에서는 지역 및 학교 교육 과정 편성·운영의 자율성 확대 등이 그것이다. 아울러 이러한 기본 방향에서 도출한 중점 개정 사항은 국민 공통 교육 과정의 편성, 교육 과정 편제에 교과군 개념 도입, 수준별 교육 과정 도입, 재량 시간의 신설 및 확대, 교과별 학습량의 최적화와 수준의 조정, 고교 2, 3학년의 학생 선택 중심 교육 과정 도입, 질 관리 중심의 교육 과정 평가 확립, 정보화 사회에 대비한 창의성, 정보 능력 배양의 여덟 가지이다.

이 모든 사항이 미래지향적이긴 하지만, 이른바 정보화 시대와 관련하여 우리가 일단 주목해야 할 바는 내용 차원에서 발견되는 '세계화·정보화에 적응할 수 있는 자기주도적 능력의 신장'이라는 대목과 중점 개정 사항에서 보이는 '정보화 사회에 대비한 창의성, 정보 능력 배양' 등이 될 터이다. 정보화 시대에 대비하는 교육이라 하면 컴퓨터를 비롯한 정보 기기와 기술을 교실에 도입해 그것을 가르치는 것을 연상하지만, 중요한 것은 그것을 바탕으로 자기주도적 능력을 신장시키는 것, 창의성과 정보 능력을 배양하는 데에 있는 것이다. 자칫 그에 대한 시각이 결여되었을 경우, 본말이 전도되고 형식적 기술적 장치의 변화가 곧 교육적 변화인 것으로 오해하는 경우가 발생한다. 그 경우는 마치 교과서를 컴퓨터가 대신하는 것에 지나지 않는다. 우리가 이제껏 교과서 중심주의를 비판해 온 것은 교과서'로' 가르쳐야 할 것을 이제껏 교과서'를' 가르쳐 왔기 때문이었음을 상기할 필요가 있다.

극단적으로 말해 교실에 컴퓨터 한 대 없이도 학생들의 자기주도적 능력을 키워 내는 것이, 한 사람에게 한 대씩 컴퓨터가 주어지고도 이전의 교육 내용과 다를 바 없는 교육이 전개되는 모습보다 정보화 시대의 요구에 부합하는 교육 과정의 이상에 훨씬 더 가깝다. 물론 컴퓨터를 통한 학습의 속성이 자기 주도적 능력을 기르는 데 매우 유익할 것으로 보이는 것은 사실이다. 인터넷을 이용하는 것과 자기 주도적 능력의 상관도는 매우 높거니와, 컴퓨터 게임조차도 요즘은 창의성 없이는 갖고 놀 수 없는 세상에 우리는 살고 있는 것이다.

그런데 문학교육에 관해 논하기 앞서, 정보화 사회 문제와 관련해 볼 때, 국민 공통 기본 교육 과정으로서 국어과가 어떠한 질적 양적 확보를 해 두고 있는가 하는 측면을 살펴보아야 한다. 컴퓨터로 글쓰기가 교육과정에 들어왔다 해서 대단한 변화가 있는 것은 아니다. 컴퓨터 글쓰기가 고작해야 글쓰기 도구의 변화 수준이라면 그것은 고작해야 타자기의 도입과 다를 바가 없기 때문이다. 컴퓨터 글쓰기에 관한 제반 문제, 즉 컴퓨터의 편집 기능이 갖는 글쓰기의 특성, 퇴고가 용이한 컴퓨터 기능으로 인한 글쓰기 과정의 변화, 컴퓨터 글쓰기의 문체상 특징, 정보의 저장과 처리가 용이함으로 인한 컴퓨터 글쓰기의 장점을 적극화하는 문제 등등이 연구되고 그것이 교육적 국면에 활용되지 않는 한, 컴퓨터 글쓰기를 도입한 의의는 소극적인 단계에 머물 수밖에 없다.

이와 같이 정보 사회와 교육의 문제를 오로지 기술과 기기의 측면에서만 접근하는 것은 대단히 위험하다. 오히려 우리는 국어과의 거의 모든 영역과 내용이 정보 사회와 유관하다는 시각을 갖는 것이 필요하다. 표현과 이해 능력은 정보 사회에서 가장 긴절히 요구되는 능력이기 때문이다. 정보가 넘치는 사회에서 정확하게 정보를 이해하고 그 가치를 판단하여 선별하는 능력, 그리고 그것을 요약하고 새로운 정보를 표현해 내는 능력, 그것이 바로 국어과가 길러내 주어야 할 능력인 것이다.

그런데 지금 우리가 문제삼고자 하는 문학은 도대체 어디에, 어떻게 써먹을 수 있을 것인가.

먼저 문학을 써먹는다는 표현 자체에 불쾌감을 표할 이도 있을 것이다. 하지만 필자가 양보할 수 있는 선은 '써먹는다'는 표현 대신 '이용한다' 또는 '활용한다'는 표현을 쓰는 데에 머문다. 문학은 이용되어야 한다. 본래 문학이 삶의 활동 가운데 하나였음을 인정한다면 그리 무리도 아니다.

물론 굳이 써먹지 않아도, 인간성의 상실이 우려되는 정보화 시대에 문학이라는 존재 자체가 사회에 기능하는 바가 있을 것이다. 하지만 그러기 위해서는 일단 문학은 읽혀야 하며, 읽히기 위해서는 그 가치가 인정받고 읽고자 하는 욕망이 불러 일으켜져야 한다. 그러기 위해서라도 문학은 다양한 부면에서 쓰여야 하는 것이다.

문학은 윤리 교육에 활용되어야 한다. 윤리 교육의 화두로 자리잡아 가고 있는 '윤리적 상상력의 신장' 역시 문학을 통하는 것이 가장 첩경임을 윤리교육자들은 인정하고 있다. 마찬가지 이유로, 문학은 '생태학적 상상력'을 고양하는 환경 교육에도 쓰여야 하며, '역사적 상상력'과 관련하여 역사 교육에도 쓰여야 하고, 성적·계급적·인종적·민족적·지역적 정체성 등과 관련한 넓은 의미에서의 정치 교육에도 쓰여야 한다. 심지어 건축과 지리 교육에도 문학은 유용한 자료로 쓰일 수 있다.10)

---

10) 이에 대해서는 문학과교육연구회(1999)의 여름 및 가을호에 실린 <문학교육의 스펙트럼>란을 참고 바람. 필자는 이 계간지에 편집위원으로 참여하고 있었는데, 그 때 필자는 <문학과 상담>이라는 주제의 원고를 청탁하고자 상담심리학을 전공으로 하

이 모든 테마들이 21세기의 중요한 화두가 될 것임은 분명하다. 문학교육은 이제 문학'을' 가르치는 것만이 아니라 문학'으로' 가르치는 사업에 적극적으로 노력을 기울여야 한다. 이 역시 문학과 삶의 관계를 회복하는 일의 일환인 것이다. 문학주의만 포기할 수 있다면, 이는 그다지 어려운 일도 아닐 성싶다. 문학이 광고에 활용되고, 연애 편지에 원용되던 것이 어제오늘의 일은 아니다.

하지만 이 모든 것 역시 정보 사회, 지식 사회로 표현되는 미래 사회에 적극적으로 대응하는 것처럼 여겨지지는 않는다. 먼저 다음과 같은 질문을 만나 보자.

교육의 질이 우리 미래 삶의 질을 결정해 준다고 해도 지나친 말이 아니다. 정보 기술과 기기를 어떻게 활용해서 교육의 질을 향상시킬 수 있을까? 교육의 정보화에 따라 어떠한 새로운 교육 패러다임이 정립되어야 하는가? 어떻게 하면 교육 기회 균등의 원칙을 지키면서 학교 교육, 직업 교육, 평생 교육을 실현해 나갈 것인가? 정보화로 인한 문화적 정체성의 위기를 극복하면서 외래 문화의 창조적 수용을 통하여 새로운 정체성을 확립해 나갈 수 있는 길은 없는가? 정보 기술과 매체를 통하여 어떻게 하면 권력의 민주화, 사회 관계 및 시민 의식의 민주화를 촉진시킬 것인가? (크리스천아카데미 편, 1997: 6)

문학교육이 문학의 이름으로 정보화 사회의 흐름을 거부하거나 수동적으로 끌려가는 것은 교육의 이름으로 거부해야 할 사태이다. 우리는 조지 오웰의 <1984년>이 문학 작품이었음을 기억해야 한다. 아울러 이 대목에서 우리는 문학교육의 대상이 문학 작품 같은 실체만이 아니라 문학적인 것, 곧 문학의 속성임을 재삼 인정해야 한다. 이 때, 문학의 속성이라 함은 기본적으로

___
는 학자ー그러나 문학에 대해서는 문외한이라며 청탁을 수락하지 않으려는 이와 대화를 나눌 기회가 있었다. 그는 필자에게 상담학을 설명하면서 '공감적 이해와 수용'의 중요성에 관해 이야기하였다. 필자는 그것이야말로 문학의 기본적 기능이라고 답했다. 더욱이 문학은 매우 구체적인 정황 속에 인간의 삶을 그려놓을 뿐만 아니라, 소설의 경우 다성성으로 말미암아 다채로운 인물들과 공감할 수 있는 기회를 제공해 줄 것이라고, 그러니 아마도 개인 상담은 물론, 집단 상담에도 도움이 될 것이라고 말했다. 결국 그는 프로이트를 포함한 심리학의 대가들이 문학가이었음을 인정하면서 청탁에 응했다.

언어와 비판적 또는 창조적 상상력을 의미한다. 따라서 이것은 앞서 밝힌 바 있는 국어과의 역할 기대와 크게 다를 바가 없다. 오히려 이는 국어과의 주된 내용이 문학 혹은 문학적 텍스트이어야 한다는 당위를 확인해 주는 것이기도 하다. 즉, 21세기의 국어과 교육에 있어 문학은 언어와 상상력이란 견지에서 적극적으로 쓰여야 하는 것이다. 문학은 언어적 정보의 함축이 가장 큰 인간의 산물인 동시에, 생산 과정에서 고도의 상상력이 동원되고 소비 과정에서 상상력의 동원을 긴절하게 요하는 장르이기 때문이다.

위의 인용문에서 보듯, 세계화와 정보화로 인한 문화적 정체성의 위기 극복과 함께 새로운 정체성을 확립해야 한다는 명제 앞에서 이 점은 매우 각별해진다. 나아가 권력의 민주화, 사회 관계 및 시민 의식의 민주화를 촉진시키는 문제와 관련해서도 문학과 문학교육이 어떠한 의미를 지닐지는 이미 앞에서 밝힌 바 그대로이다. 문학이 우리의 삶을 어떻게 고양하고 풍요하게 하는지는 차치하고라도, 문학교육이 21세기에 갖는 기능과 역할은 결코 소극적일 수가 없는 것이다. 고로, 이제 우리는 문학교육의 질이 우리 미래 삶의 질을 결정한다고 감히 말할 수 있어야 한다.

여기서 다시 인용문으로 돌아가 보자. 정보 사회의 도래에 대해 우리는 낙관할 수도 있고 비관할 수도 있다. 기술 자체는 도구에 불과하기 때문에 유익하게 쓰일 수도 있고 유해하게 쓰일 수도 있다. 그러나 문제는 유익하게 쓰일 수 있도록 누가 책임지는가 하는 데 있다.

이에 대해 위의 인용문은 교육이라 답하고 있다. 그리고 이에 대해 낙관적 입장을 취할 수 있는 근거는 디지털화가 가능하게 하는 정보 사회에서는 정보를 수용하는 사람이 원하는 정보를 마음대로 선택할 수 있으므로 수신되는 정보 내용을 정보 매체가 결정하지 않는다는 데 있다. 정보가 권력이던 시대가 가고, 개인의 선택권, 자유, 취향, 선호 등이 존중되는 정보 사회가 도래하리라는 예측인 것이다.[11]

그런데 문제의 심각성은 교육이 정보 기술의 영향을 받지 않을 수 없다는 데서 다시 나타난다. 교육은 도구적 가치와 본질적 가치를 다같이 가르쳐야

---

11) 앞 장의 논의도 이 점과 관련되어 있음을 상기할 것.

한다. 정보 사회에서 가장 중요한 도구는 정보 기술이다. 도구로서의 정보 기술을 가르치지 않을 수 없는 것이다. 그런데 정보 기술의 도구적 가치는 교육의 방법 그 자체에도 적용되므로 정보 기술을 가르치는 교육은 그 정보 기술을 이용하지 않을 수 없다. 교육 공학적 측면에서 이는 필요하고도 당연한 일이다. 그런데 왜 문제가 되는가. 교육이 방법과 기술에 치중함으로써 본질적 가치의 교육이 등한시될 수 있기 때문이다. 이런 가치 전도의 가능성 때문에 교육이 정보 사회의 지배로부터 벗어나지 못할 우려가 일어나는 것이다.

문학교육 또한 이러한 문제로부터 전혀 자유롭지 못하다. 최근들어 문학교육이 매체를 비롯하여 정보 기술을 적극적으로 활용해야 한다는 데 별다른 이견은 없는 것으로 보인다. 그러나 그와 동시에 일어나는 커다란 우려는 문학이 매체를 이용하는 것이 아니라 매체가 문학을 이용하는 사태이다. 만화나 영화, 컴퓨터를 이용하여 문학을 달콤하게 하는 것이 비록 교육적 선의에서 비롯된 것이라 하더라도, 종내 그 달콤함이 치아를 썩게 만들리라는 우려인 셈이다.

따라서 문학을 활용하는 모든 프로그램은 문학을 읽히고 쓰게 하기 위한 것이어야 한다. 문학을 읽고 쓰고자 하는 욕망을 불러일으키는 것이어야 한다. 영화가 문학을 대신하는 것이 아니라, 앞서 말한 대로 TV의 시대에도 영화관의 아우라가 살아 남듯, 영화를 보고 나면 원전을 접하고 싶은 욕망을 불러 일으켜야 하고, 상담 전문가가 교양이나 삶의 풍부함을 위해서만이 아니라 자신의 전문직을 위해서도 문학을 애호해야 하듯, 각자가 진출하게 될 영역과 관련하여서도 인간에 대한 깊이 있는 이해를 추구하도록 이끌어야 하는 것이다. 언어와 상상력이라는 문학의 속성이 인간에 대한 이해를 기반으로 깔고 있음을 잊어서는 안 되는 이유가 여기에 있다. 윤리교육이든, 지리교육이든, 아니, 연애편지이든 간에, 문학을 활용하는 프로그램에는 궁극적으로 인간에 대한 이해가 바닥에 깔려 있다. 그 점에서는 서로의 목적하는 바가 다를 바 없는 것이다.

그럼에도 이를 문학이 다른 목적에 이용되거나 봉사하는 것으로 보아 혐오스럽게 생각하는 이는 이제 없을 것이다. 사실, 문학이 무용(無用)하게 되는 사태를 저어하면서도, 기실 그동안 문학의 무용함 자체를 문학의 순수성으로 오도했던 사태를 반성해야 한다.

지난 날, 문학교육의 패러다임은 지나치게 순수미학적이었다. 그러나 니체에 따르면 미의 세계는 아폴론적 정신세계와 디오니소스적 정신세계의 이중성을 지닌다. 그래서 니체는 소크라테스를 철저히 비난한다. 소크라테스로 말하자면, 그 역시 인간은 모든 것을 알고 있는 잠재력을 가지고 태어난다고 생각하여, 그러므로 교육이란 잠재적으로 아는 앎을 실제로 즉, 지각적으로 알도록 이끌어내는 것이라 하였지만, 그러나 정작 그가 원하는 것은 객관적 지식만을 이끌어내는 것이었기 때문이다. 그런데 개인적인 지식을 추구하여 현상을 탐구하며 정신적 희열이라는 지적 보상을 받고자 하는 소크라테스의 세계와, 존재의 근원과 현실의 내재적 중심을 중요시하여 개인주의적 울타리를 무너뜨리는 환희와 신비의 세계를 동경하는 디오니소스적 세계와의 결합된 세계로, 니체는 소크라테스-뮤지션의 세계를 든다. 말하자면 우리 교육은 소크라테스의 한계에서 머물고 있었지만, 그에 대한 대안이 뮤지션인 것은 아니라는 것이다. 소크라테스-뮤지션이라는 학습자상은 이지와 도취가 함께하는, 지식이 아니라 지혜를 추구하는 것을 가리킨다(김용선, 1991). 이를 달리 표현하면, 알고 즐기는, 이해하고 감상하는, 읽고 쓰는 학습자상이라 할 수 있을 것이다.

(2) 문학을 쓰는[書] 교육

7차 국어과 교육과정에는 창작교육이 들어와 있다. 그런데 요즘처럼 책 읽기 싫어하고 글 쓰기 싫어하는 아이들에게 주체적으로 글을 읽고 쓰게 하는 것이 가능할까?

다시 컴퓨터의 활용 가능성에 관한 문제로부터 논의를 시작하자. 컴퓨터가 등장하기 전까지 시청각 장치를 이용한 교수 기술은 교사들의 할 일만 증가시켰을 뿐, 학생들을 소극적으로 만들었던 것으로 평가된다. 그런데 미래학자들은 컴퓨터가 이러한 상황을 근본적으로 변화시킬 수 있다고 본다. 평가 기준을 스스로 발견하고 개발하며 탐구하는 데 학습의 요체가 있다면, 컴퓨터는 분명히 학생들을 수업 사태의 적극적 주체로 이끌 수 있기 때문이다. 미래학자인 네그로폰테(백욱인 역, 1995:190)의 유명한 말이 바로 "개구리를 해부하지 마라. 한 마리 만들어 보라."는 것이다. 컴퓨터로 시뮬레이션하는 것이 가능하기 때문에 이제는 개구리를 알기 위해 개구리를 해부할 필요가 없다─개구리 해부는 여전히 필요한 일이라고 필자는 생각한다. 물론 생명을 파괴하기 위해서가 아니라 생명에 대한 존엄성을 가르치기 위해서라는 전제로.─는 것이다. 오히려 어린이들은 개구리를 디자인하고, 개구리 같은 행태를 가진 동물을 만들고, 개구리의 형태를 변형하고, 근육을 시뮬레이트 하면서 개구리와 함께 논다.

개구리가 이러하다면, 글쓰기가 어려울 리 없다. 정보를 갖고 놀이를 함으로써, 특히 추상적 주제에 관한 정보를 갖고 놀게 되면, 물질은 더 많은 의미를 지니게 된다. 교육에서 구성주의적 접근법이 환영받게 되는 것도 이와 무관하지 않다.

그런데 이 대목에서 우리는 문제점을 다시 인식해야 한다. 컴퓨터 통신의 세계에서는 글쓰기의 욕망이 넘쳐나는 것을 쉽게 발견하는데, 우리 학생들은 왜 교실에서는 글쓰기를 두려워하는 것일까. 실제적으로 컴퓨터는 글쓰기의 공포로부터 사람들을 해방해 주는 데 크게 기여하고 있다. 하지만 문제는 과연 기술인가, 욕망인가?

작문교육은 흔히 시보다는 산문을, 상상 세계보다는 실제 세계를 다루게 된다. 이와 같이 문학이 현실로부터 분리된 그 무엇이라 여기는 견해는 작문교육에서도 확인되는 바이다. 하지만 수사적 글쓰기는 물론이려니와, 일반적인 작문 이론조차도 학생들에게 잘 작동하지 않는다는 사실은 교사들이라면 누구나 아는 상식에 속한다. 따라서 문학과 작문을, 그 난이도를 이유로 분리하는 것 역시 문학의 신비화에 따른 결과일 따름인 것이다. 대부분의 학생들이 문학 작품을 창작하지 못하는 것을 자신들의 천부적 재능이 부족한 탓으로 돌리는 데에는 그럴만한 이유가 있는 셈이다.

창작교육의 필요성과 가능성을 논할 때, 흔히들 음악이나 미술교육과의 비교를 내세우곤 한다. 언어라는 익숙한 매체를 갖고도 창작에 공포를 느끼는 학생들이 색이라는 매체로 능히 그림 한 편을 그려내는 사태를 둘러싸고 벌이는 비교인 것이다. 물론 그것은 천부적 능력의 차이라기보다는 지속되고 반복된 훈련의 차이이긴 하지만, 이해 교육에만 치중해 온 데 대한 문학교육계의 반성은 지나치게 표현 교육에만 치중해 온 데 대해 반성하고 있는 미술교육계 측과 정확히 대조를 이룬다는 점에 유념할 필요가 있다.

우리는 미술 수업 시간에 <모나리자의 미소>를 분석하고 감상하면서 그런 그림을 그리도록 요구받아 본 적이 없다. 교탁 위에 놓인 꽃과 과일들, 학교 안팎의 풍경들을 그리도록 하였을 따름이다. 물론 표현 교육으로서의 미술 시간 역시 학생의 표현 욕망과는 별 상관없이 주로 표현 기술의 문제에 치중하긴 했지만, 이 점은 매우 상징적인 의미를 갖는다. 즉, 미술 시간에 학생들은 다빈치나 피카소 같은 전범을 분석하고 모방하는 것을 배우는 것이 아니라, 표현 가능해 보이는 것들을 눈에 보이는 대로 그려보도록 하는 활동을 행했던 것이다. 여기서 피카소 그림보다 사과 한 개 그리는 것이 정말 더 쉬운 일이냐 하는 질문은 문제되지 않는다. 중요한 것은 학생 스스로 어느 정도 가능해 보이고, 그래서 어느 정도 욕망이 성취 가능해 보이는 활동으로 수업이 이루어졌다는 점에 있다. 만일 미술교육이 여기서 한 걸음 더 나아간다면, 그리하여 학생들로 하여금 표현의 욕망을 발산하도록 허여했다면, 표현(expression)이라는 말 그대로, 단순 모방이 아닌 자신의 느낌을 그림으로 드러내 보이는 단계로 발전할 수 있을 것이다. 그럴 때 학생들은 표현의 자유를 획득하게 된다.

여기서도 실체 위주의 문학교육의 폐해가 발견된다.[12] 실체 위주의 문학교육은 교탁 위의 사과처럼, 우리의 일상을 대상으로 하는 것이 아니라, 피카소처럼, 일상인이 아닌 문학인들의 작품을 대상으로 하는 것이다. 게다가 거기에는 갖은 분석적 주해가 언제나 달라붙는다. 이와 같이 이해가 억압되면 표현이 억압되고 그 역도 참인바, 그러니 문학 교실에 활동이 있을 리 없고, 욕망과 자유가 존재할 리 없는 것이다.

한 마디로, 학생들은 문학의 이해와 표현 모두에 자신의 자유를 구가하지 못한다. 그들에겐 이해 활동과 표현 활동이 있는 것이 아니라 오로지 이해 활

---

12) 실체 위주 문학교육관에 대한 비판은 김대행 외(2000)을 참고할 것.

동과 표현 활동의 결과만 있을 따름이다. 그것은 자신의 욕망과 무관한 자리
에 있는, 기술과 의장의 문제일 뿐인 것이다.

쓰기를 가능하게 하려면 읽기의 억압으로부터 먼저 해방되지 않으면 안
된다. 즉, 해석적 읽기 중심의 교육 방법에서 해체적인 쓰기 중심의 교육방법
으로 바뀌어야 하는 것이다. 정전 읽기 중심의 수업 방법은 저자와 기의의 권
위에 복종하는 수동적인 인간을 양성할 따름이다. 그것은 종교적인 모습이요,
그것도 가장 폐쇄적인 종교 집단의 모습에 다름 아니다.

따라서 우선 텍스트를 해체적으로 읽을 수 있도록 지도하여야 한다. 해체
적으로 텍스트를 읽는다는 것은 곧 해체적인 글쓰기가 된다. 교과서의 권위
에 맹목적으로 복종하지 않고 교과서를 해체적으로 분석하는 일은 학습자의
입장에서 볼 때 새로운 텍스트를 자신의 머리 속에 쓰는 창작 활동이기 때문
이다. 아마도 독자는 자신의 모든 선입견을 텍스트의 그 순진무구한 단어들
에 가져다 놓음으로써 실제상으로 그 텍스트를 '쓰는' 것일지도 모른다. 읽기
와 쓰기는 그 자신 속에 타자의 흔적을 각각 내포하면서 서로를 보환(補換,
supplement: '보충'과 '대체'를 동시에 의미하는 것)하는 존재이다. 그러므로 능동적
비판적 주체적 이해와 독서의 문제는 표현과 창작의 문제에까지 긴밀히 연결
되어 있는 것이다.

중요한 것은 표현 교육과 이해 교육을 분리하여 이해하지 않는 것이다.
표현 교육은 이해와 감상의 완성인 동시에 새로운 이해와 감상교육으로 넘어
가는 단초가 되어야 한다. 써 봐야 안다는 말은 이런 때 성립한다. 체육 시간
에 농구에 관한 이론만 공부하고 실제로 게임에 들어가지 않는 모습은 상상
하기 힘들다. 농구를 볼 줄만 알고 할 줄 모르거나 해 보지 못한 자는 농구를
안다고 말할 수 없다. 해 보면 기술만 느는 것이 아니라 눈도 따라 성장하는
법이다. 문학 역시 이와 다를 바 없다.

물론 창작교육이라 해서 반드시 장르적 규약에 철저한 창작물을 생산해
내도록 하는 교육만을 의미하는 것은 아니다. 필자의 견해는 오히려 반대다.
창작 교실 역시 워크샵(Workshop), 즉 작품을 다루는 시·공간이 아니라, 텍스
트를 갖고 즐기는 텍스트샵(textshop)이 되어야 하는 것이다.13) 텍스트는 유희
의 공간이다. 교육의 국면에서는 진지함의 끝에 유희가 놓일 가능성보다는

그 반대의 경우가 더 가능성이 높아 보인다.

4. 다시 1999년도 비망록 중에서

하나. 유희의 정신은 곧 아마추어의 정신이다. 벌써 몇 번째 내 자신의 글을 인용하는 것인지 모르겠지만, "일찍이 바르트는 브레히트의 태도를 텍스트의 즐거움으로 번역하면서 '아마추어의 문명'을 요구하였던바, 이는 텍스트의 생산에 있어 독자와 세계 사이의 관계를 재정립하고 독자를 글쓰기 및 텍스트 직조의 즐거움으로 인도할 필요성을 의미하는 것이다. 바르트의 아마추어화가 교육에 의미하는 바는, 우리가 학생들을 전문가로서가 아니라 아마추어─이 단어의 가장 훌륭한 의미에서─로 접해야 한다는 것이다. 진정한 애호가는 결코 미숙련자로 남기만을 원하지 않는다. 바둑 아마추어들은 스스로 그 어려운 묘수풀이에 몰두하고, 아마추어 무선가들은 복잡한 모르스 부호를 즐겨 암기한다. 하지만 그 과정에서 겪어야 할 고통은 오히려 즐거운 체험으로 변하게 된다." 사실, 학생들이 즐긴다는 그 컴퓨터 게임도 실제로는 얼마나 어려운가. 그러나 그들은 즐겨 그 고통을 감수한다. 그리고 오히려 더 큰 고통을 맛보기 위해, 게임의 다음 스테이지로 넘어가기 위해, 기꺼이 밤을 새운다. 바둑은 급수가 낮아도 즐겁다. 급수에만 관심을 두는 이상, 21세기 문학 교육은 성공할 수 없다. 요체는 즐거움이다.

둘. 자신의 텍스트를 써나가는 것보다 쓰기 교육에서 중요한 것은 없다. 이 점과 관련하여 다시 컴퓨터를 예로 들어 본다. 올해 특이한 문화 현상 가운데 하나로 등장한 스타크래프트. 거기에 청소년들이 빠져드는 이유를 이제 우리는 간파해야 한다. 그것은 기능이 아니라 창작이며, 독백이 아니라 대화다. 그런데, 혹은 그래서 그들은 즐거워한다.

셋. 유전자까지 조작되는 시대. 잡종의 문화. 하지만 순종의 순정성만을

---

13) Ulmer(1990: 115)의 발상을 응용한 것임.

지키고자 했던 문학교육도 반성해야 할 듯. 잡종의 건강성. 잡종의 왕성한 번식력. 잡종의 저렴함. 특히 잡종의 창조성. 잡종은 늘 새로운 종을 낳지 않던가. 잡종의 저항성과 카니발리즘에 대한 재인식이 요구되는 시점이다.

김대행(1998), "매체 언어 교육론 서설", 『국어교육』 97, 한국국어교육연구회.

김대행 외(2000), 『문학교육원론』, 서울대출판부.

김용선(1991), 『상상력을 위한 교육학』, 인간사랑.

김현(1978), "행복의 시학", 곽광수·김현, 『바슐라르 연구』, 민음사.

문학과교육연구회(1999가을), 『문학과 교육』, 문학과교육연구회.

문학과교육연구회(1999여름), 『문학과 교육』, 문학과교육연구회.

이홍우(1987), 『교육과정탐구』, 박영사.

장상호(1993), "학문공동체의 지적 풍토에 관한 소고", 『사대논총』 47집, 서울대학교 사범대학.

정유성(1994), "인간다운 생존을 위한 교육", 강영혜 외, 『현대사회와 교육의 이해』, 교육과학사.

크리스찬아카데미 편(1997), 『정보화 시대, 교육의 선택』, 대화출판사.

Falck, Colin(1989), *Myth, Truth and Literature: Toward a True Post-Modernism*, Cambridge University Press.

Freire, Paulo(1989), *Pedagogy of the Oppressed*, New York: Continuum.

Lyotard, Jean-François(1984), *The Postmodern Condition: A Report on Knowledge*, University of Minnesota Press.

Negroponte, Nicholas(1995), *being digital*, 백욱인 역, 『디지털이다』, 커뮤니케이션북스.

Richter, David H.(1994), *Falling into Theory: Conflicting Views on Reading Literature*, St. Martin's Press.

Ulmer, Gregory L.(1990), "Textshop for an Experimental Humanities", in Henrickson, Bruce & Morgan, Thaïs E. ed. *Reorientations: Critical Theory & Pedagogies*, University of Illinois Press.

안토니 이스트호프(1994), 임상훈 역, 『문학에서 문화연구로』, 현대미학사.

앙리 지루(1990), 최명선 역, 『교육이론과 저항』, 성원사.

터너, J. H.(1997), 김진균 외 역, 『사회학 이론의 구조』, 한길사.

사·항·찾·아·보·기

인·명·찾·아·보·기

정재찬(鄭在讚)

- 1962년 서울에서 출생하여 고려중·용문고를 거쳐 서울대학교 국어교육과 및 동 대학원 국어국문학과(문학석사)와 국어교육과(교육학 박사)를 졸업했으며, 현재 청주 교육대학교 교수로 재직 중이다.
- 주요 저서로는 『문학교육원론』(공저), 『문학교육과정론』(공저), 『문학교수학습방법론』 (공저), 『국어교육학』(공저) 등이 있으며, 주요 논문으로는 「1920-30년대 한국 경향시 의 서사지향성 연구」, 「현대시교육의 지배적 담론에 관한 연구」, 「김수영론: 허무주 의와 그 극복」 등이 있다.

문학교육의 사회학을 위하여

인 쇄	2003년 7월 1일
발 행	2003년 7월 8일
저 자	정 재 찬
펴낸이	이 대 현
편 집	안현진·장은미·박윤정·오희복
펴낸곳	도서출판 **역락** / 서울 성동구 성수2가 3동 301-80
	(주)지시코 별관 3층(우133-835)

Tel 대표·영업 3409-2058 편집부 3409-2060 FAX 3409-2059
E-mail yk3888@kornet.net / youkrack@hanmail.net
등 록 1999년 4월 19일 제2-2803호

정가 18,000원
ISBN 89-5556-231-4-93370
*잘못된 책은 교환해 드립니다.